民法典判解研究与适用丛书

民法典·典型合同判解研究与适用

首届全国审判业务专家

何 志 ◎ 著

中国法制出版社
CHINA LEGAL PUBLISHING HOUSE

何志简介

何志，河南淅川人，首届全国审判业务专家，河南省十大中青年法学家，河南省南阳高新技术产业开发区人民法院分党组书记、院长。从事民商事审判工作30余年，致力于民商事审判理论和实务的研究与传播，先后发表文章150余篇，获奖30余篇，其中，《顾此不能失彼：裁判与民意的博弈与衡平》荣获全国法院系统第二十四届学术讨论会一等奖。致力于民商法学理论和实务的研究与传播，先后出版了《民法典判解研究与适用丛书》（一套8本）、《物权法判解研究与适用》（荣获中国法学会民法学研究会2006年度优秀科研成果奖）、《最高人民法院合同法司法解释精释精解》、《婚姻案件审理要点精释》等30余部法学专著，担任《民商事纠纷裁判依据新释新解丛书》（一套8本）、《民商事司法解释精释精解丛书》（一套13本、再版7本）的总主编。

总　序

首届全国审判业务专家、河南省十大中青年法学家、河南南阳高新技术开发区人民法院分党组书记、院长何志同志的力作——《民法典判解研究与适用丛书》即将付梓之际，托我为之作序，欣然应允。

认识何志同志 20 余年了。

何志同志业精于勤。他长期在法院审判一线工作，积累了丰富的审判实践经验，并善于从司法实践中发现法律问题，提出立法、司法建议，形成司法智慧。在 2009 年最高人民法院评选首届全国审判业务专家时，他在全国法院系统推举的 160 余名候选人中脱颖而出，成功入选 45 名首届全国审判业务专家之一，是难能可贵的，足见其审判理论的深厚，这也是对他的审判业务能力、理论研究能力的最高"奖赏"。

何志同志行成于思。他并非法学科班出身，而是自学成才的"土专家"。三十年如一日，笔耕不辍，对民法表现出极大的兴趣，对民法通则、合同法、物权法、担保法、侵权责任法、婚姻家庭法等进行了深入研究，并出版了不少专著。其中，《物权法判解研究与适用》（人民法院出版社 2004 年版）荣获中国法学会民法学研究会 2006 年度优秀科研成果奖（青年学术成果奖）；《顾此不能失彼：裁判与民意的博弈与衡平》荣获全国法院系统第二十四届学术讨论会一等奖，他也因此被评为《判解研究》"十周年庆典三名杰出作者"之一。这些荣誉表明何志同志的理论研究成果得到了学界的肯定和赞誉。

何志同志传道解惑。他被西南政法大学民商法学院、南阳师范学院法学院等聘为兼职教授，长期在河南法院系统、律师系统、金融系统、部分高校讲授民商法理论与实务，听课人数累计超过30万人次。他还作为全国"双千计划"首批入选者，挂职于河南科技大学法学院。因而在社会上人们称其为老师、教授，在法院同事们称其为学者、专家。

法律是治国之重器，良法是善治之前提。《中华人民共和国民法典》被誉为"社会生活的百科全书"，以保护民事权利为出发点和落脚点，切实回应人民的法治需求，更好地满足人民日益增长的美好生活需要，是新时代切实保障人民合法权益的法典。

《民法典判解研究与适用丛书》以民法典为主线，以单个编章为载体，分为《民法典·总则判解研究与适用》《民法典·物权判解研究与适用》《民法典·合同通则判解研究与适用》《民法典·典型合同判解研究与适用》《民法典·人格权判解研究与适用》《民法典·婚姻家庭判解研究与适用》《民法典·继承判解研究与适用》《民法典·侵权责任判解研究与适用》。丛书采用他擅长的判解研究方法（从案例入手—提出问题—理论阐释—简要评析），博百家理论之精华，集司法实践之案例，以案说法，以法释案，做到了研究实务问题而不乏深入的理论分析，探讨理论问题而不脱离具体的司法实践，从而使民法典判解研究与适用紧密结合，具有很强的理论性、实践性、指导性和可读性。相信本套丛书的出版，对学术界深入研究民法典具有重要的参考价值；对实务界适用民法典具有重要的借鉴意义；对社会大众学习民法典具有重要的指导作用。

民法典的研习，是为了使民法典更好地贯彻实施，但愿何志同志百尺竿头，更进一步，为繁荣我国的民法学研究做出更大的贡献。

尊其嘱，是为序。

中国人民大学党委常委、副校长
中国法学会民法学研究会副会长

前　言

《民法典》是中华人民共和国成立以来第一部以"法典"命名的法律，是新时代中国特色社会主义法治建设的重大成果，具有里程碑的意义。

合同制度是市场经济的基本法律制度。1999年第九届全国人民代表大会第二次会议通过了《合同法》。《民法典》合同编在《合同法》的基础上，贯彻全面深化改革的精神，坚持维护契约、平等交换、公平竞争，促进商品和要素自由流动，完善合同制度。

《民法典》合同编第二部分"典型合同"，规定了买卖合同，供用电、水、气、热力合同，赠与合同，借款合同，保证合同，租赁合同，融资租赁合同，保理合同，承揽合同，建设工程合同，运输合同，技术合同，保管合同，仓储合同，委托合同，物业服务合同，行纪合同，中介合同，合伙合同共十九类合同。其中，有四类合同是新增的：一是保证合同，吸收了《担保法》中关于保证的内容；二是保理合同，适应了我国保理行业发展和优化营商环境的需要；三是物业服务合同，规范了物业服务领域的突出问题；四是合伙合同，吸收了《民法通则》中有关个人合伙的规定。上述十九类典型合同是在市场经济活动中和社会生活中应用普遍，在司法实践中纠纷较多的合同类型，需要从立法上规范引领，司法上裁判引导。

《合同编通则解释》是最高人民法院在尊重立法原意、坚持问题导向、保持司法政策的延续性、坚持系统观念和辩证思维的基础上，结合审判实践中遇到的疑难问题制定的，自2023年12月5日起施行。该解释吸收了

《合同法解释（一）》《合同法解释（二）》等相关规定，对《民法典》合同编通则具体规定的司法适用作了细化，既符合立法原意，又解决司法难题。

笔者研习合同法三十余年了，可谓"情有独钟"。先后出版了《合同法总则判解研究与适用》《合同法分则判解研究与适用》《合同法原理与审判实务》《合同法原理精要与实务指南》《最高人民法院合同法司法解释精释精解》等专著。同时，发表了诸多涉及合同法方面的学术文章，始终保持着与时俱进。

本书依据《民法典》合同编通则、典型合同的规定，结合最高人民法院发布的《合同编通则解释》及相关司法解释，融百家之长，以司法实践和现实生活中的具体案例为依托，采用判解研究的方法（从案例入手——提出问题——法理阐释——简要评析），全面、系统地介绍了《民法典》合同编规定的十八类（不含技术合同）典型合同，通过以案说法、以法释案，力求研究实务问题而不乏深入的理论分析，探讨理论问题而不脱离司法的具体实践，从而做到理论研究与司法适用紧密结合，力争做到为审判实践和现实生活服务。

本书为《民法典判解研究与适用丛书》分册之一，该丛书总序承蒙由中国人民大学党委常委、副校长、中国法学会民法学研究会副会长兼秘书长、中国法学会民法典编纂项目领导小组成员、秘书长王轶老师作序，笔者表示最衷心的感谢！拙著的出版发行，得到了中国法制出版社周琼妮女士的大力支持与辛勤付出，笔者表示最诚挚的谢意！

本书主要法律文件名称及缩略语对照表

全　　称	缩略语
《中华人民共和国民法典》	《民法典》
《中华人民共和国合同法》（已失效）	《合同法》
《中华人民共和国担保法》（已失效）	《担保法》
《中华人民共和国民法通则》（已失效）	《民法通则》
《中华人民共和国物权法》（已失效）	《物权法》
《中华人民共和国消费者权益保护法》	《消费者权益保护法》
《中华人民共和国民事诉讼法》	《民事诉讼法》
《中华人民共和国拍卖法》	《拍卖法》
《中华人民共和国电力法》	《电力法》
《中华人民共和国公益事业捐赠法》	《公益事业捐赠法》
《中华人民共和国慈善法》	《慈善法》
《中华人民共和国商业银行法》	《商业银行法》
《中华人民共和国公司法》	《公司法》
《中华人民共和国保险法》	《保险法》
《中华人民共和国土地管理法》	《土地管理法》
《中华人民共和国城市房地产管理法》	《城市房地产管理法》
《中华人民共和国建筑法》	《建筑法》
《中华人民共和国招标投标法》	《招标投标法》

续表

全　　称	缩略语
《中华人民共和国城乡规划法》	《城乡规划法》
《中华人民共和国铁路法》	《铁路法》
《中华人民共和国刑法》	《刑法》
《中华人民共和国民用航空法》	《民用航空法》
《中华人民共和国海商法》	《海商法》
《中华人民共和国证券法》	《证券法》
《中华人民共和国合伙企业法》	《合伙企业法》
《最高人民法院关于审理买卖合同纠纷案件适用法律问题的解释》	《买卖合同解释》
《最高人民法院关于适用〈中华人民共和国民法典〉合同编通则若干问题的解释》	《合同编通则解释》
《最高人民法院关于适用〈中华人民共和国民法典〉婚姻家庭编的解释（一）》	《婚姻家庭编解释（一）》
《最高人民法院关于适用〈中华人民共和国民法典〉有关担保制度的解释》	《担保制度解释》
《最高人民法院关于适用〈中华人民共和国担保法〉若干问题的解释》（已失效）	《担保法解释》
《最高人民法院关于适用〈中华人民共和国民事诉讼法〉的解释》	《民事诉讼法解释》
《最高人民法院关于审理建设工程施工合同纠纷案件适用法律问题的解释（一）》	《建设工程施工合同解释（一）》
《最高人民法院关于审理民事案件适用诉讼时效制度若干问题的规定》	《诉讼时效规定》
《最高人民法院关于适用〈中华人民共和国合同法〉若干问题的解释（一）》（已失效）	《合同法解释（一）》
《最高人民法院关于适用〈中华人民共和国合同法〉若干问题的解释（二）》（已失效）	《合同法解释（二）》

续表

全　　称	缩略语
《最高人民法院关于审理民间借贷案件适用法律若干问题的规定》	《民间借贷规定》
《最高人民法院关于民事诉讼证据的若干规定》	《民事证据规定》
《全国法院民商事审判工作会议纪要》	《九民纪要》
《最高人民法院关于审理经济合同纠纷案件有关保证的若干问题的规定》（已失效）	《保证规定》
《最高人民法院关于审理城镇房屋租赁合同纠纷案件具体应用法律若干问题的解释》	《城镇房屋租赁合同解释》

目录 CONTENTS

第一章　买卖合同 / 001

第一节　买卖合同的成立 / 003

一、问题的提出 / 003

　　案例1：他人代签的房屋买卖合同是无效还是不成立 / 003

二、买卖合同的法律特征 / 004

三、买卖合同的标的 / 005

四、买卖合同的内容 / 006

五、买卖合同的成立 / 007

六、买卖合同的分类 / 010

七、对案例1的简要评析 / 011

第二节　无权处分与多重买卖 / 012

一、问题的提出 / 012

　　案例2：一房二卖起纷争，房屋产权应归谁 / 012

二、无权处分买卖合同的效力认定 / 014

三、多重买卖合同的效力认定 / 016

四、多重买卖的履行顺序 / 018

五、无权处分、多重买卖的买受人救济方式 / 019

六、对案例2的简要评析 / 021

第三节　出卖人的主要义务 / 022

一、问题的提出 / 022

案例 3：明知出卖人出卖他人车辆而购买，遭受损失该如何索赔 / 023

案例 4：因虚假宣传签订的买卖合同，出卖人应当承担违约责任 / 024

二、出卖人负有交付标的物并转移标的物所有权的义务 / 024

三、出卖人负有权利瑕疵担保义务 / 028

四、出卖人负有物的瑕疵担保义务 / 034

五、对案例 3、案例 4 的简要评析 / 038

第四节 买受人的主要义务 / 040

一、问题的提出 / 040

案例 5：买受人未尽到检验义务，责任谁担 / 040

二、买受人的检验和通知义务 / 041

三、买受人支付价款义务 / 043

四、买受人接受交付义务 / 044

五、拒收时的保管义务 / 045

六、对案例 5 的简要评析 / 046

第五节 买卖合同标的物风险负担 / 046

一、问题的提出 / 046

案例 6：一房二卖情况下房屋灭失的风险由谁承担 / 047

案例 7：货物在运输途中遭受的损失由谁负担 / 047

二、风险负担的立法例及《民法典》的规定 / 048

三、交付方法与风险负担 / 050

四、路货买卖的风险负担 / 051

五、法律推定交付地点的标的物风险负担 / 052

六、受领迟延的风险负担 / 052

七、出卖人违反从给付义务的风险负担 / 053

八、质量瑕疵的风险负担 / 054

九、风险负担与违约责任 / 054

十、对案例 6、案例 7 的简要评析 / 055

第六节　所有权保留 / 056

一、问题的提出 / 056

案例 8：出卖人能否享有取回权 / 056

二、所有权保留的法律意义 / 057

三、所有权保留的法律性质 / 058

四、所有权保留的登记 / 061

五、出卖人的取回权 / 062

六、买受人的回赎权 / 065

七、所有权保留的对抗效力 / 066

八、对案例 8 的简要评析 / 067

第七节　特种买卖合同 / 068

一、分期付款买卖合同 / 068

二、凭样品买卖合同 / 069

三、试用买卖合同 / 071

四、招标投标买卖合同 / 073

五、拍卖合同 / 074

第二章　供用电、水、气、热力合同 / 077

一、问题的提出 / 078

案例 9：用电人损失赔偿应当看供电人是否存在过错 / 078

案例 10：电业局请求的违约金能否支持 / 078

二、供用电、水、气、热力合同的法律意义 / 079

三、供用电合同的内容 / 079

四、供电人的义务 / 080

五、用电人的义务 / 082

六、审判实践中应当注意的问题 / 083

七、对案例 9、案例 10 的简要评析 / 084

第三章　赠与合同 / 087

第一节　赠与合同概述 / 088

一、问题的提出 / 088

案例 11：离婚协议中的赠与可否撤销 / 088

二、赠与合同的法律特征 / 089

三、赠与合同的当事人 / 090

四、赠与合同的标的 / 091

五、审判实践中应当注意的问题 / 091

六、对案例 11 的简要评析 / 092

第二节　赠与合同的效力 / 093

一、问题的提出 / 093

案例 12：赠与标的物质量存在瑕疵，责任由谁承担 / 093

二、赠与人交付赠与标的物的义务 / 094

三、赠与人对故意毁损、灭失赠与物的赔偿责任 / 095

四、赠与人的瑕疵担保责任 / 095

五、审判实践中应当注意的问题 / 096

六、对案例 12 的简要评析 / 097

第三节　赠与合同的撤销 / 097

一、问题的提出 / 097

案例 13：甲公司能否拒绝履行捐赠义务 / 098

案例 14：赠与是否符合法定撤销条件 / 098

二、赠与合同的任意撤销及限制 / 099

三、赠与合同的法定撤销 / 101

四、对案例 13、案例 14 的简要评析 / 103

第四章 借款合同 / 105

第一节 借款合同概述 / 106

一、借款合同的法律特征 / 106

二、借款合同的形式 / 107

三、借款合同的主要条款 / 108

四、审判实践中应当注意的问题 / 109

第二节 借款合同的效力 / 110

一、问题的提出 / 110

案例 15：银行不履行借款合同时应否赔偿借款人的损失 / 110

案例 16：借款未到期，银行是否有权起诉 / 111

二、贷款人的权利义务 / 111

三、借款人的权利义务 / 114

四、对案例 15、案例 16 的简要评析 / 116

第三节 民间借款合同 / 117

一、问题的提出 / 117

案例 17：借款人涉嫌犯罪，其民间借贷担保合同是否有效 / 118

案例 18：民间借贷款项付出的真实性应当从严审查 / 119

二、民间借贷案件的受理与管辖 / 121

三、民间借贷案件涉及刑民交叉的司法处理 / 123

四、民间借贷合同效力的司法认定 / 124

五、民间借贷虚假诉讼的司法处理 / 126

六、民间借贷合同与买卖合同混合情形的司法处理 / 126

七、民间借贷利率的司法保护上限 / 127

八、对案例 17、案例 18 的简要评析 / 128

第五章　保证合同 / 131

第一节　保证合同的内容和形式 / 133

一、问题的提出 / 133

　　案例 19：签字人以保证人身份签字应否承担保证责任 / 133

二、保证合同的内容 / 133

三、保证合同的形式 / 135

四、对案例 19 的简要评析 / 136

第二节　保证合同的效力 / 137

一、问题的提出 / 137

　　案例 20：县政府能否作为保证人承担民事责任 / 137

　　案例 21：未经股东会决议提供保证的效力如何 / 138

二、保证人主体资格不合法导致保证合同无效 / 139

三、公司担保的效力认定 / 140

四、以贷还贷的效力及保证人责任 / 142

五、保证合同无效的法律后果 / 143

六、对案例 20、案例 21 的简要评析 / 144

第三节　保证方式 / 146

一、问题的提出 / 146

　　案例 22：能否将保证责任认定为连带责任保证 / 146

二、保证方式的认定 / 147

三、一般保证责任 / 149

四、连带责任保证 / 152

五、一般保证与连带责任保证的异同 / 153

六、对案例 22 的简要评析 / 154

第四节　保证期间 / 155

一、问题的提出 / 155

　　案例 23：保证人的保证期间如何认定 / 155

二、保证期间的法律性质 / 156

三、一般保证期间 / 158

四、连带责任保证期间 / 160

五、保证期间的法律效果 / 162

六、保证期间与诉讼时效期间 / 163

七、对案例 23 的简要评析 / 165

第五节　主合同变更对保证责任的影响 / 166

一、问题的提出 / 166

案例 24：债权转让后，保证人是否继续承担保证责任 / 166

案例 25：主合同内容变更后保证人是否承担保证责任 / 167

二、主合同的债权让与（债权人变更）对保证人保证责任的影响 / 167

三、主合同的债务转让对保证人保证责任的影响 / 169

四、主合同内容变更对保证人保证责任的影响 / 170

五、对案例 24、案例 25 的简要评析 / 172

第六节　共同保证 / 173

一、问题的提出 / 173

案例 26：保证人能否抗辩将债务人和其他保证人列为共同被告 / 173

二、共同保证的法律特征 / 174

三、共同保证的分类 / 175

四、共同保证的法律效力 / 177

五、共同保证的求偿权 / 178

六、对案例 26 的简要评析 / 179

第六章　租赁合同 / 181

第一节　租赁合同概述 / 183

一、租赁合同的法律特征 / 183

二、租赁合同的内容 / 185

三、租赁合同的期限与形式 / 186

四、审判实践中应当注意的问题 / 187

第二节 出租人的义务 / 188

一、问题的提出 / 188

案例 27：出租人应负权利瑕疵担保责任 / 188

二、出租人负有按合同约定交付租赁物的义务 / 189

三、出租人负有修缮租赁物的义务 / 190

四、出租人负有物的瑕疵担保义务 / 192

五、出租人负有物的权利瑕疵担保责任 / 193

六、出租人负有接受租赁物、返还押金或担保物的义务 / 194

七、对案例 27 的简要评析 / 194

第三节 承租人的义务 / 195

一、问题的提出 / 195

案例 28：拆除餐厅及设备是否构成侵权导致解除租赁合同 / 195

案例 29：建筑设备租赁合同终止后能否计付租赁费 / 196

二、承租人负有合理使用租赁物的义务 / 198

三、承租人负有妥善保管租赁物的义务 / 199

四、承租人负有保持租赁物的义务 / 200

五、承租人负有支付租金的义务 / 203

六、承租人负有返还租赁物的义务 / 204

七、对案例 28、案例 29 的简要评析 / 205

第四节 租赁合同实务问题研究 / 207

一、问题的提出 / 207

案例 30：租赁权的对抗效力纠纷 / 207

案例 31：谁的优先购买权更优先 / 208

案例 32：转租是否合法 / 208

二、租赁权的性质及对抗效力 / 209

三、抵押权与租赁权的关系 / 211

四、转租 / 212

五、承租人的优先购买权 / 216

六、对案例 30、案例 31、案例 32 的简要评析 / 220

第七章　融资租赁合同 / 225

第一节　融资租赁合同概述 / 227

一、问题的提出 / 227

案例 33：案件属于买卖合同纠纷还是融资租赁合同纠纷 / 227

二、融资租赁合同的法律特征 / 228

三、融资租赁合同的形式 / 231

四、融资租赁合同的内容 / 231

五、融资租赁合同的种类 / 232

六、对案例 33 的简要评析 / 233

第二节　融资租赁合同的效力 / 234

一、问题的提出 / 234

案例 34：融资租赁合同能否解除 / 234

二、出卖人的权利和义务 / 236

三、出租人的权利和义务 / 237

四、承租人的权利和义务 / 238

五、融资租赁合同纠纷案件的当事人及管辖 / 240

六、融资租赁合同与类似合同的区别 / 240

七、对案例 34 的简要评析 / 241

第八章　保理合同 / 243

一、问题的提出 / 244

案例 35：被告应否履行回购义务 / 244

二、保理合同的法律意义 / 246

三、保理合同的内容和形式 / 247

四、虚构应收账款的法律后果 / 247

五、基础交易合同变更或者终止对保理人的效力 / 248

六、有追索权保理和无追索权保理 / 250

七、应收账款债权重复转让 / 251

八、对案例 35 的简要评析 / 252

第九章　承揽合同 / 255

第一节　承揽合同概述 / 256

一、问题的提出 / 256

案例 36：案涉合同是买卖合同还是承揽合同 / 256

二、承揽合同的法律特征 / 257

三、承揽合同的种类 / 258

四、承揽合同的内容 / 259

五、承揽合同与类似合同的区别 / 260

六、对案例 36 的简要评析 / 264

第二节　承揽人的义务 / 265

一、问题的提出 / 265

案例 37：承揽人多支付给第三人的加工费能否向定作人主张支付 / 265

案例 38：被告拒付承揽费用的理由能否成立 / 266

二、承揽人完成主要工作的义务 / 267

三、承揽人将辅助工作交由第三人完成时向定作人负责的义务 / 268

四、承揽人按约定提供材料的义务 / 269

五、承揽人及时检验和不得更换材料的义务 / 269

六、承揽人及时通知的义务 / 270

七、承揽人接受定作人监督检验的义务 / 270

八、承揽人交付工作成果的义务 / 271

九、承揽人妥善保管的义务 / 271

十、承揽人保密的义务 / 272

十一、承揽合同中的风险负担 / 272

十二、对案例 37、案例 38 的简要评析 / 273

第三节　定作人的义务 / 274

一、问题的提出 / 274

案例 39：未尽协助义务是否应当赔偿损失 / 274

案例 40：承揽合同解除后应否赔偿损失 / 275

二、定作人按合同约定提供材料的义务 / 276

三、定作人变更承揽工作应赔偿损失的义务 / 276

四、定作人协助的义务 / 276

五、定作人支付报酬的义务 / 277

六、定作人受领工作成果的义务 / 278

七、定作人解除合同的赔偿义务 / 278

八、对案例 39、案例 40 的简要评析 / 279

第十章　建设工程合同 / 281

第一节　建设工程合同概述 / 282

一、问题的提出 / 282

案例 41：补充合同与建设工程施工合同是否属于"黑白合同" / 282

二、建设工程合同的法律特征 / 284

三、建设工程合同的种类 / 285

四、建设工程合同的内容 / 286

五、委托监理合同及法律适用 / 286

六、建设工程合同的形式 / 287

七、"黑白合同"的司法处理 / 287

八、对案例 41 的简要评析 / 288

第二节　建设工程合同的订立 / 289

一、问题的提出 / 289

案例 42：非法转包当属无效 / 289

二、建设工程合同的主体资格 / 290

三、建设工程合同签订的一般程序 / 291

四、建设工程合同招标投标的原则 / 291

五、建设工程合同的发包与承包规则 / 292

六、审判实践中应当注意的问题 / 296

七、对案例 42 的简要评析 / 297

第三节　建设工程合同的效力 / 297

一、问题的提出 / 297

案例 43：被告能否拒付勘察、设计费 / 298

案例 44：施工方能否按照约定标准支付违约金 / 298

二、勘察、设计合同中当事人的主要义务 / 299

三、勘察、设计合同中的违约责任 / 301

四、施工合同中当事人的主要义务 / 302

五、施工合同中的违约责任 / 304

六、对案例 43、案例 44 的简要评析 / 306

第四节　建设工程施工合同无效的司法处理 / 307

一、问题的提出 / 307

案例 45：必须招标而未招标导致建设工程施工合同无效 / 308

二、建设工程施工合同无效情形的司法认定 / 309

三、"黑白合同"的效力认定及判断标准 / 312

四、未取得建设工程规划审批手续签订合同效力的司法认定 / 316

五、劳务分包与工程转包的司法认定 / 317

六、建设工程施工合同无效后工程的处理原则 / 320

七、建设工程施工合同无效损失赔偿的司法处理 / 322

八、对案例 45 的简要评析 / 323

第五节　建设工程价款优先受偿权 / 324

一、建设工程价款优先受偿权主体的确定 / 324

二、装饰装修工程承包人优先受偿权的行使 / 326

三、建设工程承包人优先受偿权的行使条件 / 327

四、未竣工工程承包人优先受偿权的行使条件 / 329

五、建设工程价款优先受偿权的行使范围 / 330

六、建设工程价款优先受偿权的行使期限 / 330

七、建设工程价款优先受偿权事前放弃的效力认定 / 332

第十一章　运输合同 / 335

第一节　运输合同概述 / 337

一、运输合同的法律特征 / 337

二、运输合同的种类和形式 / 338

三、运输合同当事人的基本义务 / 338

第二节　客运合同 / 340

一、问题的提出 / 340

案例46：旅客因生病误车，能否要求退票 / 340

案例47：乘客在客车上被小偷打伤，客车公司应否担责 / 341

二、客运合同的成立 / 341

三、客运合同因旅客自身原因而变更和解除 / 342

四、旅客的主要义务 / 343

五、承运人的主要义务 / 344

六、承运人的损害赔偿责任 / 344

七、对案例46、案例47的简要评析 / 346

第三节　货运合同 / 347

一、问题的提出 / 347

案例48：擅自变更收货人，责任由谁负 / 347

二、货运合同的签订 / 348

三、货运合同的变更和解除 / 349

四、托运人的主要义务 / 350

五、承运人的主要义务 / 350

六、承运人的留置权 / 351

七、承运人的提存权 / 352

八、收货人的主要义务 / 352

九、承运人的损害赔偿责任及免责事由 / 353

十、承运人对货物赔偿额的确定 / 355

十一、对案例 48 的简要评析 / 356

第十二章　保管合同 / 357

第一节　保管合同概述 / 358

一、问题的提出 / 358

案例 49：停放在酒店地下车库的轿车被浸泡，酒店应否担责 / 358

二、保管合同的法律特征 / 359

三、保管合同的成立 / 360

四、消费保管合同 / 361

五、对案例 49 的简要评析 / 362

第二节　保管合同的效力 / 363

一、问题的提出 / 363

案例 50：寄存物被窃，保管人应否担责 / 363

案例 51：保管人擅自使用保管物，责任自负 / 364

二、寄存人的主要义务 / 364

三、保管人的主要义务 / 366

四、保管物灭失的风险责任 / 369

五、对案例 50、案例 51 的简要评析 / 370

第十三章　仓储合同 / 373

第一节　仓储合同概述 / 374

一、问题的提出 / 374

案例 52：虽未存货，但应担责 / 374

二、仓储合同的法律特征 / 375

三、仓储合同的主要条款 / 375

四、仓单 / 375

五、对案例 52 的简要评析 / 377

第二节　仓储合同的效力 / 377

一、问题的提出 / 377

案例 53：应否减收仓储费 / 378

案例 54：赔偿责任如何承担 / 378

二、存货人的主要义务 / 379

三、保管人的主要义务 / 380

四、对案例 53、案例 54 的简要评析 / 381

第十四章　委托合同 / 383

第一节　委托合同概述 / 384

一、问题的提出 / 384

案例 55：业务员将款项据为己有，公司应否承担赔偿责任 / 384

二、委托合同的法律特征 / 385

三、委托合同与类似合同的法律区别 / 386

四、特别委托与概括委托 / 388

五、对案例 55 的简要评析 / 388

第二节　委托合同的效力 / 389

一、问题的提出 / 389

案例 56：许诺官司胜诉多收取的代理费应否退还 / 389

案例 57：民事责任由委托人承担还是由受托人承担 / 390

二、委托人的主要义务 / 391

三、受托人的主要义务 / 392

四、委托人的介入权和第三人的选择权 / 394

五、司法实践中应当注意的问题 / 397

六、对案例 56、案例 57 的简要评析 / 399

第三节　委托合同的终止 / 400

一、问题的提出 / 400

案例 58：解除诉讼代理合同后约定的费用及违约金是否有效 / 400

二、委托合同当事人任意终止合同 / 401

三、委托合同因一方当事人丧失主体资格而终止 / 402

四、委托合同终止后的义务 / 403

五、司法实践中应当注意的问题 / 404

六、对案例 58 的简要评析 / 406

第十五章　物业服务合同 / 409

第一节　物业服务合同概述 / 411

一、问题的提出 / 411

案例 59：业主能否以物业服务有瑕疵为由拒绝交纳物业费 / 411

二、物业服务合同的法律特征 / 412

三、物业服务合同的内容和形式 / 413

四、物业服务合同对业主具有法律约束力 / 414

五、前期物业服务合同的法定终止 / 416

六、对案例 59 的简要评析 / 416

第二节　物业服务合同的效力 / 417

一、问题的提出 / 417

　　　　案例60：物业服务人是否尽到了主要义务 / 417

　　二、物业服务人的主要义务 / 418

　　三、业主的主要义务 / 419

　　四、对案例60的简要评析 / 421

第十六章　行纪合同 / 423

　　一、问题的提出 / 424

　　　　案例61：如何区分代销合同与行纪合同 / 424

　　二、行纪合同的法律特征 / 425

　　三、行纪合同与类似合同的区别 / 426

　　四、行纪人的主要权利义务 / 427

　　五、委托人的主要权利义务 / 430

　　六、对案例61的简要评析 / 432

第十七章　中介合同 / 433

　　一、问题的提出 / 434

　　　　案例62：中介费用及必要费用应否支付 / 434

　　二、中介合同的法律特征 / 434

　　三、中介合同与委托合同、行纪合同的区别 / 435

　　四、中介人的主要义务 / 436

　　五、委托人的主要义务 / 437

　　六、对案例62的简要评析 / 439

第十八章　合伙合同 / 441

　　一、问题的提出 / 442

　　　　案例63：合伙合同应否解除 / 442

二、合伙合同的法律特征 / 443

三、合伙合同的法律效力 / 444

四、合伙期限及合伙合同终止 / 447

五、对案例 63 的简要评析 / 448

附录

最高人民法院关于适用《中华人民共和国民法典》合同编通则若干问题的解释 / 449

（2023 年 12 月 4 日）

最高人民法院关于适用《中华人民共和国民法典》有关担保制度的解释（节选）/ 470

（2020 年 12 月 31 日）

最高人民法院关于审理买卖合同纠纷案件适用法律问题的解释 / 479

（2020 年 12 月 29 日）

最高人民法院关于审理商品房买卖合同纠纷案件适用法律若干问题的解释 / 486

（2020 年 12 月 29 日）

最高人民法院关于审理城镇房屋租赁合同纠纷案件具体应用法律若干问题的解释 / 491

（2020 年 12 月 29 日）

最高人民法院关于审理建设工程施工合同纠纷案件适用法律问题的解释（一）/ 494

（2020 年 12 月 29 日）

第一章

买卖合同

本章概要

买卖合同是出卖人转移标的物的所有权于买受人，买受人支付价款的合同。买卖合同是所有有偿合同的典范，是社会经济生活中最典型、最普遍、最基本的交易形式。在民商事纠纷案件中，买卖合同纠纷案件的数量一直相当庞大。无论是交易实践还是审判实务，均表明买卖合同是现实经济生活中最基本、最常见、最重要的交易形式。《民法典》合同编第九章通过53个条文规定了买卖合同法则，居于《民法典》典型合同规定的有名合同之首，买卖合同案件审理中需要遵循的原则和判断标准亦常为其他有名合同所借鉴，因此，在《民法典》典型合同中占据统领地位的买卖合同章堪称合同编的"小总则"。

然而，由于《民法典》合同编第九章的53个条文难以涵盖买卖合同关系的复杂性和多样性以及市场交易的日新月异，为了及时指导各级人民法院公正审理买卖合同纠纷案件，依法保护当事人的合法权益，规范市场交易行为,提高买卖合同法则的可操作性,2012年3月31日,最高人民法院审判委员会第1545次会议讨论通过了《买卖合同解释》,并于2020年12月23日进行了修正。该解释包括8个部分,共计33条,主要对买卖合同的成立、标的物交付和所有权转移、标的物风险负担、标的物检验、违约责任、所有权保留、特种买卖等方面如何具体适用法律作出明确的规定。

第一节 买卖合同的成立

一、问题的提出

买卖是日常经济生活中最为普遍的法律行为。买卖合同是民法（债法）最基本、最重要的合同类型，也是司法实践中出现纠纷最多的合同类型。例如下列案例。

案例1：他人代签的房屋买卖合同是无效还是不成立[①]

2000年11月7日，某区土地房屋权属登记中心收到以唐某为卖方、以程某莉为买方的《房屋买卖合同》《房地产交易合同登记申请表》等关于唐某所有房屋的房屋买卖材料，材料上均盖有"唐某"字样私章，部分材料有"唐某"字样签名。该登记中心凭上述材料将登记在唐某名下的房屋过户给了程某莉。2003年4月17日，唐某以其从未与程某莉签订房屋买卖合同为由向法院提起行政诉讼。重庆市第一中级人民法院二审以主体不适格为由裁定驳回唐某的起诉，并在裁判理由中指出：唐某与程某莉盖章签订制式房地产买卖合同，经登记部门审查，获准房屋权属转移登记。2007年3月，唐某向重庆市九龙坡区人民法院提起本案民事诉讼，请求确认房屋买卖合同无效，并判令程某莉将诉争房屋返还给自己。诉讼中，法院查明，上述"唐某"的签名均为程某莉丈夫所签，"唐某"字样的私章无法证明为唐某所有。该案经一审、二审以及重庆高院再审，均在合同是有效还是无效之间争议，重庆高院再审判决认为合同有效并据此驳回了唐某的诉讼请求。唐某不服，向检察机关申诉，2012年5月16日，最高人民检察院向最高人民法院提起抗诉。

---

① 详见最高人民法院发布五起典型案例，载《人民法院报》2014年5月1日，第3版。

最高人民法院再审认为，涉案合同不涉及有效与无效的问题，而是是否成立的问题。在双方当事人就合同关系是否成立存在争议的情况下，根据法律规定，应由主张合同关系成立的一方当事人承担举证责任，在"唐某"签名被证实并非唐某本人所签的情况下，程某莉不能证明"唐某"字样的私章为唐某本人所有并加盖时，应当承担举证不能的诉讼后果。行政裁定书认定的事实只能证明房管部门行政行为的合规性，并不能证明民事行为的成立，且多方面证据均证明唐某并未签订《房屋买卖合同》，唐某与程某莉之间没有就涉案房屋成立房屋买卖合同关系。最高人民法院据此判决程某莉向唐某返还房屋。

上述案例颇具典型性，一起普通的房屋买卖合同纠纷案件让权利人历经行政诉讼、民事诉讼，可以说"一波九折"，最终权利人的合法权益得到了保护。正如人云"正义可能会迟到，但不会缺席"。试问：如何理解买卖合同？如何理解买卖合同的标的、内容和成立？买卖合同如何进行分类？

二、买卖合同的法律特征

根据《民法典》第 595 条的规定，买卖合同是出卖人转移标的物的所有权于买受人，买受人支付价款的合同。在买卖合同的当事人中，负有转移标的物所有权义务的一方是出卖人，接受标的物并负有给付价款义务的一方是买受人。

买卖合同具有下列法律特征：

1. 买卖合同是转移标的物所有权的合同。传统民法理论认为，买卖合同为移转标的物所有权的合同，出卖人通常应当将出卖物的占有权转移给买受人。此为买卖合同有别于其他合同的根本特征。当然，在特殊情形下，买卖双方当事人可在合同中约定保留所有权，《民法典》第 641 条对此作了规定。

2. 买卖合同是典型的有偿合同，即任何一方要从对方取得物质利益，均须向对方付出相应的物质利益。买卖合同的有偿性将它与赠与合同的无偿性区别开来。

3. 买卖合同是双务合同。卖方负有交付标的物并移转所有权于买方的义务，买方同时负有向卖方支付价款的义务。买卖合同是最为典型的双务合同。

4. 买卖合同是诺成合同。一般说来，买卖合同自双方当事人意思表示达成一致就可以成立并生效，不需要交付标的物，因而不同于实践合同。

三、买卖合同的标的

根据《民法典》第 595 条的规定，买卖合同的标的物是指实物，亦即仅限于有体物。该条采纳了狭义的买卖合同的界定。据此，从狭义角度来看，买卖合同的标的物限于有体物，包括动产与不动产，而不包括债权、用益物权、知识产权以及其他财产利益的转让。[1]

关于财产权利和无体物等能否成为买卖合同的标的，学界存在着不同的观点。狭义观点认为，我国民法理论将买卖合同的标的物一般不称为财产而称为物品，因此，以权利为标的物的合同（如专利权转让合同）和以无体物为标的物的合同（如供电合同）不属于买卖合同的范围。广义观点认为，买卖合同的标的物应当既有财物，也有法律允许转让的权利，如知识产权。笔者认为，虽然《民法典》合同编中对实物买卖作了规定，但在理论上和实务中仍应把权利作为买卖合同的标的。理由是：首先，多数国家和地区的民法均把权利纳入买卖合同的标的，如《法国民法典》[2]第 1607 条规定："无形权利的交割，以移交权利证书为之，或者由权利取得人经出卖人同意使用此项权利。"《德国民法典》[3]第 453 条第 1 款规定："权利及其他标的之买卖，准用物之买卖规定。"《日本民法》[4]第 555 条规定："买卖，因约定当事人一方的财产权转移给相对人，相对人对此支付对价，而发生其效力。"《日本民法》第 555 条将买卖的标的界定在"财产权"的范围内，从而避免了实物与权利的

---

[1] 谢鸿飞、朱广新主编：《民法典评注·合同编典型合同与准合同（1）》，中国法制出版社 2020 年版，第 4 页。

[2] 本书中的《法国民法典》相关条文，均参见罗结珍译：《法国民法典》，北京大学出版社 2023 年版。

[3] 本书中的《德国民法典》相关条文，均参见台湾大学法律学院、台大法学基金会编译：《德国民法典》，北京大学出版社 2017 年版。

[4] 本书中的《日本民法》相关条文，均参见王爱群译：《日本民法：2023 年版》，法律出版社 2023 年版。

纷争。其次，实物是商品，有其价值和交换价值。而权利同样为商品，亦有价值和交换价值，完全可以作为买卖的标的。再次，根据《民法典》第646条规定"法律对其他有偿合同有规定的，依照其规定；没有规定的，参照适用买卖合同的有关规定"之精神，当权利作为标的，法律无规定时，则权利买卖准用买卖合同。最后，将权利纳入买卖合同的标的范围，有利于权利商品化，促进权利交易，提高整个社会的经济效益。正如立法机关所言，着眼点是采取一种合理的立法模式，明确权利交易、无体物的交易以及不动产的交易是否适用于买卖，应当通过法律调整的关系纳入一个有效的法律体系之中，使应当发挥的价值得到充分的发挥，应当规范的法律关系得到合理的规范。因此，《民法典》合同编的买卖合同无须在定义中直接写明包括权利的转让。[1]

从广义角度来看，买卖合同的标的为现实存在的物和权利，当无疑问。将来的物或权利同样可以作为买卖合同的标的。例如"将来产生或制作之物品或将来发生之权利亦得为买卖之标的物"。[2]如秋季收获的果实、临产的马驹、将授予的专利等。

四、买卖合同的内容

根据《民法典》第596条的规定，买卖合同的内容一般包括标的物的名称、数量、质量、价款、履行期限、履行地点和方式、包装方式、检验标准和方法、结算方式、合同使用的文字及其效力等条款。[3]

在现实生活中，无论是口头形式的买卖合同，还是书面形式的买卖合同，当事人应当尽可能将合同的内容详细约定，以便于确定双方的权利义务，减少歧义和避免纠纷的发生。《民法典》合同编作为"任意法"，买卖合同当事

---

[1] 参见黄薇主编：《中华人民共和国民法典释义（中）》，法律出版社2020年版，第1158页。

[2] 史尚宽：《债法各论》，中国政法大学出版社2000年版，第3页。

[3] 该条款的内容是在《民法典》第470条第1款的基础上进行了增加而形成的。《民法典》第470条第1款规定："合同的内容由当事人约定，一般包括下列条款：（一）当事人的姓名或者名称和住所；（二）标的；（三）数量；（四）质量；（五）价款或者报酬；（六）履行期限、地点和方式；（七）违约责任；（八）解决争议的方法。"

人约定的条款只要不违反禁止性规定,就会被认可,受到法律的保护,在当事人之间发生法律效力。在当事人对合同的某些内容没有约定或者约定不明确时,适用《民法典》的有关规定进行解释和补充。对买卖合同内容的规定起到一种提示性的作用,一般对于买卖合同的成立及效力和买卖合同第三人的具体权利义务等并无实质性影响。[①]

五、买卖合同的成立

对于合同是否成立,《合同编通则解释》第3条规定,当事人对合同是否成立存在争议,人民法院能够确定当事人姓名或者名称、标的和数量的,一般应当认定合同成立。但是,法律另有规定或者当事人另有约定的除外。根据前款规定能够认定合同已经成立的,对合同欠缺的内容,人民法院应当依据《民法典》第510条、第511条等规定予以确定。当事人主张合同无效或者请求撤销、解除合同等,人民法院认为合同不成立的,应当依据《民事证据规定》第53条的规定将合同是否成立作为焦点问题进行审理,并可以根据案件的具体情况重新指定举证期限。依据上述规定,合同在具备当事人主体、标的和数量的"三要素"时原则上成立,例外的情形根据个案确定。

在市场经济条件下,买卖交易频繁,买卖合同形式多样。在没有书面合同的情形下,如何认定买卖合同成立,存在较大争议。对此,《买卖合同解释》第1条规定:"当事人之间没有书面合同,一方以送货单、收货单、结算单、发票等主张存在买卖合同关系的,人民法院应当结合当事人之间的交易方式、交易习惯以及其他相关证据,对买卖合同是否成立作出认定。对账确认函、债权确认书等函件、凭证没有记载债权人名称,买卖合同当事人一方以此证明存在买卖合同关系的,人民法院应予支持,但有相反证据足以推翻的除外。"该规定进一步明确了审判实践中用以证明买卖合同成立的几种常见的书面凭证的证明力问题。

[①] 最高人民法院民法典贯彻实施工作领导小组主编:《中华人民共和国民法典合同编理解与适用(二)》,人民法院出版社2020年版,第857页。

（一）买卖合同成立的证明

1.证明途径。当事人基于买卖合同提起诉讼的，其请求权基础是买卖合同。因此，在诉讼中，首先应当举证证明买卖合同的存在与成立。当事人证明买卖合同成立的主要途径是：（1）证明合同成立的法律要件已经具备；（2）证明合同已经履行且为相对人所接受。

2.证据类型。证明买卖合同成立的主要证据包括：（1）以要约和承诺方式订立合同的，证明要约、承诺生效的信函、数据电文（电报、电传、传真、电子数据等）。（2）以行为作出承诺的，证明该行为已为相对人所接受的证据。（3）以合同形式订立买卖合同的，由双方共同签章的合同书为直接证据。（4）当事人在合同成立前可以要求签订确认书，合同自签订确认书成立。（5）没有直接证据证明买卖合同成立，证明合同已经履行且为相对人所接受的证据，如《买卖合同解释》第1条所列举的送货单、收货单、结算单、发票或者对账确认函、债权确认书等，均可以证明买卖合同成立。

3.举证责任分配。在买卖合同纠纷案件中，主张合同成立的一方当事人对合同成立的事实承担举证责任，不能将证明买卖合同成立的举证责任分配给否认买卖合同成立的一方。但在主张合同成立的一方已经提交交货凭证、结算凭证或者债权凭证的证据情形下，仅凭被告的否定性抗辩即否认买卖合同成立的事实，或者要求原告就此进一步举证，则会导致原告举证负担过重的不公平状态。因此，人民法院不能根据被告的否定性抗辩，直接否定买卖合同成立的事实；在必要时，可要求被告就买卖合同不成立的事实进行举证。

（二）交货凭证对买卖合同成立的证明力

送货单、收货单等交货凭证不能独立证明买卖合同成立，人民法院应当从实际出发，根据个案情况，结合当事人之间的交易方式、交易习惯以及其他相关证据，对买卖合同成立的事实作出判断。交易方式，是指某一类买卖合同缔结与履行所通行的共同方式。不同的交易方式，其合同的订立方式、履行方式有共同之处；但其缔约方式、交付标的物方式、支付价款方式有所不同。交易习惯，即交易中的惯常做法。"其他相关证据"，是指除书面合同及该条解释所列举的书证以外的、能够证明买卖合同成立的证据。

（三）结算凭证对买卖合同成立的证明力

结算单、发票属于结算凭证。在买卖合同履行过程中，结算单是记载买卖双方交付标的物名称、数量及价款的书面凭证。结算单通常由买卖合同一方当事人出具，在交付货物的同时交付给相对方，或者由相对方签字认可。发票是在购销商品、提供或者接受服务以及从事其他经营活动中，开具、收取的收付款项凭证。一般情况下，发票是收款人开具给付款人的，但在收购单位和扣缴义务人支付款项时，则由付款人向收款人开具发票。

《买卖合同解释》第1条规定，结算单、发票对买卖合同的成立具有证明力，但属于证明买卖合同成立的间接证据，人民法院应当结合当事人之间的交易方式、交易习惯以及其他相关证据，对买卖合同成立与否作出判断。这是因为：（1）结算单、发票是买卖双方的结算凭证，通常均以真实的买卖交易为基础，故对买卖合同具有一定的证明力。（2）结算单、发票本身并非买卖合同，如果对方当事人通过其他证据证明结算单、发票并非基于买卖合同关系产生，而是基于其他法律关系或者事实关系产生，则人民法院对买卖合同成立的主张不予支持。

（四）债权凭证对买卖合同的证明力

从性质上来看，对账确认函、债权确认书等函件、凭证是由债务人向债权人出具的债权凭证，是债务人认可买卖合同关系存在并承担给付义务的书面凭证。若此类函件记载债权人名称，则债权人据此主张买卖合同关系存在并请求债务人履行给付义务的，应当予以支持。若此类函件并没有记载债权人名称，则应当如何处理？实践中存在争议。

根据《买卖合同解释》的规定，此类债权凭证未记载债权人的名称，并不影响其记载内容的真实性。按照常理，在无相反证据证明的情况下，债权人持有该债权凭证，即推定凭证持有人为合法的债权人，当事人之间存在明确的债权债务关系。已经确定的债务人应当向谁偿还债务，是否存在债权转让等情形，并不影响债务人承担债务的事实及负担程度。如债务人提供了足以推翻该凭证持有人系买卖合同当事人的其他证据，则人民法院可据此认定诉讼双方当事人之间并不存在买卖合同关系。

六、买卖合同的分类

根据不同的标准，可以对买卖合同进行不同的分类。常见的分类如下：

（一）实物买卖合同与权利买卖合同

它们是依标的性质不同来划分的。实物买卖合同是指以实物作为标的物的买卖合同。权利买卖合同是指以所有权以外的财产权为标的物的买卖合同。德、日、英、美等国均以立法规定权利也可成为买卖合同的标的物。而我国《民法典》合同编规定的买卖合同虽仅指实物买卖合同，但并不排斥权利买卖合同。

（二）一般买卖合同与特种买卖合同

它们是依买卖行为是否有特别法律规定来划分的。一般买卖合同是指法律上无特别规定的买卖，其适用买卖合同的一般性规定。特种买卖合同是指买卖须适用法律的特别规定的合同。我国《民法典》规定的特种买卖合同有：分期付款买卖合同、货样品买卖合同、试用买卖合同、所有权保留买卖合同、招标投标买卖合同、拍卖合同、互易合同。

（三）特定物买卖合同与种类物买卖合同

它们是依标的物的性质不同来划分的。特定物买卖合同是指以特定物为标的物的买卖合同。合同产生特定物之债，出卖人只能交付约定的特定物，不能以其他物替代，一旦特定物毁损或灭失，就导致合同履行不能。种类物买卖合同是指以种类物为标的的买卖合同。种类物为可替代物，在出卖人的标的物发生损毁或灭失时不发生合同履行不能。

（四）即时买卖和非即时买卖

它们是依买卖能否即时清结来划分的。即时买卖指当事人在买卖合同成立时即将买卖标的物与价金对交，即时清结。非即时买卖指当事人在买卖合同成立时非即时清结，待日后履行。

非即时买卖又有预约买卖、赊欠买卖、期货交易等多种类型。预约买卖指买卖成立时买受人先支付预付款，出卖人日后交付货物的买卖，这种买卖在出卖人的角度称为预收，在买受人的角度称为订购。预约买卖与买卖预约不同。预约买卖的买卖关系已经成立，而买卖预约仅是一种预约，买卖合同并未成立，买受人未支付价金。赊欠买卖指买卖成立时出卖人先交付买卖标的物，买受人日后一次支付价金的买卖。赊欠买卖在出卖人的角度称为赊售，在买受人的角度称为赊购。

（五）一次付款买卖与分期付款买卖

它们是依支付价金的次数不同来划分的。买受人一次支付全部价金的，为一次付款买卖。买受人分期多次支付价金的，为分期付款买卖。

（六）一次供货买卖与分期供货买卖

它们是依交付货物的次数不同来划分的。出卖人一次将货物交付完毕，为一次供货买卖。出卖人分期多次交付货物，为分期供货买卖。

（七）自由买卖与竞争买卖

它们是依是否采用竞争的方法进行的买卖来划分的。未采用竞争方法进行买卖的，为自由买卖。采用竞争方法进行买卖的，为竞争买卖。竞争买卖又可分为拍卖和标卖。

七、对案例1的简要评析

当事人对合同是否成立存在争议，人民法院能够确定当事人名称或者姓名、标的和数量的，一般应当认定合同成立。但法律另有规定或者当事人另有约定的除外。因此，原则上，合同成立应具备"名称或姓名、标的、数量"三个条款，亦称为合同成立的"三要素"。合同的名称或者姓名，即合同的主体。订立合同就是为了实现当事人的经济或其他目的，因此，确定对方当事人的身份、资格和履行能力是首要的。合同的标的，即民事法律关系的客体要素。它是指民事权利义务的载体，或者说权利义务共同指向的对象。合同的标的是合同成立的必要条件，是一切合同的必备条款。数量是合同的必备条款，缺少数量条款，无法按照法律规定的合同漏洞补充方法予以补充，合同无法履行。

就案例1而言，法院在一开始的审理过程中可以说是"误入歧途"，将合同效力的有效与无效作为重点。其实，该案争议的焦点是合同成立还是未成立。从合同的主体来看，该案缺少使合同成立的主体，因此，该案的合同是不成立的，并在此基础上正确运用合同成立的举证规则，合理分配举证责任，从而做到对当事人实体权利的保护，对民事诉讼中举证责任的适用方法作出指导。

第二节　无权处分与多重买卖

一、问题的提出

在买卖合同中，无权处分与多重买卖的情形在司法实践和现实生活中颇为常见。因此，确有必要对常见的无权处分、多重买卖的买卖合同的效力及司法处理进行研究。

在研究无权处分与多重数买之前，先看一则案例。

案例2：一房二卖起纷争，房屋产权应归谁[1]

原告刘某东向法院起诉请求判令被告肖某剑将某小区1号楼1单元1202号房屋交付，并协助刘某东办理房屋过户手续。第三人刘某辉向法院起诉请求判令被告肖某剑上述房屋登记到刘某辉名下。

2017年5月18日，肖某剑（甲方）与刘某东（乙方）、永某公司（丙方）签订《房屋买卖居间三方合同》，载明"……甲方将其所有的1202号房以88万元的价格出卖给乙方；乙方于2017年5月18日交购房定金5万元给甲方，甲方产权证正在办理中，尚欠银行人民币约42万元，乙方须在甲方产权办

---

[1] 参见湖北省宜昌市中级人民法院（2021）鄂05民终539号民事判决书。本书参考的裁判文书，除另有说明外，均来源于中国裁判文书网，最后访问日期：2024年5月11日。

理后 5 个工作日内还清甲方银行欠款并赎出产权证、土地证原件托管于丙方作为过户之用，乙方拟申请银行商业按揭贷款金额为 70 万元，贷款金额以银行审批为准"。当日，刘某东向永某公司支付了 5 万元，作为给付肖某剑的购房定金。自 2017 年 6 月 17 日始，刘某东依约每月向肖某剑指定银行账户转款，代为偿还银行贷款。

2018 年 1 月 7 日，肖某剑与刘某辉、新某公司（经纪方、丙方）另签订《存量房买卖居间（代理）合同》，约定将案涉房屋出售给刘某辉，购房款为 125 万元，并约定购房定金为 20 万元，待肖某剑收取购房定金及首付款达 50 万元时，办理交接手续。当日，刘某辉向肖某剑支付购房定金 20 万元。随后，肖某剑（甲方）与刘某辉（乙方）签订《交房协议》，载明"甲乙双方友好协商于 2018 年 2 月 1 日甲方将上述房屋交给乙方提前装修入住"。

生效裁判认为：关于案涉两份房屋买卖合同的效力问题。刘某东与肖某剑签订《房屋买卖居间三方合同》，系双方当事人真实意思表示，双方签订合同后均按照合同履行各自的义务，该合同成立并生效。肖某剑后与刘某辉签订《存量房买卖居间（代理）合同》，亦系双方当事人真实意思表示，不违反法律法规的强制性规定，且现有证据无法证明肖某剑与刘某辉之间存在恶意串通，该合同为有效合同。故案涉两份房屋买卖合同均属有效合同。关于案涉两份房屋买卖合同的履行问题。在以案涉房屋为标的的数个买卖合同均为有效的情况下，根据债权平等的原则，各个买受人均可要求继续履行合同。本案中，结合合同成立时间及履行情况，刘某东与肖某剑签订的房屋买卖合同成立在先，应当遵守诚实信用原则，依约履行合同，其诉讼请求予以支持。而刘某辉已付购房款 40 万元，尚余购房款 85 万元未支付，刘某辉需要后期办理银行按揭贷款，办理房屋变更手续的条件未成就，故刘某辉要求将房屋登记在其名下的诉请，无事实和法律依据，不予支持。

上述案例，涉及"一房二卖"问题。试问：无权处分买卖合同的效力如何认定？多重买卖合同的效力如何认定？如何确定履行顺序？在无权处分、多重买卖的情形下买受人的利益如何保护？

二、无权处分买卖合同的效力认定

《民法典》第 597 条第 1 款规定:"因出卖人未取得处分权致使标的物所有权不能转移的,买受人可以解除合同并请求出卖人承担违约责任。"由此可见,买卖合同的当事人应该是买卖标的物的所有权人,或者为有处分权人。一般而言,出卖人对标的物享有所有权,则出卖人即为所有权人。但法律同时还规定,依法享有处分权的人,也可成为出卖人。

在司法实践中,依法享有处分权的人主要有如下几类:一是出卖人基于所有权人的授权而对标的物享有处分权。其主要包括:经营管理权人、抵押权人、质权人和行纪人。二是出卖人基于法律规定而对标的物享有处分权。其主要包括:留置权人、法定优先权人。三是人民法院。人民法院对逾期拒不履行法律文书确定义务的被执行人的财产,有权进行查封、扣押,并交有关单位拍卖或者变卖,以人民法院的名义强制被执行人履行义务,实现债权人的债权利益。依照法律规定,人民法院在上述条件满足时,可成为买卖合同的出卖人。

一般而言,作为买卖合同的出卖人应该是标的物的所有权人或者有处分权人。但在司法实践中遇到买卖合同的出卖人既非标的物的所有人,又非有处分权人,即出卖他人之物的买卖合同。该合同效力如何,成为理论界和司法实务界争论的焦点,主要有三种观点:一是合同无效说。该说以给付不能理论为基础而认为,由于出卖人对标的物没有所有权或处分权,因此属于以不能履行的给付为合同标的的情形,应认定合同无效。如《法国民法典》第 1599 条规定:"出卖他人之物无效……"法国民法之所以认定出卖他人之物的契约无效,主要是因为其对买卖标的物所有权之移转,采意思主义,认为所有权因契约之成立,即移转于买受人之故。[①] 二是效力待定说。该说可谓当前比较流行的说法,该说认为,出卖他人之物,并不发生买卖合同的效力,属于无权处分行为。在权利人追认或处分人嗣后取得权利之后,该合同的效力为有效;在权利人拒绝追认或处分人未取得权利的情形下,该合同无效。

---

① 王泽鉴:《民法学说与判例研究》(第一册),中国政法大学出版社 1998 年版,第 409 页。

这里说的无效，不是处分行为无效，而是无权处分的合同无效，即买卖合同无效。但为了保障交易安全，在无权处分合同无效的情形下，判断权利人可否从买受人处取回标的物，应当依据善意取得制度。[1]三是合同有效说。该说认为，买卖合同的出卖人既非标的物的所有权人，又非标的物的有处分权人，出卖他人之物的买卖合同仍是生效合同。[2]立法机关认为，处分他人之物所订立合同的效力，尽管《民法典》第597条中没有明确规定出卖人处分他人之物所订立的合同是否为有效合同，但实质上对此是持肯定态度的。[3]

笔者认为，无权处分的买卖合同的效力应当认定为有效。理由是：首先，出卖他人之物的买卖合同认定为有效，符合我国现行法律关于物权变动模式的相关规定，符合《民法典》物权编关于不动产变动的原因与结果进行区分的规定。在债权形式主义的物权变动模式之下，债权合同效力的发生并不直接引起物权变动的法律效果，物权变动法律效果的发生，须以生效的债权合同与交付或登记行为作为前提。反之，没有登记或交付行为，只是不产生物权变动的法律效果，并不影响债权合同的效力。

其次，出卖他人之物的买卖合同认定为有效，也符合合同效力的理论。合同效力的认定，应当依据合同签订时的情形来判定，即合同效力自签订之日便已确定，不能以合同是否得以履行来判定合同的效力。在买卖合同中，标的物所有权能否发生移转，是出卖人能否依约履行合同的问题，不能因为出卖人无法履行合同义务，就否认出卖人与后续买受人之间订立的买卖合同的效力。在实践中，出卖人为了逃避责任往往主动提出后续合同无效的抗辩，这实际上是一种恶意抗辩的行为。显然，出卖人在订立合同时便已明知其行为违法，而仍然从事该行为，事后在合同履行对其不利时，为逃避承担违约责任而主张合同无效，其行为显然违反了诚实信用原则。若支持出卖人的这

---

[1] 梁慧星：《如何理解合同法第51条》，载《人民法院报》2000年1月8日，第3版。
[2] 2012年《买卖合同解释》第3条规定："当事人一方以出卖人在缔约时对标的物没有所有权或者处分权为由主张合同无效的，人民法院不予支持。出卖人因未取得所有权或者处分权致使标的物所有权不能转移，买受人要求出卖人承担违约责任或者要求解除合同并主张损害赔偿的，人民法院应予支持。"由此可知，该解释采纳了合同有效说。
[3] 黄薇主编：《中华人民共和国民法典释义（中）》，法律出版社2020年版，第1162页。

种抗辩，认定合同无效，会助长这种不讲信誉的行为，不利于强化合同的严守和诚信观念，将纵容出卖人的违法行为，使其逃避合同制裁，更不利于保护买受人的合法权益。

最后，用利益衡量的方法来分析，确认出卖他人之物的买卖合同为有效合同，要比确认为无效合同更有利于保护买受人的利益，制裁出卖人。我们知道，将出卖他人之物的买卖合同确认为无效合同，出卖人对买受人要承担缔约过失责任，而缔约过失责任的赔偿范围主要包括三项内容，即缔约费用、利息损失、丧失缔约机会的损失。该三项内容一般在赔偿数额上，均不及违约损失的赔偿。因此，从利益衡量的角度来看，让合同生效从而使出卖人对买受人承担违约责任，比让合同成为效力待定而使出卖人对买受人承担缔约过失责任，更有利于平衡当事人的利益，更有利于买受人，特别是善意的买受人更能得到保护。[1]

三、多重买卖合同的效力认定

多重买卖合同，又称一物数卖合同，或者一物多卖合同，即出卖人就同一标的物订立数个买卖合同，分别出售给数个买受人。在出卖人一物多卖时，不能取得标的物所有权的买受人能否要求出卖人承担违约责任？这涉及一物多卖时多个买卖合同的效力和买受人的债法救济等问题，这些问题又和物权变动模式的立法规定直接相关。

在一物多卖时，只能有一个合同的当事人取得合同标的物的所有权。在此情形下，其他没有达到物权变动效果的买卖合同的效力如何？这涉及物权变动模式的立法规定问题。在大陆法系国家，比较有代表性的物权变动模式有三种：以《法国民法典》为代表的债权意思主义[2]的物权变动模式；以《德国民法典》为代表的物权形式主义[3]的物权变动模式；以《奥地利民法典》

---

[1] 参见何志：《合同法原理精要与实务指南》，人民法院出版社2008年版，第502—504页。
[2] 所谓债权意思主义，是指仅凭当事人的债权意思（如当事人达成合意）就发生物权变动的效力，无须以登记或交付为其成立或者生效要件。
[3] 所谓物权形式主义，是指物权变动法律效果的发生，除债权意思外，还必须有物权变动的意思表示，并履行登记或交付的法定方式。

为代表的债权形式主义①的物权变动模式。通说认为，我国现行法律关于物权变动模式采取的是债权形式主义的物权变动模式。即物权发生变动时，除当事人之间签订债权合同之外，还需要履行登记或者交付的法定方式。该模式的特点为：第一，基于法律行为转移物权，事先需要有当事人之间的合意，合意是依法律行为变动物权的基础。但此种合意不是所谓的物权合同，而是债权合意，即当事人是否设定物权以及物权内容等方面达成的协议。第二，在合意基础上，还需要履行一定的公示方法（登记或者交付）才能达到物权变动的效果。第三，该模式区分债权变动与物权变动的法律事实基础，认为当事人之间生效的债权合同仅能引起债权变动的法律效果。生效的债权合同结合交付或者登记手续的办理，方能发生物权变动的法律效果。因此，债权合同的效力是独立的，是否登记或者交付，影响到物权变动的效果，但对债权合同的效力不产生影响。

在债权形式主义物权变动模式之下，当出卖人与第一买受人订立买卖合同后，如标的物未交付（动产）或未办理过户登记手续（不动产），标的物的所有权就不发生转移。在此情形下，出卖人再与后续买受人订立买卖合同，由于出卖人此时出卖的仍为其享有所有权的标的物，只要不违反法律、行政法规强制性规定，不违背公序良俗，此后订立的数个买卖合同应为有效的买卖合同。如最高人民法院在审查再审申请人费某某因与被申请人某农商行、一审被告盛某公司案外人执行异议之诉一案中认为，针对涉案房屋，无论是延某信用社与盛某公司签订的《商品房预售合同》《补充协议》，还是某农商行与盛某公司签订的《商品房买卖合同（预售）》《商品房预售合同补充协议》，均未违反法律、法规的强制性规定，应认定为合法有效。②

审判实践中一物多卖的情形是复杂多变的。合同标的物存在动产和不动产的区别，相应的物权变动规则也会不同。出卖人在一物多卖时，由于办理登记或交付的时间顺序方面的不同，也导致买受人在标的物的所有权取得方面的千差万别，由此引发对不能取得标的物所有权的买受人所签订的买卖合

---

① 所谓债权形式主义，是指物权变动法律效果的发生，除债权意思外，还必须履行登记或交付的法定方式，但是不需要作出物权变动的意思表示。

② 详见最高人民法院（2021）最高法民申 2299 号民事裁定书。

同的效力的多种观点分歧。只有正确理解掌握《民法典》物权编关于债权形式主义物权变动模式以及公示方法和区分原则的相关规定，才能正确认定多重买卖合同的效力以及多重买卖情形下标的物所有权的归属，继而依法保护不能取得标的物所有权的买受人的合法权益。

四、多重买卖的履行顺序[①]

在我国债权形式主义的物权变动模式下，在多重买卖合同均为有效合同的场合，尚需交付行为才能完成标的物的物权变动。据此，在数个买卖合同均有效的前提下，先行受领动产标的物交付的买受人请求确认标的物所有权已经转移的，人民法院自应支持。在审判实务中，争论焦点主要集中在：如果各个买受人均未受领标的物的交付，哪个买受人的请求权应当获得优先保护？因法律对此未明文规定，理论上存在四种不同观点：第一，出卖人自主决定说。认为数个买受人享有的债权具有平等性，出卖人有权选择履行合同或者不履行合同而承担违约责任，故应由出卖人自主决定向哪个买受人实际履行合同。第二，先行支付价款说。认为应借鉴国外不动产买卖中的优先权制度，按照履行合同顺序确定物权归属。从维护正常的交易秩序、促进合同的善意履行、维护当事人合法权益出发，亦应由先行支付价款的买受人优先享有合同权利并最终取得标的物所有权。第三，合同成立在先说。认为多重买卖通常是因出卖人的过错所致，依据诚实信用原则，应由合同成立在先的买受人先行取得合同权利并获得标的物之所有权。第四，买受人先请求说。认为基于多重买卖而产生的数个债权均处于平等地位，相互之间并无位序关系，先买受人与后买受人皆享有随时要求出卖人履行合同、交付标的物的债权请求权。因此应以买受人请求出卖人履行合同、交付标的物的先后作为优先得到实际履行的判定标准。

《买卖合同解释》规定在平衡多重买卖行为中各方的利益时，应当依据诚实信用和公平原则予以衡量。具体而言：多重买卖通常是在出卖人因标的物价格上涨、后买受人支付的价金更高时发生。出卖人本应履行前一买卖合

[①] 参见宋晓明、张勇健、王闯：《〈关于审理买卖合同纠纷案件适用法律问题的解释〉的理解与适用》，载《人民司法·应用》2012年第15期。

同，交付标的物于先买受人，其却不履行该义务而将同一标的物出卖给后买受人，明显违反诚实信用原则。其在履行合同与不履行合同并承担违约责任之间的选择方面，通常选择后买受人支付的高价而对先买受人自愿承担低于高价的违约赔偿责任，从而损害交易安全。加之，在数个合同均面临实际履行的请求场合，也容易催生出卖人与个别买受人恶意串通行为的发生。有鉴于此，如果采纳"出卖人自主决定说"，无疑是放任甚至怂恿出卖人的失信行为。因此《买卖合同解释》否定了出卖人自主决定说，而是综合先行支付价款说和合同成立在先说，确定了如下实际履行规则。

1. 出卖人就同一普通动产订立多重买卖合同，在买卖合同均有效的情况下，买受人均要求实际履行合同的，应当按照以下情形分别处理：（1）先行受领交付的买受人请求确认所有权已经转移的，人民法院应予支持；（2）均未受领交付，先行支付价款的买受人请求出卖人履行交付标的物等合同义务的，人民法院应予支持；（3）均未受领交付，也未支付价款，依法成立在先合同的买受人请求出卖人履行交付标的物等合同义务的，人民法院应予支持。

2. 出卖人就同一船舶、航空器、机动车等特殊动产订立多重买卖合同，在买卖合同均有效的情况下，买受人均要求实际履行合同的，应当按照以下情形分别处理：（1）先行受领交付的买受人请求出卖人履行办理所有权转移登记手续等合同义务的，人民法院应予支持；（2）均未受领交付，先行办理所有权转移登记手续的买受人请求出卖人履行交付标的物等合同义务的，人民法院应予支持；（3）均未受领交付，也未办理所有权转移登记手续，依法成立在先合同的买受人请求出卖人履行交付标的物和办理所有权转移登记手续等合同义务的，人民法院应予支持；（4）出卖人将标的物交付给买受人之一，又为其他买受人办理所有权转移登记，已受领交付的买受人请求将标的物所有权登记在自己名下的，人民法院应予支持。

五、无权处分、多重买卖的买受人救济方式

按照合同自由的原则，合同的救济方式由非违约方自主选择行使。在无权处分、多重买卖情形下，只能有一个买受人取得标的物的所有权，其他不能取得该标的物所有权的买受人可以援用债权法有关救济的规定来维护自身

合法权益。《合同编通则解释》第 19 条第 1 款规定："以转让或者设定财产权利为目的订立的合同，当事人或者真正权利人仅以让与人在订立合同时对标的物没有所有权或者处分权为由主张合同无效的，人民法院不予支持；因未取得真正权利人事后同意或者让与人事后未取得处分权导致合同不能履行，受让人主张解除合同并请求让与人承担违反合同的赔偿责任的，人民法院依法予以支持。"第 2 款规定："前款规定的合同被认定有效，且让与人已经将财产交付或者移转登记至受让人，真正权利人请求认定财产权利未发生变动或者请求返还财产的，人民法院应予支持。但是，受让人依据民法典第三百一十一条等规定善意取得财产权利的除外。"因此，在买卖合同有效的前提下，不能取得该标的物所有权的买受人可以追究出卖人的违约责任，或者可以依据《民法典》有关规定以出卖人存在欺诈情形而请求人民法院撤销合同。

1. 追究出卖人违约责任。在无权处分、多重买卖情形下，其他买受人虽然不能取得该标的物所有权，但由于这些买受人所签订的买卖合同依然有效，他们仍然可以依据有效合同来追究出卖人的违约责任，人民法院对此应予支持。关于违约责任形式，《民法典》第 577 条规定："当事人一方不履行合同义务或者履行合同义务不符合约定的，应当承担继续履行、采取补救措施或者赔偿损失等违约责任。"

2. 请求撤销合同。在买卖合同订立过程中，如果出卖人隐瞒其就同一标的物已经与其他人签订买卖合同或已办理登记或交付手续，便已构成欺诈，后续买受人可以依据《民法典》第 148 条①的规定请求人民法院或者仲裁机构撤销其与出卖人签订的买卖合同，并由出卖人承担违约责任。

3. 行使债权人撤销权。在多重买卖情形下，出卖人与先买受人签订买卖合同后未办理标的物登记或交付手续，而后又与后续买受人签订买卖合同并办理了标的物登记或交付手续，不能取得该标的物所有权的先买受人可行使撤销权，请求撤销出卖人与后续买受人签订的买卖合同，从而使标的物的物权回归到变动前的原始状态。当然，该种撤销权的行使应当符合《民法典》

---

① 《民法典》第 148 条规定："一方以欺诈手段，使对方在违背真实意思的情况下实施的民事法律行为，受欺诈方有权请求人民法院或者仲裁机构予以撤销。"

第 539 条^①的规定。

六、对案例 2 的简要评析

在案例 2 中，案涉的两份房屋买卖合同均成立并合法有效，根据债权平等原则，刘某东、刘某辉均可以要求肖某剑继续履行合同，但双方买卖的标的物是不动产房屋，依法只能由一方买受人取得房屋的所有权，其他不能取得所有权的买受人则有权依据合同追究出卖人的违约责任。

买受人均能够依据合同最终取得房屋的所有权，但应区分不同情形加以判定。《第八次全国法院民事商事审判工作会议（民事部分）纪要》第 15 条进一步予以明确："审理一房数卖纠纷案件时，如果数份合同均有效且买受人均要求履行合同的，一般应按照已经办理房屋所有权变更登记、合法占有房屋以及合同履行情况、买卖合同成立先后等顺序确定权利保护顺位。"参照《买卖合同解释》第 7 条的规定："出卖人就同一船舶、航空器、机动车等特殊动产订立多重买卖合同，在买卖合同均有效的情况下，买受人均要求实际履行合同的，应当按照以下情形分别处理：（一）先行受领交付的买受人请求出卖人履行办理所有权转移登记手续等合同义务的，人民法院应予支持；（二）均未受领交付，先行办理所有权转移登记手续的买受人请求出卖人履行交付标的物等合同义务的，人民法院应予支持；（三）均未受领交付，也未办理所有权转移登记手续，依法成立在先合同的买受人请求出卖人履行交付标的物和办理所有权转移登记手续等合同义务的，人民法院应予支持；（四）出卖人将标的物交付给买受人之一，又为其他买受人办理所有权转移登记，已受领交付的买受人请求将标的物所有权登记在自己名下的，人民法院应予支持。"即应按照房屋登记公示、占有、价款交付以及合同成立的先后顺序来确定房屋所有权的归属。具体到案例 2 查明的事实，刘某东与肖某剑签订合同时间在先，刘某东按约定支付了定金和其他费用，并持续为肖某剑偿还了银行按揭贷款，应认定合同成立和履行在先。后签订和履

---

① 《民法典》第 539 条规定："债务人以明显不合理的低价转让财产、以明显不合理的高价受让他人财产或者为他人的债务提供担保，影响债权人的债权实现，债务人的相对人知道或者应当知道该情形的，债权人可以请求人民法院撤销债务人的行为。"

行合同的刘某辉依约履行了价款交付义务，但其若主张履行合同的权利优先于刘某东，依据上述相关规定，则应当举证证明其在知悉该房屋肖某剑已在转让给刘某东之前，其已实际对房屋行使了"善意且合法占有"的事实。同时，对上述"占有"应理解为对房屋的直接管理和支配，一般应当认为拿到了房屋钥匙并办理物业入住手续，方能视为对房屋有事实上的管理和支配权。

本案系一房二卖引发的房屋买卖合同纠纷，肖某剑为了自身利益将已经达成买卖协议并收取了前期价款的房屋重复出售，人为制造纠纷，增加了司法诉累和当事人的维权成本，严重影响了当事人的合同期待利益，有违公民诚实、守信原则，法律上应予以否定评价。面对现实生活中大量出现的一物多卖的情形，支付金钱的一方在没有取得买卖合同标的物时，可以选择到公安机关以出卖人涉嫌诈骗罪为由进行控告，公安机关的介入可以使追回金钱的可能更大一些。当然，还可以向人民法院提起民事诉讼进行解决。

第三节　出卖人的主要义务

一、问题的提出

依法成立并生效的买卖合同，对双方当事人均有法律约束力，即体现为买卖双方的权利和义务。因买卖合同为典型的双务合同，出卖人的义务，即为买受人的权利；买受人的义务，即为出卖人的权利。笔者均从一方的义务进行论述。根据我国《民法典》合同编的规定，出卖人的义务主要有交付标的物的义务、对标的物的权利瑕疵负担保义务和对标的物的瑕疵负担保义务。合同编的规定与《法国民法典》《德国民法典》对出卖人义务的规定是相同的。

在研究出卖人义务之前，先看两则案例。

案例3：明知出卖人出卖他人车辆而购买，遭受损失该如何索赔[1]

2018年2月，原告阳某欲购买一台二手车，其通过被告邓某的哥哥介绍认识了邓某。后原、被告双方达成口头协议，由原告向被告购买一辆车牌号码为皖K3××××的宝马牌小型轿车，原告向被告支付购车款共计12.5万元。被告向原告交付了车辆、机动车行驶证（登记的所有人为付某慧），并将有付某慧签名的空白最高额借款合同、质押担保合同、借条、收条交与原告。2020年5月8日，原告停放在停车场的案涉轿车被他人开走。后原告报警，经公安机关出警后调查得知案涉轿车已抵押给某公司，该公司有该车的抵押登记手续，故将案涉轿车拖走。现原告认为其已无法继续占有使用案涉宝马牌小型轿车，且与被告协商无果，故诉至法院酿成纠纷。

生效裁判认为，原告向被告支付购车款12.5万元，被告将案涉车辆、机动车行驶证等交给原告，双方虽未签订书面买卖合同，但形成事实车辆买卖合同法律关系。抵押期间，抵押人未经抵押权人同意，不得转让抵押财产，但受让人代为清偿债务消灭抵押权的除外。案涉车辆是抵押车辆，并未涤除抵押权，原车主不得转让该车辆，且被告并不是从原车主处购得，与原车主并没有买卖该车的行为，故被告亦不具备履行买卖该车的条件，更无权向原告转让该车辆。原、被告之间存在案涉车辆的买卖合同关系，但该合同在客观上已不能履行，双方当事人应当按照约定全面履行自己的义务，一方不履行义务，应当承担继续履行、采取补救措施或赔偿损失等责任。因被告无权转让该抵押的车辆，而在其微信朋友圈中买卖抵押车辆，客观上增加了交易风险，扰乱了市场经济秩序，该车已被抵押权人取回，被告对原告失去对车辆的占有、使用有过错，故被告应返还原告购车款。原告作为买受人不仅未要求与被告签订书面买卖合同，且未核实案涉车辆权属、不能过户的原因，以及案涉车辆上是否有其他权利负担等具体信息，疏于对自身利益风险的保护并放纵利益风险的发生，原告自身有过错，应当减轻被告的责任。经综合考虑本案的具体情况及原告已占用、使用案涉车辆的时间等因素，酌情确定

---

[1] 详见湖南省怀化市中级人民法院（2021）湘12民终2538号民事判决书。

被告对原告的损失承担60%的责任，返还购车款7.5万元，原告诉求超出的部分，不予支持。

案例4：因虚假宣传签订的买卖合同，出卖人应当承担违约责任[①]

2010年10月1日，赵某红在泛某公司购买家具若干件，合计价款23960元。涉案家具上有该公司注明的"桦木""美国赤桦木""胡桃木"等字样，且家具送货单上加注了上述家具为"实木"。后赵某红发现涉案家具材质为板木结合，遂诉至法院，请求退还涉案家具及货款等，并赔偿23960元。泛某公司承认涉案的部分产品存在质量瑕疵，但否认构成产品质量问题，并认为其在销售过程中告知过赵某红涉案产品为板木结合，但是泛某公司并不能提供涉案家具的进货凭证、购货发票、产品合格证、说明书等。

生效裁判认为，泛某公司提供的证据不足以证明涉案家具的真实信息及品质，应承担相应的产品质量责任。同时，结合送货单上的加注以及泛某公司产品宣传图片中关于产品的文字介绍，表述均为"某某木"或"实木"，该家具公司存在引人误解的虚假宣传行为，构成对赵某红的欺诈。故判决支持赵某红的诉讼请求。

在上述案例中，案例3涉及出卖人应当对标的物负有权利瑕疵担保义务，案例4涉及出卖人应当对标的物负有物的瑕疵担保义务。试问：如何理解适用出卖人负有交付标的物并转移标的物所有权的义务？如何理解适用出卖人对标的物负有权利瑕疵担保义务和物的瑕疵担保义务？

二、出卖人负有交付标的物并转移标的物所有权的义务

根据《民法典》第598条的规定，交付标的物或提取标的物的单证并转移标的物的所有权是出卖人的基本义务。交付方式、交付时间、交付地点是出卖人交付标的物的义务所包括的三个紧密联系的因素。

[①] 详见《最高法院公布10起维护消费者权益典型案例》，载《人民法院报》2014年3月16日，第3版。

（一）交付方式

交付的主要形态是现实交付，但不仅限于现实交付，交付的方式包括：

1. 现实交付。又称实际交付，是指出卖人按指定的时间和地点，将标的物置于买受人的实际控制之下。现实交付一般是指具体的、可以转移实际占有的出卖物交付。

2. 简易交付。根据《民法典》第226条的规定，简易交付是指标的物在订立合同之前已为买受人占有的，自合同生效时即视为交付。如甲将自行车借给乙使用，后甲、乙双方协商将该车出卖给乙，则自协议生效之时起，即为自行车的交付。

3. 指示交付。根据《民法典》第227条的规定，指示交付是指出卖的标的物在第三人占有的情况下，出卖人将对于第三人就标的物的返还请求权转让给买受人，以代替标的物的实际交付。如出卖人将提单、仓单交付给买受人，由买受人向第三人提取标的物。《民法典》第598条规定的交付提取标的物的单证，即属于对指示交付的规定。

4. 占有改定。根据《民法典》第228条的规定，占有改定是指在买卖合同生效后，卖方如需继续占有买卖合同的标的物的，卖方与买方缔结由买受人取得间接占有的合同关系以代替现实交付。如甲将自行车卖给乙，甲、乙签订买卖合同后，又签订借用合同，由甲在买卖合同生效后借用该自行车，借用合同生效时即为标的物交付。

出卖人无论采用何种交付方式，按照《民法典》第599条的规定，出卖人应当按照约定或者交易习惯向买受人交付提取标的物单证以外的有关单证和资料。依据《买卖合同解释》第4条的规定，《民法典》第599条规定的"提取标的物单证以外的有关单证和资料"，主要应当包括保险单、保修单、普通发票、增值税专用发票、产品合格证、质量保证书、质量鉴定书、品质检验书、产品进出口检疫书、原产地证明书、使用说明书、装箱单等。

特别需要注意的是，出卖人向买受人交付提取标的物单证以外的有关单证和资料，需要有合同的约定或者交易习惯的要求。如果合同没有约定或者交易习惯没有要求，出卖人可以不履行这项义务。只要是合同作了约定或者交易习惯有具体要求，出卖人就不能拒绝履行，否则就属于违约行为，应当承担违约责任。[①]

(二) 交付时间

《民法典》合同编对交付时间作出了规定，其主要内容如下：

1. 在买卖合同中明确约定了标的物交付的具体日期，或者在合同中可以确定交付的具体日期，出卖人应按该日期履行交付标的物的义务。

2. 在买卖合同中明确约定了标的物交付的具体期间，或者从合同中可以确定交付的具体期间，出卖人有权决定在交付期间内的任何时间交付。

3. 在买卖合同中没有约定标的物的交付期限或约定不明确的，买卖双方可以就此协议补充，不能达成补充协议的，按照合同有关条款或者交易习惯确定。买卖双方既未达成协议，又未能按合同有关条款或者交易习惯确定时，出卖人可以随时履行交付义务，买受人也可以随时请求出卖人履行交付义务，但都应给对方留出必要的准备时间。

4. 标的物在订立合同之前已为买受人占有的，合同生效的时间为交付时间。

(三) 交付地点

《民法典》第603条对交付地点作出了规定，其主要内容如下：

1. 在买卖合同中约定了交付地点的，出卖人应当按照合同约定的地点交付标的物。

2. 在买卖合同中没有约定交付地点或对交付地点约定不明的，一是签订补充协议，即当事人在原合同的基础上，通过协商一致，确定交付地点。这与当事人在原合同中同时明确约定了交付地点的买卖合同具有相同的法律效果，都是当事人自由意思表示的体现。二是双方当事人不能达成补充协议的，按照合同有关条款或者交易习惯确定，即根据合同条款上、下文之间的关系或者某类交易通常约定俗成的习惯交付方式来确定交付地点，在发生纠纷时，这种填补合同纠纷地点条款的权利由法院行使。

---

① 参见黄薇主编：《中华人民共和国民法典合同编释义》，法律出版社2020年版，第329页。

3. 依据上述方式仍不能确定交付地点的，法律根据具体的交易方式，确定了如下规则：第一，标的物需要运输的，出卖人应当将标的物交付给第一承运人视为运交给买受人。在此情况下，出卖人将标的物交付给第一承运人的地点即视为交付地点。这一规则与以往司法解释的区别在于，该规则没有按照自提、送货和代办托运等交货方式来区分不同的交付地点，而是将标的物需要运输的交付地点作了统一规定。虽然，以此规则确定交付地点，未必准确，但它作为当事人对交付地点约定不明时的补充，可较为便利快捷地确定交付地点。第二，标的物不需要运输，出卖人和买受人订立合同时知道标的物在某一地点的，出卖人应当在该地点交付标的物；不知道标的物在某一地点的，应当在出卖人订立合同时的营业地交付标的物。该项规则将在不需要运输的情况下标的物交付地点的确定区分为两种类型：一是订立合同时双方当事人已知标的物所处的地点的，标的物所在地为交付地点；二是订立合同时标的物所处地点尚不确定的，则以出卖人的营业地为交付地点。

（四）出卖人负有转移标的物所有权的义务

转移标的物所有权是买卖合同的根本要求，也是卖方的基本义务。除法律另有规定或双方当事人另有约定的外，卖方履行所有权转移义务的方式主要是：

1. 交付转移。对动产的交付，除法律有特别规定外，在卖方将其交付于买方时，所有权便发生转移。如果仅仅是拟制交付，出卖人转移提取标的物的单证，单证的转移通过出卖人作出背书行为完成。

2. 登记转移。不动产和某些特殊动产需要办理登记手续才能转移所有权，卖方与买方须一起申请办理登记，才完成所有权的转移。另外，对于交付与转移义务，出现某些法律规定或当事人约定的情况时，出卖人可免除交付与转移义务。免除的法定事由有：一是履行不能，即出现《民法典》第580条[①]

[①] 《民法典》第580条规定："当事人一方不履行非金钱债务或者履行非金钱债务不符合约定的，对方可以请求履行，但是有下列情形之一的除外：（一）法律上或者事实上不能履行；（二）债务的标的不适于强制履行或者履行费用过高；（三）债权人在合理期限内未请求履行。有前款规定的除外情形之一，致使不能实现合同目的的，人民法院或者仲裁机构可以根据当事人的请求终止合同权利义务关系，但是不影响违约责任的承担。"

规定的情形。二是不可抗力,即出现《民法典》第590条①规定的情况。

一般而言,除非法律另有规定,交付是特殊动产物权变动的生效要件,登记是其物权变动的对抗要件。在交付与登记发生冲突时,交付优先于登记。据此,在特殊动产多重买卖场合发生交付与登记冲突时,交付应当优先于登记。因此,《买卖合同解释》第7条第4项规定:"出卖人将标的物交付给买受人之一,又为其他买受人办理所有权转移登记,已受领交付的买受人请求将标的物所有权登记在自己名下的,人民法院应予支持。"

3. 知识产权的归属。根据《民法典》第600条的规定,出卖具有知识产权的标的物的,除法律另有规定或者当事人另有约定外,该标的物的知识产权不属于买受人。在权利买卖中,当事人所追求的合同目的与一般的货物买卖是不同的。一般货物买卖也是权利,即货物所有权的转移,但货物的所有权建立在现实的、可见的实物之上,其所有权是一个法律上的抽象概念,当事人所追求的是物的实用性。而权利的买卖或者转让则不同,当事人所追求的是权利本身所体现的利益。②

三、出卖人负有权利瑕疵担保义务

(一)瑕疵担保概说

所谓瑕疵担保,是指出卖人对买卖标的物存在权利瑕疵或者质量瑕疵时,按照法律规定或者约定应当向买受人承担的民事责任。依此定义,瑕疵担保可分为权利瑕疵担保和物的瑕疵担保。

瑕疵担保是责任的一种称谓,它与其他责任种类一样,都是从特定角度而言的。瑕疵担保是从担保角度而言的,或者是从买卖标的的责任角度而言的。买卖标的应具备相应的品质,倘若有瑕疵,出卖人就要承担瑕疵的一般

---

① 《民法典》第590条规定:"当事人一方因不可抗力不能履行合同的,根据不可抗力的影响,部分或者全部免除责任,但是法律另有规定的除外。因不可抗力不能履行合同的,应当及时通知对方,以减轻可能给对方造成的损失,并应当在合理期限内提供证明。当事人迟延履行后发生不可抗力的,不免除其违约责任。"

② 参见黄薇主编:《中华人民共和国民法典释义(中)》,法律出版社2020年版,第1167页。

担保责任，即出卖人以其责任财产承担瑕疵责任。瑕疵责任如何承担，可视买卖标的瑕疵的具体情况，适用违约责任的相关规定。瑕疵担保作为一种古老的法律制度至今仍具有蓬勃生命力，在于它有合理的内涵。瑕疵担保具有如下特点。

1. 瑕疵担保是出卖人对买受人承担的责任。买受人支付价款是为了取得符合约定条件的财产，如果该财产存在着不符合约定条件要求的瑕疵，显然有悖买卖合同的初衷，出卖人应当承担相应的责任。这种责任产生于买卖合同的双务有偿属性，在无偿合同中一般并不存在。

2. 瑕疵担保是由当事人约定或者法律规定的责任。有人直接将瑕疵担保认定为一种法定责任，即由法律直接规定的责任，而不是当事人约定的责任，也即瑕疵担保是法律直接规定的，不以当事人的约定为条件，因此瑕疵担保是法定责任，但属于任意性规定，不是强行性规定，当事人可以就其使用进行特别约定。其实，既然法律规定是一种任意性规定，当事人的约定优先于法律规定，那么，瑕疵担保首先是一种约定的责任，在没有约定时适用法律规定的责任。

3. 瑕疵担保一般是一种无过错责任。在民法理论上，通常认为瑕疵担保是担保出卖的标的物无瑕疵、保证买受人取得符合约定条件的标的物的所有权的担保责任，或者说对标的物的瑕疵应承担的民事责任，只要客观上存在瑕疵，就应当承担责任，不以出卖人主观上是否有过错为条件。但是，质量瑕疵的责任实际上就是违约责任，其无过错责任的属性来源于违约责任的无过错归责。权利瑕疵的情况比较复杂，将在下文论述。

（二）权利瑕疵担保的含义

所谓权利瑕疵，是指标的物上所负担的第三人合法权利。在出卖人交付标的物给买受人后，第三人的合法权利也随之转移成买受人的负担，从而妨碍买受人取得和行使对标的物的所有权。合同转移标的物所有权的本质特征决定了出卖人必须对标的物的权利瑕疵负担保义务。

所谓权利瑕疵担保，是指出卖人必须承担将此标的物上的权利全部转移于买方的义务，即保证标的物上不存在任何第三人的权利，且任何第三人都不会就标的物向买方主张权利。《民法典》第612条至第614条就出卖人对标的物的权利瑕疵负担保责任作出了规定。第612条规定:"出卖人就交付的标的物,负有保证第三人对该标的物不享有任何权利的义务,但是法律另有规定的除外。"第613条规定:"买受人订立合同时知道或者应当知道第三人对买卖的标的物享有权利的,出卖人不承担前条规定的义务。"第614条规定:"买受人有确切证据证明第三人对标的物享有权利的,可以中止支付相应的价款,但是出卖人提供适当担保的除外。"

权利瑕疵担保源于罗马法的"追夺担保",是指买受人占有出卖人交付的标的物,在第三人基于所有权、用益物权或担保物权等从买受人处追夺标的物时,出卖人即应对买受人负担保责任。现代各国民法理论和合同立法均规定了出卖人的权利瑕疵担保责任。如《德国民法典》第433条第1款规定:"……出卖人应使买受人取得无物之瑕疵及权利瑕疵之物。"

(三)权利瑕疵的种类

1. 物权。买卖合同主要是实物买卖。因此,权利瑕疵的主要类型是物上权利瑕疵。详言之:(1)所有权,即买卖标的物上存在他人的所有权,如财产的所有人是共有的所有权。(2)担保物权,即标的物在出卖前,就负有第三人的担保,如设定了抵押权或质权。依据物权优先效力原则,会导致买方的所有权不能对抗第三人的担保权,标的物可能被强制执行。(3)用益物权,即标的物在出卖之前,就有用益物权存在。

2. 债权。债权的权利瑕疵仅存在于租赁权与所有权的冲突上。如甲将其房子出卖给乙,在转移登记完成时,甲从未告知乙此房子一直出租给他人,那么,乙买到房子后会与承租人的权利发生冲突。根据买卖不破租赁规则,承租人有得到事先通知权、优先购买权。同一标的物上,在先的租赁权可以对抗在后成立的买方所有权,这是各国为保护租赁权人的权益,将租赁权赋予一定程度上的物权效力。

3. 知识产权。标的物的出卖人必须保证其所出卖的货物没有侵犯任何第三人的工业产权或其他知识产权,任何第三人均不能根据知识产权对标的物提出任何权利或请求。如出卖人出售的标的物上包含他人的专利权、商标权或著作权的,则必须保证他出售的标的物没有侵害他人的上述知识产权。

（四）权利瑕疵担保的构成要件

根据《民法典》合同编的规定，权利瑕疵担保的构成要件如下：

1. 权利瑕疵须于买卖合同订立时就已存在。对此，德国、法国民法理论亦持同样解释。[①]出卖人移转的标的物的所有权有瑕疵，属于出卖人自始主观履行不能，而不属于嗣后履行不能，也不属于客观上履行不能。因此，权利瑕疵于买卖合同成立之时存在的，出卖人才对该瑕疵负担保责任；若买卖合同成立后出卖的所有权出现瑕疵，则属于出卖人违约，出卖人应负债务不履行的违约责任，而非承担瑕疵担保责任。

2. 须买受人不知有权利瑕疵存在。如果订立买卖合同时，买受人已知道买卖标的物已存在权利瑕疵，则出卖人不承担权利瑕疵的担保义务。《民法典》第 613 条的规定就是此种情形。

3. 权利瑕疵担保责任是一种无过错责任。这种义务责任的发生是以出卖的财产存在瑕疵为条件，即使出卖人主观上根本无过错，只要交付与转移买方的标的物存在瑕疵，出卖方就应当承担法律责任。正如史尚宽先生所言：出卖人之担保责任为由双务契约所生特殊之责任，与债务不履行之责任不同，不以出卖人之故意或过失为必要。[②]

4. 权利瑕疵须在合同履行后仍未除去。如果在买卖合同成立时存在瑕疵，但在履行前该瑕疵已经除去的，则出卖人就不负瑕疵担保责任。

5. 当事人之间须无不承担瑕疵担保责任的特别约定。瑕疵担保责任是为保护买受人的利益而设，若买受人自愿放弃该项利益，应遵守其意思自治，出卖人不承担瑕疵担保责任。但在司法实践中需注意的是：（1）当事人以特约免除或限制出卖人关于标的物所有权的瑕疵担保义务，出卖人故意不告知标的物存在所有权瑕疵的，出卖人仍负瑕疵担保责任。（2）当事人约定虽然买受人明知标的物存在所有权瑕疵，但出卖人仍应负除去瑕疵责任的除外。

---

① 史尚宽：《债法各论》，中国政法大学出版社 2000 年版，第 19 页。
② 史尚宽：《债法各论》，中国政法大学出版社 2000 年版，第 19 页。

（五）出卖人权利瑕疵担保责任的例外规定[①]

出卖人就交付的标的物负有保证第三人不得向买受人主张任何权利的义务。但这种权利瑕疵担保责任的一个重要构成要件是买受人在订立合同时不知道权利瑕疵的存在。如果买受人在订立合同时已知道或者应当知道其所购买的标的物上存在权利瑕疵，应视为他已接受这种瑕疵，并自愿承担标的物可能被第三人追夺的风险。根据《民法典》第613条的规定，对出卖人权利瑕疵担保责任的免除情形是：

1. 买受人订立合同时知道第三人对标的物享有权利。买受人订立合同时，即知道标的物上有权利瑕疵，明知有瑕疵又与卖方签订买卖合同，卖方可以免除权利瑕疵担保责任。

2. 买受人订立合同时应该知道第三人对标的物享有权利。买受人订立合同时，卖方所提供的材料已显示出标的物有权利瑕疵，因买受人的重大过失，卖方可以免除权利瑕疵担保责任。

3. 在出卖人未保证买卖合同标的物所有权时，买受人因重大过失不知标的物有瑕疵的，出卖人不负担保责任，但应对买受人的重大过失负举证责任。所谓重大过失，是指买受人没有尽到通常认为一般人应当尽到的注意义务。

（六）权利瑕疵担保的效力

1. 买受人的价款中止支付权。根据《民法典》第614条"买受人有确切证据证明第三人对标的物享有权利的，可以中止支付相应的价款，但是出卖人提供适当担保的除外"的规定，价款中止支付权是指买受人有确切证据证明第三人可能就标的物主张权利，使其可能丧失该标的物的部分或者全部权利时，可以中止支付相应价款的权利。该条规定出现的情形时"可以"中止支付相应价款，表明该项权利属于买受人的一项选择权，买受人可以选择该项权利，也可以不选择该项权利。[②] 买受人的价款中止支付权在性质上是一

[①] 参见何志编著：《合同法原理精要与实务指南》，人民法院出版社2008年版，第545页。
[②] 参见黄薇主编：《中华人民共和国民法典合同编释义》，法律出版社2020年版，第353页。

种抗辩权。所谓抗辩权是指对抗请求权或否认对方权利主张的权利，它的重要功能在于通过行使这种权利使对方的请求权消灭或使其效力延期发生。但买受人的价款中止支付权不是一种独立的抗辩权，在买受人应先履行给付义务时，它是不安抗辩权的一种类型，在需要买受人与出卖人同时履行时，它又具有同时履行抗辩权的特征。正如史尚宽先生所言："买受人得依同时履行之抗辩在出卖人完全转移权利前，拒绝支付价金。"[①]

根据《民法典》第614条的规定，买受人价款中止支付权的行使，须具备一定的条件：（1）标的物存在被第三人追夺的现实可能性，且买受人掌握了确切的证据。之所以如此规定，是为了严格限制买受人行使价款中止支付权，并使买方负举证责任。（2）法律使用"中止"之词，表明出卖人和买受人之间的权利义务关系尚未最终了结，还有待根据情况的进一步发展（第三人是否最终对标的物主张权利成功），对当事人的权利义务关系作出最后的决定。最后的结果可能是解除合同（第三人主张权利成功）或者继续履行合同（第三人主张权利失败）。（3）出卖人提供适当担保的，买受人不得拒绝支付价款，而应当继续履行支付价款的义务。在司法实践中需注意的是，在买受人行使价款中止支付权时，出卖人向人民法院请求买受人将所拒绝支付的价款提存的，应当予以支持。

2.买受人请求无权利瑕疵履行的权利。在标的物尚未交付，买受人得知标的物上的权利存在瑕疵的情况下，可以请求出卖人进行无权利瑕疵的履行。出卖人可以用除去标的物上的权利瑕疵或者更换标的物的方式达到标的物无瑕疵的状况，然后为无权利瑕疵的履行。

在出卖的标的物上存在部分权利瑕疵（如按份共有人出卖超出自己份额的财产）的情况下，买受人也可以请求出卖人消除标的物上的部分瑕疵，进行完全的无权利瑕疵履行。

3.买受人请求解除买卖合同的权利。在第三人对标的物主张权利成功、出卖人未能除去标的物上的权利瑕疵或者不更换（不愿更换或无法更换）的情况下，买受人可以请求解除买卖合同。在解除合同时，买受人有权要求退还全部价款以及请求出卖人损失赔偿。

[①] 史尚宽：《债法各论》，中国政法大学出版社2000年版，第20页。

4. 买受人的赔偿请求权。在标的物上存在权利瑕疵的情况下，无论是部分解除合同还是全部解除合同，买受人因此受到的损失均可向出卖人主张赔偿。当事人在合同中对此有明确约定的，按照约定进行赔偿；没有约定或者约定不明的，依据法律的规定进行赔偿。

四、出卖人负有物的瑕疵担保义务

(一) 物的瑕疵担保义务概说

在买卖合同中，出卖人负有按照约定的质量交付标的物的义务，并对交付标的物的瑕疵负有担保责任。物的瑕疵担保义务，是指出卖人就其出卖的标的物的价值、效力及品质所存在的瑕疵对买受人所承担的一种担保责任。物的瑕疵担保责任源于罗马法上大法官的告示。在罗马法中，买卖标的有物之瑕疵时，买受人得提起解除之诉使契约解销，或提起减价之诉请求减少价金。[①] 该制度为各国民法典所接受，《德国民法典》第434条、《日本民法》第570条、《法国民法典》第1641条均规定，出卖人应担保标的物在风险负担移转于买受人时，没有灭失或者减少其价值或效用的瑕疵。在传统民法上，将所担保物的瑕疵分为以下几种。

1. 灭失或减少价值的瑕疵。价值是指标的物客观上的交易价值，价值减少的主要原因是标的物功效减少，但亦有功效不减少而价值减少的，如卖方交付与转移标的物的外壳由于喷漆技术的原因，使得买受人利益受损。

2. 灭失或减少通常效用或契约预定效用的瑕疵。出卖人要保证交付与转移的标的物达到合同约定或通常的标的物效用。如果标的物灭失或减少其效用的，则出卖人要承担瑕疵的法律责任。

3. 保证品质瑕疵。即标的物不具备出卖人所保证的品质。出卖人保证的标的物的品质一般都会影响标的物的价值或功能，如甲卖马给乙，并保证该马为千里马，乙接收该马后，却发现该马为驽马或普通马时，即为保证品质瑕疵，此时甲则应承担瑕疵的法律责任。

我国《民法典》合同编并未明确规定物的瑕疵种类，第615条、第616

---

① 史尚宽：《债法各论》，中国政法大学出版社2000年版，第22页。

条仅概括地规定出卖人交付的标的物必须符合合同约定，并符合出卖人对标的物质量的说明。笔者认为，出卖人所担保物的瑕疵应当包括上述三种标的物上的瑕疵[①]，而上述三种瑕疵归根到底是标的物质量的担保责任，因此，物的瑕疵担保又称为质量（或品质）瑕疵担保。

（二）物的瑕疵担保责任的成立要件

从民法理论上说，物的瑕疵担保责任的成立要件为：

1.标的物瑕疵在标的物风险负担转移时存在。按照《民法典》第604条规定，除法律另有规定或者当事人另有约定外，标的物毁损、灭失的风险负担自交付时起转移。作为承担瑕疵担保责任的前提条件，瑕疵必须在标的物风险负担转移时已经存在。如发生于风险负担转移以后，则应由买受人负担。

2.买受人不知标的物有瑕疵，且非因重大过失而不知。买受人如果知道标的物有瑕疵而仍然购买，法律对其便无特别保护的必要。所谓知道，首先是指买受人确实知道，而不仅仅是怀疑；其次是指合同订立时知道，而不是此后知道。如果标的物在订立合同时不存在而于风险转移时存在，无论买受人是否已知标的物上具有瑕疵，出卖人均应当承担瑕疵担保责任。买受人对其不知道瑕疵有重大过失的，视为故意或者知道，但出卖人对买受人的重大过失负举证责任。

3.买受人须于规定的期间内将标的物的瑕疵通知出卖人。买受人在收到标的物后应当根据标的物的性质，按照通常情形对标的物进行检验，在合理的期限内通知出卖人。法律可以规定该期限，当事人也可以约定期限。《民法典》第620条对此规定："买受人收到标的物时应当在约定的检验期间内检验。没有约定检验期间的，应当及时检验。"按照《民法典》第621条的规定，当事人约定检验期间的，买受人应当在检验期间内将标的物的数量

[①] 物的瑕疵还可分为表面瑕疵与隐蔽瑕疵：用通常方法即可发现的瑕疵为表面瑕疵；需要进行必要的技术鉴定或经过安装运转才能发现的瑕疵为隐蔽瑕疵。物的瑕疵亦可分为积极瑕疵与消极瑕疵：标的物存在某种不应当有的质量问题或者缺陷为积极瑕疵；标的物不存在出卖人所保证的特别品质或者法律法规、行业规范等要求的特别品质，或者不存在买受人所合理、期待的特别品质为消极瑕疵。

或者质量不符合约定的情形通知出卖人。买受人怠于通知的，视为标的物的数量或者质量符合约定。当事人没有约定检验期间的，买受人应当在发现或者应当发现标的物数量或者质量不符合约定的合理期间内通知出卖人。买受人在合理期间内未通知或者自收到标的物之日起两年内未通知出卖人的，视为标的物数量或者质量符合约定；但对标的物有质量保证期的，适用质量保证期，不适用该两年的规定。出卖人知道或者应当知道提供的标的物不符合约定的，买受人不受上述通知时间的限制。

（三）标的物质量标准的确定

标的物质量标准是买卖合同中重要的一项，根据《民法典》第615条、第616条的规定，标的物质量标准可采用约定标准和法定标准来确定，且约定标准优先适用于法定标准。

1.约定标准。对于标的物的质量标准，买卖双方可以在合同中约定。如果约定不明确，由双方协商补充，如达成一致，即以协商结果来决定标的物的质量要求。如协商不能达成一致，则根据合同有关条款或交易惯例进行合同补充。

2.法定标准。如果采用上述方法仍不能确定标的物质量标准的，则适用法定质量条款。这包括三个方面：一是明示标准，指国家标准、行业标准。这些标准均是明确肯定的标准。二是同种物的通常标准，指标的物应达到同种物的一般用途。三是特定标准，指标的物应达到合同特定目的应当具有的标准。与同种物的通常目的不同，它是指买方购买标的物的主观目的。此种判断主要从买方拟将标的物作何种目的的使用。

（四）物的瑕疵担保的效力

《民法典》第617条对物的瑕疵担保的效力作出了规定，即"出卖人交付的标的物不符合质量要求的，买受人可以依照本法第五百八十二条至第五百八十四条的规定请求承担违约责任"。依据该条和《民法典》的其他有关规定，物的瑕疵担保的效力表现为：

1.买受人有权拒绝接收标的物。买受人负有接收标的物的义务，其前提是出卖人应按约定的时间、地点、数量及质量交付标的物。如果出卖人交付的标的物质量与合同约定不符时，其因违反合同约定应承担相应的违约责任，买方可以要求卖方通过修理、降低价款等对此作出补救。同时，买方还可以拒绝接收货物，但法律对此是有一定限制的。《民法典》规定，只有在标的物质量不符合合同要求，致使不能实现合同目的时，买受人才能拒绝接收货物。

2.买受人有权解除合同。在出卖人交付的标的物质量与合同约定不符时，在一定条件下，买受人有权解除合同。《民法典》规定出卖人交付的标的物质量与约定不符，致使不能实现合同目的的，买受人可以解除合同。《民法典》未规定买受人行使解除权的时间限制。《法国民法典》第1648条规定："因存在隐蔽瑕疵引起解除买卖的诉讼，应当由买受人自发现瑕疵之日2年期限内提起。在第1642-1条所指情形下，应当在出卖人可以对出卖物的瑕疵或者明显不符合要求之瑕疵不再负责任之日起1年内提起诉讼。"在实践中，出卖人对买受人行使解除权的期限可以催告，买受人超过催告期限不行使解除权的，不得再行使。

3.出卖人交付标的物质量不符合要求时的违约责任。根据当事人之间的约定或上述法律规定确定的规则，出卖人交付的标的物质量不符合合同要求时，自应依约承担违约责任。

在司法实践中，关于标的物瑕疵需注意两点：（1）买受人虽然知道标的物有外表的瑕疵，但不知道其足以灭失或减少物的价值或功效，仍不能使出卖人免负担保责任。（2）当事人以特约免除或限制出卖人关于标的物质量的瑕疵担保义务，出卖人故意不告知标的物存在质量瑕疵的，出卖人仍负瑕疵担保责任。

（五）出卖人的包装义务和附随义务

1.出卖人的包装义务。标的物的包装方式是其进行安全运输、妥善保管的保证，直接关系到出卖人和买受人的利益，合同中对包装方式有约定的，出卖人有按照约定包装方式交付标的物的义务。选择包装方式的标准主要有：（1）约定的包装方式。当事人双方可以在合同中约定包装方式，出卖人依约定的包装方式对标的物进行包装。（2）以《民法典》第510条的补充方法确定包装方式。如果当事人对包装方式没有约定或约定不明确，而标的物又需要包装的，可以用《民法典》第510条的补充方法确定包装方式。（3）推定标准。一是应按照该类标的物通常的方式包装。二是如果该类标的物包装没有通常的方式，则采取足以保护标的物的包装方式。

2. 出卖人的附随义务。根据《民法典》第509条第2款的规定，出卖人应依据诚实信用原则，为了实现买卖合同的目的，根据合同的性质、目的、交易习惯，履行通知、协助、保密等附随义务。

出卖人给买受人出具增值税发票是其法定义务，依据诚实信用原则，该法定义务应当作为合同的附随义务由出卖人履行。对于税务机关向买受人追索销售应税项目发生的税款所引起的纠纷，应当认定出卖人存在明显过错，其未能如实履行合同确定的出卖人义务，对于因此导致买受人的损失，应当承担赔偿责任。

五、对案例3、案例4的简要评析

1. 对案例3的简要评析

案例3系买卖合同纠纷，阳某通过邓某购买案涉车辆，同时支付了相应的对价，邓某将案涉车辆交付给阳某，邓某与阳某之间已经就购车形成了买卖合同关系。买卖合同系诺成合同，结合该车辆买卖合同已经完成了交易，可以认定邓某已经收到全部购车款。

根据《民法典》第612条"出卖人就交付的标的物，负有保证第三人对该标的物不享有任何权利的义务，但是法律另有规定的除外"的规定，出卖人对交付的标的物有权利瑕疵担保义务。而案例3中的双方当事人在交易完成后，案涉车辆却因之前设置的抵押而被某公司取走。邓某作为出卖人，因出卖的车辆存在权利瑕疵造成案涉车辆被抵押权人取走，其行为构成违约，阳某主张解除该买卖合同应予支持。在合同解除后，邓某负有返还购车款的责任。根据《民法典》第613条"买受人订立合同时知道或者应当知道第三人对买卖的标的物享有权利的，出卖人不承担前条规定的义务"的规定，法院结合阳某未核实案涉车辆权属、不能过户的原因，以及案涉车辆上是否有其他权利负担等信息，认为其未尽到合理注意义务，决定适当减轻出卖人邓某的民事责任，酌定判决邓某返还60%的购车款并无不当。

2.对案例4的简要评析

赵某红在泛某公司购买家具,双方构成了消费者与销售者之间的买卖合同关系。赵某红作为消费者,购买了泛某公司的家具,就享有消费者应当享有的权利。根据《民法典》第646条"法律对其他有偿合同有规定的,依照其规定……"的规定,因泛某公司对标的物家具质量负有瑕疵担保责任,赵某红作为买受人既可以选择适用《民法典》追究其违约责任,又可以选择适用《消费者权益保护法》追究其法律责任。依据《消费者权益保护法》第8条第1款的规定,消费者享有知悉其购买、使用的商品或者接受的服务的真实情况的权利。第20条第1款规定,经营者应当向消费者提供有关商品或者服务的真实信息,不得作引人误解的虚假宣传。第23条第2款规定,经营者以广告、产品说明、实物样品或者其他方式表明商品或者服务的质量状况的,应当保证其提供的商品或者服务的实际质量与表明的质量状况相符。

案例4中,泛某公司在涉案家具上标注有"桦木""美国赤桦木""胡桃木"等字样,且家具送货单上加注了上述家具为"实木"。根据上述标注及说明,消费者有理由相信其所购买的家具为实木家具,而实际上涉案家具的材质为板木结合,应当认为消费者在购买过程中没有了解其所购买家具的真实情况,消费者从涉案家具的标注及说明上也没有了解该家具的真实情况,反而被其标注和说明误导,认为是实木家具。泛某公司虽辩解其在销售过程中告知过消费者涉案家具为板木结合,但其不能提供涉案家具的进货凭证、购货发票、产品合格证、说明书等,其所提供的证据不足以证明涉案家具的真实信息及品质,应认定其行为为虚假宣传,引人误解,构成了对消费者的欺诈行为,泛某公司应当为此承担责任。

依据《消费者权益保护法》第55条第1款规定:"经营者提供商品或者服务有欺诈行为的,应当按照消费者的要求增加赔偿其受到的损失,增加赔偿的金额为消费者购买商品的价款或者接受服务的费用的三倍;增加赔偿的金额不足五百元的,为五百元。法律另有规定的,依照其规定。"这一规定吸收了英美法惩罚性赔偿的理论,属于惩罚性赔偿而非补偿性赔偿,意在通过为对方请求人提供较充分的补偿,鼓励消费者同欺诈行为作斗争,以维护全体消费者的共同利益。本案适用的是2009年《消费者权益保护法》第49

条的规定，经营者提供商品或者服务有欺诈行为的，应当按照消费者的要求增加赔偿其受到的损失，增加赔偿的金额为消费者购买商品的价款或者接受服务的费用的一倍。本案中泛某公司除应退还赵某红货款外，还应赔偿其一倍的货款。

第四节　买受人的主要义务

一、问题的提出

依据《民法典》合同编的规定，买受人的主要义务包括：检验、通知、支付价款、接受交付、拒收时妥善保管等义务。在研究买受人的主要义务之前，先来看一则案例。

案例5：买受人未尽到检验义务，责任谁担

2021年6月6日，某市白云公司[①]与兰天公司签订一批服装买卖合同。合同主要约定：白云公司卖给兰天公司服装1000套，（规格、型号、颜色等均略），单价1500元/套，总计货款150万元，由白云公司将服装送至兰天公司指定仓库，交货时间为7月6日前。兰天公司应在收货后的10日之内进行检验，若出现与合同约定不符的情形，应在合同约定的检验期10日内通知白云公司。付款时间为10月6日前。违约责任是一方违约处以未履行部分10%的违约金。合同签订后，白云公司依约履行合同，兰天公司于7月3日收货后，在合同约定的检验期间内并未检验，而直接将服装发送给广源公司。9月6日，广源公司致电兰天公司称所发服装少5套。10月3日，兰天公司付给白云公司货款1492500元。白云公司向兰天公司追要所欠货款7500元时，兰天公司以其收货时缺少5套，计款7500元为由拒付，双方形成纠纷。2022年3月6日，白云公司以兰天公司为被告诉至某区人民法院，

[①] 作者注：本书中未作隐名处理的公司名称均为化名，以下不再一一标注。

请求法院判令被告支付货款 7500 元及违约金 750 元（7500 元 × 10%）。

上述案例中，由于买受人兰天公司未尽到检验义务导致广源公司少收到 5 套服装。试问：如何理解适用买受人的检验和通知义务、支付价款义务、接受交付义务？买受人拒收时是否负有妥善保管义务？

二、买受人的检验和通知义务

（一）检验义务

《民法典》第 620 条规定了买受人的检验义务，即"买受人收到标的物时应当在约定的检验期限内检验。没有约定检验期限的，应当及时检验"。据此，买受人的及时检验义务属于法定义务、间接义务（又称不真正义务，是指当事人应当积极维护自身的合同义务，而并非向对方承担义务）。但是，尽管买受人违反了其所负担的及时检验义务，并不发生违约责任，而是发生损失自负的法律后果。[1] 买受人在履行检验义务中须注意下列问题：

1. 验货人。行使检验义务的验货人不限于买受人及其代理人，买卖合同中双方指定的政府商检机构也可成为验货人。

2. 检验方法。买卖合同双方约定了检验方法的，依其约定；双方未约定的，可按该标的物的通常检验方法，如品尝、化验、开拆包装、物的利用、抽样检验等。

3. 验货时间。买卖合同双方约定了验货时间的，依其约定；双方未约定的，买受人应当及时检验。

4. 验货地点。买卖合同中有约定的依照约定；未约定或约定不明确的，在交付地验货。

5. 验货费用的承担。买卖合同中有约定的依照约定；未约定或约定不明确的，若出卖人交付的标的物合格，验货费用则由买受人承担；若出卖人交付的标的物不合格，验货费用则由出卖人承担。

---

[1] 参见最高人民法院民法典贯彻实施工作领导小组主编：《中华人民共和国民法典合同编理解与适用（二）》，人民法院出版社 2020 年版，第 980 页。

（二）通知义务

当买受人发现标的物的数量或质量不符合要求时，各国均规定买受人需在合同或法律规定的时间内通知出卖人，否则会丧失请求出卖人补足数量或承担违反质量瑕疵担保责任的权利。《民法典》第621条对买受人的通知义务作出了规定，即"当事人约定检验期限的，买受人应当在检验期限内将标的物的数量或者质量不符合约定的情形通知出卖人。买受人怠于通知的，视为标的物的数量或者质量符合约定。当事人没有约定检验期限的，买受人应当在发现或者应当发现标的物的数量或者质量不符合约定的合理期限内通知出卖人。买受人在合理期限内未通知或者自收到标的物之日起二年内未通知出卖人的，视为标的物的数量或者质量符合约定；但是，对标的物有质量保证期的，适用质量保证期，不适用该二年的规定。出卖人知道或者应当知道提供的标的物不符合约定的，买受人不受前两款规定的通知时间的限制"。

买受人在履行通知义务时须注意下列问题：

1.买卖合同中约定了检验期限的，该检验期限即为买受人履行通知义务的期限。

2.买卖合同中未约定检验期限的，买受人履行通知义务的时间是在发现或者应当发现标的物数量或者质量不符合约定的合理期限。"合理期限"的确定，应根据瑕疵的性质、正常情况下买受人尽合理注意义务可能发现瑕疵的时间及当事人所处的具体环境等因素加以综合考虑。

3.两年时间内通知义务。《民法典》第621条第2款规定的两年时间，是诉讼时效期间。即买方对卖方就交付的标的物数量短缺或质量存在的瑕疵，须在两年内行使诉讼请求权，否则将丧失该方面权利。但是，如果买卖合同中已对货物品质、数量的索赔约定了明确的索赔期限，则买方必须在合同约定的期间内提出索赔请求，而不适用两年的诉讼时效。

4.质量保证期内通知义务。双方当事人在合同中约定了卖方对标的物质量问题的保证期的，适用质量保证期。此质量保证期不受两年期限的限制。

5.不履行通知或诉讼时效期间届满时通知义务的法律效力。买受人在合同约定的检验期间或合理期间内或自标的物收到两年内未通知出卖人的，均视为标的物的数量或质量符合合同约定。即使出卖人交付的标的物真的存在数量不符或质量瑕疵的情况，买受人也无权向出卖人主张补足数量或承担违反物的瑕疵担保的责任。

三、买受人支付价款义务

（一）支付数额的确定

《民法典》第 626 条规定："买受人应当按照约定的数额和支付方式支付价款。对价款的数额和支付方式没有约定或者约定不明确的，适用本法第五百一十条、第五百一十一条第二项和第五项的规定。"依此规定，买受人支付价款是其最重要、最基本的义务。简言之：

1. 买受人依约定数额支付价款。买卖双方在买卖合同中明确约定了标的物价款的，买受人应按约定数额支付价款，否则将承担违约责任。

2. 买受人依推定数额支付价款。买卖双方在买卖合同中对标的物价款未约定或约定不明的，采用《民法典》第 510 条、第 511 条第 2 项的规定推定价款数额。

（二）支付地点的确定

我国《民法典》第 627 条对支付地点的确定作了规定，即"买受人应当按照约定的地点支付价款。对支付地点没有约定或者约定不明确，依据本法第五百一十条的规定仍不能确定的，买受人应当在出卖人的营业地支付；但是，约定支付价款以交付标的物或者交付提取标的物单证为条件的，在交付标的物或者交付提取标的物单证的所在地支付"。简言之：

1. 买卖合同约定地点支付价金的，买受人应在约定地点支付价金。

2. 买卖合同未约定支付地点或约定不明时，买卖双方当事人可协议补充，不能达成补充协议的，按照合同有关条款或者交易习惯确定。

3. 买受人在法定地点支付价金。一是买受人在出卖人的营业地支付价款。二是约定以交付标的物或支付提取标的物单证为支付价款条件的，在交付标的物或者交付提取标的物单证的所在地支付价款。

（三）支付时间的确定

《民法典》第 628 条对买受人支付价款的时间作出了规定，即"买受人应当按照约定的时间支付价款。对支付时间没有约定或者约定不明确，依据本法第五百一十条的规定仍不能确定的，买受人应当在收到标的物或者提取标的物单证的同时支付"。简言之：

1. 买卖合同约定价款支付时间的，买受人应当按照合同约定的时间支付价款，否则，将承担违约责任。

2. 按《民法典》第 510 条推定期限支付价款。没有约定期限或约定不明确的，按推定期限支付价款（具体的与其他适用第 510 条的推定方法相同）。

3. 法定的支付期限支付价款。在未约定支付期限且推定期限也不能确定时，适用法律确定的支付期限，即买受人应当在收到标的物或提取标的物单证的同时支付价款。

在司法实践中，应当注意：一是如果合同中对于卖方的交付义务和买方支付价金义务均没有约定履行期限的，根据合同双务性特征，当事人双方具有同时履行抗辩权，应同时履行相应的义务。二是如果合同中对卖方的交付有明确的履行期限的，那么买方支付价金的时间是在其收到标的物或提出标的物单证时。

四、买受人接受交付义务

买受人是否具有接受交付的义务，各国法律规定不尽一致。英美法为了保证买卖公平及经济生活的稳定，规定买受人负有接受交付的义务。《法国民法典》只规定了买受人支付价款的主要义务，而没有一般性地规定买受人的接受交付义务。[①]《德国民法典》第 433 条第 2 款规定："买受人负支付约定价金与出卖人并受领标的物之义务。"《法国民法典》第 1657 条规定："在买卖食品或者动产物品方面，买受人在约定的期限届满仍未受领之物的，为了保护出卖人的利益，可以不经催告，当然解除买卖。"我国民法理论也主张买受人负有接受交付义务，并且通说认为买受人接受交付既是其权利，又

[①] 参见王家福主编：《中国民法学·民法债权》，法律出版社 1991 年版，第 630-631 页。

是其义务。我国《民法典》第608条规定:"出卖人按照约定或者依据本法第六百零三条第二款第二项的规定将标的物置于交付地点,买受人违反约定没有收取的,标的物毁损、灭失的风险自违反约定时起由买受人承担。"此条的规定可以看出,买受人负有接受交付的义务。

买受人接受交付,在实践中需注意如下几点:

1. 买受人接受交付应根据合同约定的数量来进行。对于出卖人多交付的标的物,买受人在接受时享有选择权,既可以接受多交的部分,也可以拒绝接受多交的部分。买受人接收多交的部分的,按照原合同的价格支付价款。

2. 买受人接收交付以出卖人所交付的标的物没有质量瑕疵为前提,即只有出卖人所交付的符合数量要求的标的物不符合质量要求时,买受人才能拒绝接受交付。

3. 买受人接收交付还应采取一般理应采取的行动,以便出卖人交付标的物,即买受人应按约定创造条件,协助出卖人完成交付。

五、拒收时的保管义务

买受人对出卖人交付的标的物应当及时进行验收,对标的物的瑕疵应及时通知出卖人,并向出卖人作出拒绝接收的意思表示。但对标的物负有妥善保管的义务。

买受人拒收时的保管义务构成条件有:(1)必须是异地交付,标的物到达交付地点时,买受人发现标的物有质量瑕疵,或交付标的物数量超过合同约定;(2)出卖人在标的物交付地点没有代理人,即标的物在法律上已处于无人管理的状态;(3)买受人须主张有瑕疵而不愿接受,或者交付标的物数量多于合同约定数量的那部分,并将不愿接受的通知送达出卖人。

买受人履行拒收时的保管义务应注意如下几点:(1)买受人对标的物的瑕疵或多交付的数量须在合同约定的检验期间内或合理期间内或自收到标的物的两年内主张,并负举证责任。若买受人拒收有违诚实信用原则,则构成权利的滥用,造成损害的,应负赔偿责任。(2)买受人拒绝接受的标的物,须尽到善良管理人的注意义务。为保管之目的,自由决定保管的方法,可以自己保管,亦可将标的物寄存,但保管应尽量安全且费用较低。因保管所支出的费用由出卖人承担。(3)对于标的物为鲜货、易腐烂变质的产品,买受人对标的物经所在地有关部门（如公证部门、技术监督部门、工商管理部门等）作出证明后，在紧急情况下，予以拍卖或变卖，其目的旨在防止出卖人损失的扩大。买受人应将拍卖或变卖情况及时通知出卖人，并将拍卖或变卖所得扣除有关费用和损失后，退回出卖人。

六、对案例5的简要评析

在案例5中，白云公司与兰天公司之间、兰天公司与广源公司之间形成连环买卖关系。案例5所要解决的是白云公司与兰天公司之间的买卖纠纷，至于兰天公司与广源公司之间的纠纷不属于本案处理范围。在案例5中，兰天公司未尽到买受人的义务，对造成纠纷负有不可推卸的责任。一是双方在合同中明确约定了兰天公司在收货后10日内验货，而兰天公司未尽到此项义务，则应推定白云公司所供标的物的数量符合合同的要求。除非兰天公司举证证明白云公司少发5套服装，才能免除责任。二是兰天公司未尽到支付剩余5套价款的义务，以短少5套服装而抗辩，无法律依据和证明白云公司少发5套的事实证据，因此，兰天公司应当支付剩余货款，并负违约责任。据此，兰天公司应当付给白云公司货款7500元及违约金750元，诉讼费由兰天公司负担。

第五节　买卖合同标的物风险负担

一、问题的提出

在买卖合同中，"风险"的含义是特定的。所谓风险，是指在买卖过程中，由于不可归责于买卖双方当事人的事由而致使标的物遭受毁损、灭失的情形。风险发生的事由包括不可抗力、意外事件以及当事人不能预见的第三人的原因等。[①] 风险负担，则是指买卖合同的标的物出现风险时，损失责任

---

① 李国光主编：《经济审判指导与参考》（第3卷），法律出版社2000年版，第435页。

的归属，即由哪一方承担损失。我们应当明确的是，标的物的风险与当事人双方的意志无关，故不能依过错责任原则来确定风险发生时当事人的责任。如标的物毁损、灭失的风险系一方当事人的过错造成的，则风险应由有过错的当事人一方负担，不能适用风险负担的规则。也就是说，适用风险负担规则的前提是双方当事人对风险的发生都没有过错。

在买卖合同中，风险负担的具体内容是：风险由买方负担的，无论标的物是毁损还是灭失，买方均不能免除给付价金的义务。风险由卖方负担的，如标的物已灭失，卖方返还对方的全部价金；如标的物已损坏，应按物的价值减少的程度返还价金；不能实现合同目的，买方已不需要的，应返还全部价金。

在研究买卖合同标的物风险负担之前，先看两则案例。

案例6：一房二卖情况下房屋灭失的风险由谁承担[①]

2021年6月9日，江某将其坐落在白河岸边的一幢房屋以30万元的价格卖给海某，海某当日将房款交给江某，江某即将房屋钥匙交付给海某，海某于6月26日入住。6月23日，江某又将卖给海某的房屋以35万元的价格卖给洋某，并于7月10日将房产证过户至洋某名下，洋某当日交给江某房款35万元。7月11日夜，南阳市遭百年不遇的大洪水，洪水无情地将该房屋冲毁。

洪水过后，海某以房屋所有权未发生转移为由找江某退房款，洋某以未实际占有房屋为由找江某退房款，均遭江某拒绝。同时，海某和洋某相互推诿房屋毁灭风险的承担。无奈之下，洋某于8月6日以江某为被告、海某为第三人诉至某区法院，请求确认房屋毁灭风险由海某负担，判令被告江某退回房款35万元。

案例7：货物在运输途中遭受的损失由谁负担

2022年7月3日，丰盛公司将一批300吨重的小麦发往广州市，吨价1000元，并办理了铁路提货大票。7月5日，华泰公司来南阳收购小麦。经人介绍后，华泰公司与丰盛公司签订了小麦买卖合同。合同约定，华泰公司

---

① 本书中没有特别说明来源的案例是由作者根据现有资料编辑加工而来。

购买丰盛公司小麦 300 吨，每吨 1000 元，总计价款 30 万元，货到验收后付款。签订合同后，丰盛公司即将铁路提货大票和保险单交于华泰公司。7 月 11 日，货物到达广州车站，华泰公司即对小麦进行验收，发现短少 5 吨，遂通知承运人铁路部门和丰盛公司。后铁路部门查明，短少 5 吨系在运输途中保管不善而丢失。华泰公司扣除短少 5 吨，计款 5000 元之后，将货款付给丰盛公司。双方为短少 5 吨的风险由谁负担而形成纠纷。丰盛公司以华泰公司为被告诉至法院，要求其补充支付货款 5000 元，而华泰公司则辩称货款已全部付清，短少 5 吨应由丰盛公司负担而进行答辩。

上述案例，均涉及标的物的风险负担。试问：如何理解《民法典》对风险负担的规定？如何根据交付方法确定风险负担？路货买卖风险负担如何确定？法律推定交付标的物风险负担如何确定？受领迟延风险负担如何确定？出卖人违反从给付义务风险负担如何确定？质量瑕疵风险负担如何确定？

二、风险负担的立法例及《民法典》的规定

（一）风险负担的立法例

风险负担的关键是风险转移的问题，即如何确定风险转移的时间。转移的时间确定了，风险由谁来承担也就清楚了。由于它涉及买卖双方当事人最根本的利益，所以历来都是各国、各地区有关买卖合同法律规范中要解决的一个重要问题。[①] 当今各国对风险负担规则的立法例有二：一是物主主义（所有权人主义），二是交付主义。

1. 物主主义。所谓物主主义，是指以所有权为依据，把风险转移同所有权转移联系在一起，以所有权转移的时间决定风险转移时间。这一原则来源于罗马法，现行《法国民法典》仍采用这一主张。

2. 交付主义。所谓交付主义，是指将所有权转移问题与风险转移问题分离，所有权的转移与否不再成为决定风险的转移、保险利益的归属的决定性因素，而是以交货时间来决定风险的转移时间。《德国民法典》采取这种主张。

---

① 黄薇主编：《中华人民共和国民法典合同编释义》，法律出版社 2020 年版，第 336 页。

3. 对两种立法例的评价。物主主义建立在传统的民法观点之上，是将所有权静止化看待的产物。它把所有权转移这样一个抽象、不可捉摸的甚至难以证明的问题机械地联系到现实的风险转移问题上不尽合理，尤其是面对现代买卖方式的日益复杂，买卖的风险出现概率增大的情况，更显荒谬。例如，在所有权保留的买卖中，按物主主义，尽管标的物已由买方占有、管理控制，在买方更有有利条件保管货物免遭损害的情形下，风险仍由卖方承担。在不动产买卖中，有时买方已占有、控制不动产，但由于未履行登记手续而未发生所有权转移的法律后果，以致造成卖方并不占有不动产却承担风险责任的不合理后果。

交付主义则是对多年的买卖经验的总结而形成的。因为，在实践中，从有利于保管货物免遭损害的角度来说，货物在谁手里，谁就较容易保护货物，而谁就应承担货物风险。货物易手，货物风险也应同时易手。这一原则将所有权的转移与风险转移分开加以处理，尽可能地明确货物的风险转移问题，减少实践中因为风险承担问题而发生的纠纷。

(二)《民法典》的规定

风险负担的一般规定。我国《民法典》第604条规定："标的物毁损、灭失的风险，在标的物交付之前由出卖人承担，交付之后由买受人承担，但是法律另有规定或者当事人另有约定的除外。"此规定显然采用了交付主义。理由是风险转移是一个很现实的问题，而所有权转移则是抽象的，因而以所有权的转移来确定风险转移不可取。标的物的交付是一个事实问题，易于判断，清楚明了，以它作为标准有利于明确风险的转移。[①] 据此，风险的承担有三条一般性规则：（1）在标的物交付前，发生毁损、灭失的损失，由出卖人承担；（2）在标的物交付后发生毁损、灭失的损失，由买受人承担；（3）法律另有规定或者当事人另有约定的，按照法律特别规定或者当事人的约定处理。根据这一规定，风险责任的转移与所有权是否转移无关，仅与交付这一事实有关，也可能与法律的特别规定和当事人的特别约定有关。

关于买受人过错的补充规则。我国《民法典》第605条规定："因买受人

---

① 黄薇主编：《中华人民共和国民法典合同编释义》，法律出版社2020年版，第339页。

的原因致使标的物未按照约定的期限交付的,买受人应当自违反约定时起承担标的物毁损、灭失的风险。"这是一条补充性的规定,用以补充调整在买受人存在过错导致不能按期交付的情况下的风险负担问题。根据此规定,因买受人的过错导致标的物不能按期交付,买受人应当承担自约定的交付之日至实际交付时的标的物毁损、灭失的风险。简言之,由于买受人过错导致标的物不能按期交付的,从约定的交付之日起,毁损、灭失的风险即转移给买受人。

因买受人的原因致使标的物未按照约定的期限交付,是指由于买受人的原因导致不能按期交付,如买受人要求延期交付、买受人未支付应付的价款所致的出卖人行使同时履行抗辩权而中止交付等。此处买受人的过错,不包括其导致标的物毁损、灭失的过错。若因买受人的过错导致标的物的毁损、灭失,则缺乏风险的构成要件,不发生风险的负担问题,而应当按照其他法律规定进行处理。

三、交付方法与风险负担

买卖合同的风险负担必然涉及标的物的交付方法,不同交付方式的风险负担是不同的:

1. 在现实交付情形中,标的物因已被买受人实际占有和控制,标的物上的风险自然应由买受人负担。

2. 在简易交付情形中,因买受人在买卖合同成立以前即已占有标的物,法律上推定买卖合同依法成立的时间为交付时间,买受人自然应自合同成立时起承担标的物上的风险。

3. 在指示交付情形中,即出卖人将提取标的物的单证交与买受人,单证的交付与买受人实际收到标的物的占有时间有一段距离。此时,标的物的风险自出卖人将提取标的物单证交付于买受人时起由买受人负担。

4. 在占有改定情形中,因出卖人在应履行交付标的物之际,基于其与买受人签订的租赁、借用等合同关系继续占有标的物,虽然法律上认为标的物已交付,但此时,出卖人亦占有标的物(由自由占有改变为他主占有),依据交付主义,因此时法律上认为出卖人已交付标的物,自然应由买受人承担标的物上的风险。

交付方法与风险分担应特别注意的问题：（1）《民法典》并没有区分动产与不动产，一概适用交付主义。我们知道，动产所有权的转移一般以交付为生效要件，而不动产则以登记为所有权转移要件。依交付主义，动产与不动产的所有权是否转移，均不影响买卖合同标的物的风险负担。（2）交付主义规则的适用前提是法律对标的物的风险负担没有特别规定，当事人亦无约定；如当事人有约定的，适用当事人的约定；当事人没有约定，法律有特别规定的，适用法律的特别规定。只有在既无特别规定，又无当事人约定的情况下，才适用《民法典》第604条的规定，即适用交付主义规则。

四、路货买卖的风险负担

所谓路货，即正在运输途中的货物。所谓路货买卖，即货物已在运输途中，卖方寻找买方，出卖在途货物的买卖。

我国《民法典》第606条对路货买卖的风险负担作了规定，即"出卖人出卖交由承运人运输的在途标的物，除当事人另有约定外，毁损、灭失的风险自合同成立时起由买受人承担"。其原因在于，在路货买卖中，卖方和买方均没有实际支配和管领货物，因而不能适用交付主义规则。因为交付主义的精神是：谁最能控制和支配标的物，谁就负担风险。在这种情况下，是因为买方既然明知该项标的物尚在运输途中，还依然订立买卖合同，这表明买方已经意识到风险的存在，如又未约定风险由谁承担及何时承担，自然更应由买方承担。

路货买卖风险分担应当特别注意如下问题：（1）路货买卖的风险转移规则仅适用于当事人对风险负担没有约定的情形，当事人对风险负担已有约定的，如当事人已约定标的物的风险负担适用交付主义规定，即应自货物实际交付时起转移，应优先适用其约定。（2）路货买卖中，在买卖合同成立时，出卖人已经知道或者应当知道标的物已经毁损、灭失，却故意不将此事实告知买受人的，风险仍然由出卖人负担。①

---

① 《买卖合同解释》第10条规定："出卖人出卖交由承运人运输的在途标的物，在合同成立时知道或者应当知道标的物已经毁损、灭失却未告知买受人，买受人主张出卖人负担标的物毁损、灭失的风险的，人民法院应予支持。"

五、法律推定交付地点的标的物风险负担

《民法典》第 607 条规定:"出卖人按照约定将标的物运送至买受人指定地点并交付给承运人后,标的物毁损、灭失的风险由买受人承担。当事人没有约定交付地点或者约定不明确,依据本法第六百零三条第二款第一项的规定标的物需要运输的,出卖人将标的物交付给第一承运人后,标的物毁损、灭失的风险由买受人承担。"该条的规定与合同编对标的物需要运输的交付地点的确定有密切关系。按照风险交付转移规则,出卖人交付前,风险由出卖人承担,出卖人交付后,风险由买受人承担。因此,当事人在合同中未约定交付地点或约定不明的,且标的物需要运输的,出卖人将标的物交付给第一承运人后,因交付完成,标的物毁损、灭失的风险即随之转移给买受人承担,这是符合交付风险转移的一般规则的。

需要注意的是,路货买卖的风险负担与法律推定交付地点标的物风险负担是不同的,路货买卖的风险自合同成立时,由买受人承担,而法律推定的交付地点标的物风险自出卖人交与第一承运人之时,就由买受人承担。

六、受领迟延的风险负担

我国《民法典》第 608 条对受领迟延的风险负担作出了规定,即"出卖人按照约定或者依据本法第六百零三条第二款第二项的规定将标的物置于交付地点,买受人违反约定没有收取的,标的物毁损、灭失的风险自违反约定时起由买受人承担"。第 603 条第 2 款第 2 项规定:"标的物不需要运输,出卖人和买受人订立合同时知道标的物在某一地点的,出卖人应当在该地点交付标的物;不知道标的物在某一地点的,应当在出卖人订立合同时的营业地交付标的物。"之所以如此规定,是因为:一是受领标的物是买方的义务。各国法律一般均认为受领标的物既是买方的权利,也是其义务。我国《民法典》强调诚实信用,强调双方协作履行,债权人有义务协助债务人履行,因此,受领标的物也被视为买方的义务。二是依《民法典》的规定,标的物的风险转移一般应遵循交付主义原则,自交付时起转移于买受人,但债务人却因债权人不予受领,无法完成标的物的交付,这使债务人的债务无法消灭,使其承担了过重的风险。因此,基于公平原则,法律认为,此时标的物上的风险

应自买方迟延受领时起转移于买方。

受领迟延买方负担风险需具备下列要件：

1. 卖方按约定或法律规定提出交付。这种交付须遵循：一是卖方在约定履行期限内提出交付；二是卖方提交的标的物在质量、数量、品种、规格等方面符合约定要求。

2. 买方受领迟延。当事人未约定履行期限或约定不明时，适用《民法典》有关规定，卖方有权随时履行合同，卖方提出交付时，标的物风险转移至买方。

3. 受领迟延为无过错责任。不管买受人的受领迟延有无过错，只要买方客观上应受领而未受领，即构成受领迟延。

受领迟延的法律后果表现为，买受人违反约定没有受领的，标的物毁损、灭失的风险自违反约定之日起由买受人承担。

七、出卖人违反从给付义务的风险负担

我国《民法典》第609条规定："出卖人按照约定未交付有关标的物的单证和资料的，不影响标的物毁损、灭失风险的转移。"这样规定的理由在于：

1. 出卖人已经按照约定履行期限交付标的物，而买方已收取标的物，取得对标的物的支配和控制权，较卖方更能有效地管理标的物。依照交付主义规则的基本精神，即标的物的风险由最能有效管理、支配的人负担，在这种情况下，自然应由买方负担标的物上的风险。

2. 交付与标的物有关的单证和资料是出卖人的从给付义务，在性质上与标的物的转移无关，两者分别属于从给付义务与主给付义务。只要主给付义务履行了，标的物的风险即已转移。该条中所称的"有关标的物的单证和资料"，既可能是提取标的物的单证，也可能是提取标的物单证以外的有关单证和资料。[①]

3. 符合公平原则。标的物上的风险负担的分配，是在充分考虑双方在各种具体情况下的利益状态后，作出的一种利益与不利益的归属划分。在买受

[①] 黄薇主编：《中华人民共和国民法典合同编释义》，法律出版社2020年版，第344页。

人已现实地受领了标的物,卖方未交付与标的物有关的单证和资料的情况下,因买方已现实地对标的物进行使用或管领,并可依法律的规定,收取标的物上的孳息。而卖方对标的物不再享有任何利益,依据"利之所在,损之所归"的公平原则,自应由买方承担标的物上的风险。

在司法实践中,应当注意:(1)该条规定仅适用于出卖人没有交付与标的物有关的单证和资料,而不适用于提取标的物的单证。如未交付提取标的物的单证的,标的物风险不转移;已交付的,标的物风险则由买方承担,因为交付提取标的物的单证即视为交付标的物。(2)出卖人未交付与标的物有关的单证和资料,虽不发生影响标的物风险转移的效力,但可作为一项独立诉讼请求,要求法院判决出卖人履行从给付义务。

八、质量瑕疵的风险负担

出卖人交付的标的物有质量瑕疵时,标的物的质量风险由谁承担,《民法典》第610条对此规定了两种情况。

1. 由卖方承担标的物上的风险的条件。一是卖方交付的标的物质量不符合质量要求。即指标的物存在质量瑕疵。二是质量瑕疵的程度达到致使合同的目的不能实现。质量瑕疵的程度差别很大,程度的衡量以合同目的为标准。如果质量瑕疵程度尚不足影响合同目的实现的,则不适用此条款。如果符合这两个条件,则风险由卖方承担。卖方要承受买方拒绝接受标的物或者解除合同的结果。

2. 由买方承担标的物上的风险的条件。在卖方交付标的物存在质量瑕疵时,标的物上的风险由买方承担的情况只限于两种:一是卖方交付的标的物有质量瑕疵,又使合同目的不能实现,但买方自己接受标的物的,风险就由买方承担。二是卖方交付的标的物虽然有瑕疵,却没达到使合同目的不能实现的状态,买方不能拒绝接受标的物或解除合同,交付标的物的风险由买方承担。

九、风险负担与违约责任

在理论上认为,标的物的风险负担与当事人的违约责任应当分离。标的物上的风险由买方承担,并不影响卖方履行合同义务不符合约定应承担的违约责任。因为标的物的风险负担与违约责任是两个独立的法律关系。因此，《民法典》第611条规定："标的物毁损、灭失的风险由买受人承担的，不影响因出卖人履行义务不符合约定，买受人请求其承担违约责任的权利。"

十、对案例6、案例7的简要评析

1. 对案例6的简要评析

在案例6的情形中，学者间争议较大，大致有五种观点：一是出卖人江某可以对各买受人请求价金，风险应由海某和洋某负担。二是出卖人江某仅可以向已为登记的买受人洋某请求价金支付，即风险由洋某负担。三是由最先承受风险的人负担，即由先因交付或登记承受风险之转移者负担，就本案而言，应由海某负担。四是买受人均不负担标的物上的风险，风险应由出卖人江某负担，因为其无论对谁都没有完全履行义务。五是出卖人江某进行二重买卖，有明显过错，风险应由出卖人江某负担。

在案例6情形中，涉及对不动产交付的理解。笔者认为，不动产的风险仍应以交付为标准，以实际占有、控制不动产为标准，而不应以所有权登记为标准，因为《民法典》第604条并没有区分动产与不动产，故动产和不动产的风险负担应适用统一标准。

在案例6中，虽然江某就同一房屋进行二重买卖有过错，但该过错与房屋毁损没有因果关系。房屋毁损并不是由江某的过错造成的，因此，风险应由海某负担。根据洋某的诉讼请求，江某应将房款35万元返还给洋某。

2. 对案例7的简要评析

在案例7中，华泰公司与丰盛公司争议的焦点是短少5吨小麦，计款5000元的风险由谁负担。可从如下方面确定风险负担：一是丰盛公司与华泰公司采用了路货买卖的形式；二是双方当事人在合同中并未约定风险负担规定；三是根据《民法典》第606条的规定，出卖人丰盛公司出卖交由承运人运输的在途标的物于华泰公司，短少的风险自合同成立时起由买受人华泰公司负担。因此，本案短少5吨小麦计款5000元的风险由华泰公司负担，即华泰公司应当支付丰盛公司的5000元货款。当然，华泰公司承担责任后，依法可向运输部门索赔。

第六节　所有权保留

一、问题的提出

在商品交易活动中，出卖人销售商品，买受人支付价款，两者在时间上存在的差异可分为三种情形：（1）出卖人销售商品和买受人支付价款同时进行（一手交钱一手交货）；（2）出卖人先收到价款而后销售商品（出卖人预收货款）；（3）出卖人先销售商品而后收到价款（赊销、分期收款形式等）。在前两种情形中，出卖人销售商品时债权已得到实现，当无疑问。而第三种情形在当今的经济生活中大量存在，如何使买受人在价款清偿之前，可以先占有使用商品，同时又能保障出卖人债权的实现，成为现代法律交易上的一项重大研究课题。经济活动要求法律提供解决的方法，而法律所能提供的最好方法系所有权保留制度。

在研究所有权保留之前，先看一则案例。

案例 8：出卖人能否享有取回权

2021 年 8 月 8 日，甲公司与乙公司签订了一份所有权保留买卖合同，其主要内容是：甲公司向乙公司出售一台价值人民币 500 万元的设备，由甲公司在设备交付给乙公司时，乙公司付款 200 万元。余款 300 万元分 3 个月付清，在货款未付清前设备的所有权仍归甲公司等。甲公司将设备交付给乙公司后，乙公司向其提出以该设备向银行抵押贷款，以偿付所欠甲公司的贷款。甲公司表示同意，并开具了一张证明乙公司已全部付清货款的销售发票。同年 9 月 20 日，乙公司持此发票在 A 银行办理了抵押贷款手续，并办理了抵押权登记手续。A 银行对抵押物买卖时出卖人保留所有权的情况并不知晓，遂向乙公司发放贷款 350 万元。乙公司偿还了甲公司货款 100 万元后，余下贷款用作他用。贷款到期后，A 银行将乙公司诉到法院，要求乙公司归还贷款及利息，并依法对抵押物设备行使抵押权，法院支持了 A 银行的诉讼请求。

在执行过程中，甲公司以其与乙公司订有保留所有权的买卖设备合同，因乙公司未履行给付余款的义务，自己即享有取回设备的权利等，向法院提出执行异议。法院经审查后，裁定驳回了甲公司的异议。

本案涉及所有权保留制度，出卖人甲公司能否享有取回权的关键是其保留的所有权是否消灭。试问：如何理解所有权保留？其法律性质如何？所有权保留是否需要登记？如何理解出卖人的取回权、买受人的回赎权？所有权保留的对抗效力如何？

二、所有权保留的法律意义

所有权保留是在移转财产所有权的商品交易中，根据法律规定或当事人的约定，财产所有人移转财产占有于对方当事人，而仍保留其对该财产的所有权，待对方当事人支付价金或完成特定条件时，该财产的所有权才发生移转的一种法律制度。

所有权保留制度，并非现代法律所独有。据学者研究，罗马法上曾有类似制度，德国普通法也承认。[①]《德国民法典》第449条第1款规定，动产出卖人将其所有权保留至价金支付完毕者，有疑义时，应认为所有权之移转，系以价金之全部支付为停止条件。该条文便是理论上所称的所有权保留制度。所有权保留制度的主要目的在于确保出卖人对买受人可以主张的未偿价金债权：一是买受人不依约定偿还价款时，出卖人可解除契约，或依其所保留的所有权取回标的物。二是对买受人的其他债权人而言，保留所有权的功能表现最称显著。[②] 我国《民法典》第641条规定了所有权保留制度，即"当事人可以在买卖合同中约定买受人未履行支付价款或者其他义务的，标的物的所有权属于出卖人。出卖人对标的物保留的所有权，未经登记，不得对抗善意第三人"。

[①] 王泽鉴：《民法学说与判例研究》（第一册），中国政法大学出版社1998年版，第124页。

[②] 王泽鉴：《民法学说与判例研究》（第一册），中国政法大学出版社1998年版，第127页。

一般说来，所有权保留是合同当事人在合同中设置所有权保留条款而进行的，应以明示方式约定，但并不以明示为限。如标的物系不动产或转移所有权需登记的，出卖人仅将标的物交付于出卖人而没有进行登记的，应视为设定了所有权保留条款。但需注意的是，如买方已支付全部价金，履行了合同约定的其他义务的，应当认定此时出卖人有转移所有权的义务，买方有权请求出卖人进行所有权转移登记。如标的物为动产的，在交付时，出卖人言明需买方支付全部价金或履行了合同其他义务时，动产所有权才转移的，也应认为设定了所有权保留条款。

我国《民法典》第641条规定的所有权保留制度，对其客体范围未作限制，导致学界和实务界对此存在分歧，消费市场上也存在一些以所有权保留方式买卖房屋的行为。立法机关认为，所有权保留不适用于不动产，具有其合理性。[①] 对此，《买卖合同解释》第25条规定："买卖合同当事人主张民法典第六百四十一条关于标的物所有权保留的规定适用于不动产的，人民法院不予支持。"其实，所有权保留制度不适用于不动产，理由在于：一是不动产买卖完成转移登记后所有权即发生变动，此时双方再通过约定进行所有权保留，明显违背法律规定。二是在转移登记的情况下双方采用所有权保留，出卖人的目的是实现担保债权，买受人的目的在于防止出卖人一物二卖，预告登记制度足以满足买卖双方所需，因此没有必要采取所有权保留的方式。特别是，转移登记是不动产所有权变动的要件，在转移登记完成前不动产所有权不会发生变动，买受人即使占有使用标的物，只要双方不办理转移登记，出卖人仍然享有所有权，当然也就可以保障债权，所以更无必要进行所有权保留。

三、所有权保留的法律性质

各国学者对所有权保留性质的研究，主要是从所有权的转移和债的担保两个角度进行的，由此形成了不同的观点：

1. 从所有权转移角度来看，主要有两种代表性的观点：一是"附停止条

[①] 参见黄薇主编：《中华人民共和国民法典释义（中）》，法律出版社2020年版，第1233页。

件所有权转移说。"有学者指出，所有权保留在法律性质上是一种附停止条件的所有权移转。具体来说，承认物权行为独立的立法主张认为，债权行为本身并不附任何条件，附条件是所有权转移的物权行为。当事人在买卖契约中已约定保留所有权的，于交付标的物时，虽没有再约定所有权保留，解释上应认为转移所有权行为附有停止条件。[①] 反之，不承认物权行为独立性的立法主张认为，附停止条件的所有权转移应理解为所有权转移的效果因买卖实际附有停止条件而受到限制。[②] 史尚宽先生认为，所有权保留契约为所有权让与之物权契约，但附有其效力的发生取决于受让人义务履行的条件，即所有权保留契约是以受让人义务之履行为停止条件的所有权让与契约，买受人因全部支付价金而完成条件，当然取得所有权。[③] 二是"部分所有权转移说"。德国学者赖札（Ludwig Raiser）认为，在所有权保留中，出卖人将标的物交付给买受人的同时，所有权的一部分也随之转移于买受人，于是形成出卖人与买受人共有一物的形态，这种部分性所有权转移是随着各期价金的给付而逐渐转移于买受人的。日本学者铃木的主张尤为形象，他认为，在分期付款买卖的所有权保留过程中，所有权像"削梨"似的，由出卖人一方逐渐地转移到买受人一方。[④]

2. 从债的担保角度来看，主要有如下观点：第一种观点，"特殊质押关系说"。德国学者朴罗妹亚（Blomeyer）在1939年发表的《条件理论之研究》第2卷中指出，出卖人所保留的所有权，论其性质，与质权相同，买受人因物之交付而取得所有权，出卖人所得者，是不占有标的物，附有流质约款之质权，以担保未清偿的价金债权。出卖人所取得的是一种特别质权。[⑤] 第二种观点，"担保物权说"。此说认为，在所有权保留关系中，"出卖人以迟延转移物的所有权为手段，担保其全部获得买价的债权，此时出卖人手中的所

---

① 王泽鉴：《民法学说与判例研究》（第一册），中国政法大学出版社1998年版，第133页。
② 刘得宽：《民法诸问题与新展望》，中国政法大学出版社2002年版，第6页。
③ 史尚宽：《物权法论》，中国政法大学出版社2000年版，第53页。
④ 刘得宽：《民法诸问题与新展望》，中国政法大学出版社2002年版，第7-8页。
⑤ 王泽鉴：《民法学说与判例研究》（第一册），中国政法大学出版社1998年版，第159页。

有权,就成为其实现买价请求权这一债权的担保物权"[1]。第三种观点,"担保性财产托管说"。法国学者认为,在法国财产(尤其是动产)转让关系中被广泛采用的所有权保留条款实质上就是一种担保性财产托管的适用方式,依照这一条款,债权人(出卖物所有人)只具有一定条件下请求债务人(买受人)返还出卖物的权利,出卖物所有权的其他权能(包括处分权)完全被债务人所行使。[2]第四种观点"担保权益说"。该说认为所有权保留实质上是担保权益的保留,而担保权益则是设定在动产或不动产附着物上以担保价款或义务履行的权益。卖方保留标的物的所有权,就是在其出卖的货物上设定担保权益。[3]

上述观点从不同角度分析所有权保留的法律性质,虽各自成理,均有可取之处,但笔者赞成"附停止条件所有权转移说"。所有权保留是种附停止条件的所有权转移行为,在买受人付清价金或完成其他义务后,标的物的所有权才转移。亦即,对于出卖人而言,其享有买卖标的物的所有权,在买受人付清全部买卖价金时,负有移转标的物所有权的义务;对于买受人而言,在其付清全部买卖价金时,享有请求出卖人移转标的物所有权的权利。其实,所有权保留可从债权行为和物权行为两方面去理解。当事人约定一方转移财产权于他方,他方支付价金的为买卖,是债权行为。出卖人交付标的物,转移其所有权于买受人,是为物权行为。在所有权保留中,买卖合同完全有效成立,而以保留所有权为其约款,买卖合同本身并不附任何条件,附条件的是物权行为,按此转移标的物所有权为目的的物权行为,系由合同及交付两个要件构成。标的物虽先交付,由买受人占有,但当事人约定于价金一部分或全部清偿前,出卖人仍保留所有权,物权行为的效力取决于将来不确定的事实的成就与否(停止条件)。正是基于此,所有权保留具有了担保出卖人价金债权受偿的功能,并以一种担保方式存在。[4]

---

[1] 孙宪忠:《德国当代物权法》,法律出版社1997年版,第345页。
[2] 尹田:《法国物权法》,法律出版社1998年版,第455页。
[3] 余能斌、侯向磊:《保留所有权买卖比较研究》,载《法学研究》2000年第5期。
[4] 何志:《论所有权保留》,载中国人民大学民商事法律科学研究中心编:《判解研究》2003年第3辑(总第13辑),人民法院出版社2003年版,第67页。

四、所有权保留的登记

（一）立法选择及比较

在所有权保留制度中，标的物所有人并不占有标的物，买受人占有标的物但不享有所有权，这种权利构造使得标的物的所有权与占有权不尽一致。此种权利分化的状态符合当事人之利益，因为出卖人可以出卖标的物，无须立即要求支付全部价金，买受人于价金清偿前，可以先占有使用标的物。此种制度的最大缺点在于欠缺公示性，第三人无从知悉标的物之权属状态，当卖方或买方违反合同义务而将标的物的所有权让与第三人，或在标的物上为第三人设定担保时，该如何平衡卖方买方以及第三人的利益，各国立法对此所作的规定亦不相同。[①] 主要存在登记生效主义、登记对抗主义和不登记主义三种不同的立法实践。[②]

1. 登记生效主义。约定保留所有权，除当事人合意外，尚需履行一定的登记方式，始生效力。经登记的所有权保留，可以对抗第三人。

2. 登记对抗主义。约定所有权保留，除当事人合意外，履行一定登记方式的，始生对抗第三人的效力。法律对所有权采取登记对抗主义，一方面在于维持交易的便捷，另一方面亦在使当事人能斟酌的情事，决定是否登记，以保障自己的权益。[③]

3. 不登记主义。约定所有权保留，仅凭当事人约定一致即生效力，当事人无须履行登记手续。采用不登记主义的国家以德国为代表。从《德国民法典》第455条的规定即可看出。

在上述三种立法体例中，不登记主义的最大优点是手续简便。最大缺点是欠缺公示性。德国有学者主张应采取登记主义，但工商界反对甚烈，认为

[①] 参见王泽鉴：《民法学说与判例研究》（第一册），中国政法大学出版社1998年版，第134页。

[②] 王泽鉴先生将所有权保留概括为四种立法主义：（1）意思主义；（2）书面主义；（3）登记主义；（4）书面成立——登记对抗主义。参见王泽鉴：《民法学说与判例研究》（第一册），中国政法大学出版社1998年版，第134页。

[③] 王泽鉴：《民法学说与判例研究》（第一册），中国政法大学出版社1998年版，第136页。

此将暴露其经济状况，妨害信用之流通。① 登记生效主义的最大优点是便于第三人查阅登记簿知悉物权变动状况，其利益不致受到当事人秘密设立物权的侵害。但最大缺点是所有权保留标的物种类繁多，均进行登记而生效，增加当事人的费用负担。登记对抗主义的最大优点是赋予了买卖当事人的选择权，让其酌情行事。但最大缺点是第三人为确保交易的安全，仍需费力耗神查阅登记簿。从上述情况看，所有权保留采用登记对抗主义不失为良策。

（二）我国所有权保留登记制度采取登记对抗主义

基于实现优化营商环境、消灭隐形担保的目标，《民法典》第641条规定出卖人对标的物保留的所有权，未经登记不得对抗善意第三人，明确了必须登记才能取得对抗第三人的效力。所有权保留买卖制度中引入了登记，从功能上讲，保留的所有权实质上属于"可以登记的担保权"。②

笔者赞同我国所有权保留登记制度采取登记对抗主义。理由：一是从前面所述的三种立法体例中，登记对抗主义不失为良策，故我国所有权保留制度亦应借鉴。二是采取登记对抗主义，赋予当事人选择权，更能尊重当事人意思表示，符合私法自治原则。三是标的物（如不动产、车辆、船舶、航空器等）价值较大的，当事人多会申请登记，借以保护其权利，第三人则可获知标的物的实际权属状态，亦不会损害其利益。

五、出卖人的取回权

所有权保留中的取回权，是出卖人享有的权利。所谓取回权，是指在所有权保留买卖中，出卖人享有的在买受人有特定违约行为，损害出卖人合法权益时，从买受人处取回标的物的权利。取回权的原因当由法律直接规定或由当事人约定。其法律后果是，买卖双方依然受原合同的约束，出卖人借助取回权的目的是实现合同，而非解除合同。

关于出卖人取回权的法律性质，理论界存在三种观点。第一，解除权效

---

① 王泽鉴：《民法学说与判例研究》（第一册），中国政法大学出版社1998年版，第135页。

② 黄薇主编：《中华人民共和国民法典释义（中）》，法律出版社2020年版，第1233页。

力说。该说认为，合同中一方迟延给付价金的，对方可以给予一定的期限要求其给付，如果义务人在期限内仍不履行时，对方可以解除契约。故取回权的行使，亦发生解除权的效力。第二，附法定期限解除合同说。该说认为，取回权是附有法定期间的解除契约。即在出卖人取回标的物时，买卖合同依然存在。须在回赎期间届满，买受人不回赎时，合同关系方告解除。买受人不待回赎期间经过，即为再出卖之请求，或因有急迫情事，出卖人不待买受人回赎而径直为再出卖者，也生同样效果。第三，就物求偿说。该说认为，认为所有权保留买卖所规定的取回制度是出卖人就标的物实现价款的特别程序，因为从取回制度的内容来看，它与强制执行基本类似。该取回类似强制执行法的查封，买受人的回赎类似强制执行法的撤销查封。再出卖的程序类似强制执行法上的拍卖程序。[1]

上述三种学说中，就物受偿说为通说。依据该说，出卖人行使取回权后买卖合同并不当然解除，笔者赞同这种观点。理由在于：第一，从保留所有权的功能看，法律之所以确立这一制度，是为了实现担保出卖人价金。出卖人取回标的物的目的不是要取消与买受人的合同关系，返还已受领的价金，而是实现剩余的价金债权。第二，解除权效力说与附法定期限解除合同说混淆了取回制度与合同解除制度的根本区别。在合同解除制度下，直接的法律后果是消灭合同关系，使当事人之间的关系恢复到订约前的状态，此时，买卖双方不受原合同的约束，买受人回赎请求权、再出卖请求权、转卖价金剩余部分返还请求权均无存在的余地。这显然与各国普遍规定回赎权等权利不一致，所以这两种学说缺乏解释力。第三，再次转卖程序是出卖人实现价金债权的救济手段，它虽然与强制执行中的拍卖程序存在区别，但其目的却相同，均是实现债权。附法定期限解除合同说认为再出卖程序仅是确定出卖人请求权范围的方式，比较牵强，因为现代社会有大量的估价等便捷方式可以使用，大可不必舍简就繁地在当事人的结算方面采用费时耗力、手续复杂的再出卖程序。

取回权的行使，须具备一定的条件，而此条件直接关系到当事人的利益，

---

[1] 详见王泽鉴：《民法学说与判例研究》（第一册），中国政法大学出版社1998年版，第177—181页。

宜由法律明文规定为妥。《民法典》第642条规定:"当事人约定出卖人保留合同标的物的所有权,在标的物所有权转移前,买受人有下列情形之一,造成出卖人损害的,除当事人另有约定外,出卖人有权取回标的物:(一)未按照约定支付价款,经催告后在合理期限内仍未支付;(二)未按照约定完成特定条件;(三)将标的物出卖、出质或者作出其他不当处分。出卖人可以与买受人协商取回标的物;协商不成的,可以参照适用担保物权的实现程序。"

买受人享有回赎标的物的权利。出卖人行使取回权后,并不当然发生合同解除的法律后果,买受人可以在法律规定的回赎期限内,履行价金清偿义务,完成特定条件或停止对标的物的不当处分,回到双方当事人约定的交易轨道上来。买受人若在回赎期限内满足前述要求,就意味着交易障碍的克服,出卖人返还取回的标的物,交易重新进行。若买受人放弃回赎权,则他可以在出卖人取回标的物后的一定期限内请求出卖人再出卖,出卖人也可以在一定期限内自动再出卖标的物,就卖得的价金支付必要的费用后,用来清偿买受人尚需承担的价金债务,仍有剩余的,返还买受人,尚不足的,由买受人承担继续清偿的义务。

出卖人行使取回权是否必须采取公力救济方式? 即出卖人是否必须向法院提出行使取回权的请求并通过法院的执行行为取回标的物? 根据《民法典》第642条第2款"出卖人可以与买受人协商取回标的物;协商不成的,可以参照适用担保物权的实现程序"的规定,出卖人行使取回权时,无疑可以通过协商请求买受人返还标的物的占有,如果买受人积极配合或者不予阻碍,出卖人以和平方式取回固无疑问,这样还有利于减少双方矛盾。如果买受人故意阻碍,出卖人无法行使取回权时,则出卖人可以向法院申请执行,但无须向法院提起普通民事诉讼。[1] 买受人对执行行为有异议的,可以向法院提出或者直接提起普通民事诉讼。

应当注意的是,出卖人的取回权并非绝对,其亦应受到限制:其一,应

---

[1] 《民事诉讼法》第207条规定:"申请实现担保物权,由担保物权人以及其他有权请求实现担保物权的人依照民法典等法律,向担保财产所在地或者担保物权登记地基层人民法院提出。"第208条规定:"人民法院受理申请后,经审查,符合法律规定的,裁定拍卖、变卖担保财产,当事人依据该裁定可以向人民法院申请执行;不符合法律规定的,裁定驳回申请,当事人可以向人民法院提起诉讼。"出卖人取回权的行使,参照上述规定进行。

受善意取得制度的限制。如果标的物被买受人处分给第三人，该第三人又符合善意取得的规定，则出卖人不得取回标的物。对此，《买卖合同解释》第26条第2款规定，已经善意取得标的物所有权或者其他物权，出卖人主张取回标的物的，人民法院不予支持。其二，应受买受人已支付价款数额的限制。如果买受人已支付的价款达到总价款的75%以上时，我们认为出卖人的利益已经基本实现，其行使取回权会对买受人利益影响较大，此时应兼顾买受人利益而适当限制出卖人取回权。对此，《买卖合同解释》第26条第1款规定："买受人已经支付标的物总价款的百分之七十五以上，出卖人主张取回标的物的，人民法院不予支持。"

六、买受人的回赎权

买受人由于对标的物的占有使用已与其形成了一定的利益关系，买受人对出卖人完全转移标的物所有权也具有一定的期待，这种利益关系及期待应予保护。出卖人取回标的物后，买受人可以在特定期间通过消除相应的取回事由而请求回赎标的物，此时出卖人不得拒绝，而应将标的物返还给买受人。可见，买受人并不是处于完全消极的地位，只要积极恰当地履行义务，其利益还是能够得到保障。

回赎权是指所有权保留买卖中出卖人对标的物行使取回权后，在一定期间内买受人履行支付价金义务或完成其他条件后享有的重新占有标的物的权利。买受人行使回赎权的目的是阻止出卖人为实现债权而对标的物再行出卖，从而使得原买卖交易重新回到正常的轨道上。行使回赎权的结果是使买受人可以依合同的约定履行债务并完成所有权取得的条件，同时继续占有使用标的物。

回赎期是买受人可以行使回赎权的期间。回赎期一般包括法定期间和意定期间。法定期间由法律明确规定。意定期间是当事人确定的期间，包括买卖双方约定的期间和出卖人指定的期间两种，买卖双方约定的期间因属双方自由意思表示，故一般应予准许。出卖人单方指定的期间，一般认为出卖人不能妨碍买受人回赎标的物，所以出卖人指定买受人应在数分钟内完成一定行为的，显然违背诚实信用原则，不发生期间的效力，不能约束买受人。

根据《民法典》第643条的规定，出卖人取回标的物后，买受人在双方约定或者出卖人指定的合理回赎期限内，消除出卖人取回标的物的事由的，可以请求回赎标的物。买受人在回赎期限内没有回赎标的物，出卖人可以以合理价格将标的物出卖给第三人，出卖所得价款扣除买受人未支付的价款以及必要费用后仍有剩余的，应当返还买受人；不足部分由买受人清偿。显然，《民法典》仅规定了意定期间，没有规定法定期间。主要基于：一是所有权保留制度是属于可以自由选择的制度，具体到回赎期，也应当尊重当事人的自由意思，在立法上应赋予当事人最大的制止空间。二是买受人回赎期的长短问题，只是影响当事人的权益，一般不会涉及或者影响第三人利益或者社会公共利益，法律不应主动干预。[1]

七、所有权保留的对抗效力[2]

1. 所有权保留与物权转移登记的对抗效力。在分期付款买卖中，标的物所有权转移已办理了产权转移登记手续的，买卖双方当事人又在合同中约定标的物所有权保留条款的，该约定是否有效？有无对抗力？如甲将价值30万元的房产卖给乙，约定分三期将款项付清后该房产的所有权即归乙所有，而在交付房产时，甲将房产的产权过户到乙的名下。后乙未按约定付款，甲能否主张所有权保留，即成为争执的焦点。有观点认为，甲、乙在买卖合同中对所有权保留作出了特约，该特约应为有效，乙未完成特定条件，尚不能取得房产的所有权，因此，甲主张所有权保留应予支持。笔者尚难赞同此种观点。因为虽然甲、乙在买卖合同中约定了所有权保留条款，但标的物房产所有权的转移以过户登记为要件，因此，甲将房产产权过户到乙的名下，从法律意义上看，房产的所有权已归乙所有，故甲、乙所约定的所有权保留条款当为无效条款，甲所主张的所有权保留不予支持。当然，乙未按合同约定履行义务，甲可依据合同追究乙的违约责任，并主张乙偿还尚未付清的价款。

2. 所有权保留与抵押权的对抗效力。所有权保留与抵押权的对抗效力，可分为两种情形。

---

[1] 黄薇主编：《中华人民共和国民法典释义（中）》，法律出版社2020年版，第1237页。
[2] 参见何志：《论所有权保留》，载中国人民大学民商事法律科学研究中心编：《判解研究》2003年第3辑（总第13辑），人民法院出版社2003年版，第67页。

一是先押后卖。即所有权人在同一标的物上设定抵押权后再进行保留所有权的买卖，该所有权保留是否具有对抗抵押权的效力，有不同的规定。从我国《民法典》第 406 条第 1 款"抵押期间，抵押人可以转让抵押财产。当事人另有约定的，按照其约定。抵押财产转让的，抵押权不受影响"的规定精神来看，若所有权人将抵押物买卖通知抵押权人并告知买受人时，则可约定所有权保留，并对已经存在的抵押权发生对抗力，抵押权人仅能对出卖人所得价款享有优先受偿权。若所有权人未通知抵押权人或告知买受人将抵押物买卖，其约定所有权保留的条款，则为无效。

二是先卖后押。即所有权人在同一标的物上进行保留所有权买卖后再设定抵押权的，该所有权保留对抗效力如何？笔者认为，所有权保留中买受人享有物权期待权，并已实际占有标的物，且所有权保留约定在先，应当具有对抗设立在后的抵押权。而买受人在未取得标的物所有权之前，不得设定抵押权。

3. 所有权保留与质权的对抗力。在所有权保留买卖中，质权的有效成立以质物移交占有为生效要件，因此，出卖人已将标的物交付给买受人占有，不具备设定质权的要件。买受人在未取得标的物所有权之前，亦有可能设定质权，其效力如何？笔者认为，买受人在未取得标的物的所有权之前而设定质权，其质权的效力属于待定状态，若出卖人予以追认或买受人其后履行了全部义务，并取得了标的物的所有权，则质权有效，并具有对抗所有权保留的效力；反之，则质权无效，不具有对抗所有权保留的效力。同时，我们还应注意的是，动产质权的善意取得中，若第三人善意取得动产质权，则该质权具有对抗所有权保留的效力。

4. 所有权保留与留置权的对抗效力。在所有权保留的买卖中，因买受人的原因而发生第三人的留置权时，此时，所有权保留的对抗效力如何？笔者认为，留置权为法定担保物权，具有对抗标的物所有权的效力，因此，第三人的留置权应当具有对抗所有权保留的效力。

八、对案例 8 的简要评析

在案例 8 中，甲公司向法院提出执行异议的理由是其享有对标的物的取回权，但该案的特殊性在于该标的物的买受人乙公司设定了抵押权。此时，甲公司能否享有取回权,是问题的关键。

在该案中,甲、乙公司所签订的所有权保留买卖合同为有效合同,应无疑问。在乙公司尚未取得标的物的所有权情况下,乙公司征得了甲公司的同意而在同一标的物之上设定了抵押权,并办理了抵押登记,且抵押权人A银行并不知晓甲公司保留所有权,此时A银行为善意,应受法律保护,因此,抵押权有效成立,并产生了对抗甲公司所有权保留的效力。也就是说,乙公司经甲公司授权,于条件成就之前在标的物设备上设定抵押权,此抵押权成立并依法生效,出卖人甲公司所保留的所有权归于消灭,甲公司不得对标的物行使取回权。因此,甲公司不得享有取回权。

第七节 特种买卖合同

《民法典》对特种买卖合同分别规定了分期付款买卖、凭样品买卖、试用买卖、招标投标买卖和拍卖。

一、分期付款买卖合同

分期付款买卖合同,是指在标的物交付给买受人后,买受人按照一定期限分批向出卖人支付价款的买卖合同。分期付款买卖在现代常被作为一种有效的促销手段,尤其是在大宗买卖和不动产买卖中运用极为普遍,其实质是赊销的一种买卖形式。依据《买卖合同解释》第27条第1款的规定,"分期付款"是指买受人将应付的总价款在一定期限内至少分三次向出卖人支付。换言之,将买卖合同的总价款分两次支付,则不能构成分期付款买卖合同。

《民法典》第634条对分期付款买卖作出了规定,即"分期付款的买受人未支付到期价款的数额达到全部价款的五分之一,经催告后在合理期限内仍未支付到期价款的,出卖人可以请求买受人支付全部价款或者解除合同。出卖人解除合同的,可以向买受人请求支付该标的物的使用费"。由该规定可以看出,分期付款有两个显著特征,即标的物的一次交付性和价金的分期支付性。

在分期付款买卖中，买受人应该按合同的约定分期支付价金给卖方。但在实践中，有不少买受人拒绝支付或迟延支付价款的情形。为了保护出卖人利益，使买受人不能无限期拖延付款而占有标的物，也为了使出卖人不能随意解除合同而损害买受人的利益，法律在规定严格条件的情况下，赋予出卖人有权请求买受人支付全部价款或解除合同的权利。根据《民法典》第634条的规定，出卖人享有上述权利必须满足如下条件：一是买受人未支付的价款为到期价款，未届分期付款清偿期的价款不包含在内；二是买受人所欠的价款金额须达到全部价款的五分之一，或者五分之一以上。上述条件需全部具备，出卖人才能行使请求买受人在清偿期前支付全部价款或解除合同的权利，至于采用何种方式，出卖人有权选择。若出卖人选择解除合同，不影响其要求买受人赔偿的权利，买受人在合同解除前占有、使用了该标的物，故出卖人可以向买受人请求支付该标的物的使用费。

分期付款应当注意的问题是：一是《民法典》第634条第1款的规定是强制性规范，买卖双方当事人不得降低该款的适用标准，违反该款规定的当事人特约无效。当然，约定标准高于未支付的价款金额达到全部价款的五分之一的，约定有效。二是分期付款买卖合同标的物所有权的转移，依当事人的书面明示约定。没有约定或约定不明确的，标的物所有权自标的物交付时起转移于买受人，但法律、法规规定需办理所有权变更登记的除外。三是分期付款买卖当事人约定出卖人在解除合同时，可以扣留其所受领价金或者请求买受人支付一定金额的，其扣留或请求支付的数额不得超过标的物使用费以及标的物遭受损害时的赔偿额。当事人对标的物的使用费有约定的，依照其约定；没有约定的，可以参照同类标的物的租金标准来确定。

二、凭样品买卖合同

凭样品买卖合同，亦称货样买卖合同，是指当事人双方约定出卖人交付的标的物符合一定样品的买卖合同。凭样品买卖是以样品来确定标的物的一种特殊的买卖。《民法典》第635条规定："凭样品买卖的当事人应当封存样品，并可以对样品质量予以说明。出卖人交付的标的物应当与样品及其说明的质量相同。"第636条规定："凭样品买卖的买受人不知道样品有隐蔽瑕疵的，即使交付的标的物与样品相同，出卖人交付的标的物的质量仍然应当符合同种物的通常标准。"

（一）凭样品买卖合同的构成要件

根据《民法典》第636条的规定，凭样品买卖应当具备下列构成要件：

1. 当事人在买卖合同中明确表示该买卖合同属于凭样品买卖合同，比如明确约定"以样品确定标的物的品质""按样品买卖""出卖人交付的标的物的质量必须与样品相符合"等。如果当事人在订立买卖合同时仅提示样品，而没有作出上述表示，尚不能成立凭样品买卖。

2. 当事人在合同中如果排除样品品质的全部担保，则不能构成凭样品买卖，但是当事人可以约定排除样品的某些品质。被排除的品质应当是非主要的或者该品质被排除并不影响标的物的效用。

3. 凭样品买卖必须有样品的存在，即在订立买卖合同时样品就存在，其品质已确定。

4. 当事人对样品进行了妥善的封存保管。如有可能和必要，当事人还可对样品的质量作出说明。在出卖人交付标的物时，封存的样品和关于样品的说明能够被用来作为确定与检验标的物质量的标准。

（二）凭样品买卖合同的效力

当事人订立凭样品买卖合同是为了保证出卖人对于其交付的标的物具有与样品相同的质量品质。因此，出卖人在样品买卖中对标的物的质量作出了特别担保，其所交付的标的物符合样品的品质要求是凭样品买卖的特别效力。当然，凭样品买卖合同亦具有一般买卖合同的效力。

在凭样品买卖合同履行中，关于如何理解标的物的品质与封存的样品的品质相同，史尚宽先生认为：交付的标的物商品质量是否与货样相同，应当依据契约之趣旨和交易之习惯确定，尤其价金之计算，得以其重要之点与货样适合为已足。微小之差异，不得顾及。[①] 同时，标的物的质量是否符合样品的品质，并不影响合同的效力。若出卖人交付的标的物的品质不符合样品的品质的，出卖人应负瑕疵担保责任。

---

① 史尚宽：《债法总论》，中国政法大学出版社2000年版，第91页。

根据《民法典》第636条的规定，出卖人应按样品的质量要求交付标的物，这是卖方在样品买卖合同中最基本的义务。此外，出卖人应按同种物的通常标准交付标的物。当样品存在隐蔽瑕疵时，即使交付的标的物与样品相同，出卖人交付的标的物的质量仍然应当符合同种物的通常标准。此为法律的强制性规定，当事人不得以约定排除其适用。

（三）凭样品买卖合同纠纷中的举证责任

1. 对是否为凭样品买卖，买受人应负举证责任。如买受人主张出卖人交付的标的物不符合样品品质，应对凭样品买卖的存在进行举证。出卖人如请求价金，而买受人提出标的物与样品品质不符时，出卖人应证明样品不存在。

2. 在样品买卖履行中，买受人以标的物的品质与样品不符为由而拒绝受领标的物的，出卖人应证明标的物品质与样品的品质相符，否则应负迟延履行责任；买受人受领标的物但主张瑕疵担保请求权的，买受人应就标的物品质不符样品的品质负举证责任。

三、试用买卖合同

试用买卖合同，又称为试验买卖合同，是买卖当事人在买卖合同中约定，出卖人将买卖标的物交由买受人试用，以买受人试用后认可标的物为合同生效条件的买卖合同。试用买卖成立后，买受人可以对买卖标的物进行试用，试用后，买受人对买卖标的物满意的，条件成立，买卖合同生效；买受人对买卖标的物不满意的，条件不成立，买卖合同不生效。《法国民法典》第1588条、《德国民法典》第454条第1款将试用买卖推定为附停止条件的买卖。

（一）试用期间的确定

根据《民法典》第637条的规定，试用期间可按下列三种方法确定：

1. 合同约定。试用买卖当事人在试用买卖合同中约定试用期间。

2. 根据《民法典》第510条确定。若当事人对试用期间没有约定或约定不明确，应首先适用《民法典》第510条的规定进行补充。即首先由当事人协商，如协商后仍无法达成一致的，可根据合同的有关条款及交易惯例进行补充。

3. 由出卖人确定。若合同中未约定试用期间，依据《民法典》第 510 条的规定仍不能确定，则由出卖人确定。试用买卖的出卖人，有允许买受人试验其标的物之义务。[①] 因此，应由出卖人根据具体情况而决定试用期间的长短。

（二）试用买卖合同的效力

1. 买受人承认。根据试用买卖合同，出卖人有义务将标的物交付买受人在一定期间内试用。买受人应在试用买卖的期间承认标的物。所谓承认标的物，即作出接受标的物、确认买卖成立的意思表示。该意思表示可以用书面形式作出，也可以用口头形式作出，使该意思表示达到出卖人即可，而无须出卖人作出另外的意思表示。买受人承认标的物，使买卖合同成立，在当事人之间发生普通买卖合同的权利义务关系。出卖人除承担交付标的物（已经交付）的义务外，还须承担权利瑕疵担保和品质瑕疵担保的义务以及相应的附随义务。买受人应当支付货款和承担其他相应的义务。

2. 买受人不承认。即买受人拒绝购买。买受人在试用买卖的期限内明确表示拒绝购买标的物的，买卖合同不成立，在双方之间不发生买卖合同当事人之间的权利义务关系，买受人应当返还标的物。如果约定了买受人应当支付使用费的，买受人应当按照约定支付使用费；如果没有约定使用费或者约定不明确的，应当按照交易习惯办理；如果仍不能确定使用费的，原则上不支付使用费。之所以如此主张，是考虑到试用买卖的特殊性质——出卖人承担买受人不认可的风险。

买受人不承认标的物的意思表示，为单方意思表示，以达到出卖人即可，而无须其作出另外的意思表示。买受人关于不承认标的物的意思表示可以是书面的，也可以是口头的，如果买卖合同要求以特定形式作出的，应当依要求作出。买受人不承认标的物的意思表示应当是明示的而不是默示的。

3. 对买受人承认的推定。根据我国《民法典》的规定，买受人在试用期间届满时对是否购买标的物不作出明确的意思表示的，视为购买。此外，

[①] 史尚宽：《债法总论》，中国政法大学出版社 2000 年版，第 85 页。

买受人无保留地支付部分或者全部价款，或者将标的物用作试用以外的用途，在学理上也推定其对标的物的认可，在双方当事人之间发生买卖合同的效力。①

（三）试用买卖应注意的问题

1. 视为买受人同意购买的情形：一是标的物因试用已经交付于买受人，出卖人请求返还标的物而买受人拒绝返还的。二是买受人无保留地支付一部分或全部价金，或者就标的物为出卖、出租、设定担保物权等试用以外的行为。

2. 风险负担问题。在试用买卖期间内，试用标的物已交付于买受人的，标的物毁损、灭失的风险自买受人承认购买时，转移于买受人；标的物未交付于买受人，且在买受人承认时仍未交付标的物的，标的物毁损、灭失的风险自标的物实际交付时，转移于买受人。

3. 当事人订立的合同不属于试用买卖的情形：一是当事人约定标的物经过试验或检验符合一定要求时，买受人必须购买标的物。二是当事人约定第三人经试验对标的物满意或认可时，买受人必须购买该标的物的。三是当事人约定买受人在一定期间内可以任意调换标的物的。四是当事人约定买受人在一定期间内可以任意退还标的物，出卖人返还价款的。

四、招标投标买卖合同

招标投标买卖属于竞争缔约的买卖。它的最大特点是在订立合同过程中引入了竞争机制，是一种特殊的买卖合同。对此，《民法典》第644条规定："招标投标买卖的当事人的权利和义务以及招标投标程序等，依照有关法律、行政法规的规定。"因此，招标投标买卖合同是指招标人通过公开的方式向数人或公众表达签订合同的意愿，并在诸多投标人中选择自己最满意的投标人并与之订立的合同。招标、投标的程序如下：

1. 招标阶段。招标人以通知或公告的形式，向数人或公众发出投标邀请。其性质是要约邀请。

---

① 郭明瑞、王轶：《合同法新论·分则》，中国政法大学出版社1997年版，第47页。

2. 投标阶段。投标是投标人按招标文件要求，向招标人提出报价的行为。投标人须在期限内索取招标文件，按文件要求制作标书，并按规定的方法、地点、期限将标书投入标箱。投标的性质为要约。

3. 开标、验标阶段。招标人在投标人会议上，当众启封标书，公开标书内容，并对标书的效力进行验证。

4. 评标、定标阶段。招标人对有效标书进行评审，选择自己满意的投标人，决定对投标人的投标完全接受，其行为性质为承诺。

5. 签订合同。中标人在接到中标通知书以后，在指定期间与地点与招标人签订合同书。

五、拍卖合同

拍卖是指以公开竞价形式，将特定物品或财产权利转移给最高应价者的买卖。它的最大特点是在标的物的价格上引进竞争机制，是一种特殊的买卖合同。《民法典》对此没有具体规定，而是允许援用有关法律、行政法规的规定。1996年颁布的《拍卖法》（2004年、2015年经过两次修正）是我国规制拍卖的基本法律。

（一）拍卖程序

1. 拍卖委托。委托人向拍卖人提供证明：有关委托人身份、要求拍卖的标的物的所有权证明、依法可以处分拍卖标的物的证明及其他资料。

2. 拍卖的公告和展示。拍卖人应于拍卖前7日发布拍卖公告，展示拍卖标的物，并提供查看标的物的条件及相关资料。拍卖公告性质为要约邀请。

3. 竞买。竞买以应价的方式向拍卖人所作的公开的应买的意思表示，其性质为要约。

4. 拍定。拍卖人在竞买人的众多应价中选择最高者，予以接受。其性质属于承诺。拍卖人一旦拍定，拍卖合同即成立，拍卖终结。若拍卖标的有底价，竞买人最高应价未达到底价时，该应价不发生效力，拍卖应当终止。

（二）拍卖合同的效力

拍卖合同成立后，发生与普通买卖合同相同的效力。

1. 拍卖买受人应于拍卖成立时交付价金（拍卖公告中另有声明的除外）。如拍卖公告中没声明的，亦可采用其他清偿方法。如在不动产买卖中，拍卖物的负担由买受人承受，买受人为出卖人的债权人时，可以其债权与价金相抵销。

2. 任意拍卖（出卖人任意决定的拍卖）的出卖人应与一般买卖的出卖人一样，承担标的物上的瑕疵担保责任。根据我国《拍卖法》第61条第2款的规定，拍卖人、委托人在拍卖前已经声明不能保证拍卖标的的真伪或者品质的，不承担瑕疵担保责任。

3. 拍卖标的物的所有权转移时间与一般买卖合同一致，即动产自标的物交付时起转移，不动产自登记时起转移。此外，动产自交付时，不动产自交付或登记时起，标的物上的风险负担由买方负担。买受人若受领迟延的，在受领迟延期间内应承担标的物上的风险。

第二章
供用电、水、气、热力合同

本章概要

　　供用电、水、气、热力合同，是提供电、水、气、热力一方与使用电、水、气、热力一方就供方如何提供电、水、气、热力及用方如何支付价款而签订的合同。本章共计9个条文，主要规定了供用电合同的内容包括供电的方式、质量、时间、用电容量、地址、性质、计量方式、电价、电费的结算方式，供用电设施的维护责任等条款。供电人负有保质保量安全供电、中断供电通知、及时抢修等义务，用电人负有交付电费、安全用电等义务。供用水、供用气、供用热力合同，参照供用电合同的有关规定。

一、问题的提出

电、水、气、热力涉及千家万户,关系到国计民生。因此是"头等大事"。供用电、水、气、热力合同,是提供电、水、气、热力一方与使用电、水、气、热力一方之间,就供方如何提供电、水、气、热力及用方如何支付价款而签订的协议。

在研究供用电、水、气、热力合同之前,先看两则案例。

案例 9:用电人损失赔偿应当看供电人是否存在过错

2021 年 7 月 3 日,某市遭受特大暴风雨袭击,多处电线被刮断。该市电力公司在暴风雨稍减之后,即派出抢修队伍抢修线路。因暴风雨造成该市华丰厂停电 6 小时,导致生产损失 7 万元。电力公司抢修华丰厂的线路时,因抢修人员操作疏忽,接错电线,造成短路,致使华丰厂 2 台设备被损,产生损失 13 万元。华丰厂要求电力公司赔偿损失 20 万元,电力公司拒绝赔偿而形成纠纷。华丰厂以电力公司为被告诉至该市某区人民法院。

案例 10:电业局请求的违约金能否支持

2020 年 6 月 6 日,某县电业局与该县溢升电器厂签订供用电合同,合同中对供电的方式、质量、时间、用电容量、地址、性质、计量方式、电价、电费的结算方式以及供用电设施的维护责任等均作了约定。其中,电费的结算方式及时间为每月 25 日前以现金形式付清上月电费,但在合同中双方并未对逾期缴付电费进行约定。在合同履行中,双方均依约履行至 2021 年 2 月。溢升电器厂自 2021 年 3 月至 7 月的电费共计 20 万元未缴付,双方形成纠纷。2021 年 9 月 6 日,电业局诉至法院,请求判令溢升电器厂支付电费 20 万元及自逾期之日起的每日 1‰的违约金。溢升电器厂辩称对所欠电费数额无异议,但因合同中未约定违约金,故不应承担每日 1‰的违约金。

上述案例,涉及供电人是否尽到供电义务,用电人是否尽到用电义务。

试问：如何理解适用供用电、水、气、热力合同？供用电合同的主要内容有哪些？供电人、用电人的主要义务有哪些？

二、供用电、水、气、热力合同的法律意义

供用电、水、气、热力合同为双务、有偿、诺成、非要式、有名合同。但与买卖合同相比，仍有其不同的法律特征。

1. 标的物交付方式的特殊性。由于供用电、水、气、热力合同是特殊物质的买卖，电、水、气、热力这些特殊物质的送达和交付，需借助专门的管道或线路设施，而这些设施的规模、造价、品质及技术要求远非用户（买方）所能认识和解决，而只能由卖方（供方）统一解决，集中供用。

2. 供用电、水、气、热力合同具有很强的计划性。电、水、气、热力既与人们日常生活息息相关，又与当地经济发展水平相联系，故受到政府管理部门的重视，具有很强的计划性。

3. 供方主体的特定性。供电、水、气、热力的主体需要获得相应的资质，方可从事相应业务。

4. 标的物价格的确定性。电、水、气、热力的价格，双方当事人不能任意抬高或降低，而只能按照国家有关部门规定的标准或在国家有关部门规定的幅度内予以协商确定。如《电力法》第35条第2款规定："电价实行统一政策，统一定价原则，分级管理。"《城市供水条例》第26条第1款规定："城市供水价格应当按照生活用水保本微利、生产和经营用水合理计价的原则确定。"

5. 合同双方缺乏应有的自主性。供电、水、气、热力合同的双方，由于受到政府管理部门的制约，而缺乏应有的自主性。

三、供用电合同的内容

《民法典》第649条规定，供用电合同的内容一般包括供电的方式、质量、时间，用电容量、地址、性质，计量方式，电价、电费的结算方式，供用电设施的维护责任等条款。据此，供用电合同应当明确约定以下事项：

1. 电力。我国电能供应的额定频率为交流50赫兹，采用高压、低压两种形式，低压供电的额定电压单相为220伏，三相为380伏；高压供电的额

定电压分为 10 千伏、35（63）千伏、110 千伏、220 千伏。供用电双方在签订合同时应明确供电人向用电人提供的是何种电力及供电容量。

2. 电量、用电时间。供用电人应约定用电人需用电能的数量及用电时间，以便于供电人合理安排生产。

3. 电价与电费的结算方式。（1）电价。目前，我国对电价实行统一政策、统一定价原则，分级管理，即电价由国家统一制订，不能由供用电双方自行约定。（2）电费的结算方式。供电人、用电人应约定抄表日期，根据用电计量装置的记录计算用电人应支付的电费。至于用电人支付电费的方式，可采用供电人定期定点收费、委托银行代收、通过银行托收、收费购电等多种形式，具体可由双方约定。

4. 供用电设施的维护责任。供用电设施的维护责任应当依供用电设施的产权所属划分，也可由双方约定。目前通行的做法是供电人、用电人协商确认供用电设施运行管理责任的分界点，分界点电源侧供电设施属于供电人，由供电人负责运行维护管理。并且因供用电造成第三人损害时的法律责任承担，也以运行维护管理责任分界点为基础划分。

供用电合同的内容除上述之外，供用电双方还可以在合同中约定违约责任及其他条款。

四、供电人的义务

我国《民法典》第 651 条、第 652 条、第 653 条对供电人的义务和责任作了明确的规定。

（一）供电人保质保量安全供电的义务

《民法典》第 651 条规定："供电人应当按照国家规定的供电质量标准和约定安全供电。供电人未按照国家规定的供电质量标准和约定安全供电，造成用电人损失的，应当承担赔偿责任。"这是供电人的基本义务，包括：供电质量和供电安全两个方面。同时，若违反供电质量和供电安全造成用电人损失的，应当承担赔偿责任。

1. 供电质量。国家规定的供电质量标准，是指国家就供电频率和供电电压所作出的强制性的规定。其标准在《供电营业规则》第五章中加以明确规定,凡供电人供电频率超过允许的偏差,或用户受电端的电压变动超一定幅度,均属于供电质量不符合国家规定的标准。为确保供电质量标准,供电人应对供电设施的检修做到:一是计划检修。供电人依电力设施情况,有计划检修、检验、试验供电设施,实施计划检修时,要提前7天告知用电人。二是紧急情况检修。遇紧急情况检修或事故断电,供电人应尽快修复。三是日常检修。供电人应定期对用电人受电端的供电频率和电压进行测定,发现供电频率和电压变动超过允许偏差范围或变动幅度时,要采取积极措施,加以改善。

2. 供电安全。电是一种特殊的具有极强危险性的能源。电力设施状况、运转的良好与否,不但事关供电质量标准,而且直接关系到用电安全。因此,供电人负有安全供电义务。

3. 供电人违反安全供电义务的违约责任。供电人未按照国家规定的供电质量标准和约定安全供电,造成用电人损失的,应当承担赔偿责任。承担赔偿责任,是指供电人就其违约行为赔偿给用电人所造成的损失,包括直接损失,也包括合同履行后可以获得的利益,但不得超过供电人订立合同时预见到或者应当预见到的因违约可能造成的损失。[①]

(二)中断供电的通知义务

《民法典》第652条对中断供电的通知义务的责任作了规定,即"供电人因供电设施计划检修、临时检修、依法限电或者用电人违法用电等原因,需要中断供电时,应当按照国家有关规定事先通知用电人;未事先通知用电人中断供电,造成用电人损失的,应当承担赔偿责任"。具体而言:因供电设施计划检修需要停电时,应提前7天通知用户或者公告;因供电设施临时检修需要停电时,应提前24小时通知重要用电方;因发电、供电系统发生故障需要停电、限电时,应按照事先确定的序位停电、限电。供电方未事先通知用电方而中断供电,从而给用电方造成损失的,应当承担赔偿责任。如果供用电合同中还约定其他责任的,供电方还应承担其他约定的责任。

[①] 黄薇主编:《中华人民共和国民法典释义(中)》,法律出版社2020年版,第1251页。

（三）及时抢修的义务

《民法典》第 653 条规定："因自然灾害等原因断电，供电方应按照国家有关规定及时抢修；未及时抢修，造成用电人损失的，应当承担赔偿责任。"因自然灾害等原因而断电，如地震、洪水、风雪引起供电设施损毁而造成的断电，属于供电方主观意志不能预见、不能避免、不能克服的意外情况，供电人既无故意又无过失，因此不承担赔偿因断电给用电方造成损失的责任。这一原则与《民法典》第 590 条第 1 款规定的免责精神是一致的，该条规定：当事人一方因不可抗力不能履行合同的，根据不可抗力的影响，部分或者全部免除责任，但是法律另有规定的除外。因不可抗力不能履行合同的，应当及时通知对方，以减轻可能给对方造成的损失，并应当在合理期限内提供证明。[①] 但是，在不可抗力造成断电之后，供电方应当按照国家的有关规定及时抢修。这是供电方在特殊情况下必须履行的法定义务。由于供电方未履行该义务，给用电方造成损失的，应当承担损害赔偿责任。供电方妥当地履行了抢修义务，这是构成其免责的必要条件。但是，如何判断供电方应当抢修而未及时抢修的时间界限（在此界限之前属于免责时间段，在此界限之后属于非免责时间段）以及因断电给用电方造成的损失（哪些损失是应当免责的，哪些损失是应当负责的）等，需要在实践中加以总结和归纳。

五、用电人的义务

1. 交付电费的义务。按照《民法典》第 654 条第 1 款的规定，用电人应当按照国家有关规定和当事人的约定及时支付电费。用电人逾期不支付电费的，应当按照约定支付违约金。经催告用电人在合理期限内仍不支付电费和违约金的，供电人可以按照国家规定的程序中止供电。用电人按照国家有关规定支付电费，主要是按照有关电力供应与使用的法律法规的规定履行缴费

[①] 《电力法》第 60 条规定："因电力运行事故给用户或者第三人造成损害的，电力企业应当依法承担赔偿责任。电力运行事故由下列原因之一造成的，电力企业不承担赔偿责任：（一）不可抗力；（二）用户自身的过错。因用户或者第三人的过错给电力企业或者其他用户造成损害的，该用户或者第三人应当依法承担赔偿责任。"

义务。用电人在合同约定的期限内未支付电费，应当承担迟延支付的违约责任。如果供用电双方就迟延交付电费约定了违约金，则用电人应当按照约定支付违约金。

在供用电合同中，用电人向供电人支付电费是一项基本义务。用电人应当根据国家批准的电价和用电计量装置的记录，按照约定的结算方式如期交付电费，同时对供电人抄表收费等行为提供方便。用电人未在约定期限内交付电费的，应当承担迟延支付电费的违约责任。依照《电力供应与使用条例》第 39 条的规定，逾期未交付电费的，供电人可以从逾期之日起，每日按照电费总额的 1‰ 至 3‰ 加收违约金，具体比例由供用电双方在供用电合同中约定；自逾期之日起计算超过 30 日，经催交仍未交付电费的，供电人可以按照国家规定的程序停止供电。

在司法实践中应当注意的是，供用电合同中明确约定了逾期交付电费的违约金的，应当以合同约定为准；若合同中未约定违约金或对违约金约定不明，则应按《电力供应与使用条例》第 39 条的规定，每日按照电费总额的 1‰ 至 3‰ 加收违约金，一般按就低不就高原则进行，即按日 1‰ 加收违约金。

2. 安全用电义务。《民法典》第 655 条规定："用电人应当按照国家有关规定和当事人的约定安全、节约和计划用电。用电人未按照国家有关规定和当事人的约定用电，造成供电人损失的，应当承担赔偿责任。"用电人负有安全用电的义务，若违反此义务，供电人可采取以下措施：（1）停止对用电人供电；（2）要求用电人承担赔偿责任。用电人造成电力设施严重破坏的，应负责赔偿和修复。

六、审判实践中应当注意的问题

1. 供用电合同的履行地。我国《民事诉讼法》第 24 条规定，因合同纠纷提起的诉讼，由被告住所地或合同履行地的人民法院管辖。在审判实践中，确定供用电合同的履行地，对正确确定供用电合同纠纷案件的地域管辖具有重要意义。因此，《民法典》第 650 条对供用电合同的履行地作出了规定，即"供用电合同的履行地点，按照当事人约定；当事人没有约定或者约定不明确的，供电设施的产权分界处为履行地点"。

《供电营业规则》第 50 条第 1 款、第 2 款规定，供电设施的运行维护管理范围，按照产权归属确定。产权归属不明确的，责任分界点按照下列各项确定：（1）公用低压线路供电的，以电能表前的供电接户线用户端最后支持物为分界点，支持物属供电企业；（2）10（6、20）千伏以下公用高压线路供电的，以用户厂界外或配电室前的第一断路器或第一支持物为分界点，第一断路器或第一支持物属供电企业；（3）35千伏以上公用高压线路供电的，以用户厂界外或用户变电站外第一基电杆为分界点，第一基电杆属供电企业；（4）采用电缆供电的，本着便于维护管理的原则，分界点由供电企业与用户协商确定；（5）产权属于用户且由用户运行维护的线路，以公用线路分支杆或专用线路接引的公用变电站外第一基电杆为分界点，专用线路第一基电杆属用户。

2. 供用电、水、气、热力合同的法律适用。水、气、热力同电力一样，在我国国民经济建设和人民生活中占有重要地位，供用水、气、热力合同，与供用电合同相比，有很多共同点。因此，《民法典》第656条规定："供用水、供用气、供用热力合同，参照供用电合同的有关规定。"

供用电、水、气、热力合同的实质是买卖合同的一种，故该类纠纷的处理应当首先适用本章的规定；本章没有规定的，应当适用有关专门的法律、法规及部门规章的规定；仍无法处理的，适用买卖合同的有关规定。即在没有专项规定时，处理该类纠纷，应当以买卖合同的原则、规则等一般性规定，作为处理该类纠纷的法律依据。

3. 供用电合同的供电人负有强制缔约义务。供用电合同涉及千家万户，关系到基本民生，供用电合同不仅关系到当事人的利益，而且关系到社会公共利益。因此，法律必须对此类合同作出特别规定，对供电人的自由进行适当限制。据此，《民法典》第648条第2款规定，向社会公众供电的供电人，不得拒绝用电人合理的订立合同要求。

七、对案例9、案例10的简要评析

1. 对案例9的简要评析

在案例9中，电力公司与华丰厂系供用电合同关系，涉及电力公司是否尽到及时抢修义务，并因其过错而对华丰厂所造成的损失进行赔偿问题。

（1）特大暴风雨造成电线被刮断，致使华丰厂停电6小时，造成损失

7万元。该损失的造成当属不可抗力所致,《民法典》第590条第1款规定,因不可抗力不能履行合同的,可以免除违约责任,且《电力法》第60条第2款第1项亦作了明确规定。因此,因暴风雨而造成华丰厂损失7万元,属法定免责情形,且亦不存在电力公司未及时抢修的情况,其损失应由华丰厂自担。

(2)电力公司在抢修线路时,因抢修人员的过错,而给华丰厂造成损失13万元,根据《民法典》第1165条第1款"行为人因过错侵害他人民事权益造成损害的,应当承担侵权责任"的规定,电力公司依法应对华丰厂的13万元损失承担赔偿责任。

2. 对案例10的简要评析

在案例10中,电业局与溢升电器厂双方对所欠电费20万元均无异议,其争议焦点是双方在合同中未约定违约金,能否适用法定违约金的问题。

对违约金应否支持的问题存在两种意见:一是违约金的适用仅存在约定违约金,而没有法定违约金,且电业局请求日1‰的违约金远远高于同期银行贷款利率,故对电业局请求违约金的主张不予支持。二是虽法律仅规定了约定违约金,而无法定违约金,但并不是就绝对排除了法定违约金的适用。在该案中,双方未约定违约金,而《电力供应与使用条例》属行政法规,第39条明确规定了违约金,根据特别法优先适用于普通法的法理精神,《电力供应与使用条例》就优先适用于《民法典》。因此,电业局请求的日1‰的违约金应当予以支持。笔者同意第二种意见。

第三章

赠与合同

本章概要

赠与合同是赠与人将自己的财产无偿给予受赠人，受赠人表示接受赠与的合同。赠与具有相当的社会意义，有利于弘扬文明友善的社会主义核心价值观。[1]本章共计 10 个条文，主要对赠与合同当事人的权利义务、瑕疵担保责任、赠与的任意撤销和法定撤销、违约责任等作了规定。

---

[1] 黄薇主编：《中华人民共和国民法典释义（中）》，法律出版社 2020 年版，第 1258 页。

第一节 赠与合同概述

一、问题的提出

根据《民法典》第657条的规定，赠与合同是赠与人将自己的财产无偿给予受赠人，受赠人表示接受赠与的合同。赠与合同在现实生活中颇为常见，由此而引发的纠纷并不少见。

案例11：离婚协议中的赠与可否撤销[①]

原告姜某爱与被告纪某兰原系夫妻，被告姜某波系其儿子。2018年1月29日，姜某爱与纪某兰在婚姻登记管理处办理了离婚登记，双方达成了如下离婚协议书：一、男女双方自愿离婚……四、位于海阳市房屋，双方协商归儿子姜某波所有，房屋的贷款由男方负责偿还，偿还完毕时，男方负责同时将房权证解除抵押，并承担费用，协助办理过户给姜某波单独所有。男方不得要求女方及姜某波返还其偿还的房款；五、位于威海市环翠区的房屋的银行贷款由男方负责全部偿还，此房归姜某波所有，男方不享有任何权利，也不得要求女方及姜某波返还其偿还的房款。以上协议内容是双方的真实意思表示，不存在欺诈、胁迫等违法情形。姜某爱现在每月退休金为5833元，每月需偿还贷款3000元。姜某爱在外租房居住，每月租金650元，现患有胃病。姜某波现在威海一家私人企业工作，每月收入3100元。原告姜某爱以赠与人经济状况发生严重变化，影响家庭生活、偿还贷款等原因请求撤销赠与（偿还房贷）。

生效裁判认为，首先，本案中离婚协议中关于赠与子女财产的约定并不构成一般意义上的赠与合同。根据《民法典》第657条"赠与合同是赠与人将自己的财产无偿给予受赠人，受赠人表示接受赠与的合同"的规定，构成赠与合同的前提是赠与人将自己的财产无偿给予受赠人而不要求受赠人为此

---

① 详见山东省烟台市中级人民法院（2021）鲁06民终6961号民事判决书。

付出代价或承担任何义务。具体到离婚协议中的赠与而言，实务中很少出现受赠人在离婚协议上确认接受赠与的情形。也即，离婚协议中的所谓赠与并未在赠与人与受赠人之间达成一致，不构成赠与合同。既然不构成赠与合同，则无撤销的可能。赠与人在离婚协议中的赠与子女财产的表示，从法律角度来说，这是赠与人为换取另一方同意协议离婚而承诺履行的义务。该义务的特殊之处在于，赠与人赠与子女财产的义务不是向离婚协议相对方履行，而是按约定向协议外第三人即子女履行。这类离婚协议中双方的主要义务表现为，相对方配合赠与人办理协议离婚，赠与人向第三人即子女交付财产。在相对方已经按约定与赠与人协议解除婚姻关系的情形下，赠与人也应按约定全面诚信履行赠与子女财产的义务。其次，"赠与子女财产"条款作为离婚协议的重要组成部分，它与离婚协议中的其他内容约定相互依存，整个离婚协议内容具有不可分的牵连性而具有"整体性"的特征，故一般情形下，离婚协议中的"赠与子女财产"条款不能任意单独撤销，在特定情况下，可因欺诈、胁迫等事由导致离婚协议财产处理内容的部分或整体撤销。本案中，姜某爱与纪某兰的离婚协议书系双方以解除婚姻关系为目的而签订的，姜某爱同意协议中的全部内容而自愿签订，并无强制、胁迫的情形，该协议不违反法律法规，合法有效，原告应按约全面诚信履行协议书中约定的全部义务。据此判决：驳回原告姜某爱的诉讼请求。

上述案例的争议焦点是离婚协议中的赠与能否撤销问题。试问：如何理解赠与合同？如何认定赠与人与受赠人？赠与合同的标的包括哪些？

二、赠与合同的法律特征

在赠与合同中，无偿出让财产权的一方当事人为赠与人，而无偿受领财产权的一方当事人为受领人。其法律特征表现在：

1. 赠与合同是双方民事法律行为。该双方民事法律行为的当事人可以是自然人、法人或其他组织。从赠与人方面来说，是自愿将其财产无偿给予受赠人；从受赠人方面来说，是表示愿意接受赠与人的财产。赠与人与受赠人就设立赠与的权利义务关系达成一致，亦即双方当事人的意思表示达成一致，赠与合同这种双方民事法律行为成立。这排除了赠与的单方行为，根据合同自愿订立原则也应排除胁迫行为，即只有受赠方表示愿意接受，并且非强迫式的，才成为赠与。

2. 赠与合同是单务合同。表现为仅赠与人负有义务，即无偿将其表示赠与的财产交付受赠人，受赠人没有接受其财产时对待给付的义务。不仅如此，受赠人接受赠与的财产是其一项权利，作为权利可以放弃、反悔并撤销，法律对此并没有禁止，但放弃、反悔及撤销合同应当在受赠财产交付之前，因为交付之后就意味着合同履行完毕。如果受赠人作出赠与承诺后不接受赠与财产，又未及时通知赠与人而造成赠与人损失的，应当承担赔偿责任，但这种特殊情况不影响赠与的单务合同性质。

3. 赠与合同是无偿法律行为。所谓无偿法律行为，指一方给予对方某种利益，对方只接受该利益并不因此付出相应对价的法律行为。赠与即为典型的无偿法律行为。

4. 赠与合同是诺成合同。赠与合同是实践性合同还是诺成性合同，与赠与合同自何时起成立直接相关。在立法例上，《德国民法典》第518条、《日本民法》第549条均规定赠与合同为诺成性合同。《合同法》的规定表明赠与合同为诺成合同，当事人意思表示一致时即成立，而无论是以口头形式还是书面形式订立的，也无论赠与的财产是否交付。《合同法》施行的20年间，赠与合同的诺成性得到了实践的检验，《民法典》对此未作修改。[1] 因此，赠与合同为诺成合同。

三、赠与合同的当事人

1. 赠与人。即在赠与合同中将自己的财产无偿给予他人（受赠人）的当事人。作为赠与人应当具备两个方面的条件：（1）具有相应的民事行为能力。具有完全民事行为能力的民事主体可以依法将属于自己的财产赠与他人；限制民事行为能力人能以自己的行为将属于自己的价值不大的财产赠与他人；无民事行为能力人赠与他人财产，一般应当得到其法定代理人的同意；法人依据法律和章程的规定，可以赠与财产。（2）赠与的财产属于赠与人所有或

---

[1] 参见黄薇主编：《中华人民共和国民法典释义（中）》，法律出版社2020年版，第1260页。

者赠与人有权处分该财产。赠与人只能将属于自己的财产赠与他人，或者依据委托授权、法律规定等，在合法处分权限内赠与财产。

2.受赠人。即在赠与合同中接受对方无偿赠与财产的当事人。作为受赠人，不要求其具备相应的民事行为能力，但是法律、行政法规和规章、地方性法规等禁止接受赠与的人，不得接受特定的赠与。如审理案件的法官不得接受当事人的赠与，行政官员不得接受与行使职权有关的当事人的赠与，等等。

四、赠与合同的标的

《民法典》第657条将赠与合同的标的规定为"财产"，而非动产、不动产或者其他表述，所要表达的恰恰是财产权益类型和范围不限于有体物的意思。[①] 赠与的财产应当包括：（1）有体财产的标的物（如动产、不动产）；（2）财产权（如土地使用权、知识产权中的财产权部分）；（3）货币；（4）有价证券；（5）其他财产。由此可见，赠与合同的标的"财产"比买卖合同的"标的物"的范围要广泛得多。但是，人身权、劳务或者服务，不属于赠与合同的标的。

五、审判实践中应当注意的问题

1.赠与合同不得违反法律规定和公序良俗。如张某让李某喊三声"爷爷"，就将其小轿车赠与给李某，而李某就喊了三声"爷爷"，但张某没有交付小轿车。为此，李某向法院提起诉讼，要求张某交付小轿车。显然，该赠与表示的意思有违公序良俗，其诉讼请求也不能得到支持。对此，《合同编通则解释》第17条规定："合同虽然不违反法律、行政法规的强制性规定，但是有下列情形之一，人民法院应当依据民法典第一百五十三条第二款的规定认定合同无效：（一）合同影响政治安全、经济安全、军事安全等国家安全的；（二）合同影响社会稳定、公平竞争秩序或者损害社会公共利益等违背社会公共秩序的；（三）合同背离社会公德、家庭伦理或者有损人格尊严等违背

[①] 最高人民法院民法典贯彻实施工作领导小组主编：《中华人民共和国民法典合同编理解与适用（二）》，人民法院出版社2020年版，第1172页。

善良风俗的。人民法院在认定合同是否违背公序良俗时，应当以社会主义核心价值观为导向，综合考虑当事人的主观动机和交易目的、政府部门的监管强度、一定期限内当事人从事类似交易的频次、行为的社会后果等因素，并在裁判文书中充分说理。当事人确因生活需要进行交易，未给社会公共秩序造成重大影响，且不影响国家安全，也不违背善良风俗的，人民法院不应当认定合同无效。"

2. 按照《民法典》有关赠与合同的规定中所确立的基本原则和规则，赠与人在未经过受赠人承诺前就交付了赠与财产的，若受赠人提出拒绝，则一般就要予以确认，要求赠与人取回赠与财产。若赠与人以赠与方式代受赠人偿还债务的，只要受赠人没有明确表示拒绝，就应予以确认；受赠人明确表示拒绝的，赠与人可依不当得利的规定请求返还。

3. 赠与人是否可以是法人和非法人组织？如果说赠与合同同样适用于非自然人作为赠与人的赠与合同关系的话，恐怕只有《民法典》第666条规定的"赠与人的经济状况显著恶化，严重影响其生产经营或者家庭生活的，可以不再履行赠与义务"中的"生产经营"一词能够作为佐证。《公益事业捐赠法》第2条则明确了捐赠人的种类，即捐赠人为自然人、法人或者其他组织。由此，非自然人的法人和其他组织可以为赠与人应无疑问。但该法第9条明确规定：自然人、法人或者其他组织可以选择符合其捐赠意愿的公益性社会团体和公益性非营利的事业单位进行捐赠。捐赠的财产应当是其有权处分的合法财产。

4. 明确赠与合同的分类，便于正确处理此类纠纷。赠与合同可以根据不同的标准作出不同的分类：一是根据赠与有无特殊情形，可以将赠与合同分为一般赠与合同和特殊赠与合同。二是根据赠与的目的不同，分为具有社会公益和道德义务性质的赠与合同和不具有社会公益和道德义务性质的赠与合同。三是根据赠与合同是否进行公证，分为经过公证的赠与合同和未经过公证的赠与合同。四是根据赠与财产移转时间，分为现实赠与和非现实赠与。

六、对案例11的简要评析

在案例11中，关于应否撤销姜某爱、纪某兰离婚协议中关于偿还房贷的约定。《民法典》第464条规定，合同是民事主体之间设立、变更、终止民事法律关系的协议。婚姻、收养、监护等有关身份关系的协议，适用有关该身份关系的法律规定；没有规定的，可以根据其性质参照适用本编规定。离婚协议中约定将房屋赠与子女，该协议条款与子女关系、解除婚姻关系等人身关系不可分割，不同于一般的赠与，系离婚协议中约定的财产分割条款，适用《民法典》婚姻家庭编有关离婚的法律规定。姜某爱与纪某兰基于达成离婚目的所签订的离婚协议书系双方真实意思表示，不违反法律行政法规的强制性规定，内容合法、有效，对双方当事人均具有约束力，姜某爱应履行离婚协议的约定，偿还贷款。

第二节　赠与合同的效力

一、问题的提出

赠与合同的效力，是指赠与合同当事人双方的权利、义务和责任。由于赠与合同是单务合同，仅赠与人一方负担义务，而受赠人一方仅享有接受赠与的权利而不负担义务，但附义务的赠与合同除外。因此，本节仅对赠与人的义务和责任加以论述。

在研究赠与合同的效力之前，先看一则案例。

案例12：赠与标的物质量存在瑕疵，责任由谁承担

2021年8月12日，某村居民赵某驾驶摩托车进县城，途中遇到邻村居民李某，李某问及赵某进城目的，赵某告知：因摩托车后轮质量有些问题，加之该车已使用6年有余，自己想进城将摩托车作废品处理掉。李某听后，便让赵某将摩托车作价，自己来购买。赵某便说，李某要此摩托车，可无偿赠送，但因后车轮出现质量事故，本人概不承担责任。双方将约定的内容签订了书面的赠与合同。同年9月26日，李某正在行驶途中，后车轮钢圈突然变形，致使李某摔成重伤。经医院抢救，李某花费医疗费

用3600元。后李某要求赵某赔偿医疗费用，赵某从人道主义角度考虑表示愿支付1000元，双方未能形成一致意见。李某便将赵某诉至法院，请求赵某赔偿医疗费用3600元，误工费600元，生活补助费400元，共计4600元。赵某辩称，本人无任何过错，对李某的人身损害不负任何赔偿责任。

在上述案例中，赵某与李某所争议的焦点是赠与人赵某是否应对赠与合同的标的物——摩托车负有瑕疵担保责任。试问：赠与人的义务和责任有哪些？

二、赠与人交付赠与标的物的义务

赠与人的主要义务是将赠与标的物按照合同约定的期限、地点、方式交付受赠人，并转移其权利于受赠人。由于赠与合同的单务无偿性，以及法律所规定的给付义务的效力不同，使给付赠与标的物的义务区分如下情形：

1. 一般赠与标的物的交付义务。对于一般法律没有特殊规定的财产，双方无特别约定，无特殊目的的赠与，其交付义务完全由赠与人自愿履行，如果赠与人到时反悔，不愿交付赠与财产，可依据《民法典》第658条第1款"赠与人在赠与财产的权利转移之前可以撤销赠与"的规定，视为撤销赠与，而受赠人也无法律上赋予的要求交付权。

2. 登记财产的交付义务。依据《民法典》第659条"赠与的财产依法需要办理登记或者其他手续的，应当办理有关手续"的规定，赠与财产需要依法办理登记手续，而赠与人没有办理有关手续的，并不影响赠与合同本身的效力，只是赠与财产尚未实现所有权的转移。在此情形下，受赠人有权要求赠与人办理登记手续，以实现赠与财产所有权的转移。合同当事人只有在办理完登记等手续后，受赠人的受赠财产才能受到法律的充分保护。

3. 赠与人的交付义务。依据《民法典》第660条第1款"经过公证的赠与合同或者依法不得撤销的具有救灾、扶贫、助残等公益、道德义务性质的赠与合同，赠与人不交付赠与财产的，受赠人可以请求交付"的规定，赠与人有义务按照赠与合同约定的时间、地点、方式等将赠与财产交付给受赠人。若赠与人违约，受赠人有权请求赠与人交付。

三、赠与人对故意毁损、灭失赠与物的赔偿责任

《民法典》第 660 条第 2 款规定:"依据前款规定应当交付的赠与财产因赠与人故意或者重大过失致使毁损、灭失的,赠与人应当承担赔偿责任。"赠与人故意毁损赠与的财产,是指赠与人已预见到自己的行为会造成毁损赠与财产的后果,仍然希望或者放任这种结果的发生。赠与人的重大过失,是指因为赠与人的完全不注意,没有尽到连一个疏忽之人也能注意的义务,以致发生了赠与的财产灭失的后果。因此,赠与人只有在故意或者重大过失致使赠与的财产毁损、灭失的情况下,才承担损害赔偿责任。

在司法实践中,适用《民法典》第 660 条第 2 款时应注意如下问题:一是赠与人只有在故意或者重大过失致使赠与财产毁损、灭失的情况下才承担损害赔偿责任,轻微过失、不可抗力等无过失的情况下致使赠与财产毁损、灭失的不承担损害赔偿责任。二是该条款规范的是赠与财产交付之前的损害赔偿责任。根据赠与合同标的和履行情况的不同,赠与财产在赠与合同履行中的状态可以划分为三个阶段,以房屋的赠与为例:第一个阶段为赠与房屋未交付,由赠与人占有和所有,所有权也登记在赠与人名下;第二个阶段为赠与人将房屋交付受赠人,受赠人占有房屋,但是未变更所有权登记;第三个阶段为房屋为受赠人占有,房屋所有权登记也变更在受赠人名下。本条款规定适用于前两个阶段,即赠与财产权利转移之前的损害赔偿责任,此时的损害赔偿责任属于赠与合同违约责任的范畴。而在赠与财产的权利转移之后,该财产已归受赠人,如果因赠与人的过错致使该财产毁损、灭失,赠与人应承担侵权责任,此时赠与人的过错并不限于故意或重大过失。[1]

四、赠与人的瑕疵担保责任

赠与人的瑕疵担保责任,可分如下几种情形:

1. 赠与人对赠与的财产不承担瑕疵担保责任。《民法典》第 662 条第 1

---

[1] 最高人民法院民法典贯彻实施工作领导小组主编:《中华人民共和国民法典合同编理解与适用(三)》,人民法院出版社 2020 年版,第 1189 页。

款规定"赠与的财产有瑕疵的,赠与人不承担责任",这是《民法典》对赠与财产的瑕疵担保责任的原则性规定。

2. 赠与人附义务赠与的瑕疵担保责任。我国《民法典》第662条第1款规定:"……附义务的赠与,赠与的财产有瑕疵的,赠与人在附义务的限度内承担与出卖人相同的责任。"在附义务的赠与中,由于受赠人在接受赠与财产后,发生了履行附随义务的义务,这样受赠人地位与买卖合同中买受人的地位一样。因此,在附义务的赠与中,赠与人要承担瑕疵担保责任。但这种担保是有一定限度的,即在附义务的范围内承担,对超过部分不承担责任。

3. 赠与人对主观上有恶意赠与的瑕疵担保责任。《民法典》第662条第2款规定,赠与人故意不告知瑕疵或者保证无瑕疵,造成受赠人损失的,应当承担赔偿责任。

五、审判实践中应当注意的问题

1. 赠与义务的免除。一般说来,赠与合同依法成立后,赠与人应按照诚实信用原则履行赠与义务。但在出现法定事由时,可以免除赠与人的赠与义务,即使在诺成性赠与合同中,赠与人也可以不再履行赠与义务。依照《民法典》第666条"赠与人的经济状况显著恶化,严重影响其生产经营或者家庭生活的,可以不再履行赠与义务"的规定,赠与义务的免除须具备下列两个条件:(1)赠与人的经济状况显著恶化;(2)严重影响其生产经营或者家庭生活。

2. 自然人作为赠与人时,须是具备完全民事行为能力的人,或者限制民事行为能力人只能作出与其智力和精神状况相符的赠与,否则应认为赠与无效。但受赠人的民事行为能力并不受限制。

3. 赠与合同的财产为法律所禁止的流通物,如武器弹药、淫秽物品等的赠与合同无效,且相关当事人还会受到法律制裁。

债权能否赠与?从理论上讲,债权当然可以赠与,在继承关系中就包括赠与继承。在实践中债权可以转让,当然也可以无对价的转让,也就是赠与。民事债权的赠与应当通知债务人,虽然不需要债务人表态同意与否,但是告知其权属的变化情况有利于新的债权人行使债权。

4. 以规避法律义务为目的赠与无效。如为逃避债务履行、缴纳税款、赡养老人等目的，而将自己的财产赠与他人。

5. 在房屋、车辆赠与中，双方当事人达成了赠与合同，并将产权证书交给了受赠人，受赠人对赠与的房屋、车辆等正在使用管理，但未办理产权登记过户手续，此时赠与人反悔的，不应支持。在处理时，一般应确认赠与合同有效，并判令补办产权过户手续。

六、对案例12的简要评析

在案例12中，赵某因大方而惹了官司，李某因占了便宜而自认倒霉。依据《民法典》第662条"赠与的财产有瑕疵的，赠与人不承担责任。附义务的赠与，赠与的财产有瑕疵的，赠与人在附义务的限度内承担与出卖人相同的责任。赠与人故意不告知瑕疵或者保证无瑕疵，造成受赠人损失的，应当承担赔偿责任"的规定，赵某将摩托车赠与李某，并明确告知了其摩托车后轮存在质量问题。因此，赵某对李某因摩托车受到的人身损害不负赔偿责任。

假如在该案例中，赠与人赵某明知摩托车后轮有些质量问题，而在赠与李某时却未告知，则赵某就存在故意过错，理应对李某的人身损害负赔偿责任。

第三节　赠与合同的撤销

一、问题的提出

赠与合同一经成立，赠与人就应当履行赠与合同中的赠与义务。但当事人可基于自己的意思或法定事由的出现撤销赠与。我国《民法典》规定了撤销赠与的两种情形，即赠与合同的任意撤销与法定撤销。

在研究赠与合同的撤销之前，先来看两则案例。

案例 13：甲公司能否拒绝履行捐赠义务

2021年7月，某市遭百年不遇的暴雨、洪水。某电视台举办抗洪救灾义演，动员社会捐助物资或钱款支援抗洪救灾。甲公司法定代表人认为这是企业可以省小钱而为企业做广告的机会，经商定，决定到电视台认捐。在电视台举办抗洪救灾义演晚会之时，甲公司的法定代表人赶到会场，代表公司认捐100万元。事后一段时间，抗洪救灾的募集单位每次打电话给甲公司法定代表人，其均以经济发生困难为由拒绝履行，并以书面形式表明撤销认捐。但据调查：甲公司只是资金上正面临紧张，而非经济发生严重恶化。2021年9月20日，募集单位以甲公司为被告诉至某区法院，请求判令甲公司履行赠与义务。甲公司辩称：一是经济发生困难，二是已声明撤销认捐。因此，拒绝履行赠与义务。

案例 14：赠与是否符合法定撤销条件[①]

姜某梓与张某系夫妻关系，两人育有一子姜某波。2014年6月10日，张某去世，未留遗嘱。902号房屋原登记在姜某梓、张某名下，各享有50%份额。2016年4月28日，姜某梓与姜某波通过公证确认张某的遗产份额由姜某波继承。2017年10月12日，两人办理产权变更登记手续，确认姜某梓、姜某波对涉案房屋各享有50%的产权份额。2019年7月30日，姜某梓与姜某波签订不动产赠与合同，约定姜某梓将其50%的产权份额自愿全部赠与姜某波，姜某波表示接受该不动产。同日，上述房屋转移登记至姜某波一人名下。2020年10月30日，姜某波与其配偶葛某辉签订不动产产权归属协议，将上述房屋转移登记至葛某辉名下。现姜某梓称上述房屋赠与并办理产权变更登记后，姜某波将自己名下的三张银行卡和身份证、户口簿强行抢走，姜某梓多次向其索要无果后，于2020年9月补办了银行卡，得知姜某波已将其名下1201500元存款取走。姜某波在将姜某梓全部财产据为己有后，对姜某梓不管不问，推搡嚷骂，还拒绝给姜某梓请保姆、拒绝陪姜某梓看病拿药，使得姜某梓生活极其困难，身体健康难以保障，故要求撤销双方签订的不动

[①] 详见北京市第二中级人民法院（2021）京02民终10384号民事判决书。

产赠与合同及上述902号房屋的赠与等。

在上述案例中,案例13涉及具有救灾性质的赠与不得撤销,案例14涉及因受赠人的违法行为导致赠与人行使法定撤销权。试问:如何理解赠与合同的任意撤销及其性质?如何理解适用赠与合同的法定撤销?

二、赠与合同的任意撤销及限制

(一)赠与合同的任意撤销

赠与合同的任意撤销,是指在赠与合同成立后,赠与财产的权利转移之前,赠与人可以根据自己的意思不再为赠与行为。[1]法律规定赠与的任意撤销,源于赠与是无偿行为。《民法典》第658条第1款规定了赠与合同的任意撤销,即"赠与人在赠与财产的权利转移之前可以撤销赠与"。该条款表述赠与财产可撤销的时间点是"权利转移"而不是"交付"。这是因为,"交付"仅指实物的实际交付并归受赠人占有,赠与标的物所有权并不一定随交付发生转移,即受赠人不一定享有对赠与标的物的处分权。而"权利转移"则是不管赠与物是否已实际交付,其所有权已经移转于受赠人,即受赠人已经享有对赠与标的物的处分权。因此,"权利转移"较之"交付"的涵盖性要宽,且更为确切。[2]

赠与合同中任意撤销应当注意下列问题:

1.撤销的主体。《民法典》规定,撤销的主体仅限于赠与人而不包括受赠人,而对受赠人是否享有撤销赠与的权利未作规定。我们认为,法律应平等地保护双方当事人的利益,且受赠人在接受赠与财产之前,完全有权利拒绝赠与,因此,应从立法上赋予受赠人的任意撤销权。《日本民法》第550条规定:"非以书面形式进行的赠与,各当事人可以撤销。但是履行完毕的部分,不在此限。"可见,《日本民法》对撤销的主体未作限制。

2.撤销的时间。依《民法典》的规定,撤销的时间为财产的权利转移之

---

[1] 黄薇主编:《中华人民共和国民法典合同编释义》,法律出版社2020年版,第439页。
[2] 参见黄薇主编:《中华人民共和国民法典合同编释义》,法律出版社2020年版,第439页。

前。若赠与的财产权利已转移给受赠人,则赠与人不得撤销。若赠与财产的权利已转移一部分,则赠与人仅可以撤销未转移部分,对已转移部分不得撤销。

3.撤销的形式。撤销赠与权是一种形成权,一经作出撤销的意思表示,该赠与合同即为撤销。撤销意思表示的具体形式,法律未作要求,因此,书面或口头的表示均可。在实践中,赠与人在合同约定期限内不履行赠与义务,亦视为撤销赠与。

4.撤销的后果。《民法典》第658条第1款所规定的赠与人撤销,是一种无条件的撤销,其结果是赠与合同不复存在,因赠与合同尚未生效,赠与人无须交付赠与财产,受赠人亦不得请求交付或者主张赠与人承担违约责任。如果赠与的财产权利已被转移的,赠与人自然不得任意撤销赠与。如果赠与的财产一部分已交付并转移其权利的,任意撤销赠与仅限于未交付转移其权利的部分,以维护赠与合同当事人权利义务关系的稳定。

(二)赠与合同任意撤销的限制

并不是所有的赠与合同均可任意撤销。根据《民法典》第658条第2款的规定,具有救灾、扶贫等社会公益、道德义务性质的赠与合同或者经过公证的赠与合同,不得任意撤销。这是对赠与人任意撤销权的限制。也就是说,在上述情况下,赠与人在赠与财产权利转移之前不可撤销;受赠人可以请求交付。

民事活动应当遵循的一条重要基本原则是诚实信用。由于赠与合同是单务合同,故赠与人的任意撤销权对诚信原则有弱化。如果事关社会公益、道德义务,仍可任意撤销,则有违法律追求社会公平正义的宗旨,纵容一些单位或个人沽名钓誉却不承担义务,背信弃义。此规定对人们正确实施赠与行为有益。经过公证的赠与合同,不能听由赠与人任意撤销。这是基于保护受赠人利益的考虑。如果受赠人在订立合同时担心赠与人在交付赠与财产之前行使撤销权,则可经过公证,使赠与合同这一法律关系更稳定。

值得注意的是,依法不得任意撤销的其他情形。《慈善法》第41第1款规定:"捐赠人应当按照捐赠协议履行捐赠义务。捐赠人违反捐赠协议逾期未交付捐赠财产,有下列情形之一的,慈善组织或者其他接受捐赠的人可以要求交付;捐赠人拒不交付的,慈善组织和其他接受捐赠的人可以依法向人民法院申请支付令或者提起诉讼:(一)捐赠人通过广播、电视、报刊、互联网等媒体公开承诺捐赠的;(二)捐赠财产用于本法第三条第一项至第三项规定的慈善活动,并签订书面捐赠协议的。捐赠人公开承诺捐赠或者签订书面捐赠协议后经济状况显著恶化,严重影响其生产经营或者家庭生活的,经向公开承诺捐赠地或者书面捐赠协议签订地的民政部门报告并向社会公开说明情况后,可以不再履行捐赠义务。"《民法典》第658第2款"经过公证的赠与合同或者依法不得撤销的具有救灾、扶贫、助残等公益、道德义务性质的赠与合同,不适用前款规定"的规定,用了"等公益、道德义务性质"的表述,以包含目前以及将来立法发展的各种不同情况。[1]

三、赠与合同的法定撤销

赠与合同的法定撤销,是指赠与合同成立之后,基于法定事由的出现而由有撤销权的人撤销赠与。有撤销权的人包括赠与人、赠与人的继承人或者法定代理人,但赠与人与其他人的法定事由不同。赠与人的法定撤销权属于形成权,撤销权一经赠与人行使即发生效力,双方当事人的赠与关系即归于消灭。

(一)赠与人的法定撤销事由

《民法典》第663条第1款规定了赠与人的法定撤销事由,即"受赠人有下列情形之一的,赠与人可以撤销赠与:(一)严重侵害赠与人或者赠与人近亲属的合法权益;(二)对赠与人有扶养义务而不履行;(三)不履行赠与合同约定的义务"。在司法实践中应从如下方面掌握:

1. 撤销的时间。赠与人的法定撤销一般发生在赠与合同依法成立、赠与人已经部分或全部交付赠与财产之后,而非在"赠与财产的权利转移之前",否则应当适用《民法典》第658条的规定。

2. 撤销的性质。《民法典》第663条所规定的撤销,应当认为属于法律

---

[1] 参见黄薇主编:《中华人民共和国民法典合同编释义》,法律出版社2020年版,第440页。

赋予赠与人的一种单方解除合同的权利。主要是为了保护赠与人及其近亲属的利益，促使受赠人履行相应的义务或者不作加害行为。

3.撤销的事由。只要受赠人存在《民法典》第663条所列举的三种情形之一，赠与人就可以撤销赠与合同。

（二）赠与人行使法定撤销权的除斥期间

《民法典》第663条第2款规定："赠与人的撤销权，自知道或者应当知道撤销事由之日起一年内行使。"该"一年"当属除斥期间。若赠与人在知道或者应当知道撤销原因的1年内未行使撤销权，则该撤销权消灭。

（三）赠与人的法定代理人或继承人的撤销权

《民法典》第664条规定："因受赠人的违法行为致使赠与人死亡或者丧失民事行为能力的，赠与人的继承人或者法定代理人可以撤销赠与。赠与人的继承人或者法定代理人的撤销权，自知道或者应当知道撤销事由之日起六个月内行使。"依该规定，须注意如下问题：

1.撤销的主体。在赠与人不能行使撤销权的情况下，赠与人的继承人或者法定代理人有撤销赠与的权利。

2.法定撤销事由。依《民法典》第664条第1款的规定，法定撤销事由有两个：（1）因受赠人的违法行为致使赠与人死亡；（2）因受赠人的违法行为致使赠与人丧失民事行为能力。

3.行使撤销权的除斥期间。《民法典》第664条第2款规定，赠与人的继承或者法定代理人的撤销权，应当自知道或者应当知道撤销原因之日起6个月内行使。这6个月为撤销权的存续期间，逾期不行使的，该撤销权消灭。当然，依据《民法典》第152条第2款的规定，赠与人的继承人或者法定代理人的法定撤销权应当受到5年除斥期间的限制。

（四）赠与撤销的法律后果

法定赠与的撤销权属于形成权，其行使的法律后果是赠与关系消灭。《民法典》第665条仅规定："撤销权人撤销赠与的，可以向受赠人要求返还赠与的财产。"在司法实践中还须注意如下几点：

1. 标的物尚未交付或登记。此时赠与尚未履行，赠与一经撤销即自始无效，故赠与人可拒绝履行。

2. 标的物已交付或登记的情形下，标的物所有权已转移，此时只能行使法定撤销权。一旦行使，受赠人取得赠与物就会失去合法根据，受赠人应该依不当得利的规定返还受赠的财产。

3. 附义务赠与中，如果受赠人没有履行赠与合同中的义务，赠与人可行使撤销权，受赠人应返还受赠的财产。

四、对案例 13、案例 14 的简要评析

1. 对案例 13 的简要评析

在案例 13 中，抗洪救灾捐赠属诺成性合同。《民法典》第 660 条规定，具有救灾、扶贫等社会公益性质的赠与合同，赠与人不交付赠与的财产的，受赠人可以要求交付。因此，甲公司法定代表人到电视台抗洪救灾义演晚会上代表企业认捐 100 万元，为企业与募集人之间达成的关于捐赠的口头契约。此行为属于《民法典》第 660 条规定三种赠与合同中的一种。故甲公司应履行捐赠义务。甲公司抗辩已撤销该赠与，根据《民法典》第 658 条第 2 款的规定，抗洪救灾的赠与合同不得撤销，因此，该抗辩无法律依据。

同时，甲公司不享有捐赠义务免除的权利。《民法典》第 658 条规定，赠与人在赠与财产的权利转移之前可以撤销赠与，但具有救灾、扶贫等社会公益的赠与合同不能撤销。由于赠与合同属于单务无偿行为，故法律规定了特殊的免除义务事由。《民法典》第 666 条规定，赠与人的经济状况显著恶化，严重影响其生产经营的可以不再履行赠与义务。但据调查，甲公司拒绝履行捐赠义务，只是由于公司资金紧张，并不符合法定的免除义务的条件，故甲公司必须履行自己的捐赠义务。

综上所述，甲公司不得撤销赠与合同，应当无条件履行赠与义务。

2. 对案例 14 的简要评析

在案例 14 中，双方当事人的争议在于双方的赠与合同是否符合撤销的法定条件。赠与合同是赠与人将自己的财产无偿给予受赠人，受赠人表示接受赠与的合同，属于转移财产所有权的合同。赠与合同的撤销分为任意撤销与法定撤销。赠与合同的法定撤销是指赠与合同生效后，只有法定事由出现

时，享有撤销权的人才能行使撤销权而撤销赠与合同。根据《民法典》第663条的规定，受赠人有下列情形之一的，赠与人可以撤销赠与：（1）严重侵害赠与人或者赠与人近亲属的合法权益；（2）对赠与人有扶养义务而不履行；（3）不履行赠与合同约定的义务。赠与人的撤销权，自知道或者应当知道撤销事由之日起6个月内行使。案例14中，902号房屋已依赠与转移登记至姜某波名下，姜某梓主张姜某波将其名下三张银行卡和身份证、户口簿强行抢走，其于2020年9月补办了银行卡，并得知姜某波已将1201500元存款取走，后对自己不管不问，未尽赡养义务。姜某波在双方办理完毕赠与事宜后，在无正当事由的条件和前提下，将姜某梓名下的大额款项取走或转至自己名下，严重侵害姜某梓的合法财产权益，现姜某梓行使撤销权符合相应法律规定，对其要求撤销赠与合同的诉讼请求，法院应当予以支持。

第四章

借款合同

本章概要

借款合同是借款人向贷款人借款，到期返还借款并支付利息的合同。本章共计14个条文，主要调整金融机构与自然人、法人、非法人组织，以及法人、非法人组织、自然人相互之间的借款合同关系，对借款合同的定义、形式及内容、贷款人和借款人双方的权利义务、当事人违反合同的责任等内容作出规定。

《民法典》关于"借款合同"的规定与《合同法》相比较主要明确和完善的地方有：一是规定了自然人之间的借款合同，自贷款人提供借款时成立，改变了"自贷款人提供借款时生效"；二是明确规定禁止放高利贷，借款的利率不得违反国家有关规定。

第一节　借款合同概述

依据《民法典》第667条的规定，所谓借款合同，是指借款人向贷款人借款，到期返还借款并支付利息的合同。在借款合同法律关系中，出借资金的一方称为贷款人，借入资金的一方称为借款人。在社会经济生活中，自然人、法人、非法人组织常常会因为生产经营和生活中的资金短缺，而需要向金融机构或他人融通资金。这种融通资金的要求是通过借款合同的形式来实现，因资金融通而产生的纠纷也越来越多，值得研究。

一、借款合同的法律特征

《民法典》关于"借款合同"一章主要调整两部分内容：一是金融机构与自然人、法人和非法人组织之间的金融借款合同关系；二是自然人、法人、非法人组织相互之间的借款合同关系。以金融机构与自然人、法人和非法人组织之间的合同关系为主。[1] 借款合同与其他合同相比有其特殊之处，表现在：

1. 借款合同标的物是货币。从《民法典》第667条对借款合同的定义来看，借款合同的标的物只能是货币，而不能是其他消耗物或不可消耗物。

2. 借款合同是转移标的物所有权的合同。借款合同的标的物货币是种类物，借款人依借款合同取得了所借的货币后可以自主行使处分权，独立支配所借用的资金。虽然贷款人可以检查和监督借款人对该资金的使用情况，如果借款人违反合同约定的用途使用借款，贷款人可以提前收回借款或者解除合同，但这是依合同约定享有的合同权利，而非行使所有权的延伸。合同期满后，借款人偿还的是同种类和数量的货币，而不是原标的物。

3. 借款合同一般为有偿合同。依照中国人民银行规定，商业银行贷款应当计付利息。非金融机构的借款可以是有偿合同，也可以是无偿合同。有些

---

[1] 黄薇主编：《中华人民共和国民法典释义（中）》，法律出版社2020年版，第1275页。

自然人之间的生活借款是一种互助互补性质，当事人往往不约定支付利息，这类合同属于无偿合同，约定支付利息的，其约定的利息支付标准应当符合国家规定的利率浮动范围。

4.借款合同为双务合同。合同双方当事人分别享有权利，又各自承担义务，他们的权利和义务是相互对应的，只有一方履行义务时，另一方的权利才能实现。

5.借款合同一般为诺成合同。借款合同一经签订即对贷款人和借款人双方具有法律约束力，贷款人未按照合同约定的日期和数额提供借款或者借款人未按照合同约定的日期和数额收取借款，都要承担相应责任。自然人之间的借款合同由于属于互助性质，不应对贷款人规定过严的义务。因此，《民法典》中规定自然人之间的借款合同为实践合同，自提供借款时成立。[①]

二、借款合同的形式

《民法典》第 668 条第 1 款规定："借款合同应当采用书面形式，但是自然人之间借款另有约定的除外。"依此规定，借款合同的主要形式有：

1.书面形式。借款合同一般是要式合同，应当采取书面形式。特别是金融机构的借款合同必须采用书面形式。在实践中，金融机构未采用书面形式的借款合同，恐怕是罕见的，即使借贷双方未签订借款合同，只要借款人在现金付出传票上签字，亦应视为采用了书面形式。采用书面形式可以使借贷双方的权利义务十分具体明确，便于双方履行合同，有利于减少和防止合同争议的发生。借款申请书、有关借款的凭证、协议书、当事人双方同意签订借款合同的有关书面材料和其他双方同意作为合同附件的材料，如董事会同意企业借款的决议等可作为借款合同的组成部分。

2.口头形式。自然人之间的借款可以采用口头形式，这是考虑到自然人之间的借款多数是出于临时的生活消费要求，借款金额比较小，还款期限较短，如果强调都要采用严格的书面形式，不利于简便及时地解决问题。另外，受我们传统的亲情、友情等民间习俗的影响，自然人之间借款一般都是采用口头形式为多，因此，《民法典》从我国的实际出发，对自然人之间产生的

---

① 参见《民法典》第 679 条的规定。

借贷行为，允许采用口头形式，以利于个人消费信用的发展。

三、借款合同的主要条款

依据《民法典》第 668 条第 2 款的规定，借款合同的主要条款包括：

1. 借款种类。根据不同的标准，可以将借款划分成不同种类，如根据参加法律关系的主体不同，可以分为金融机构自营贷款和企业委托贷款；根据有无担保的情况，可以分为信用贷款、担保贷款；根据贷款资金投向的领域，可以分为工业贷款、农业贷款、基本建设贷款等。贷款种类的不同，其风险和法律后果也不同，金融机构对不同种类的借款，在审批和发放的程序以及检查监督管理方面采用不同的方法，以保证出借资金的安全性。

2. 币种。我国的金融机构以经营人民币贷款业务为主，经批准也可经营外币贷款业务，部分地区的外资银行除经营外币外，经批准也可以经营人民币业务。人民币和外币的借款利率有所不同，在汇率波动的情况下还款时采用什么币种进行结算，将对当事人之间的利益产生一定影响。因此，借款合同对借款和还款的币种应有明确的约定。

3. 借款用途。借款用途是指借款人对借入资金的使用范围和内容，常见的借款用途有企业生产经营中资金周转需要的流动资金贷款，大型建设项目所需要的项目资金贷款等。根据现行的国家金融政策规定和银行等金融机构的要求，借款人对所借资金必须做到专项专用，并将借款用途在合同中写明。

4. 借款数额。借款数额是指借贷货币数量的多少，是借款合同的数量条款。贷款人是否按期足额提供贷款、利息的计算和确定、借款人是否及时归还借款本金和利息都和借款数额有关，它是确定借贷双方当事人权利义务的基本依据，应在合同中予以明确。

5. 借款利率。借款利率是指借款人在一定时期内应付利息的数额与借入金额的比率。借款利率是计算利息的依据，应当按照中国人民银行规定的借款利率计算。

6. 借款期限。借款期限是指贷款人同意让借款人使用借款的期限。当事人双方一般根据借款的种类、用途、借款人的还款能力和贷款人的资金借给能力等因素商议确定借款期限。

7. 还款方式。在借款合同中，应明确在合同期限届满时是一次性偿还借款，还是分期偿还借款；是本息一次性偿还，还是本息分别偿还。

8. 违约责任。借贷双方应在借款合同中明确约定贷款人不按约定提供借款和借款人不按约定收取借款或者不按约定归还借款时所应承担的具体法律责任。

9. 当事人还可以约定双方认为应当约定的其他事项。

四、审判实践中应当注意的问题

借款合同经双方当事人签字或者盖章即成立。[①] 在实务中，应当注意以下问题：一是合同书或者确认书上只有签名，或者只有盖章的，签字和盖章具有同等的法律效力，任何一方当事人只要在合同书或者合同确认书上签字或者盖章，都表明该方当事人对合同书或者确认书的确认，不必要求当事人在合同上既签字，又盖章。二是一方当事人既签字又盖章，哪个在前就以哪个为准，除非双方另有约定。三是只有法人或者其他组织的公章，而没有法定代表人或者负责人的个人签字、盖章，或者只有法定代表人或者负责人的签字、盖章，没有法人或者其他组织的签字、盖章，都应当确认该方当事人已经确认合同的成立。四是法人或者非法人组织，以及它们的法定代表人或者负责人的签字、盖章不在同一时间的，除非当事人另有特别约定，合同均告成立，成立时间应当以首先签字或者盖章的完成时间为准。

[①] 《合同编通则解释》第22条规定："法定代表人、负责人或者工作人员以法人、非法人组织的名义订立合同且未超越权限，法人、非法人组织仅以合同加盖的印章不是备案印章或者系伪造的印章为由主张该合同对其不发生效力的，人民法院不予支持。合同系以法人、非法人组织的名义订立，但是仅有法定代表人、负责人或者工作人员签名或者按指印而未加盖法人、非法人组织的印章，相对人能够证明法定代表人、负责人或者工作人员在订立合同时未超越权限的，人民法院应当认定合同对法人、非法人组织发生效力。但是，当事人约定以加盖印章作为合同成立条件的除外。合同仅加盖法人、非法人组织的印章而无人员签名或者按指印，相对人能够证明合同系法定代表人、负责人或者工作人员在其权限范围内订立的，人民法院应当认定该合同对法人、非法人组织发生效力。在前三款规定的情形下，法定代表人、负责人或者工作人员在订立合同时虽然超越代表或者代理权限，但是依据民法典第五百零四条的规定构成表见代表，或者依据民法典第一百七十二条的规定构成表见代理的，人民法院应当认定合同对法人、非法人组织发生效力。"

签字、盖章不仅是合同当事人意思表示一致的形式表达，而且是合同是否生效的实质标准。当事人双方一旦签字、盖章，合同就产生法律效力，双方必须严格履行合同，否则就要依照合同规定追究责任。正因为签字、盖章是一项事关合同效力和当事人法律责任的严肃行为，法律才规定必须由法定代表人或经法定代表人授权证明的经办人进行。因此，未经法定代表人授权的任何其他签字、盖章，都不具有法律效力，除非事后经法定代表人追认。在签字、盖章时，具体应注意以下几点：（1）在签字、盖章前，应对合同内容进行最后的审查把关；（2）经办人虽经授权，但必须在授权的范围内签字、盖章；（3）应盖单位的公章或合同专用章，而不能盖内部部门的章；（4）强化对公章和合同的管理，防止被盗用；（5）在程序上，应当先确定合同条款，后签字、盖章，而不能先签字、盖章后填写内容。

　　借款合同当事人通过委托代理的形式订立合同时，应当明确：一是委托代理是代理人基于被代理人的委托授权，在代理权限内，以被代理人的名义实施民事法律行为，被代理人对代理行为承担民事责任的一种代理形式。二是为避免"君子协议"，代理人的代订合同的授权应以书面形式为最佳。三是委托代理应当明确授权，由被代理人出具授权委托书，它是产生委托代理的根据。四是代理人应具备相应的民事权利能力。

第二节　借款合同的效力

一、问题的提出

　　借款合同的效力，表现为借款合同当事人的权利与义务。本节所要探讨的借款合同仅指贷款人为金融机构的借款合同。

　　在研究借款合同的效力之前，先看两则案例。

案例 15：银行不履行借款合同时应否赔偿借款人的损失

　　2021 年 9 月 19 日，某市万利公司与该市华丰支行签订借款合同。借款合同主要约定：华丰支行须于2021年9月25日前交给万利公司贷款人民币100万元。借款用途为购进商品，借款期限3个月，月利率为5厘。借款到期后一次性还本付息。借款合同中双方未约定违约责任。在借款合同履行过程中，华丰支行以资金紧张为由迟迟未予提供贷款。万利公司于同年10月8日通知华丰支行：贵行未按合同约定提供贷款，构成严重违约，请务必于10月12日前提供贷款。否则，我公司将解除借款合同，因此受到的损失有权要求贵行予以赔偿。华丰支行接到万利公司通知后，仍未按期提供贷款。

2021年10月20日，万利公司以华丰支行为被告诉至法院，请求：（1）判令被告华丰支行继续履行合同。（2）判令被告华丰支行赔偿损失30万元。万利公司提供了损失的证据，即万利公司与鸿业公司所签订的买卖合同，因万利公司的违约而支付违约金10万元；万利公司购买此批商品可净获利20万元。华丰支行辩称：同意继续履行借款合同，但不愿赔偿损失。

案例16：借款未到期，银行是否有权起诉

2022年3月6日，某银行与白洁公司签订借款合同。合同主要约定：借款金额为人民币200万元，3月10日前、4月10日前分别提供贷款100万元，借款期限均到2022年12月10日；借款用途为购买商品；等等。3月9日，该银行给白洁公司提供贷款100万元。白洁公司用此100万元中的20万元购进商品，80万元用于偿还其所欠某信用社的贷款。该银行得知白洁公司变更贷款用途后，遂于3月25日向法院起诉请求解除借款合同，白洁公司立即归还贷款100万元，停止发放剩余的100万元贷款。白洁公司诉称：借款尚未到期，且合同中亦未约定变更贷款用途的违约责任。因此，该银行尚未取得诉权，应继续履行借款合同。

上述案例，案例15是金融机构的违约引发的诉讼，案例16是借款人变更借款用途引发的诉讼。试问：贷款人的权利义务有哪些？借款人的权利义务有哪些？

二、贷款人的权利义务

与贷款人的权利对应的是借款人的义务，与贷款人的义务对应的是借款

人的权利。

（一）贷款人的权利

1.贷款人享有审查借款人的借款申请是否符合金融法规规定的权利。《商业银行法》第35条规定："商业银行贷款，应当对借款人的借款用途、偿还能力、还款方式等情况进行严格审查。商业银行贷款，应当实行审贷分离、分级审批的制度。"商业银行受理借款人的申请后，应当对借款人的情况进行全面审查，综合评定信用等级和风险。对借款人提供的情况和资料，需要调查核实，特别是借款人的自有资金、负债程度、借款用途、担保方式等情况，以测定贷款的风险度。经审查不符合规定或者贷款条件的，有权要求借款人变更借款申请或拒绝提供贷款。

2.贷款人享有要求借款人提供担保的权利。订立借款合同，贷款人可以要求借款人提供担保。贷款人可以根据借款人偿还贷款能力、信誉程度、经营状况等因素，综合考虑要求借款人提供担保，从而避免贷款风险，确保贷款债权的实现。

3.贷款人享有要求借款人提供与借款有关资料真实情况的权利。《民法典》第669条规定："订立借款合同，借款人应当按照贷款人的要求提供与借款有关的业务活动和财务状况的真实情况。"

4.贷款人享有检查、监督借款人借款使用情况的权利。《民法典》第672条规定："贷款人按照约定可以检查、监督借款的使用情况。借款人应当按照约定向贷款人定期提供有关财务会计报表或者其他资料。"

5.贷款人享有停止发放借款、提前收回借款或者解除合同的权利。按照借款合同约定的借款用途使用借款，不得挪作他用，是借款人的主要义务之一。贷款人是根据借款人申请的借款用途来审查其偿还能力的，借款人必须依合同约定的用途来使用借款，不同性质、用途的借款不能串用，更不能挪用。同样，其他性质的专用性贷款也只能在其规定的范围内使用。如果借款人擅自改变借款用途，可能会导致贷款人到期不能收回借款。借款人不按合同约定用途使用借款，会损害贷款人的利益，是一种违约行为。

在借款合同的履行过程中，贷款人经过对借款使用的监督、检查，如有证据证明借款人不按约定用途使用借款或挪用借款时，贷款人可行使《民法典》第 673 条所规定的权利：（1）停止发放借款。对于连续性借款或不是一次性交付的借款合同，在已交付部分借款后，贷款人可以停止向借款人发放其余借款。（2）提前收回借款。对于已经交付借款的合同，贷款人可以通知借款人在合同到期前收回借款。（3）解除合同。对于因借款人不按约定用途使用借款而严重危及借款安全的合同，贷款人可以解除合同。

在实践中，借款人改变借款用途，挪用借款的现象时有发生，贷款人在行使《民法典》第 673 条所赋予的权利的同时，需要注意的是，贷款人明知借款人未按照贷款用途使用借款，仍继续发放贷款的，贷款人要求解除借款合同，人民法院不予支持。这是因为，在贷款人明知的情况下，贷款人有过错，视为对自己解除合同权利的处分。

6. 贷款人享有按期收回借款的权利。《民法典》第 675 条规定，借款人应当按照约定的期限返还借款。对于贷款人而言，其就依法享有按期收回借款的权利。同时，合同期满，贷款人有权按照合同约定或者依抵销权从借款人账户上的资金中划收借款本金和利息，借款人未按照合同约定的期限还款时，贷款人有权就延期偿还部分加收逾期利息。就目前而言，人民银行统一规定了逾期贷款的利息，应按统一标准执行。

（二）贷款人的义务

1. 贷款人不得预先扣除借款利息。《民法典》第 670 条对此作了禁止性的规定，即"借款的利息不得预先在本金中扣除。利息预先在本金中扣除的，应当按照实际借款数额返还借款并计算利息"。《民法典》如此规定，其立法目的针对的是目前金融机构贷款中预先在本金中扣除利息或变相预先扣息等违法、违规经营行为。

在实践中，金融机构在向借款人提供贷款时，常常以预扣利息、收取贷款保证金、利息备付金、定金等形式变相提高贷款利率，扰乱了正常的市场经济秩序，侵犯了国家金融管理制度，危害十分严重。为此，中国人民银行多次明文禁止，这种行为属于非法行为，不受法律保护。为了确保当事人双方的借贷关系建立在公平、平等原则的基础上，防止贷款人利用优势地位订立不公平的借款合同，法律对预扣利息行为作了禁止性规定。

2. 贷款人负有按约定日期、数额提供借款的义务。这是贷款人最基本、最主要的义务，《民法典》第 671 条第 1 款对此作了规定："贷款人未按照约定的日期、数额提供借款，造成借款人损失的，应当赔偿损失。"《民法典》如此明文规定，是因为借款合同为诺成合同，一经签订，当事人双方必须严格遵守。同时，在我国目前资金短缺、金融市场尚不发达、资金融通渠道不是非常畅通的情况下，往往是借款人求助于贷款人，因而贷款人有时会随意不按合同约定的时间提供贷款，甚至任意撕毁合同。因此，《民法典》从立法上作出明文规定，贷款人未按照约定日期和数额提供贷款，给借款人造成经济损失的，应当承担违约责任——赔偿损失。损失赔偿额应相当于因违约造成的损失，包括合同履行后可以获得的利益，但不得超过违反合同一方订立合同时应当预见到的因违反合同可能造成的损失。

3. 贷款人负有按规定确定贷款利率的义务。法律能承认、法院能保护的借贷利息必须从严控制，不能违反国家有关规定。《民法典》第 680 条第 1 款对此作了规定，即"借款的利率不得违反国家有关规定"。

三、借款人的权利义务

与借款人的权利对应的是贷款人的义务，与借款人的义务对应的是贷款人的权利。

（一）借款人的权利

借款人的权利主要是：自主申请借款并依金融机构规定的条件取得借款；按照合同约定的时间和数额提取与使用借款；拒绝借款合同以外的任何附加条件；向贷款人的上级反映和举报贷款人违反法律或者合同的有关情况。

（二）借款人的义务

1. 借款人负有如实提供真实业务活动和财务状况情况的义务。依据《民法典》第 669 条的规定，订立借款合同时，借款人应如实向贷款人提供其与借款有关的业务活动情况和财务状况，如其所有的开户行、账号及存贷金额情况、资产负债表、损益表等，接受贷款人的审查。

2. 借款人负有按约定的日期、数额收取借款的义务。《民法典》第 671

条第 2 款对此作了规定，即"借款人未按照约定的日期、数额收取借款的，应当按照约定的日期、数额支付利息"。因此，借款人在签订借款合同后，不按照合同约定的日期、数额收取借款，亦是违约行为。借款人逾期收取借款，使贷款人已按合同约定准备好的借款滞留而损失一定的利息收益，依法应由借款人赔偿。

3. 借款人负有按约定的日期、数额支付利息的义务。《民法典》第 674 条对此义务作了规定，即"借款人应当按照约定的期限支付利息。对支付利息的期限没有约定或者约定不明确，依据本法第五百一十条的规定仍不能确定，借款期间不满一年的，应当在返还借款时一并支付；借款期间一年以上的，应当在每届满一年时支付，剩余期间不满一年的，应当在返还借款时一并支付"。

在司法实践中，值得注意的是对借款人向贷款人支付的款项，未明确用途的，应当由出借人及时书面确定是归还本金还是支付利息。未能及时确定的，应按照习惯处理，即如果已经发生结欠利息的，按先归还利息，后归还本金的原则处理。

4. 借款人负有按照约定期限返还借款的义务。《民法典》第 675 条规定，借款人应当按照约定的期限返还借款。对借款期限没有约定或者约定不明确，依据《民法典》第 510 条的规定仍不能确定的，借款人可以随时返还；贷款人可以催告借款人在合理期限内返还。依照合同约定的期限返还借款，是借款人的又一主要义务。借款人应在合同到期时，依照约定期限及时返还借款。

若借款合同对借款期限没有约定或者约定不明确时，应首先按照《民法典》第 510 条的规定，双方当事人应通过协商，达成补充协议来确定返还借款的期限，或按照有关合同条款及交易习惯来确定。如果仍不能确定返还借款的期限，借款人可以随时向贷款人返还借款，贷款人不得拒绝；贷款人也可以随时向借款人请求返还，但应给借款人保留合理的准备期限，"合理期限"的标准，应根据各种具体情况确定。待合理的准备期满后，如借款人仍不能按时归还借款本金和利息，则应承担违约责任。

5. 借款人负有逾期还款时应承担违约责任的义务。《民法典》第 676 条规定，借款人未按照约定的期限返还借款的，应当按照约定或者国家有关规定支付逾期利息。借款人应当按照借款合同约定的或者经展期后的还款期限，或者按照经双方协商另行确定的期限，向贷款人返还借款，如逾期不能返还，即构成违约，应承担违约责任。借款人承担逾期还款违约责任的主要方式是支付逾期利息，逾期数额为到期未返还的借款数额，逾期天数为自合同约定应返还借款之日至借款人还清借款之日，按照中国人民银行规定的逾期利息标准和计算方式来确定借款人应支付的逾期利息。

6. 借款人负有按约定借款用途使用借款的义务。在借款合同履行过程中，借款人应依诚实信用原则履行，按约定用途使用借款。否则，贷款人可依据《民法典》第673条的规定，行使停止发放借款、提前收回借款或者解除合同的权利。

四、对案例15、案例16的简要评析

1. 对案例15的简要评析

在案例15中，华丰支行与万利公司所签订的借款合同，是双方当事人的真实意思表示，应为有效合同。华丰支行与万利公司所签订的借款合同依法生效后，双方均应按合同的约定履行其义务，而华丰支行却严重违约，因而给万利公司造成损失，根据《民法典》第671条第1款"贷款人未按照约定的日期、数额提供借款，造成借款人损失的，应当赔偿损失"的规定，应当赔偿损失。

关于万利公司的损失认定问题。因华丰支行的违约而给万利公司所造成的损失包括：一是支付给鸿业公司违约金10万元的直接损失；二是万利公司可获净利润20万元的间接损失。根据《民法典》第584条"当事人一方不履行合同义务或者履行合同义务不符合约定，造成对方损失的，损失赔偿额应当相当于因违约所造成的损失，包括合同履行后可以获得的利益；但是，不得超过违约一方订立合同时预见到或者应当预见到的因违约可能造成的损失"的规定，华丰支行应向万利公司赔偿损失30万元（直接损失＋间接损失）。

2. 对案例16的简要评析

在案例16中，银行与白洁公司所签订的借款合同有效。在借款合同中明确约定借款用于购进商品，而在合同履行中，白洁公司严重违约，将首

批取得的 100 万元贷款中的 80 万元用于偿还某信用社贷款,擅自改变借款用途。据此,借款人白洁公司未按约定的借款用途使用借款,贷款人银行可以依照《民法典》第 673 条"借款人未按照约定的借款用途使用借款的,贷款人可以停止发放借款、提前收回借款或者解除合同"的规定,行使解除合同的权利,停止发放剩余的 100 万元贷款,提前收回已发放的 100 万元贷款。

尽管白洁公司辩称银行未取得诉权,并应继续履行借款合同。但因法定情形出现,导致银行享有诉权,以化解贷款风险,保全债权。因此,银行的诉请理应得到支持。

第三节　民间借款合同

一、问题的提出

所谓民间借款合同,是指贷款人是自然人,借款人是非金融机构的法人、非法人组织、自然人的借款合同。民间借款合同中的贷款人主体只能是自然人,而借款人的主体可为自然人、法人、非法人组织。在现实生活中,除了自然人之间的借贷关系外,还有自然人和法人、自然人和非法人组织之间的借款关系,这些借款关系在实践中统称为民间借贷关系(本节民间借款与民间借贷通用)。民间借贷这种融资方式对社会经济的发展起到了一定的促进作用,弥补了国家金融信贷资金的不足,对信贷资金投向起到了拾遗补阙的作用。但是,由地方金融监管部门监管的小额贷款公司、融资担保公司、区域性股权市场、典当行、融资租赁公司、商业保理公司、地方资产管理公司七类地方金融组织,属于经金融监管部门批准设立的金融机构,其因从事相关金融业务引发的纠纷,不适用新《民间借贷规定》。[①] 同时,民间借贷有助

---

① 参见《最高人民法院关于新民间借贷司法解释适用范围问题的批复》(法释〔2020〕27 号)。

于人们在日常生活消费中互助有无，解决资金短缺。因此，民间借贷的大量涌现，随之而来的纠纷也颇多。

在研究民间借款合同之前，先看两则案例。

案例 17：借款人涉嫌犯罪，其民间借贷担保合同是否有效[①]

2008 年 11 月 4 日，原告吴某军、被告陈某富签订一份借款协议，被告陈某富共向原告吴某军借款人民币 200 万元，借款期限为 2008 年 11 月 4 日至 2009 年 2 月 3 日，并由被告王某祥和被告中某公司提供连带责任担保，当日原告履行了出借的义务，陈某富收到原告 200 万元的借款。因陈某富拖欠其他债权人款项无法及时偿还，数额较大，并已严重丧失信誉，现其无力归还借款，依照协议，吴某军遂要求陈某富提前归还，王某祥、中某公司承担连带责任。2008 年 12 月 14 日，陈某富因故下落不明，原告认为其拖欠其他债权人款项数额巨大，已无能力偿还。2008 年 12 月 22 日，陈某富因涉嫌合同诈骗和非法吸收公众存款罪被公安机关立案侦查，依照协议，吴某军遂要求陈某富提前归还借款，王某祥、中某公司承担连带责任。

生效裁判认为：本案原、被告之间的借贷关系成立且合法有效，应受法律保护。本案中，单个的借款行为仅仅是引起民间借贷这一民事法律关系的民事法律事实，并不构成非法吸收公众存款的刑事法律事实。因为非法吸收公众存款的刑事法律事实是数个"向不特定人借款"行为的总和，从而从量变到质变。当事人在订立民间借贷合同时，主观上可能确实基于借贷的真实意思表示，不存在违反法律、法规的强制性规定或以合法形式掩盖非法目的。非法吸收公众存款的犯罪行为与单个民间借贷行为并不等价，民间借贷合同并不必然损害国家利益和社会公共利益，两者之间的行为极有可能呈现为一种正当的民间借贷关系，即贷款人出借自己合法所有的货币资产，借款人自愿借入货币，双方自主决定交易对象与内容，既没有主观上要去损害其他合法利益的故意和过错，也没有客观上对其他合法利益造成侵害的现实性和可

[①] 详见《最高人民法院公报》2011 年第 11 期，载中华人民共和国最高人民法院公报网，http://gongbao.court.gov.cn/Details/79f4435dbaf56dbd78e713f435c320.html?sw=，最后访问日期：2024 年 6 月 25 日。

能性。因此，被告陈某富向原告吴某军借款后，理应按约定及时归还借款。陈某富未按其承诺归还所欠原告借款，是引起本案纠纷的原因，陈某富应承担本案的全部民事责任。被告王某祥和被告中某公司未按借款协议承担担保义务，对于王某祥、中某公司提出被告陈某富可能涉及非法吸收公众存款，其不应再承担责任的辩称，根据《担保法》有关规定，如债权人与债务人恶意串通或债权人知道或应当知道主合同债务人采取欺诈手段，使保证人违背真实意思提供保证的，则保证人应免除保证责任。现王某祥和中某公司未能提供相关证据佐证原告吴某军与陈某富之间具有恶意串通的事实，亦未能提供相关证据证明吴某军知道或应当知道陈某富采取欺诈手段骗取王某祥和中某公司提供担保。在主合同（借款合同）有效，从合同（担保合同）本身无瑕疵的情况下，民间借贷中的担保合同也属有效。从维护诚信原则和公平原则的法理上分析，将与非法吸收公众存款罪交叉的民间借贷合同认定为无效会造成实质意义上的不公，造成担保人以无效为由抗辩其担保责任，即把自己的担保错误作为自己不承担责任的抗辩理由，这更不利于保护不知情的债权人，维护诚信、公平也无从体现。涉嫌非法吸收公众存款的犯罪嫌疑人（或被告人、罪犯）进行民间借贷时，往往由第三者提供担保，且多为连带保证担保。债权人要求债务人提供担保人，这是降低贷款风险的一种办法。保证人同意提供担保，应当推定为充分了解行为的后果。据此判决：一、被告陈某富限在判决生效后十日内归还原告吴某军 200 万元的借款；二、被告王某祥、中某公司对上述债务承担连带清偿责任。

案例 18：民间借贷款项付出的真实性应当从严审查[①]

原告赵某与被告项某敏系朋友关系，两被告项某敏、何某琴原系夫妻关系，于 2005 年 9 月 20 日登记结婚。项某敏向原告出具落款日期为 2007 年 7 月 20 日的《借条》一张，载明："今我项某敏向赵某借人民币 200000 元整（贰拾万圆整），于 2009 年 7 月 20 日前归还，利息按 5% 计算。"落款处由

[①] 详见《最高人民法院公报》2014 年第 12 期，载中华人民共和国最高人民法院公报网，http://gongbao.court.gov.cn/Details/d7ea8486dc4e99b6a602e1950ea17c.html?sw=，最后访问日期：2024 年 6 月 25 日。

项某敏以借款人身份签名。后原告书写一份《催款通知单》，载明："今项某敏向赵某借款（贰拾万圆整），应于2009年7月20日前归还，但已超过期限至今没还，特此向项某敏催讨借款。"落款日期为2009年7月23日。项某敏在该份《催款通知单》上加注"我知道，因经营不善无钱归还，恳求延长两年，利息照旧"。此后，原告再次书写一份《催款通知单》，载明："今项某敏向赵某借款贰拾万圆整，经多次催款至今没还，特此向项某敏再次催讨借款及利息。"落款日期为2011年7月27日。项某敏则在该份《催款通知单》上加注"因经营不善无钱归还，恳求延长两年，利息照旧"并签署其姓名。另查明，2007年7月19日，被告项某敏名下账号尾号为3366的中国工商银行账户内余额为167545.34元。2007年8月2日，项某敏自上述银行账户内支取100000元。当日，项某敏向中国建设银行偿还个人购房贷款100000元。再查明，2009年6月18日，两被告签署《协议书》一份，确认双方生意经营、房产状况、房屋贷款等事宜，未涉及本案系争借款。双方同时约定"其他债务事宜，双方任何一方不认则不成立"。2010年7月，两被告开始分居。2010年9月28日、2011年6月1日，何某琴分别起诉至法院，要求与项某敏离婚。上述两案诉讼过程中，项某敏均未提及本案系争借款，后该两次离婚诉讼均经调解不予离婚。2012年8月31日，何某琴第三次起诉要求与项某敏离婚，后法院判决双方离婚。原告赵某向法院提起诉讼，请求判令两被告共同偿还借款200000元及利息。

生效裁判认为，本案的争议焦点是原告赵某与被告项某敏之间的借贷关系是否成立并生效以及在此前提之下被告何某琴是否负有还款义务。根据民事诉讼证据规则，在合同纠纷案件中，主张合同关系成立并生效的一方当事人对合同订立和生效的事实承担举证责任。同时，根据法律规定，自然人之间的借款合同，自贷款人提供借款时生效。故原告赵某主张其与被告项某敏之间存在有效的借款合同关系，其应就双方之间存在借款的合意以及涉案借款已实际交付的事实承担举证责任。现原告提供《借条》意在证明其与项某敏之间存在借款的合意。关于借款交付，其主张因其无使用银行卡的习惯，故家中常年放置大量现金，200000元系以现金形式一次性交付给项某敏。对于原告的上述主张，被告项某敏均表示认可，并称其收到借款后同样以现金形式存放，并于2007年8月2日以其中的100000元提前归还房屋贷款。被告何某琴则明确否认涉案借款的真实性。法院给予原告合理的举证期限，要求其提供相应的证据证明其资产状况和现金出借能力，并释明逾期举证的法律后果。嗣后，原告明确表示拒绝提供相应的证据。法院认为，原告明确表示放弃继续举证的权利，而其提供的现有证据亦并未能证明涉案借款的交付事实以及原告本人的资金出借能力，其陈述的借款过程亦不符合常理，故应承担举证不能的法律后果。遂判决驳回原告赵某的全部诉讼请求。

上述案例，案例17涉及借款人涉嫌刑事犯罪，其单个借款行为的效力及担保人是否承担担保责任的问题；案例18涉及民间借贷合同能否成立的问题。试问：民间借贷案件起诉的条件及管辖如何把握？刑民交叉如何处理？民间借贷效力如何认定？民间借贷虚假诉讼如何认定？民间借贷与买卖合同混合时该如何处理？民间借贷利率如何保护？

二、民间借贷案件的受理与管辖

《民间借贷规定》第2条、第3条、第4条对民间借贷案件的受理与管辖作出了原则性的规定。具体而言：

1.民间借贷案件起诉条件的司法认定。在现实生活和司法实践中，民间借贷大多发生在亲朋好友之间，因此其表现形式不如金融机构的借款合同那样严肃认真、规范有据，多数表现出简易性或随意性。我国《民法典》第668条第1款明确规定，借款合同应当采用书面形式，但自然人之间借款另有约定的除外。因此，民间借贷大多表现为内容简单的借据、收到条、欠款条等，更有甚者没有任何手续，发生纠纷时仅凭证人证言。由于手续的不完善，一旦发生纠纷诉至法院，法院应否受理此类案件，颇具争议。第一种意见认为，借据、收据、欠条等债权凭证是证明是否存在借贷关系的直接证据，如果当事人不能提交上述证据，则不符合《民事诉讼法》第122条第1项"原告是与本案有直接利害关系的公民、法人和其他组织"的规定，应当认定不具备起诉条件，依法裁定不予受理，如案件已经受理，则应当裁定驳回起诉。第二种意见认为，借据、收据、欠条等债权凭证虽为证明借贷关系存在的直接证据，但即便没有这些债权凭证，当事人也可以基于《民事诉讼法》规定的其他类型的证据，提起诉讼。如原告起诉时的陈述是法定证据情形之一的

"当事人陈述",至于是否支持原告的诉讼请求,则要经过审判之后才能确定诉讼结果。对此问题,《民间借贷规定》第 2 条规定:出借人向人民法院起诉时,应当提供借据、收据、欠条等债权凭证以及其他能够证明借贷法律关系存在的证据。当事人持有的借据、收据、欠条等债权凭证没有载明债权人,持有债权凭证的当事人提起民间借贷诉讼的,人民法院应予受理。被告对原告的债权人资格提出有事实依据的抗辩,人民法院经审理认为原告不具有债权人资格的,裁定驳回起诉。

2. 民间借贷合同履行地的司法认定。由于民间借贷的松散性、广泛性,民间借贷的出借人和借款人大多基于亲朋好友,故签订书面的民间借贷合同并不多见,大多是一张借据、收据、欠条等,更有甚者没有任何手续。一旦发生纠纷,借贷双方往往对借款的利息、违约责任等产生争议,如果引发诉讼,借款合同的履行地如何确定便颇具争议。关于借款合同履行地的确定,《民事诉讼法解释》第 18 条第 2 款规定:"合同对履行地点没有约定或者约定不明确,争议标的为给付货币的,接收货币一方所在地为合同履行地……"为了与《民事诉讼法解释》保持一致,《民间借贷规定》第 3 条规定:"借贷双方就合同履行地未约定或者约定不明确,事后未达成补充协议,按照合同相关条款或者交易习惯仍不能确定的,以接受货币一方所在地为合同履行地。"

3. 民间借贷合同保证人的诉讼地位。司法实践中,在债权人原告选择性地起诉主债务人或者担保人,如只起诉担保人不起诉主债务人,或者只起诉主债务人不起诉担保人,抑或是只起诉部分担保人等的情况下,人民法院是否对没有被起诉的相关担保人或者债务人作为诉讼主体进行追加,存在争议。追加与否必然会对审理程序产生影响,包括如何确定不同担保人的诉讼身份地位、事实查明、责任后果承担等。因此,在债权人没有把所有的债务人和担保人一并起诉的情况下,人民法院应当如何追加担保人参加诉讼,是一个难题。对此,《民间借贷规定》第 4 条规定:"保证人为借款人提供连带责任保证,出借人仅起诉借款人的,人民法院可以不追加保证人为共同被告;出借人仅起诉保证人的,人民法院可以追加借款人为共同被告。保证人为借款人提供一般保证,出借人仅起诉保证人的,人民法院应当追加借款人为共同被告;出借人仅起诉借款人的,人民法院可以不追加保证人为共同被告。"

三、民间借贷案件涉及刑民交叉的司法处理

民间借贷的刑民交叉案件，主要集中在财产权的保护。作为刑事程序是通过"公权"维护国家和社会财产权利的秩序，作为民事程序是通过"私权"维护个人财产权利。两者之间在价值、效力方面不分上下，在刑民交叉案件的程序处理上应明确刑民独立、并行为主的原则。结合《民间借贷规定》，在审判实践中处理民间借贷刑民交叉时应当注意以下问题。

1. 民间借贷案件发现犯罪嫌疑的司法处理。以民间借贷为主要形式的民间融资的勃兴，往往伴随民间借贷民事纠纷与非法集资犯罪交叉的案件。2014年3月，依据《最高人民法院、最高人民检察院、公安部关于办理非法集资刑事案件适用法律若干问题的意见》的精神，人民法院在审理民事案件中，发现有非法集资犯罪嫌疑的，应当裁定驳回起诉，并及时将有关材料移送公安机关或者检察机关。由于非法集资案件涉及不特定的多数人的利益，在处理上应当坚持一体化解决的原则，防止有的受害人获得足额清偿而有的受害人却根本不能得到补偿的现象发生。因此，《民间借贷规定》第5条重申：人民法院立案后，发现民间借贷行为本身涉嫌非法集资等犯罪的，应当裁定驳回起诉，并将涉嫌非法集资等犯罪的线索、材料移送公安或者检察机关。公安或者检察机关不予立案，或者立案侦查后撤销案件，或者检察机关作出不起诉决定，或者经人民法院生效判决认定不构成非法集资等犯罪，当事人又以同一事实向人民法院提起诉讼的，人民法院应予受理。

2. 民间借贷与犯罪嫌疑的"民刑并行"原则。在司法实践中，如果借款人为了借到款项而私刻某单位印章，私刻印章行为涉嫌犯罪，虽与借款行为有关联，但不属于同一事实，而包括私刻印章和民间借贷两个行为。作为民间借贷案件应当继续审理，而私刻印章行为移送侦查机关。对于该种情形，《民间借贷规定》第6条明确规定：人民法院立案后，发现与民间借贷纠纷案件虽有关联但不是同一事实的涉嫌非法集资等犯罪的线索、材料的，人民法院应当继续审理民间借贷纠纷案件，并将涉嫌非法集资等犯罪的线索、材料移送公安或者检察机关。

3. 民间借贷与犯罪嫌疑的"先刑后民"原则。虽然刑民交叉案件中的"先刑后民"遭受批判，但确有部分民事案件的审理需要刑事判决的事实查明和

责任认定作为前提，该类案件仍应当坚持"先刑后民"原则。对此，《民间借贷规定》第 7 条规定：民间借贷纠纷的基本案件事实必须以刑事案件的审理结果为依据，而该刑事案件尚未审结的，人民法院应当裁定中止诉讼。适用该条应具备三个条件：一是民间借贷刑民交叉中的民事纠纷的基本事实无法查明；二是与民事案件关联的刑事案件必须已经进入审理阶段；三是民间借贷案件的解决必须以刑事案件的审判结果为依据。

4. 民间借贷与犯罪嫌疑的"民刑分离"原则。在民间借贷案件和刑事案件中不存在谁必须以谁的处理结果为依据的情形下，就出现了"民刑分离"的处理模式。非法集资犯罪尤其是非法吸收公众存款等犯罪过程中产生的民间借贷关系，当借款人被追究了刑事责任，出借人不能回收借款时，出借人起诉担保人时如何处理？《民间借贷规定》第 8 条采取了"民刑分离"原则，即借款人涉嫌犯罪或者生效判决认定其有罪，出借人起诉请求担保人承担民事责任的，人民法院应予受理。

四、民间借贷合同效力的司法认定

按照合同效力的不同可将合同划分为未生效合同、有效合同、无效合同。一般而言，依法成立的合同，自成立时生效，但当事人另有约定或者法律、行政法规另有规定的除外。合同成立和生效属于事实判断，合同有效则属于法律价值判断。因此，民间借贷合同效力的司法认定，是审理民间借贷案件的重中之重。因为只有基于民间借贷合同的有效性，一方当事人才能向另一方当事人主张其按照合同约定履行义务，也才能涉及违约责任的承担以及合同的解除等问题。鉴于民间借贷合同的特殊性，《民间借贷规定》从以下方面对民间借贷合同效力予以规定。

1. 自然人之间借款合同成立时间的司法认定。《民法典》第 679 条规定，自然人之间的借款合同，自贷款人提供借款时成立。该条规定了自然人之间的借款合同为实践性合同，即货币交付合同才能成立。由于实践中的货币交付不单是现金交付，而是呈现出多元化的交付形式。因此，根据《民间借贷规定》第 9 条的规定，具有下列情形之一，应当认定为自然人之间借款合同的成立时间：（1）以现金支付的，自借款人收到借款时；（2）以银行转账、网上电子汇款等形式支付的，自资金到达借款人账户时；（3）以票据交付的，自借款人依法取得票据权利时;(4)出借人将特定资金账户支配权授权给借款人的,自借款人取得对该账户实际支配权时;(5)出借人以与借款人约定的其他方式提供借款并实际履行完成时。

2. 民间借贷合同无效的认定规则。法律规定了合同无效制度,以集中体现对行为的否定态度。需要注意的是,首先,2015年《民间借贷规定》确立的转贷无效规则,有条件地承认了企业间借贷合同的效力,取得了良好的效果。为顺应我国市场经济发展趋势,在2020年《民间借贷规定》修改过程中,最高人民法院先后征求了有关主管部门、专家学者以及行业协会的意见,决定突出民间借贷以自有资金和禁止吸收他人资金转手放款的原则要求,对转贷无效规则作出严格限定。实践中,对于现行《民间借贷规定》第13条第1项规定存有一定争议,有观点认为,只要有证据证明出借人在出借款项的同期尚有金融机构贷款尚未偿还,出借人又不能举证证明款项的具体来源的,即可推定其实施了套取金融机构贷款的转贷行为。该项规定旨在加重出借人对资金来源的举证责任,但在认定是否构成套取金融机构贷款转贷的具体情形时,还应当对出借人的贷款用途、出借人的金融贷款与用于出借的款项是否可以区分等方面加以综合考虑。[①]

3. 民间借贷合同无效情形的司法认定。对于无效合同的认定,事关合同效力的维护及市场经营秩序的安全和稳定,亦事关社会公共利益的保护。在司法解释中明确规定无效民间借贷行为的具体情形,有利于规范我国的金融秩序,引导民间借贷的健康有序发展,为审判实践准确认定无效民间借贷合同提供规范依据。依据《民间借贷规定》第13条的规定,具有下列情形之一的,人民法院应当认定民间借贷合同无效:(1)套取金融机构贷款转贷的;(2)以向其他营利法人借贷、向本单位职工集资,或者以向公众非法吸收存款等方式取得的资金转贷的;(3)未依法取得放贷资格的出借人,以营利为目的向社会不特定对象提供借款的;(4)出借人事先知道或者应当知道借款人借款用于违法犯罪活动仍然提供借款的;(5)违反法律、行政法规强制性规定的;(6)违背公序良俗的。

---

① 刘敏、张纯、唐倩:《新民间借贷司法解释的理解与适用》,载《人民司法(应用)》2021年第4期。

五、民间借贷虚假诉讼的司法处理

民事审判领域存在许多虚假诉讼,在民间借贷案件中尤为突出。如何有效遏制民间借贷纠纷中的虚假诉讼,是摆在审判实践中的一个突出难题,也是亟待解决的一个课题。虚假的民间借贷诉讼往往包裹在"合法"的外衣下,以正常合法的程序进入法院,造假者们通过精心设计各种骗局,以混淆视听迷惑法官,从而获得对其有利的判决。虚假民间借贷诉讼既侵犯了真实权利人的利益,又浪费了有限的司法资源;既扰乱正常的司法审判秩序,又影响了社会稳定。因此,必须加大对虚假诉讼的预防和打击,以维持诚实守信的诉讼环境。

1.民间借贷虚假诉讼的判定标准。正确识别虚假民间借贷诉讼还要求审判人员基于自身的审判经验和对生活的认知,采取合理怀疑加综合判断的规范模式,结合借贷发生的原因、时间、地点、款项来源、交付方式、款项流向以及借贷双方的关系、经济状况等事实,综合判断是否属于虚假民事诉讼。依据《民间借贷规定》第18条的规定,如遇下列情形,应当注意审查是否属于虚假诉讼:(1)出借人明显不具备出借能力;(2)出借人起诉所依据的事实和理由明显不符合常理;(3)出借人不能提交债权凭证或者提交的债权凭证存在伪造的可能;(4)当事人双方在一定期间内多次参加民间借贷诉讼;(5)当事人无正当理由拒不到庭参加诉讼,委托代理人对借贷事实陈述不清或者陈述前后矛盾;(6)当事人双方对借贷事实的发生没有任何争议或者诉辩明显不符合常理;(7)借款人的配偶或合伙人、案外人的其他债权人提出有事实依据的异议;(8)当事人在其他纠纷中存在低价转让财产的情形;(9)当事人不正当放弃权利;(10)其他可能存在虚假民间借贷诉讼的情形。

2.民间借贷虚假诉讼的司法处理。经审理发现属于虚假诉讼的,人民法院除在判决中一律驳回原告的请求外,还应当严格按照《民间借贷规定》第19条的规定,对恶意制造、参与虚假诉讼的诉讼参与人依法予以罚款、拘留;构成犯罪的,应当移送有管辖权的司法机关追究刑事责任。

六、民间借贷合同与买卖合同混合情形的司法处理

在当前民间借贷实践中,有一种现象是当事人双方为避免债务人无力偿

还借款，往往在签订民间借贷合同时或其后签订买卖合同（以房屋买卖合同为主），约定债务人不能偿还债款本息，则履行买卖合同。此类案件中如何认定合同的性质和效力、如何加以处理，关系到人民法院裁判的统一性，关系到当事人切身利益的维护。同时，正确处理此类案件，对于防范虚假诉讼，健全担保规范，促进经济健康发展都具有重要意义。对此，《民间借贷规定》第 23 条规定："当事人以订立买卖合同作为民间借贷合同的担保，借款到期后借款人不能还款，出借人请求履行买卖合同的，人民法院应当按照民间借贷法律关系审理。当事人根据法庭审理情况变更诉讼请求的，人民法院应当准许。按照民间借贷法律关系审理作出的判决生效后，借款人不履行生效判决确定的金钱债务，出借人可以申请拍卖买卖合同标的物，以偿还债务。就拍卖所得的价款与应偿还借款本息之间的差额，借款人或者出借人有权主张返还或者补偿。"

七、民间借贷利率的司法保护上限

利率问题是民间借贷的核心问题，也是《民间借贷规定》的主要内容。《民法典》第 680 条规定："禁止高利放贷，借款的利率不得违反国家有关规定。借款合同对支付利息没有约定的，视为没有利息。借款合同对支付利息约定不明确，当事人不能达成补充协议的，按照当地或者当事人的交易方式、交易习惯、市场利率等因素确定利息；自然人之间借款的，视为没有利息。"《民间借贷规定》划定民间借贷利率的保护上限，并不妨碍当事人在实施借贷行为过程中的意思自治。只要不违反法律、行政法规的强制性规定，不违背公序良俗，借贷双方有权按照自己的意思，就借款合同中的借款期限、利息计算、逾期利息、合同解除等内容作出自愿协商，并承受相应的法律后果。

鉴于 2019 年 8 月 16 日中国人民银行已经发布〔2019〕第 15 号公告，决定改革完善贷款市场报价利率（LPR）形成机制，参考近期 LPR 数据的运行情况，将民间借贷利率的保护标准与国家货币政策调控机制进行衔接，既能适应我国利率市场化改革的客观需要，又能有效降低民间融资的成本，为民间借贷市场发展预留空间。同时，考虑到我国司法实践中长期以来对民间借贷利率不超过银行同类贷款利率的 4 倍的上限规定的接受程度，《民间借贷规定》第 25 条明确规定："出借人请求借款人按照合同约定利率支付利息的，人民法院应予支持，但是双方约定的利率超过合同成立时一年期贷款市场报价利率四倍的除外。前款所称'一年期贷款市场报价利率'，是指中国人民银行授权全国银行间同业拆借中心自 2019 年 8 月 20 日起每月发布的一年期贷款市场报价利率。"同时，为贯彻落实《民法典》第 680 条关于"禁止高利放贷"的原则精神，《民间借贷规定》继续执行更加严格的本息保护政策。无论当事人采取何种方式约定利息，对于按照约定要求借款人支付的利息，超过双方合同成立时 1 年期贷款市场报价利率 4 倍计算的整个借款期间利息之和的，人民法院均不予支持。除此以外，当事人主张的逾期利息、违约金或者其他费用总计超过合同成立时 1 年期贷款市场报价利率 4 倍的部分，人民法院亦不予支持。[1]

八、对案例 17、案例 18 的简要评析

1. 对案例 17 的简要评析

在案例 17 中，合同效力的认定应尊重当事人的意思自治原则，只要订立合同时各方意思表示真实，又没有违反法律、行政法规的强制性规定，就应当确认合同有效。《合同法解释（二）》第 14 条将《合同法》第 52 条第 5 项规定"强制性规定"解释为效力性强制性规定。《民法典》第 153 条第 1 款规定："违反法律、行政法规的强制性规定的民事法律行为无效。但是，该强制性规定不导致该民事法律行为无效的除外。"由此看来，民事法律行为的效力原则上是法律、行政法规、司法解释明确规定无效的才认定无效，否则，原则上认定有效。案例 17 中被告陈某富触犯刑律的犯罪行为，并不必然导致借款合同无效。因为借款合同的订立没有违反法律、行政法规效力性的强制性规定。效力上应当采取从宽认定，最大限度上尊重当事人的意思自治。同时，在不否认民间借贷合同效力的情形下，借款人应当承担还款责任，担保人王某祥、中某公司则应当按照保证合同的约定承担连带责任保证。

---

[1] 刘敏、张纯、唐倩：《新民间借贷司法解释的理解与适用》，载《人民司法（应用）》2021 年第 4 期。

关于案例 17 是否需要中止审理的问题。原告吴某军根据借款协议支付被告陈某富 200 万元后，其对陈某富的债权即告成立。至于陈某富可能涉及非法吸收公众存款的犯罪，与本案合同纠纷属于两个法律关系，公安部门立案侦查、检察院起诉以及法院判决构成刑事犯罪并不影响法院依据《民事诉讼法》审理本案当事人间的民事合同纠纷。对合同效力进行判断和认定属于民商事审判的范围，判断和认定的标准也应当是民事法律规范。非法吸收公众存款罪和合同的效力是两个截然不同的法律问题。本案涉嫌的是非法吸收公众存款罪，涉嫌犯罪的当事人单个的借贷行为不构成犯罪，只有达到一定量后才发生质变，构成犯罪，即犯罪行为与合同行为不重合，故其民事行为应该有效。因此，法院受理、审理可以"刑民并行"，而"先刑后民"并非审理民刑交叉案件的基本原则，而只是审理民刑交叉案件的一种处理方式。

2. 对案例 18 的简要评析

在民间借贷案件中，许多裁判多倾向于按照夫妻一方对借款关系的自认以及相关司法解释规定，确认该债务成立并判决由夫妻一方或双方归还。案例 18 的处理则突破前例，虽然被告项某敏对借款、催款通知单均没有异议，但法院对原告赵某的诉讼请求予以驳回。这是因为，夫妻一方存在与"出借人"恶意串通、虚设婚内债务可能性的，该夫妻一方单方对"债务"的认可，并不必然免除"出借人"对借贷关系成立并生效所应承担的举证责任。出借人仅提供借据佐证借贷关系的，应深入调查辅助性事实以判断借贷合意的真实性，如举债的必要性、款项用途的合理性等。出借人无法提供证据证明借款交付事实的，应综合出借人的经济状况、资金来源、交付方式、在场见证人等因素判断当事人陈述的可信度。对于大额借款仅有借据而无任何交付凭证、当事人陈述有重大疑点或矛盾之处的，应依据证据规则认定"出借人"未完成举证义务，判决驳回其诉讼请求。

第五章

保证合同

本章概要

保证合同是为保障债权的实现，保证人和债权人约定，当债务人不履行到期债务或者发生当事人约定的情形时，保证人履行债务或者承担责任的合同。本章共计22个条文，主要对保证合同的定义及性质、保证人、保证合同的内容、保证方式、保证责任范围、保证期间、保证债务的诉讼时效、保证债务的变更、共同保证、保证人的权利等作出了规定。

《民法典》中的"保证合同"是在《担保法》"保证担保"的基础上，吸收了相关司法解释的精神，在《民法典》中新增加的一章。主要变化有：一是明确规定了保证合同被确认无效后，债务人、保证人、债权人有过错的，应当根据其过错各自承担相应的民事责任。二是明确规定了当事人在保证合同中对保证方式没有约定或者约定不明确的，按照一般保证承担保证责任，改变了《担保法》按照连带责任保证承担保证责任的规定。三是规定了保证期间是确定保证人承担保证责任的期间,不发生中止、中断和延长。对保证期间没有约定或者约定不明确的,保证期间为主债务履行期限届满之日起 6 个月,改变了《担保法解释》规定的"保证期间约定保证人承担保证责任直至主债务本息还清时为止等类似内容的,视为约定不明,保证期间为主债务履行期限届满之日起二年"。四是完善了保证债务诉讼时效制度。一般保证的债权人在保证期间届满前对债务人提起诉讼或者申请仲裁的,从保证人拒绝承担保证责任的权利消灭之日起,开始计算保证债务的诉讼时效。连带责任保证的债权人在保证期间届满前请求保证人承担保证责任的,从债权人请求保证人承担保证责任之日起,开始计算保证债务的诉讼时效。五是增加规定了第三人加入债务的,保证人的保证责任不受影响。六是增加规定了一般保证人保证责任的免除情形。一般保证的保证人在主债务履行期限届满后,向债权人提供债务人可供执行财产的真实情况,债权人放弃或者怠于行使权利致使该财产不能被执行的,保证人在其提供可供执行财产的价值范围内不再承担保证责任。七是完善了保证人追偿权。保证人承担保证责任后,除当事人另有约定外,有权在其承担保证责任的范围内向债务人追偿,享有债权人对债务人的权利,但是不得损害债权人的利益。八是增加规定了保证人拒绝履行权。债务人对债权人享有抵销权或者撤销权的,保证人可以在相应范围内拒绝承担保证责任。

第一节　保证合同的内容和形式

一、问题的提出

《民法典》第 681 条规定，保证合同是为保障债权的实现，保证人和债权人约定，当债务人不履行到期债务或者发生当事人约定的情形时，保证人履行债务或者承担责任的合同。第 684 条规定，保证合同的内容一般包括被保证的主债权的种类、数额，债务人履行债务的期限，保证的方式、范围和期间等条款。第 685 条规定，保证合同可以是单独订立的书面合同，也可以是主债权债务合同中的保证条款。第三人单方以书面形式向债权人作出保证，债权人接收且未提出异议的，保证合同成立。虽然《民法典》对保证合同的内容和形式均作出了明确规定，但在实践中认知不同，导致的纠纷多见。

在研究保证合同的形式和内容之前，先看一则案例。

案例 19：签字人以保证人身份签字应否承担保证责任

2022 年 2 月 2 日，甲公司与朱某签订一份借款合同，约定由朱某出借给甲公司 100 万元，借款期限 6 个月，月息 1.5 分。同日，朱某转账给甲公司 100 万元。马某在借款合同上签署"保证人：马某"。借款到期后，甲公司没有偿还朱某款项，朱某便要求马某承担保证责任。马某辩称，本人仅仅签名为保证人，缺乏保证合同内容，保证合同没有成立，因此不能承担保证责任。

在上述案例中，涉及保证合同的内容与形式问题。试问：保证合同的内容有哪些？如何理解保证合同的形式？

二、保证合同的内容

根据《民法典》第 684 条的规定，保证合同的主要内容应当包括以下几个方面：

1. 被保证的主债权的种类和数额。主债权就债务人和保证人而言即为主债务。被保证的主债权的种类是指债权人和债务人订立的主合同是何种类型的债权，是给付金钱的债权、交付货物的债权、还是提供劳务的债权。主债权的数额是指主合同的标的额。由于保证人在债务人不履行债务时承担保证责任，因此，保证合同应对主债权的种类和数额作出规定，以明确将来的责任。

2. 债务人履行债务的期限。保证合同发生效力的前提是债务人到期不履行债务，因此，在保证合同中明确主债务的履行期限对保证人和债权人来说都至关重要。主债务的期限届满，对保证人来说意味着债权人可以要求连带保证人履行保证义务或一般保证债务的义务；对债权人来说意味着主债务履行不能时对保证人行使权利。需要特别注意的是，我国《民法典》第690条规定了最高额保证，约定主债务的履行期限对债权人来说显得更为重要。

3. 保证的方式。根据《民法典》第686条的规定，保证合同对保证方式有明确约定的，按照约定处理，即一般保证或者连带责任保证；对保证方式没有约定或者约定不明确的，按照一般保证认定。

4. 保证担保的范围。保证合同对保证担保的范围有明确约定的，按约定；对保证担保的范围没有约定或者约定不明确的，根据《民法典》第691条的规定，保证人对主债权、利息、逾期罚息、实现债权的费用承担保证责任。

5. 保证期间。保证合同对保证期间有明确约定的，按照约定（约定无效的除外）处理；没有约定或者约定不明确的，保证期间为法定的6个月。对此，《民法典》第692条第2款规定："债权人与保证人可以约定保证期间，但是约定的保证期间早于主债务履行期限或者与主债务履行期限同时届满的，视为没有约定；没有约定或者约定不明确的，保证期间为主债务履行期限届满之日起六个月。"

6. 保证合同双方当事人认为需要约定的其他事项。在司法实践中，对保证合同的内容没有约定或约定不明确、不完善的情形，比比皆是。遇此情形，当事人可以协商补充，如协商不成，则根据《民法典》《担保制度解释》等法律、司法解释的规定处理。如没有约定主债务履行期限的，就易造成对保证人不利的法律后果，则债权人可以随时向债务人主张权利，债务人可以随时履行债务。而保证人依据《民法典》第 692 条第 3 款的规定，承担保证责任的保证期间是债权人要求债务人履行义务的宽限期届满之日起计算。

三、保证合同的形式

从我国《民法典》第 685 条的规定来看，保证合同应当是书面形式。在现实生活中，保证合同的表现形式是多种多样的，大体有以下四种形式。

1. 保证人与债权人签订书面保证合同，明确约定保证的范围、期限和保证方式等。这是保证合同的典型形式。该合同与一般合同并无不同，其订立过程，也要经过要约、承诺甚至反复要约、最后承诺，其成立规则应符合合同通则关于合同订立的规定。当然，对《民法典》第 685 条第 1 款所规定的"保证合同可以是单独订立的书面合同，也可以是主债权债务合同中的保证条款"，一般认为，该规定并非强制性规定，而是倡导性条款，以免"口说无凭"。

在司法实践中，保证合同的当事人在其合同书上摁指印，同样应当认定保证合同有效成立。[①]

2. 保证函。保证人制作书面保证函或者担保书，出具给债权人，明确表示为债务人履行债务承担保证义务的，债权人接受且未提出异议的，保证合同成立。对此，《民法典》第 685 条第 2 款规定："第三人单方以书面形式向债权人作出保证，债权人接收且未提出异议的，保证合同成立。"在合同的成立过程中，需经过要约与承诺，且承诺一般为积极行为，消极的默示一般不具有承诺的效力。但是保证合同中的债权人就保证合同本身并不承担义务，保证合同的成就只给债权人债权的实现带来利益，因此，当债权人接受了保证人的单方承诺，即可视为保证合同成立。此时法律推定债权人默示同意，因为债权人无附加义务而增加了权利，对债权人只会有利。[②]

[①] 《民法典》第 490 条第 1 款规定："当事人采用合同书形式订立合同的，自当事人均签名、盖章或者按指印时合同成立。在签名、盖章或者按指印之前，当事人一方已经履行主要义务，对方接受时，该合同成立。"

[②] 黄薇主编：《中华人民共和国民法典释义（中）》，法律出版社 2020 年版，第 1305 页。

3. 主合同中订有保证条款，保证人在主合同上签字或盖章同意为一方保证。

4. 主合同虽无保证条款，但保证人在主合同中以保证人的身份并签字或者盖章的。该形式不同于上述的主合同中的保证条款，在主合同中即使没有关于保证约定的条款，只要保证人在主合同上以保证人的身份签字或者盖章，也应认定保证合同成立。至于保证范围、保证方式、保证期间等，可以通过法律的规定依法推定，不能由于无保证内容来否定保证合同的成立。

需要特别说明的是，保证人必须以"保证人"的身份在主合同上签字或者盖章，其表现形式往往是在主合同的抬头或者尾部有一"保证人"栏，在该栏上，保证人签字或者盖章的，就可以推定其有保证的意思表示，从而认定保证合同成立。反之，如果只是在主合同上签字或者盖章，而没有表明保证人的身份，且从整个合同的文义解释上也不能推定有保证的意思表示，则不能当然解释为成立了保证合同。

四、对案例19的简要评析

在案例19中，马某以保证人的身份在保证合同上签字，债权人朱某没有异议，因此马某应当承担保证责任。这是因为，借款合同中虽然没有保证条款，但是，保证人在主合同上以保证人的身份签字或者盖章的，保证合同成立。

在司法实践中，以保证人身份担保的，无论是签字还是盖章，均视为保证合同成立，这是保证债权人利益原则的体现。在具体把握上，当保证人区分为法人或自然人时有所不同：保证人是个人的，保证人签字或盖章均可以认定为保证合同成立。保证人是法人或非法人组织的，一般应由法人的法定代表人、非法人组织的负责人或法定代表人和负责人授权的委托代理人签字，并加盖公章；但如果法人的法定代表人或非法人组织的主要行政负责人签字的，应认定保证合同成立。法人或非法人组织只盖公章，没有法定代表人或非法人组织的负责人签字的，也应当认定保证合同已经成立。由此可见，盖章的法律效力是很强的。因此，法人和非法人组织应建立工商登记印章制度及公章保存制度，以免被盗用。

在案例 19 中，马某仅以保证人身份在借款合同中签字，没有约定保证方式，则应当按照一般保证来认定处理（在《民法典》实施之前，按照连带责任保证处理，显然减轻了保证人的保证责任）。马某没有约定保证责任的范围，则保证责任范围应当包括借款的本金、利息、实现债权的费用。

第二节　保证合同的效力

一、问题的提出

保证合同是民事法律行为的一种，保证合同应当具备民事法律行为有效的构成要件，即包括保证人具有相应的民事行为能力；意思表示真实；不违反法律、行政法规的强制性规定，不违背公序良俗。然而，现实生活中保证合同无效的情形多见。

在研究保证合同的效力之前，先看两则案例。

案例 20：县政府能否作为保证人承担民事责任[①]

2012 年 2 月 25 日，建设公司（甲方）作为发包方、太某公司（乙方）作为承包方、某县政府（丙方）作为担保人签订《施工合同》，太某公司对案涉工程进行施工。2015 年 6 月 19 日，案涉工程经竣工验收合格，2015 年 8 月 5 日，案涉工程竣工备案。2017 年 10 月 18 日，案涉工程经某工程项目管理咨询有限公司审计价款为 240006832.30 元（含园林绿化工程），已付工程价款为 182191450 元。

关于本案所涉某县政府所作的担保是否有效，某县政府在本案中是否应承担连带清偿责任的问题。一审法院认为，根据《担保法》第 8 条"国家机关不得为保证人，但经国务院批准为适用外国政府或者国际经济组织贷款进行转贷的除外"的规定，某县政府作为国家机关，其作为担保人在案涉《施

[①] 详见最高人民法院（2020）最高法民再 322 号民事判决书。

工合同》中签订的涉及担保的部分系无效的，故某县政府不应在本案中承担连带清偿责任。二审法院认为，根据《担保法》第 8 条的规定，某县政府作为保证人的行为违反法律禁止性规定，案涉合同担保无效，一审认定某县政府不在本案中承担连带清偿责任适用法律正确，二审法院予以支持。

最高人民法院再审认为，太某公司基于有效合同起诉某县政府承担担保责任，一、二审法院认定某县政府担保无效，按照《民事证据规定》第 53 条的规定，诉讼过程中当事人主张的法律关系性质或民事行为效力与人民法院根据案件事实作出的认定不一致的，当事人可以根据法庭审理情况变更诉讼请求。现太某公司基于无效担保请求主张某县政府承担债务人建设公司不能清偿部分二分之一的赔偿责任，并未超出程序法的规定。某县政府作为国家机关，不得作为保证人，其为建设公司提供担保因违反法律的禁止性规定而无效，因此其存在过错。且案涉工程系先由某县政府与太某公司签订建设合作框架协议，再由太某公司中标后与建设公司签订施工合同，因此太某公司请求某县政府承担债务人建设公司不能清偿部分二分之一的赔偿责任，具有事实和法律依据，予以支持。

案例 21：未经股东会决议提供保证的效力如何[①]

2005 年，中某公司与恒某公司签订五份《进口项目委托代理协议书》，对中某公司代理恒某公司进口新加坡某公司工业计算机服务系统有关事宜进行了约定。2006 年 10 月 10 日，中某公司与恒某公司、天某公司签订《备忘录》，确认截至 2006 年 9 月 30 日，恒某公司应向中某公司支付上述五份《进口项目委托代理协议书》项下的代理进口货款、各项费用（含代理费）共计 34279548.21 元，逾期利息 2706280 元，恒某公司已支付 18077891.29 元，共欠中某公司 18907936.92 元；恒某公司承诺于 2006 年 10 月归还 200 万元（每周还 50 万元），2006 年 11 月归还 1000 万元（每周还 250 万元），2006 年 12 月归还 800 万元（每周还 200 万元），并将 10 月至 12 月的逾期利息一

---

① 详见《最高人民法院公报》2011 年第 2 期，载中华人民共和国最高人民法院公报网，http://gongbao.court.gov.cn/Details/49a9f216ac22d1a4360eda9fd823e4.html?sw=，最后访问日期：2024 年 6 月 25 日。

并结清；天某公司为恒某公司还款提供连带责任担保；恒某公司、天某公司承诺在还款期间，由某海港大酒店代其每日还款，到期恒某公司未足额还款时，由银某公司无条件代为支付剩余欠款及利息，直至全部还清。2006年10月19日，银某公司出具加盖有银某公司印章和法定代表人签字的《承诺书》（该承诺书未经董事会或者股东大会讨论决定）载明："中某公司：依照贵司于2006年10月10日的备忘录，现我司承诺如下：如若恒某公司和天某公司在上述备忘录的还款期限到期时未能足额还清贵司债务，本公司将无条件代为支付剩余全部欠款及利息等，还款期限20天，直至全部还清。"因恒某公司未按《备忘录》约定履行付款义务，中某公司诉至法院。2009年9月22日，北京市高级人民法院判决银某公司对恒某公司所欠中某公司债务本金15532175.94元及相应利息承担连带清偿责任。

上述案例，均涉及保证担保合同的效力。试问：保证合同无效的情形有哪些？保证合同无效后的民事责任如何承担？

二、保证人主体资格不合法导致保证合同无效

保证合同的主体包括自然人、法人和非法人组织。《担保制度解释》第5条规定："机关法人提供担保的，人民法院应当认定担保合同无效，但是经国务院批准为使用外国政府或者国际经济组织贷款进行转贷的除外。居民委员会、村民委员会提供担保的，人民法院应当认定担保合同无效，但是依法代行村集体经济组织职能的村民委员会，依照村民委员会组织法规定的讨论决定程序对外提供担保的除外。"第6条规定："以公益为目的的非营利性学校、幼儿园、医疗机构、养老机构等提供担保的，人民法院应当认定担保合同无效，但是有下列情形之一的除外：（一）在购入或者以融资租赁方式承租教育设施、医疗卫生设施、养老服务设施和其他公益设施时，出卖人、出租人为担保价款或者租金实现而在该公益设施上保留所有权；（二）以教育设施、医疗卫生设施、养老服务设施和其他公益设施以外的不动产、动产或者财产权利设立担保物权。登记为营利法人的学校、幼儿园、医疗机构、养老机构等提供担保，当事人以其不具有担保资格为由主张担保合同无效的，人民法院不予支持。"

总体而言，只有市场化的主体才具有担保资格，才能成为保证人。根据《民法典》第 683 条的规定，机关法人原则上不得为保证人，以公益为目的的非营利法人、非法人组织亦不能为保证人，但是《民法典》并未对不具有保证资格的主体能否提供物保作出规定。此类主体之所以不具有保证资格，是因为其只能从事与法定职责相关的活动，不得从事民商事经营活动，因而不能为他人债务提供担保。[①]

实践中常常就村民委员会、居民委员会等民事主体是否具有担保资格发生争议，《担保制度解释》规定村民委员会、居民委员会不具有担保资格，但是依法代行村集体经济组织职能的村民委员会，依照《村民委员会组织法》规定的讨论决定程序对外提供担保的除外。之所以如此规定，是因为村民委员会、居民委员会作为基层群众自治组织，只有办公经费而无收入来源，应参照同样作为特别法人的机关法人处理，但村集体经济组织有自己的财产，也有提供担保的现实需求，应有担保资格，因此代行村集体经济组织职能的村民委员会亦应作相同处理。需要注意的是，《村民委员会组织法》对村民委员会处分集体所有财产的民主决策程序作了明确规定，村民委员会代行村集体经济组织职能对外提供担保属于对集体所有财产的重大处分行为，应严格依照该法规定的讨论决定程序进行民主决策。

关于学校、幼儿园、医疗机构、养老机构等提供担保的效力问题一直争议较大。实践中，此类机构既有公办的，也有民办的。即便是民办机构，多数也是以公益为目的的非营利法人、非法人组织，故原则上不具有担保资格，不能对外提供担保，但登记为营利法人的民办学校、幼儿园、医疗机构、养老机构等，性质上就是企业法人，当然具有担保资格，其提供的担保应当认定有效。[②]

三、公司担保的效力认定

《公司法》第 15 条规定："公司向其他企业投资或者为他人提供担保，

[①] 最高人民法院民事审判第二庭：《最高人民法院民法典担保制度司法解释理解与适用》，人民法院出版社 2021 年版，第 44 页。

[②] 最高人民法院民事审判第二庭：《最高人民法院民法典担保制度司法解释理解与适用》，人民法院出版社 2021 年版，第 45 页。

按照公司章程的规定，由董事会或者股东会决议；公司章程对投资或者担保的总额及单项投资或者担保的数额有限额规定的，不得超过规定的限额。公司为公司股东或者实际控制人提供担保的，应当经股东会决议。前款规定的股东或者受前款规定的实际控制人支配的股东，不得参加前款规定事项的表决。该项表决由出席会议的其他股东所持表决权的过半数通过。"该条款对公司担保作出了明确规定，但该条款规定属于效力性强制性规定还是管理性强制性规定存在分歧，导致司法裁判标准不一，多数裁判意见为不影响担保合同的效力。但是，从《九民纪要》到《担保制度解释》均明确规定为效力性强制性规定（尽管《民法典合同编通则解释》不再区分效力性强制性规定与管理性强制性规定，但司法实践中按照这个区分标准便于理解适用），原则上认定无效，除非属于"善意"，统一了司法裁判标准。

根据《公司法》第15条的规定，公司对外担保具有严格的程序，违反程序的规定即违法，导致的法律后果为担保无效。但是，公司的法定代表人违反《公司法》第15条的规定超越其授权以公司的名义对外提供担保，其效力如何认定？对此，要根据《民法典》第61条、第504条等规定确定越权担保的效力与责任：相对人善意的，构成表见代表，担保合同对公司发生效力，公司承担担保责任；相对人非善意的，不构成表见代表，担保合同对公司不发生效力，公司不承担担保责任。问题是，在相对人非善意时，公司是否仍须对相对人的损失承担缔约过失责任？考虑到公司也存在过错，此时公司对合同无效给相对人造成的损失也应当承担一定的赔偿责任。当然，在法定代表人越权担保的情形下，无论是公司因承担担保责任还是赔偿责任而受到损失，都有权向有过错的法定代表人追偿。[①]

《九民纪要》第19条规定："存在下列情形的，即便债权人知道或者应当知道没有公司机关决议，也应当认定担保合同符合公司的真实意思表示，合同有效：（1）公司是以为他人提供担保为主营业务的担保公司，或者是开展保函业务的银行或者非银行金融机构；（2）公司为其直接或者间接控制的公

[①] 参见最高人民法院民事审判第二庭：《最高人民法院民法典担保制度司法解释理解与适用》，人民法院出版社2021年版，第46页。

司开展经营活动向债权人提供担保；（3）公司与主债务人之间存在相互担保等商业合作关系；（4）担保合同系由单独或者共同持有公司三分之二以上有表决权的股东签字同意。"《担保制度解释》修改了上述《九民纪要》关于无须公司决议的规定，主要表现在以下三个方面：一是删除了第19条第3项有关"公司与主债务人之间存在相互担保等商业合作关系"的规定；二是将该条第2项"公司为其直接或者间接控制的公司开展经营活动向债权人提供担保"修改为"公司为其全资子公司开展经营活动向债权人提供担保"；三是明确规定上市公司对外提供担保，不适用本解释关于"公司为其全资子公司开展经营活动向债权人提供担保"和"担保合同系由单独或者共同持有公司三分之二以上对担保事项有表决权的股东签字同意"均无须公司决议的规定。①

四、以贷还贷的效力及保证人责任

以贷还贷，又称之为"借新还旧"，是指作为贷款人的金融机构与借款人在旧的贷款没有清偿的情形下，签订新的借款合同，以新的贷款偿还全部或者部分旧的贷款的行为。借款人在利用"过桥"资金偿还贷款后，立即从金融机构贷出新的款项，该款项偿还"过桥"资金，该种情形亦属于以贷还贷。在司法实践和现实生活中极为常见，涉及以贷还贷的效力问题、以贷还贷的担保人责任承担问题。

以贷还贷虽然不符合贷款管理办法的规定，但并不违反法律、行政法规的强制性规定，因此不影响合同的效力。换言之，在以贷还贷中，借款人仍然要承担还款责任。

由于以贷还贷是在借款人不能偿还借款的情况下所为，对保证人来说影响甚巨，故应慎重考虑。根据《担保制度解释》第16条的规定，主合同当事人协议以新贷偿还旧贷，债权人请求旧贷的担保人承担担保责任的，人民法院不予支持；债权人请求新贷的担保人承担担保责任的，按照下列情形处

---

① 最高人民法院民事审判第二庭：《最高人民法院民法典担保制度司法解释理解与适用》，人民法院出版社2021年版，第47页。

理：（1）新贷与旧贷的担保人相同的，人民法院应予支持；（2）新贷与旧贷的担保人不同，或者旧贷无担保新贷有担保的，人民法院不予支持，但是债权人有证据证明新贷的担保人提供担保时对以新贷偿还旧贷的事实知道或者应当知道的除外。[①]

五、保证合同无效的法律后果

《民法典》第682条规定："保证合同是主债权债务合同的从合同。主债权债务合同无效的，保证合同无效，但是法律另有规定的除外。保证合同被确认无效后，债务人、保证人、债权人有过错的，应当根据其过错各自承担相应的民事责任。"该条款明确规定了保证合同是主债权债务合同的从合同，这是保证合同从属性的体现。因此，实践中约定保证合同不因主债权债务合同效力的影响，而保证合同仍然有效或者不可撤销，均于法无据，没有法律约束力。该条款还明确了保证合同被确认无效，债务人、保证人、债权人是否承担责任，要根据其是否有过错而定，责任性质属于缔约过失责任。

根据《担保制度解释》第17条"主合同有效而第三人提供的担保合同无效，人民法院应当区分不同情形确定担保人的赔偿责任：（一）债权人与担保人均有过错的，担保人承担的赔偿责任不应超过债务人不能清偿部分的二分之一；（二）担保人有过错而债权人无过错的，担保人对债务人不能清偿的部分承担赔偿责任；（三）债权人有过错而担保人无过错的，担保人不承担赔偿责任。主合同无效导致第三人提供的担保合同无效，担保人无过错的，不承担赔偿责任；担保人有过错的，其承担的赔偿责任不应超过债务人不能清偿部分的三分之一"的规定，需要注意的是：根据《担保

[①] 《担保制度解释》第16条第2款规定："主合同当事人协议以新贷偿还旧贷，旧贷的物的担保人在登记尚未注销的情形下同意继续为新贷提供担保，在订立新的贷款合同前又以该担保财产为其他债权人设立担保物权，其他债权人主张其担保物权顺位优先于新贷债权人的，人民法院不予支持。"该条款的规定，对以贷还贷中的物保人来说，减轻了重新办理评估登记的费用，对债权人来说，只要未注销原来的物权担保登记且在合同中明确约定以原来的物权担保继续为新的贷款担保即可，可谓"两全其美"。

法解释》第 7 条的规定，如果主合同有效而担保合同无效，则推定担保人有过错，因而仅须根据债权人有无过错来确定担保人的责任：债权人无过错的，担保人与债务人对主合同债权人的经济损失承担连带赔偿责任；债权人有过错的，担保人承担的责任不超过债务人不能清偿部分的二分之一。《担保法解释》第 7 条的规定存在以下不妥之处：一是在过错形态上，该解释推定担保人必定有过错与实际情况不符，如在债权人与债务人恶意串通骗取担保人提供担保的场合，就存在仅债权人一方有过错而担保人无过错的情形。二是在债权人无过错而担保人有过错的情况下，让担保人与债务人对主合同债权人的经济损失承担连带赔偿责任，缺乏理论和法律依据，因为在担保合同有效的情形下，担保人可能仅对债务人不能清偿的部分承担担保责任（如一般保证），而在担保合同无效的情形下，却要与债务人承担连带赔偿责任，从而可能导致轻重失衡，且在法律没有明确规定的情况下，让担保人承担连带责任也缺乏依据。因此，《担保制度解释》第 17 条作了如下修改：一是增加规定了债权人有过错担保人无过错时，担保人不承担责任的规定；二是担保人有过错而债权人无过错时，担保人对债务人不能清偿的部分承担赔偿责任，其性质属于补充责任而非原解释规定的连带赔偿责任。同时，为了保持既有裁判规则的连续性，同时限制法官的自由裁量权，该解释沿袭了原解释对赔偿责任的上限进行控制的做法，规定了担保人承担的责任不超过债务人不能清偿部分的二分之一或者三分之一。

关于担保人承担赔偿责任后对债务人的追偿问题。担保人在承担责任后向债务人的追偿，主要包括两种情形：一是承担了担保责任后的追偿，《民法典》第 700 条已经作出了明确规定；二是承担了赔偿责任后的追偿，《民法典》并无明确规定，但《担保制度解释》第 18 条对此有规定。

六、对案例 20、案例 21 的简要评析

1. 对案例 20 的简要评析

在案例 20 中，涉及程序上问题和实体上的问题。

在程序上，原告诉请某县政府承担连带清偿责任，而连带清偿责任是建立在保证合同有效的前提下。但案例 20 中某县政府提供保证担保，违反了

法律的禁止性规定，应当属于无效保证担保，原告诉请某县政府承担连带清偿责任是不能予以支持的。而法院不能"机械"司法，判决不支持原告对某县政府的诉讼请求。

在实体上，认定保证合同无效，则需要根据过错责任原则承担民事责任。根据《担保制度解释》第 17 条第 1 款第 1 项的规定，应当判决某县政府在主债务人不能清偿部分的二分之一范围内承担民事责任。

2. 对案例 21 的简要评析

在案例 21 中，公司违反《公司法》第 15 条规定对外签订的担保合同，其合同效力究竟是有效还是无效？通常观点不外乎三种：一是《公司法》第 15 条两款规定性质上均属于效力性强制性规范，公司对外签订的担保合同因违反该规定而无效。二是《公司法》第 15 条第 1 款规定性质上属于管理性强制性规范，公司对外签订的担保合同并不因违反该规定而无效；《公司法》第 15 条第 2 款规定性质上属于效力性强制性规范，公司对外签订的担保合同因违反该规定而无效。三是《公司法》第 15 条规定性质上均属于管理性强制性规范，公司对外签订的担保合同并不因违反该规定而无效。本案例刊登在《最高人民法院公报》，某种程度上代表了最高人民法院的倾向性意见。[①]

但是，根据《担保制度解释》第 7 条的规定，公司的法定代表人违反决议程序对外提供担保原则上无效，有效是例外（相对人善意），统一了裁判的混乱。因此，案例 21 适用《九民纪要》或者《担保制度解释》的精神认定来担保效力的话，就不是有效了，而应当认定为无效。

---

① 该案裁判摘要明确指出，2005 年修订的《公司法》第 16 条第 1 款规定："公司向其他企业投资或者为他人提供担保，依照公司章程的规定，由董事会或者股东会、股东大会决议；公司章程对投资或者担保的总额及单项投资或者担保的数额有限额规定的，不得超过规定的限额。"第 2 款规定："公司为公司股东或者实际控制人提供担保的，必须经股东会或者股东大会决议。"但公司违反前述条款的规定，与他人订立担保合同的，不能简单认定合同无效。第一，该条款并未明确规定公司违反上述规定对外提供担保会导致担保合同无效；第二，公司内部决议程序，不得约束第三人；第三，该条款并非效力性强制性规定；第四，依据该条款认定担保合同无效，不利于维护合同的稳定和交易的安全。

第三节　保证方式

一、问题的提出

所谓保证方式，是指保证人依法律规定或当事人约定承担责任的方式。根据《民法典》第 686 条第 1 款的规定，保证方式分为一般保证和连带责任保证。保证方式是保证人承担保证责任的根据，本不复杂，但由于在现实生活中，人们约定保证人承担责任的方式不规范，使其复杂起来。

在研究保证方式之前，先看一则案例。

案例 22：能否将保证责任认定为连带责任保证[①]

关于陈某孚等十人是否应当承担连带保证责任的问题。一审法院认为，三峡支行提交的《最高额保证合同》及 12 份《借款展期协议》上均有陈某孚等十人作为保证人签名。陈某孚等十人不否认上述签名的真实性，但认为并无提供担保的真实意思表示。对此，鉴于担保责任的单务性，认定担保人是否具有提供担保的意思表示应当从严掌握。《最高额保证合同》落款日期为 2016 年 1 月，12 份《借款展期协议》落款时间为 2017 年 11 月，陈某孚等十人自述仅去三峡支行签过一次字，中某公司陈述仅于 2017 年 11 月通知陈某孚等十人签字一次，三峡支行亦不能提交其曾于其他时间通知陈某孚等十人到场签署《最高额保证合同》的相关证据。三峡支行对《最高额保证合同》实际签署时间与落款时间相隔近两年无法作出合理解释。从各方当事人陈述的签字现场情形看，无论是中某公司还是三峡支行均不能提交证据证明其向陈某孚等十人明确告知了提供担保的责任形式、期限、数额、担保期间等担保责任的要素内容。相反，现有证据表明，三峡支行、中某公司通知陈某孚等十人去签字的内容均为办理贷款展期手续。三峡支行虽未禁止陈某孚

[①] 详见最高人民法院（2021）最高法民终 736 号民事判决书。

等十人翻阅合同内容，但现场签字流程和时间客观上限制了陈某孚等十人详细了解和阅读合同内容的时间和机会。结合本案实际情况，仅以陈某孚等十人签名即认定其具有明确提供连带责任担保的意思表示，依据不足，对于三峡支行要求陈某孚等十人承担连带保证责任的诉讼请求，不予支持。

关于陈某孚等十人应否对中某公司的案涉借款债务承担连带清偿责任。最高人民法院认为，案涉《最高额保证合同》和12份《借款展期协议》的首页均明确了陈某孚等十人的保证人或担保人身份，有关保证的合同条款由加粗字体进行了着重提示，尾部均有黑体字载明的债权人或贷款人已依法"向我方提示了相关条款（特别是黑体字条款），应我方要求对相关条款概念、内容及法律效果作了说明，我方已经知悉并理解上述条款"的保证人声明或担保人声明，表明陈某孚等十人知悉并理解所签订合同的性质和内容。陈某孚等十人不否认在《最高额保证合同》和《借款展期协议》中的保证人或担保人处签字的真实性，作为完全民事行为能力人，陈某孚等十人应当知晓在合同上签字的法律后果，亦应依约承担合同义务。三峡支行主张陈某孚等十人对中某公司的案涉借款债务承担连带清偿责任，具有合同依据，应予支持。原审判决免除陈某孚等十人的保证责任，缺乏法律依据，予以纠正。

上述案例，涉及陈某孚等人提供的保证能否认定问题。试问：如何认定保证方式？如何理解适用一般保证责任和连带责任保证？

二、保证方式的认定

在世界大多数国家中，尤其是大陆法系国家均将保证方式分为一般保证和连带责任保证，世界各国对保证方式的立法中存在两种情况：一是以一般保证为原则，以连带责任保证为例外；二是以连带责任保证为原则，以一般保证为例外。我国《担保法》所规定的保证方式即以连带责任保证为原则，以一般保证为例外。而《保证规定》中对保证方式的确认是以一般保证为原则，以连带责任为例外。如《保证规定》第7条规定："保证合同没有约定保证人承担何种保证责任，或者约定不明确的，视为保证人承担赔偿责任。当被保证人不履行合同时，债权人应当首先请求被保证人清偿债务。强制执行被保证人的财产仍不足以清偿其债务的，由保证人承担赔偿责任。"该条即为一般保证的推定。而《担保法》第 19 条规定："当事人对保证方式没有约定或者约定不明确的，按照连带责任保证承担保证责任。"该条即为连带责任保证的推定。由此可见，两者是大相径庭。在保证方式上采用不同的原则，实际上是反映了侧重保护债权人利益，还是侧重保护保证人利益的立法价值取向。那么，从《担保法》对保证方式的立法规定来看，是侧重保护债权人的利益。

但是，特别值得注意的是，从《民法典》第 686 条第 2 款"当事人在保证合同中对保证方式没有约定或者约定不明确的，按照一般保证承担保证责任"的规定来看，《民法典》又回归到了"以一般保证为原则，以连带责任保证为例外"的立法模式。

在司法实践中，《民法典》对于当事人没有约定或者约定不明时的保证类型从《担保法》规定的推定为连带责任保证修改为推定为一般保证，实践中可能会存在将推定规则与解释规则混为一谈的问题，即认为只要当事人在保证合同中没有写明"连带责任保证"字样，就应认定为一般保证。《民法典》规定的推定规则只有在难以确定保证人真实意思表示的情况下才能适用。反之，如果可以通过意思表示解释规则，确定当事人承担的是连带责任保证，就不能简单地根据推定规则将其认定为一般保证。在对保证人的意思表示进行解释时，要坚持以下规则：一是保证合同含有债务人应当先承担责任的意思表示的，人民法院应当将其解释为一般保证，如约定保证人在债务人不能履行债务或者无力偿还债务时才承担保证责任等类似内容；二是保证合同含有债权人可以选择债务人或者保证人承担责任的意思表示的，应当将其解释为连带责任保证，如约定保证人在债务人不履行债务或者未偿还债务时即承担保证责任、无条件承担责任等类似内容。①

---

① 《担保制度解释》第 25 条规定："当事人在保证合同中约定了保证人在债务人不能履行债务或者无力偿还债务时才承担保证责任等类似内容，具有债务人应当先承担责任的意思表示的，人民法院应当将其认定为一般保证。当事人在保证合同中约定了保证人在债务人不履行债务或者未偿还债务时即承担保证责任、无条件承担保证责任等类似内容，不具有债务人应当先承担责任的意思表示的，人民法院应当将其认定为连带责任保证。"

三、一般保证责任

（一）一般保证的法律特征

根据《民法典》第687条第1款的规定，所谓一般保证，是指当事人在保证合同中约定，债务人不能履行债务时，由保证人承担保证责任的一种保证方式。构成一般保证必须符合法律规定的条件，即必须是保证人与债权人以书面保证合同的形式明确约定保证的方式为一般保证。但是，根据《民法典》第686条第2款的规定，当事人对保证方式没有约定或者约定不明确的，则视为一般责任保证。

一般保证是保证责任较轻的一种，具有如下法律特征：一是一般保证是基于当事人的约定而产生的。二是一般保证的保证人承担保证责任的前提是债务人不能履行债务。所谓"不能履行债务"，是指债务人在客观上无法履行债务或没有履行债务的能力，而不是指债务人主观上不愿履行或拒绝履行债务。三是一般保证的保证人仅承担补充性的保证责任。在一般保证的法律关系中，主合同的债务人是履行债务的第一顺序人，债务人应当对债务承担责任。保证人则对债务履行处于第二顺序，保证人在债务人不能或者不能完全承担责任时，对债务承担补充责任，即仅在债务人"不能履行债务"的范围内承担保证责任。

（二）一般保证的保证人所享有的先诉抗辩权

根据《民法典》第687条第2款"一般保证的保证人在主合同纠纷未经审判或者仲裁，并就债务人财产依法强制执行仍不能履行债务前，有权拒绝向债权人承担保证责任……"的规定，一般保证的保证人享有先诉抗辩权，又称检索抗辩权，它是一般保证的保证人所特有的一项权利，也是与连带责任保证人的最主要区别。

先诉抗辩权在性质上属于一种延期的抗辩权，即在债权人要求保证人代为履行时，保证人可以要求债权人先就主债务人的财产诉请强制执行或设有物的担保时先执行担保物权，如债权人没有这样做，保证人可拒绝其清偿要求。这是由保证的从属性和对主债务的补充性决定的，所以只有在债权人已就主债务人的财产诉请执行或担保物权执行后仍不能满足债权清偿时，保证人才不能拒绝债权人的清偿请求。因此，保证人行使先诉抗辩权的直接法律后果是保证人可以暂不承担保证责任。债权人不能以其对保证人的债权对保证债务抵销，间接法律后果是债权人必须起诉主债务人，或者依照与主债务人的仲裁协议申请仲裁机构仲裁。起诉和仲裁后，法院依据判决书执行债务人的财产，如果债务人的财产足以清偿债务，保证人的保证责任因债务清偿而消灭。若债务人无财产可供执行或者财产被执行但不足清偿时，保证人对没有清偿的债务承担保证责任。

（三）一般保证的保证人行使先诉抗辩权的限制

先诉抗辩权只有一般保证的保证人才能行使，是一般保证的保证人依法享有的权利。但根据《民法典》第 687 条第 2 款的规定，有下情形之一的，保证人不得行使先诉抗辩权：

1. 债务人下落不明，且无财产可供执行。债权人要求债务人履行债务发生的重大困难情形，包括债务人下落不明、移居境外，且无财产可供执行。否则，保证人仍享有先诉抗辩权。在现实生活和司法实践中，经常遇到主债务人在债务即将到期或到期后，为躲避债务而逃之夭夭，下落不明，且无财产可供执行，致使一般保证的保证人丧失先诉抗辩权。

2. 人民法院已经受理债务人破产案件。人民法院受理债务人的破产案件后，意味着破产程序的开始，债务人的行为便受到破产法的限制，债务人的财产实际上处于冻结状态，债权人无法立即要求债务人清偿债务，加之债务人之所以申请破产，是因为无力清偿到期债务，故债权人无须等到破产程序终结，即可以直接向保证人要求其清偿债务，保证人不得以先诉抗辩权为由不履行保证责任，应当依据保证合同履行保证责任。此时，为了保护保证人的利益，在债权人未向人民法院申报债权的情况下，先向人民法院申报债权，直接参加破产财产的分配，预先行使追偿权。

3. 债权人有证据证明债务人的财产不足以履行全部债务或者丧失履行债务能力。此种情形下，债权人在一定期间内无法从主债务人处实现债权，只能要求保证人承担保证责任来实现债权。

4. 保证人以书面形式放弃先诉抗辩权。对于保证人自己以书面形式放弃先诉抗辩权的，遵循意思自治，保证人当然丧失该权利。事实上，连带保证责任只不过是在订立保证合同时即抛弃了先诉抗辩权，一般保证则在订立保证合同后，保证人书面放弃先诉抗辩权，法律效力同连带保证责任一样，变成不再享有先诉抗辩权的保证。

在一般保证中，债权人应当充分保护保证人先诉抗辩权的行使，不得限制保证人的此项权利。债权人若想限制，必须使保证人书面放弃或以其积极承担保证责任的行为放弃。

在司法实践中，一般保证的保证人虽未以书面形式放弃先诉抗辩权，但遇到下列两种情况，仍应当视为保证人放弃先诉抗辩权：一是保证合同中约定保证人承担一般保证责任，保证人在主合同履行期届满后，履行了保证义务的，视为保证人放弃先诉抗辩权，自愿承担连带责任保证，保证人事后反悔的，不予支持。二是保证合同中约定保证人承担一般保证责任，当债务人没有履行或者不能履行合同，一经债权人请求，保证人即履行保证义务的，视为放弃先诉抗辩权。上述两种情形均以保证人实际履行保证义务为前提。在担保实践中，若保证人采取了口头形式放弃先诉抗辩权，但债权人不能对此予以举证，则应视为保证人没有放弃该项权利。

（四）一般保证责任诉讼当事人的确定

一般保证中，债权人是只能先起诉债务人再起诉保证人，还是可以将债务人和保证人作为共同被告一并提起诉讼，存在不同理解。基于一般保证的先诉抗辩权，根据《担保制度解释》第 26 条的规定，应当区分不同阶段予以处理：

1. 在诉讼阶段，债权人不能单独对保证人提起诉讼，因此，债权人未就主合同纠纷提起诉讼或者申请仲裁，仅起诉一般保证人的，人民法院应当向债权人释明将债务人一并提起诉讼，否则人民法院应当驳回起诉。

2. 在执行阶段，保证人仅对债务人不能清偿部分承担保证责任，因此，在债权人一并起诉债务人和保证人的情形下，虽然人民法院可以受理，但是在作出判决时，除有《民法典》第 687 条第 2 款但书规定的情形外，应当在判决书主文中明确，保证人仅对债务人财产依法强制执行后仍不能履行的部分承担保证责任。

3. 在财产保全中，如果债权人未对债务人的财产申请保全，或者保全的债务人的财产足以清偿债务，债权人申请对一般保证人的财产进行保全的，人民法院不予准许。

四、连带责任保证

根据《民法典》第 688 条第 1 款的规定，所谓连带责任保证，是指当事人在保证合同中约定保证人与债务人对债务承担连带责任的一种保证方式。

连带责任保证是责任较重的一种保证方式，当债务履行期届满后债务人没有履行债务的，债权人既可以要求债务人履行债务，也可以要求保证人在其保证范围内履行债务。连带责任保证具有如下法律特征：一是连带责任保证由当事人在合同中明确约定，若未约定或约定不明确，则视为保证人承担一般保证责任。二是保证人承担保证责任的前提是债务人到期没有履行债务。所谓"没有履行"，既包括债务人因客观原因无法履行，也包括其由于主观过错不履行，即使债务人有履行能力而没有履行债务的义务也包括在内。不管出于何种原因，只要有债务人到期没有履行的状态出现，债权人即可要求保证人承担连带责任。这里的"没有履行"与一般保证中的"不能履行"的区别是很明显的。三是保证人承担连带保证责任。债权人于债务履行期届满，具有选择责任承担者的权利，债务人和保证人均应承担责任。

连带责任保证人的诉讼地位。就连带责任而言，债权人可以向任何一个责任人主张权利。因此一般认为，债权人可以同时起诉主债务人和保证人，也可以单独起诉主债务人或保证人。因此，连带责任保证的债权人可以将债务人或者保证人作为被告提起诉讼，也可以将债务人和保证人作为共同被告提起诉讼。其实，在连带责任保证中实际存在两个法律关系，一是债权人与主债务人之间的债权债务关系，二是债权人与保证人之间的保证关系。其中，前者是主关系，后者为从关系，从属于主关系而存在。因此在确定从关系时，应先行确定主关系。由此分析，在债权人单独起诉主债务人时，人民法院所审理的是主关系，该主关系的处理不受从关系（保证关系）的影响，保证人自然无须参加诉讼。而在债权人一并起诉主债务人与保证人情形中，人民法院则是将主关系和从关系合并进行了审理，在诉讼程序及实体处理上亦不存在障碍。

五、一般保证与连带责任保证的异同

一般保证与连带责任保证属于保证的范畴。同时，它们又是两种不同的保证方式，因此，两者既有共同之处，也有不同之处。

（一）一般保证与连带责任保证的共同点

1. 一般保证和连带责任保证均属于人的担保，二者都具有保证的一般特征。如二者都具有从属性，保证债务随着主债务的产生而产生，随着主债务的消灭而消灭。在保证效力上，二者都是附期限的法律行为，只有当主债务履行期满后债权人才得以行使，主债权让渡及经保证人认可的主合同变更、债务转移都对保证人有效。保证人承担保证责任后，都有权向债务人行使追偿权。

2. 一般保证和连带责任保证的保证人均享有债务人的抗辩权，当债务人放弃债务的抗辩权时，保证人仍然有权抗辩。所谓保证人的抗辩权，是指债权人行使债权时，保证人根据法定事由，对抗债权人行使请求权的权利。

（二）一般保证和连带责任保证的不同点

1. 两者承担责任的具体做法不同。一般保证的保证人只是在主债务人不能履行时，有代为履行的义务，即有补充性；而连带责任保证中的保证人与主债务人为连带债务人，债权人无论选择谁承担履行债务的责任，债务人和保证人都无权拒绝。

2. 连带责任保证中保证人与主债务人的权利义务及责任承担问题适用于连带债务的法律规定。一般保证中的保证人与主债务人之间不存在连带债务问题，只是在保证人向债权人履行债务后，保证人对主债务人享有求偿权。

3. 连带责任保证中的保证人无先诉抗辩权，即不能以债权人是否催告主债务人作为是否履行保证义务的抗辩理由；而作为一般保证的保证人则享有先诉抗辩权。

4. 一般保证是由法律规定或当事人约定，无规定或约定的，亦按一般保

证承担；连带责任保证则由当事人明确约定。

5. 连带责任保证的担保力度较强，对债权人颇为有利，保证人的负担较重，而一般保证的力度相对较弱，保证人的负担相对较轻。

6. 保证期间作用结束的条件不同。在当事人约定或者法律规定的保证期间内，一般保证方式要求在保证期间内债权人提出诉讼或仲裁的，保证期间作用结束，对保证人的保证债务适用诉讼时效的规定。而连带责任保证方式要求债权人在保证期间内向保证人请求承担保证责任，则保证期间作用结束，对保证人的保证债务适用诉讼时效的规定。

六、对案例 22 的简要评析

从案例 22 的裁判评理来看，一、二审法院的评理侧重于陈某孚等十人是否提供了保证，即保证合同是否成立的问题，若成立则支持三峡支行请求承担连带责任保证的诉讼请求，若不成立，则三峡支行的该项诉讼请求不予支持。一审、二审法院均认为，陈某孚等十人没有提供担保的真实意思表示，即本案的保证合同不能成立，进而否认三峡支行要求陈某孚等人承担连带责任保证的诉讼请求。

但是，最高人民法院在裁判评理时认为，案涉《最高额保证合同》和 12 份《借款展期协议》的首页均明确了陈某孚等十人的保证人或担保人身份，有关保证的合同条款由加粗字体进行了着重提示，尾部均有黑体字载明的债权人或贷款人已依法"向我方提示了相关条款（特别是黑体字条款），应我方要求对相关条款概念、内容及法律效果作了说明，我方已经知悉并理解上述条款"的保证人声明或担保人声明，表明陈某孚等十人知悉并理解所签订合同的性质和内容。据此，足以认定陈某孚等十人具有承担连带责任保证的真实意思表示，涉案保证合同成立，保证人陈某孚等人应当承担连带清偿责任。

陈某孚等人在保证合同、展期协议等上以保证人的身份签字，就体现了承担保证责任的真实意思表示。之后予以否认，与其签字行为相悖，有违诚实信用原则。

第四节　保证期间

一、问题的提出

所谓保证期间，是指依照法律规定或者保证合同的约定，保证人对履行期届满的主债务承担保证责任的期间。保证人只在规定或约定的保证期间内承担保证责任，超过了保证期间，即使债务人未履行债务，保证人也不再承担保证责任。保证期间根据保证方式不同可分为一般保证期间和连带责任保证期间，保证期间根据《民法典》第692条的规定，可分为约定保证期间和法定保证期间。审理涉及保证担保合同的纠纷案件，必然要考虑保证期间。

在研究保证期间之前，先看一则案例。

案例23：保证人的保证期间如何认定[1]

新疆维吾尔自治区高级人民法院再审经审查认为，本案的争议焦点是保证期限是否已过的认定问题。《资金借用补充合同》的签订时间在全某山与赵某华婚姻存续期间，故赵某华签名的《担保书》《情况说明》对于《资金借用补充合同》项下的全部债务承担连带保证责任的意思表示，应认定具有法律效力。《担保法解释》第32条第2款规定："保证合同约定保证人承担保证责任直至主债务本息还清时为止等类似内容的，视为约定不明，保证期间为主债务履行期届满之日起二年。"涉案《资金借用合同》约定的还款届满之日为2018年8月15日，凯某公司在本案再审期间提交的短信截屏能够证明凯某公司网上提交立案材料及起诉时间为2020年8月12日，根据《诉讼时效规定》（2008年）第12条"当事人一方向人民法院提交起诉状或者口头起诉的，诉讼时效从提交起诉状或者口头起诉之日起中断"的规定，凯某公

---

[1] 详见新疆维吾尔自治区高级人民法院（2021）新民申3090号民事裁定书。

司的起诉时间在两年保证期间内，并未超过诉讼时效。本院对全某山、赵某华主张保证合同保证期间已过的再审申请理由不予支持。

上述案例，涉及保证人保证期间的认定问题。试问：如何理解保证期间的法律性质？如何理解适用一般保证期间和连带责任保证期间？保证期间如何起算？保证期间届满的法律效果如何？

二、保证期间的法律性质

根据《民法典》第692条第1款"保证期间是确定保证人承担保证责任的期间，不发生中止、中断和延长"的规定，保证期间在性质上应属于民法理论中的除斥期间。所谓除斥期间，是指权利人享有某种实体权利的存续期间，此期间经过，该项实体权利即告消灭，它来自实体法，消灭的是实体上的权利。保证期间届满，保证人的保证责任免除，保证之债随之消灭。传统民法理论认为，除斥期间为不变期间，不因任何事由而中断、中止和延长，这是与诉讼时效期间的一个重要区别。其实，保证期间的法律性质素有争论，存在诉讼时效期间说、除斥期间说、失权期间说、或有期间说。[①]《民法典》最终保留现有的保证期间制度，是基于：一是保证期间可以限制保证人的责任。保证期间确定了保证人承担保证责任的期间，不仅有利于明确保证人的责任范围，而且有助于合理限制保证人的责任，从而避免保证人无期限地承担责任。二是督促主债权人行使权利。保证期间直接关系到保证责任的承担，即保证人需在保证期间内承担保证责任，而债权人也只能在保证期间内请求保证人承担保证责任。因此，有利于督促债权人行使权利。[②]

从除斥期间的角度进行分析，保证期间的法律性质表现在：

1. 保证期间届满导致权利消灭的后果。如果债权人未在保证期间内及时

---

① 各种观点可参阅黄薇主编：《中华人民共和国民法典释义（中）》，法律出版社2020年版，第1314-1315页。

② 参见黄薇主编：《中华人民共和国民法典释义（中）》，法律出版社2020年版，第1315页。

行使权利，将导致保证责任免除，保证人不再承担实体责任。这是除斥期间与诉讼时效的重要区别。就诉讼时效而言，根据我国民事立法，债权人未在时效期间内主张权利的，其债权本身仍然存在，只是胜诉权归于消灭（或者说是债务人享有了不履行抗辩权）。[1] 也就是说，此时的债权仅仅是不具有法律的强制保护力，债权人不能请求法院强制执行。在此需要说明的是，传统除斥期间仅仅适用于形成权，如撤销权、合同解除权等，[2] 而现代民法上已经将其扩大适用到部分债权请求权。如我国《保险法》第26条规定："人寿保险以外的其他保险的被保险人或者受益人，向保险人请求赔偿或者给付保险金的诉讼时效期间为二年，自其知道或者应当知道保险事故发生之日起计算。人寿保险的被保险人或者受益人向保险人请求给付保险金的诉讼时效期间为五年，自其知道或者应当知道保险事故发生之日起计算。"而保证期间所约束的便是请求权，即债权人对保证人的保证债权。

2. 保证期间具有约定性和法定性。根据我国法律规定，保证期间原则上是约定期间，可以由当事人之间自由协商确定，在当事人没有约定、约定不明或者约定无效时，则适用法定的保证期间。而诉讼时效期间属于法律的强制性规定，系纯粹的法定期间，当事人不能以事先的约定排除时效的适用，也不得协商变更时效期间的长短，债务人预先抛弃时效利益的，也依法不具有法律效力。在此需要澄清的问题是，虽然传统除斥期间为法定期间，但我国民事立法中已经明确了约定除斥期间的存在。但是，保证期间的可约定性并不能否定其除斥期间性质。

---

[1] 关于诉讼时效期间的法律效力，各国民法有不同规定，主要有实体权利消灭主义、诉权消灭主义和抗辩权发生主义（参见梁慧星：《民法总论》，法律出版社1996年版，第239页）。长期以来，我国理论界及司法实践中一直以诉权（胜诉权）消灭主义定性诉讼时效，但近年来，越来越多的学者倾向于抗辩权发生主义。但无论是诉权消灭主义，还是抗辩权发生主义，其均认为超过诉讼时效期间并不导致实体权利的消灭，仅仅是产生胜诉权消灭或抗辩权发生的法律后果。《诉讼时效规定》明确采纳了抗辩权发生主义，即第2条规定：当事人未提出诉讼时效抗辩，人民法院不应对诉讼时效问题进行释明。第3条规定：当事人在一审期间未提出诉讼时效抗辩，在二审期间提出的，人民法院不予支持，但其基于新的证据能够证明对方当事人的请求权已过诉讼时效期间的情形除外。当事人未按照前款规定提出诉讼时效抗辩，以诉讼时效期间届满为由申请再审或者提出再审抗辩的，人民法院不予支持。

[2] 梁慧星：《民法总论》，法律出版社1996年版，第239页。

3.保证期间是不变期间。诉讼时效可以因一定事由发生中断、中止和延长的法律后果,属于可变期间。而传统除斥期间为不变期间,不因任何事由而发生改变,故又称预定期间。[①]对此,《民法典》第692条第1款作出了明确规定。

保证期间是确定保证人承担保证责任的期间,债权人只有在保证期间内依法向保证人主张了权利,才能要求保证人承担保证责任,否则保证人的保证责任消灭。保证期间可以由当事人约定,且无中止、中断和延长的情形,故不同于诉讼时效;除斥期间作为法定期间,不允许当事人约定,且除斥期间届满后消灭的是形成权,故除斥期间和保证期间亦存在本质区别。考虑到保证期间届满消灭的是实体权利,对当事人权利义务的影响甚巨,人民法院对与保证期间有关的事实进行审理时不宜采取类似当事人对诉讼时效抗辩则审查,不抗辩则不能主动审查(包括法官主动释明、提醒),而应当在向当事人释明的基础上查明与保证期间有关的基本事实。在具体案件的审理中,应重点查明保证期间是否已经届满,债权人是否在保证期间内依法行使权利等具体内容。

三、一般保证期间

一般保证期间,是指保证合同当事人依照法律规定或者保证合同约定,一般保证的保证人对履行期届满的债务承担保证责任的期间。在一般保证期间内,保证人享有先诉抗辩权,除《民法典》第687条第2款所规定的四种情况外,债权人不得直接要求保证人承担保证责任,而应当在保证期间内对债务人提起诉讼或者申请仲裁,并对债务人依法强制执行仍不能履行债务时,才可以要求保证人承担保证责任。

保证期间是保证人承担保证责任的时间段,应当在保证合同中明确约定。但在实践中,保证人与债权人对保证期间没有作出约定的情况比较常见,根据《民法典》第692条第2款"债权人与保证人可以约定保证期间,但是约定的保证期间早于主债务履行期限或者与主债务履行期限同时届满的,视为没有约定;没有约定或者约定不明确的,保证期间为主债务履行期限届满

---

① 史尚宽:《民法总论》,中国政法大学出版社2000年版,第625页。

之日起六个月"的规定，只要一般保证的保证人与债权人未约定或者没有约定保证期间，保证期间一律为主债务履行期届满之日起 6 个月。当然，当事人对保证期间明确约定的，应当按照约定，不能以本条款的规定改变当事人就保证期间所作的约定。

在司法实践中，经常遇到如下两种情况：一是在保证合同中，保证人与债权人、债务人约定的保证期间与合同约定的履行债务的期限相同。二是保证人与债权人、债务人约定保证人在被保证人债务履行完毕后，才视为保证终止，即保证人在保证合同中明确约定保证期间为主债务全部履行完毕时为止。上述两种情形对保证期间的约定，均不符合《民法典》的规定。依据《民法典》第 692 条第 2 款的规定，保证期间为主债务履行期限届满之日起 6 个月。

在保证合同有效的情形下，当事人对保证期间没有明确约定，或没有约定，按法定保证期间 6 个月，此时，保证期间的效力表现为积极效力的方面，即保证人在保证期间内承担保证责任，也表现为消极效力的方面，即在保证期间内发生一定的事实，保证人的保证责任将因保证期间届满而被免除。保证期间消极效力的发生需具备两个要件：一是一定时间的经过，即保证期间届满。二是法定事由的发生，即债权人在保证期间内未对债务人提起诉讼或申请仲裁。若在保证期间内，债权人依法对债务人提起诉讼或申请仲裁，保证人的保证责任则不能免除。

根据《民法典》第 694 条第 1 款"一般保证的债权人在保证期间届满前对债务人提起诉讼或者申请仲裁的，从保证人拒绝承担保证责任的权利消灭之日起，开始计算保证债务的诉讼时效"的规定，保证期间中断是指在保证期间进行之中，因为法定事由的发生，致使以往经过的保证期间全部归于无效，保证期间的作用结束，重新计算保证合同的诉讼时效。保证期间中断须具备两个条件，一是发生在保证期间内。二是法定事由的发生，即债权人在保证期间内对债务人提起诉讼或申请仲裁。保证期间中断的效果，从保证人拒绝承担保证责任的权利消灭之日起，开始计算保证债务的诉讼时效。

四、连带责任保证期间

连带责任保证期间，是指连带责任保证合同当事人依照法律规定或者保证合同约定，连带责任保证的保证人对履行期届满的债务承担保证责任的期间。

根据《民法典》第 693 条第 2 款"连带责任保证的债权人未在保证期间请求保证人承担保证责任的，保证人不再承担保证责任"的规定，债权人在保证期间（约定期间或法定期间内），有权要求保证人承担保证责任，这是连带责任保证的特点决定的。在连带责任保证期间内，债务人在主合同约定的债务履行期届满后没有履行债务的，因保证人不享有先诉抗辩权，债权人既可以要求债务人履行债务，也可以直接要求保证人在保证范围内承担连带保证责任。债权人直接向保证人行使承担保证责任的请求权必须符合下列三个条件：

1. 债务人没有履行其债务，即连带责任保证的债务人在主合同规定的债务履行期届满没有履行债务。若债务人已按主合同的约定履行了债务，则不会发生债权人向保证人请求其承担保证责任的问题。

2. 债权人在保证期间行使请求权，即连带责任保证中的债权人必须在保证合同约定的保证期间内或依照法定 6 个月的保证期间内行使其对保证人的请求权。

3. 债权人的请求权限于保证人的保证责任范围，即债权人只能要求保证人在其保证范围内承担保证责任。对债权人超出保证范围的请求，保证人有权拒绝，法律也不予支持。

在保证合同合法有效的情形下，连带责任保证的保证期间的效力也表现为两个方面：（1）若在保证期间内，债权人依法向连带责任保证人请求承担保证责任，保证人因不享有先诉抗辩权而不得无故拒绝，这是保证期间效力的积极方面；（2）若在保证期间内，债权人未要求保证人承担保证责任，则保证人免除保证责任，这是保证期间效力的消极方面。保证期间的消极效力的发生也必须具备两个条件：一是一定时间的经过；二是法定事由的发生。即在连带责任保证中，在合同约定的保证期间或法定 6 个月的保证期间内，债权人未要求保证人承担保证责任。

债权人提起诉讼或者申请仲裁后又撤回起诉或者仲裁申请，能否视为债权人依法向保证人主张过权利，实践中存在较大争议。对于此种情形，应当区别一般保证和连带责任保证不同的法律后果。其一，在一般保证中，债权人向债务人提起诉讼或者申请仲裁并就债务人财产依法强制执行仍未履行债务的，才能向保证人主张实体权利。换言之，债权人必须让债务人先承担责任。当事人撤诉或者撤回仲裁申请本质上意味着其并无让债务人先承担责任的意思表示，因此，只要债权人在保证期间内没有再次对债务人提起诉讼或者申请仲裁，保证人就不应再承担保证责任。其二，在连带责任保证中，在债权人撤诉或者撤回仲裁申请时，能否认定债权人向保证人主张过权利？对此，存在不同观点。与诉讼时效只需要债权人主张过权利不同，保证期间的意义在于使处于或然状态的保证责任成为确定的保证债务，因而不仅需要债权人主张权利，而且还要让保证人知道债权人在主张权利。因此，仅人民法院受理了案件或者仲裁机构受理了仲裁申请仍不足以构成依法行使权利，只有在起诉状副本或者仲裁申请书副本送达保证人后才意味着依法行使了权利。[1]

保证合同无效或者被撤销时能否适用保证期间制度，是司法实践中争议较大的一个问题。债权人通常不会主观上认为保证合同无效或者可被撤销，否则就不会订立保证合同。因此，在债权人不知道保证合同无效或者可撤销时，如果其认为保证人应当承担保证责任，自应在保证期间内向保证人主张保证责任。相应地，债权人未在保证期间内依法向保证人主张保证责任，通常可以解释为债权人不再要求保证人承担保证责任，当然也就无意要求保证人承担赔偿责任。更为重要的是，如果保证合同无效或者被撤销，保证人不能受到保证期间的保护，就可能导致保证人在保证合同无效或者被撤销时的责任较之保证合同有效时更重：保证合同有效时，保证人因未在保证期间内行使权利而无须承担任何责任，但在保证合同无效或者被撤销时，保证人反倒可能要承担赔偿责任，这显然不公平。

---

[1] 参见最高人民法院民事审判第一庭：《最高人民法院民法典担保制度司法解释理解与适用》，人民法院出版社2021年版，第59页。

五、保证期间的法律效果

1. 保证期间届满后，保证债权随之消灭。保证期间作为除斥期间，可以发生消灭保证债权的法律后果，也就是《民法典》所表述的"保证人不再承担保证责任"。保证期间对保证债权的存续有绝对的影响，该影响对债权人和保证人双方均带来相应的法律后果，由此对债权人和保证人也提出相应的要求。作为债权人，在保证期间内必须至少向保证人行使权利一次，否则保证人将因保证期间届满而免于承担保证责任，保证债权因保证期间的届满而除权；作为保证人，保证期间对其的保护是一次性的，保证期间内债权人向其主张了权利，保证期间的使命随即完成，保证人即应承担保证责任。

2. 保证期间届满后保证责任的"再生"。保证期间是不变期间，期间的届满将消灭保证债权，该法律效果与诉讼时效不同。在保证人因债权人未在保证期间内向其行使权利而免责后，保证人将永远地免责，这与诉讼时效完成后债务人的债务并不消灭，仅丧失对该债务的强制执行相比，两者有重大区别。由于诉讼时效完成，债权人仅丧失胜诉权，所以当债务人表示放弃诉讼时效所带来的利益时，债权人仍然可以向其行使债权。比如《德国民法典》第214条第2项规定："请求权已罹于时效，义务人仍为履行之给付者，即使不知消灭时效而给付，亦不得请求返还。债务人以契约承认或提供担保者，亦同。"但保证期间届满后，保证人免责，而不是债权人丧失胜诉权，所以除非保证人自愿履行保证责任，即便保证人口头或书面承诺履行保证责任，债权人也无权要求法院强制保证人履行，也就是说，对保证人此时的承诺，法院不能强制执行。因此，保证期间届满后，保证责任无法"再生"，除非保证人重新向债权人提供新的保证。当然，该保证并非旧保证的起死回生，而是保证人的新承诺。实践中要区别保证人在保证期间届满后是承诺继续履行保证责任，还是重新提供保证，区别的关键在于保证人有无书面的、重新提供保证的意思表示，这也是保证责任"再生"的关键。口头表示不能发生保证的后果，书面表示也应当写明保证人是为原债权再提供保证，而非放弃保证期间所带来的利益，因为后者不能被法院强制执行。至于债务人的行为，比如在催款通知书上盖章或重新签订还款协议等，仅对债务人发生影响，对保证人不发生影响，保证责任并不因此而"起死回生"。

特别值得注意的是，保证合同无效或者被撤销时能否适用保证期间制度，在司法实践中观点不一，为了统一裁判，《担保制度解释》第 33 条明确规定，保证合同无效或者被撤销时，债权人仍然要在保证期间内主张权利。换言之，约定的保证期间仍然有效，除非约定保证期间无效需要按照法定保证期间 6 个月处理。

六、保证期间与诉讼时效期间

保证期间，又称之为"保证责任的存续期间""保证责任的承担期间"，是保证合同中约定或者法律规定保证人承担保证责任的期间。保证期间的法律性质属于除斥期间（不变期间），依据《民法典》第 692 条第 1 款的规定，保证期间不发生中止、中断和延长的情形。保证期间经过，保证人不再承担保证责任，保证债务消灭。也就是说，保证期间的经过，导致债权人请求保证人承担保证责任的权利消灭，则需要在审判实践中主动审查保证期间是否届满，保证债务是否消灭。

诉讼时效期间，是当事人向人民法院请求保护民事权利的法定期间。依据《民法典》第 188 条第 1 款的规定，除法律另有规定外，诉讼时效期间是 3 年。诉讼时效期间为可变期间，因法定事由的出现导致诉讼时效期间存在中止、中断和延长的情形。诉讼时效期间经过，债务人享有拒绝履行债务的抗辩权利，债权人丧失了胜诉权，债权则成为自然债权。当然，如果债务人放弃了诉讼时效届满的抗辩权，则应当承担债务。

保证期间与诉讼时效期间之间的关系。在保证期间内，债权人依法行使了法律规定的主张权利的情形，导致保证期间的作用结束，开始计算保证债务的诉讼时效期间。具体而言：在一般保证中，债权人须在保证期间内向债务人提起诉讼或者申请仲裁，保证期间的作用结束，从保证人拒绝承担保证责任的权利消灭之日起计算保证债务的诉讼时效期间；在连带责任保证中，债权人须在保证期间内请求（请求方式包括主张权利、诉讼或仲裁）保证人承担保证责任，保证期间的作用结束，开始计算保证债务的诉讼时效期间。

在司法实践中，保证人约定的保证期间并不规范，为了避免法律适用的混乱，应当注意的是：第一种情形，约定保证期间与主债务履行期限同时届满或者早于主债务履行期限届满的，视为没有约定，按照法定保证期间6个月处理。如一笔借款债务，借款期限是2021年1月1日到3月31日，保证人约定的保证期间到同年3月1日或者3月31日。此时，约定的保证期间不能起到承担保证责任的任何作用，该约定没有法律约束力。依据《民法典》第692条第2款的规定，视为没有约定，按照6个月的法定保证期间计算。第二种情形，约定保证期间为直至主债务本息全部清偿完毕时为止等类似内容，视为约定不明，按照法定保证期间6个月处理。在司法实践中，保证合同中约定保证人承担保证责任是到债务人的债务本金、利息等全部清偿完毕时为止，此种情形的保证期间是多长？存在分歧。《担保法》并没有规定保证期间约定不明时该如何处理，而《担保法解释》第32条第2款规定视为约定不明，规定保证期间为2年。之所以规定为2年，是因为此类情形毕竟不同于没有约定保证期间，但也不能不受保证期间的约束，权衡利弊规定为2年。《民法典》第692条第2款规定了保证期间约定不明确的，按照6个月计算。为了避免司法适用的混乱，《担保制度解释》第32条规定了该种情形视为约定不明，保证期间按照主债务履行期间届满之日起6个月计算。

在司法实践中，保证人明确约定了保证期间，保证期间的约定可长可短，在处理约定保证期间时，应当注意下列两种情形：第一，保证期间约定短于法定保证期间6个月。一种意见认为，保证期间约定短于6个月视为没有约定保证期间，应当按照法定保证期间6个月处理；另一种意见认为，保证期间约定短于6个月的，只要是当事人的真实意思表示，应当按照有效处理。笔者同意第二种意见。债权保证属于私法领域，《民法典》第692条第2款仅仅规定了约定的保证期间早于主债务履行期限或者同时届满的视为没有约定保证期间，并没有规定保证期间在主债务履行期限届满后约定短于6个月的视为没有约定，从法无禁止皆可为角度来看，应当尊重当事人的意思自治，认可其法律效力。但是，约定的保证期间不能过短，如主债务履行期限届满后3日，就会限制债权人行使保证债权，对债权人极为不利，债权人可以有违诚实信用原则主张视为没有约定保证期间，按照法定保证期间6个月处理。第二，约定保证期间长于诉讼时效期间的处理。在司法实践中，约定保证期间为 5 年、10 年等情形并不鲜见，该约定的效力如何？存在分歧：第一种意见认为，约定保证期间长于诉讼时效期间无效，按照法定保证期间 6 个月处理；第二种意见认为，约定保证期间长于诉讼时效期间 3 年的部分没有法律效力，按照诉讼时效期间 3 年作为约定保证期间的最高期限；第三种意见认为，约定保证期间不应有所限制，只要不超过民事权利保护最长期限 20 年，应当尊重当事人的约定，认可其法律效力。笔者同意第三种意见。《民法典》第 692 条第 2 款并没有规定长于 6 个月或者长于诉讼时效期间 3 年的，视为没有约定保证期间，从私法尊重当事人意思自治原则出发，只要当事人约定的保证期间不违反《民法典》的强制性规定，则应当认可其法律效力。但值得注意的是，主债权超过了诉讼时效期间而没有超过约定的保证期间的，保证人享有对主债务诉讼时效届满而不承担债务的抗辩权。如保证人行使此项权利，则可免除保证人的保证责任。如保证人放弃行使此项权利，则保证人承担保证责任后向主债务人行使追偿权的，依据《担保制度解释》第 35 条的规定，在主债务人行使诉讼时效抗辩的情形下，不予支持保证人的追偿权。言外之意，主债务人放弃了诉讼时效抗辩的，人民法院仍然要支持保证人的追偿权。但是，承担保证责任的保证人以主债务超过诉讼时效期间请求债权人返还的，人民法院不予支持。

七、对案例 23 的简要评析

在案例 23 中，全某山、赵某华提供的是连带责任保证，约定的保证期间为"主债务本息还清时为止"，则依据《担保法解释》第 32 条第 2 款的规定，此类情形的保证期间为 2 年。本案约定的还款期满为 2018 年 8 月 15 日，则保证期间届满是 2020 年 8 月 15 日，债权人凯某公司是在 2020 年 8 月 12 日向人民法院提交了起诉状，明确主张了权利，导致的法律后果是保证期间的作用结束，开始对保证人计算保证债务的诉讼时效期间。因此，本案并不超过保证期间，保证人的保证责任不能免除。

特别提醒的是，案例 23 的保证期间约定发生在《民法典》实施之前，如果发生在《民法典》施行之后，则保证期间视为约定不明，只能按照法定保证期间 6 个月计算。

第五节　主合同变更对保证责任的影响

一、问题的提出

主合同变更包括两种情形：一是主合同主体的变更；二是主合同内容的变更。主合同主体变更对保证人的保证责任的影响有两种情况：债权转让（债权人的变更）与债务转移（债务人的变更）。在发生债权转让时，无须经过保证人的同意，保证人应在原保证担保的范围内继续承担保证责任；在发生债务转移时，则需经过保证人书面同意，保证人对未经过其同意转让的债务，不再承担保证责任。主合同主体的变更，会影响保证人能否免除保证责任。在保证期间内，主合同内容变更应当取得保证人书面同意。未经保证人同意的，保证人按减轻后的合同承担保证责任，对加重的部分不承担保证责任。

在研究主合同变更对保证责任的影响之前，先看两则案例。

案例 24：债权转让后，保证人是否继续承担保证责任

2021 年 5 月，甲公司将某厂房的施工工程发包给某建筑公司，双方为此签订了一份建设工程承包合同。合同约定：工程按图纸设计施工，以 1500 万元包干，建设工期为 12 个月。合同同时约定，为确保该工程按期竣工，丙公司为甲公司的建设资金提供连带担保。签约后，丙公司以保证人的身份加盖了单位公章。2022 年 5 月，厂房工程按期竣工，验收后交付使用。甲公司与某建筑公司办理竣工结算手续，双方确认该工程总造价为 1500 万元，扣除已支付部分，甲公司还欠建筑公司工程款 200 万元。2022 年 8 月，建筑公司为偿还尚欠银行的 150 万元借款及应付利息，经与甲公司协商，将该厂尚欠的工程款全部转让给银行。银行为此与建筑公司签订了债权转让协议。后因银行向甲公司索款无果，便以该债权转让协议为据，向法院起诉，要求甲公司偿还其原欠建筑公司的借款，并由丙公司承担连带责任。丙公司则以银行与建筑公司的债权转让协议未经其同意，作为保证合同相对一方的当事人

已经变更为由，辩称其不应承担保证责任。

案例 25：主合同内容变更后保证人是否承担保证责任

2022年3月初，某种羊场与某啤酒厂订立大麦购销合同，由于种羊场种植大麦资金不足，即向某农行申请贷款100万元。3月7日，种羊场将其填写好的借款合同带至啤酒厂（此时农行尚未在合同上盖章），啤酒厂在借款合同担保栏内签注"同意担保借款100万元"并加盖公章。至此，啤酒厂既是种羊场大麦的购方又是其借款担保人。随后，种羊场将合同带回。3月29日，农行与种羊场经过核算，认为种植大麦需要贷款130万元，农行在合同上加盖了公章。但双方未将这一变更告知啤酒厂，也未将合同交于啤酒厂。种羊场借款到期未还，农行向法院提起诉讼，要求种羊场偿还借款130万元及其利息，并由啤酒厂承担保证责任。啤酒厂辩称农行和种羊场变更借款合同，没有取得保证人的同意，保证人不再承担保证责任。

上述案例中，案例24中丙公司的辩称理由涉及主合同债权人的变更问题，案例25中涉及主合同内容的变更对保证责任的影响问题。试问：主合同债权人、债务人的变更对保证人的保证责任有哪些影响？主合同内容的变更对保证人的保证责任有哪些影响？

二、主合同的债权让与（债权人变更）对保证人保证责任的影响

所谓债权让与，又称债权人变更，是指债权人在不改变债的内容的情况下将其债权移转于第三人享有。债权让与有部分转让和全部转让之分，在债权的一部分转让时，受让的第三人加入原债的关系，与债权人共同享有债权，此时即为多数人之债，原债权人与受让部分债权的第三人或按照约定的份额分享债权，或共同享有连带债权，如对此无约定，则应为共同享有连带债权。原债权人将其债权全部让与第三人时，该第三人即取代了原债权人成为债的关系中新的债权人，原债权人则脱离了债的关系。

（一）债权让与的构成要件

债权让与一般通过债权让与合同来实现，债权让与合同应当符合下列

要件。

1. 债权让与必须具备合法有效的债权。只有合法的债权存在，才能产生债权让与的法律后果。若将不存在或无效的债权让与给第三人，或者将已经消灭的债权让与第三人，因这些不存在、无效的、消灭的债权本身不受法律保护，故这些债权让与显然无效。若受让人无过错而因此受到损失的，可以向转让人请求赔偿。

2. 债权让与必须在让与人和受让人之间达成协议。合同（协议）是当事人合意的结果，债权让与合同也不能例外，它也需要由转让人与受让人之间达成合意才能完成。债权让与必须符合民事法律行为的有效要件。因一方当事人欺诈、胁迫或乘人之危所签订的债权让与合同无效。如果债权让与合同有可撤销原因时，撤销权人可以行使撤销权，无论债务人是否已经向债权受让人履行了债务，合同被撤销后，受让人已接受的债务人的清偿，应作为不当得利交付于原债权人。

3. 债权让与必须具有可让与性。多数国家的立法对可让与的债权未作规定，而仅列举不得让与的债权种类，我国《民法典》亦如此，第545条第1款规定，债权人可以将债权的全部或者部分转让给第三人，但是有下列情形之一的除外：（1）根据债权性质不得转让；（2）按照当事人约定不得转让；（3）依照法律规定不得转让。

4. 债权让与必须合法且不得违背社会公共利益。所谓合法，是指债权让与的内容和形式必须符合法律规定。遵守社会公共利益也是债权让与应当遵守的原则，如果债权让与违背了社会公共利益原则，也应当被宣告无效，有过错的当事人应当承担相应的法律责任。如某公司向人民法院申请破产，在人民法院裁定宣告破产之前，将其一笔60万元的债权让与甲公司，显然在此情形下，该公司的债权让与有违公平受偿原则、诚实信用原则，损害了其他债权人的合法权益，应当确认该债权让与行为无效。

5. 债权让与必须通知债务人，否则，对债务人不生效力。债权让与是否需经债务人同意，各国立法作出了三种不同的规定：一是自由主义。该种规定认为债权人转让其债权仅依原债权人与新债权人的合同即可转让，不必征得债务人的同意，也不必通知债务人。二是通知主义。该种规定认为，债权人转让其债权虽不必征得债务人的同意，但必须将债权让与的事实及时通知债务人，债务人必须在接到债权让与的通知以后，或者在公证文书中对债权让与作出承诺后，债权让与合同才对其发生效力。三是债务人同意主义。该种规定认为债权让与必须经过债务人的同意才能生效。我国《民法典》第546条第1款规定："债权人转让债权，未通知债务人的，该转让对债务人不发生效力。"可见，债权让与自通知债务人之时起，才对债务人发生法律效力。因此，我国立法应当是采用了通知主义。

（二）债权让与对保证人保证责任的影响

在保证期间内，债权人依法向第三人转让主债权时，作为债权人所享有的保证债权，由于其从属性，保证债务将随之一并转移给新的债权人，在此情况下保证人的保证责任并不免除，也无须征得保证人的同意，保证人仍在原保证合同所约定的范围内承担保证责任。但是，债权人转让全部或者部分债权，未通知保证人的，该转让对保证人不发生效力。

当然，根据《民法典》第696条第2款的规定，在保证合同中保证人与债权人事先若明确约定主债权不得转让，或者在主债权让与，保证人不再承担保证责任等情况下，保证人在主债权让与时即可免责。

三、主合同的债务转让对保证人保证责任的影响

所谓债务转让，亦称之为债务移转、债务人变更、债务承担，是指在保持债的客体、内容同一性的前提下，将原债务人所承担的债务全部或部分地转移于第三人，由第三人代替原债务人或由第三人和原债务人共同履行原债务。债务转让根据债务转移的范围可分为免责的债务转让和并存的债务转让。所谓免责的债务转让，是指第三人取代原债务人而承担全部债务，从而使原债务人脱离债务关系。免责的债务转让系狭义的债务转让。所谓并存的债务转让，是指原债务人并不脱离债务关系，而第三人又加入了债务关系，与债务人共同承担债务。此时，债务人与第三人之间建立连带关系，他们共为连带债务人。

（一）债务转让的构成要件

债务转让一般通过债务转让合同来实现，债务转让合同应当符合下列要件。

1. 债务转让必须具备合法有效的债务。无效的债务因不受法律保护，发生债务转让也自然不受法律保护。

2. 债务转让的债务必须具有可移转性。性质上不可转移的债务，不得作为债务承担的标的，但若债务经债权人同意，则可以作为债务承担的标的。债权人与债务人特约不得移转的债务原则上不得作为债务转让的标的，但此种特约可因债权人同意债务转让而归于消灭。法律规定不得移转的债务，不得由当事人协议转让由第三人承担。

3. 债务转让必须达成以债务转让为内容的协议。债务转让协议既然是协议，因而适用民法关于意思表示的规定，受让人必须具有完全的民事行为能力，且其意思表示没有瑕疵，债务人的意思表示也必须没有瑕疵。债务转让协议为不要式行为的，书面协议、口头协议均可；债务转让协议为要式行为的，应依照法律、行政法规的规定办理。

4. 债务转让必须经债权人同意。各国民法及学理均以债权人同意作为债务转让协议发生法律效力的条件。债权人的同意，明示或默示、书面形式或口头形式均可。债权人同意后，债务转让即发生法律效力。在债权人同意之前，债务转让协议处于效力未定状态，债务人或第三人享有变更或撤销权。债权人拒绝同意债务转让时，债务人与第三人所订立的债务转让协议无效。

（二）债务转让对保证人保证责任的影响

在保证期间内，债权人许可债务人转让债务的，是否取得保证人同意，将会产生两种法律后果：若取得了保证人同意，则保证人应对原债务承担保证责任；若未取得保证人同意，则保证人对原债务不承担保证责任。对此，《民法典》第697条第1款规定："债权人未经保证人书面同意，允许债务人转移全部或者部分债务，保证人对未经其同意转移的债务不再承担保证责任，但是债权人和保证人另有约定的除外。"

四、主合同内容变更对保证人保证责任的影响

（一）主合同内容变更的要件

所谓主合同内容变更，是指债权人和债务人在不改变主合同主体的前提

下，在平等协商的基础上达成协议，对合同标的、质量、数量、履行期限和其他权利义务条款进行修改、补充、扩张、限制等。主合同内容协议变更必须具备下述要件。

1. 原合同的债权债务关系已存在。合同内容变更系建立在原来已存在的合同关系的基础之上，而由当事人对其部分内容加以变更，作为履行根据。若无原合同债权债务关系存在，而是由法律规定或当事人约定成立合同之债，则为债的发生，而非变更。

2. 原合同的债权债务关系及变更后的债权债务关系均应合法有效。无效的合同，自成立时就无法律效力；撤销后的合同，其法律效力溯及自成立时消灭。因而对于无效的或被撤销的合同，则不会存在主合同内容变更问题。

3. 必须有主合同的内容变更。主合同内容的变更包括标的种类的变更、标的数量的增减、标的物的质量和规格的变更、履行期限的变更、履行地和履行方式的变更、结算方式的变更等。

4. 主合同双方当事人必须对变更的内容形成合意。合同内容的协议变更适用有关订立合同的要约、承诺的规定，非经合意，合同内容不得变更。在变更协议未达成之前，仍按原合同履行。当事人对合同变更的内容约定不明确的，推定为未变更。

（二）主合同内容变更对保证人保证责任的影响

1. 保证人继续承担保证责任。债权人和债务人协议变更主合同内容时，要使保证人继续承担保证责任，就必须取得保证人的同意。当然，保证人的书面同意，一是在订立保证合同时约定，如"主合同内容的变更不影响保证人保证责任的承担"等，实际上是保证人在保证合同中明确放弃了因保证合同内容变更而对加大部分不承担责任的抗辩权。二是在主合同内容变更时征得保证人的书面同意，既然同意，就不能反言。三是主合同内容变更后，得到了保证人的事后追认，保证人自愿承担主合同内容变更后的保证责任，则无不可。

2. 根据《民法典》第695条的规定，一是债权人和债务人未经保证人书面同意，协商变更主债权债务合同内容，减轻债务的，保证人仍对变更后的债务承担保证责任；加重债务的，保证人对加重的部分不承担保证责任。二是债权人和债务人变更主债权债务合同的履行期限，未经保证人书面同意的，保证期间不受影响。当然，债权人与债务人协议变更主合同内容，但并未实际履行的，保证人仍应当按照原来的保证合同的约定承担保证责任。

五、对案例 24、案例 25 的简要评析

1. 对案例 24 的简要评析

在案例 24 中，涉及的法律问题是，当债权转让给第三人而没有经过保证人同意时，保证人是否还应承担保证责任。关于保证担保的债权转让，我国《民法典》第 696 条第 1 款规定，债权人转让全部或者部分债权，未通知保证人的，该转让对保证人不发生效力。一般而言，在保证期间内，债权人依法将主债权转让给第三人，保证债权同时转让，保证人在原保证担保的范围内对受让人承担保证责任。但是保证人与债权人事先约定仅对特定的债权人承担保证责任或者禁止债权转让的，保证人不再承担保证责任。由此可见，债权人在保证期间依法转让债权的，只需通知保证人，而不需要经过保证人的同意，除非保证合同另有约定。从该案案情来看，当事人在保证合同中仅约定保证人承担保证责任，而没有明确约定保证人仅对特有债权人承担保证责任，因此，某建筑公司债权转让给银行后，保证人丙公司仍然有义务对银行所受让的债权承担保证责任。

在司法实践中，债权让与的通知形式是多样的，既可以书面通知，又可以口头通知，还可以其他方式的通知。债权让与的通知，既可以在让与时通知，又可以在让与后通知，包括诉讼到法院以送达起诉书的方式通知。

2. 对案例 25 的简要评析

在案例 25 中，主债权人农行与种羊场在签订借款合同时，明确约定了借款 100 万元，啤酒厂在借款合同担保栏中明确约定"同意担保借款 100 万元"，这是对保证责任范围的明确约定，而在借款合同履行过程中，农行与种羊场将合同标的额 100 万元变更为 130 万元，超出了保证责任范围 30 万元。根据《民法典》第 695 条的规定，债权人和债务人未经保证人书面同意，协商变更主债权债务合同内容，减轻债务的，保证人仍对变更后的债务承担保证责任；加重债务的，保证人对加重的部分不承担保证责任。债权人和债务

人变更主债权债务合同的履行期限，未经保证人书面同意的，保证期间不受影响。在本案中，啤酒厂对增加的 30 万元不承担保证责任，仅对合同中约定的 100 万元承担保证责任。这样，既不损害保证人啤酒厂的利益，又维护了农行债权的实现。

第六节　共同保证

一、问题的提出

在司法实践中，同一笔债权，保证人是"多多益善"，就有了许多共同保证的出现。

在研究共同保证之前，先看一则案例。

案例 26：保证人能否抗辩将债务人和其他保证人列为共同被告

司机王某为了进行汽车运输，于 2022 年 3 月 3 日在某信用社借款 70 万元购买了一部货车，借款期限 6 个月，月息 6 厘。在借款时，张某、杨某为王某提供担保，与信用社签订了借款保证书，在保证书中仅写明张某、杨某自愿承担连带责任，约定保证期间 2 年。王某借款到期后，无力偿还。信用社以张某为被告诉至人民法院，请求判令张某偿还王某借款 70 万元及利息。张某辩称借款是王某所借，杨某也是保证人，应当把王某、杨某列为共同被告。

上述案例，争议焦点是共同保证中保证人的责任承担问题。《民法典》第 699 条规定："同一债务有两个以上保证人的，保证人应当按照保证合同约定的保证份额，承担保证责任；没有约定保证份额的，债权人可以请求任何一个保证人在其保证范围内承担保证责任。"该条是我国对共同保证的主要法律规定。试问：如何理解共同保证？共同保证有哪些分类？共同保证的法律效力如何？共同保证的求偿权如何进行？

二、共同保证的法律特征

根据《民法典》第699条的规定，共同保证是指两个或两个以上的保证人共同对同一债务所作的保证行为。除保证合同另有约定外，共同保证人之间应当连带承担保证责任。共同保证也即数人保证，保证人为两人或两人以上，被保证人为同一人，被保证的债务为同一笔。共同保证是相对于一人保证而言的，所谓一人保证，是指只有一个人为债务人提供保证，承担保证责任。在案例26中，张某、杨某共同为王某贷款提供保证，即属于共同保证。根据《民法典》第699条的规定，除保证合同另有约定外，共同保证人之间负连带保证责任。若承认共同保证人的分别利益，共同保证人中一旦有保证人丧失代为履行债务的必要财产，则债权人就该保证人保证的债权部分便不能获得实现。这样，在数人保证情况下，债权人也不能使其债权全部获得清偿，也与债权人要求数人保证的初衷不相符。

共同保证作为一种特殊保证，仍具有一人保证的基本特征，即债权性、人身性、从属性、相对的独立性。共同保证与一人保证相比，仍有其自身的特征。

1. 共同保证的主体为两个或两个以上的多数人。这里的"多数人"既可以是法人，又可以是自然人。并且必须是数人对于同一人同一笔债务提供的保证，若数人分别就不同的债务作保证，或为数个债务人保证不同的债务，就不能构成共同保证。

2. 共同保证的客体必须是共同保证的行为。保证客体是共同保证人权利和义务所指向的客观对象。保证的客体就是保证行为本身。这是一种特殊的法律行为，而不是主合同债务人履行债务的行为。作为共同保证的客体，保证行为必须是共同保证人的行为。

3. 共同保证的法律关系的复杂性。一人保证中仅存在主合同债权人、债务人、保证人之间的一层的法律关系，而在共同保证中存在两层法律关系：一是内部法律关系，即共同保证人之间各自担保主债权的份额划分，有部分保证和全部保证之别，这属于保证担保的责任范围问题。二是外部法律关系，即共同保证人与主合同债权人、债务人之间的关系，这属于保证责任的方式问题，即保证人所要承担的是一般保证责任，还是连带责任保证。可见，共同保证与一人保证相比，在法律关系方面多了一层内部法律关系。

4.各连带共同保证人的保证债务相互没有补充性。根据《民法典》第699条的规定，保证人承担连带责任的，共同保证人之间的连带关系可以包含两层含义：一是数额上的连带，即相对于按份共同保证而言，各个保证人均对全部主债务负责，无权抗辩债权人而不负履行义务。二是履行顺序上的连带，即各个共同保证人无履行顺序之先后之分，均负有向债权人履行保证债务的义务，债权人也可以要求任何一个共同保证人先履行义务。

三、共同保证的分类

（一）按共同保证的有效成立时间进行分类

根据共同保证的有效成立的时间先后不同，笔者将共同保证分为同时共同保证和非同时共同保证。

同时共同保证，是指两个或两个以上的保证人同时对同一债务所作的保证行为。也就是说，共同保证中的保证人同时作出保证行为。比如，甲、乙、丙三人同时与债权人就同一债务签订保证合同或者同时作出承诺保证的行为（诸如同时出具保证函）。在前述案例中，张某、杨某同时与信用社签订借款保证书，为王某借款70万元提供保证，即为同时共同保证。

非同时共同保证，是指两个或两个以上的保证人在不同时间对同一债务所作的保证行为。比如，甲、乙、丙先后就同一债务与债权人分别签订保证合同。该种情形能否构成共同保证，存在着分歧。共同保证人之间以承担连带责任保证为原则，以承担按份保证为例外，无须共同保证人之间的意思联络与沟通。因此，多个保证合同是同时成立，还是先后成立，均不影响共同保证的构成，且确认非同时共同保证能够有效成立，既尊重了当事人的意思自治原则，又有利于强化债权人利益的保护。因此，应当对非同时共同保证作出明确的法律规定，以便在实践中有法可依。

（二）按共同保证中保证人保证担保的范围和保证方式不同进行分类

根据共同保证中保证人保证担保的范围和保证方式不同可以将共同保证分为：

1. 按份保证的一般保证，即保证人在保证合同中约定有保证份额和承担保证责任的方式为一般保证，保证人仅按照合同约定的保证份额承担一般保证责任，保证人之间不承担连带责任。如甲、乙、丙三人按份额每人为丁担保 100 万元债务，丁的总债务为 300 万元，债务到期，丁仅偿还了 180 万元后无力清偿。那么甲、乙、丙应按比例份额各自承担所欠 120 万元债务的三分之一，即 40 万元，并且不负连带责任。

2. 按份保证的连带责任保证，即保证人在保证合同中约定保证份额和承担保证责任的方式为连带责任保证，保证人按照合同约定的保证份额承担连带责任保证，保证人之间不负连带责任。如上例，若债务履行期届满后，丁对 300 万元债务未履行，此时，债权人可以要求丁履行债务，也可以要求甲、乙、丙在其各自保证担保的 100 万元范围内承担保证责任，甲、乙、丙之间不负连带责任。

3. 共同保证的一般保证，即保证人在保证合同中未明确约定保证份额，仅约定了承担保证责任的方式为一般保证，当债务人不能履行债务时，债权人可有权要求任何一个保证人承担债务人未履行部分的保证责任，该保证人不得拒绝。保证人承担何种保证责任方式，完全取决于保证合同的约定，若明确约定保证人承担一般保证，即共同保证的一般保证。如甲、乙、丙为丁担保债务 300 万元，未约定保证份额，仅约定保证方式为一般保证。债务到期后，丁仅履行了 100 万元债务后无力清偿，此时，债权人可要求甲、乙、丙任何一个人承担尚未履行的 200 万元债务，该保证人不得拒绝。

4. 共同保证的连带责任保证，即保证人在保证合同中未明确约定保证份额，明确约定了承担保证责任的方式为连带责任保证（未约定保证方式的，推定为一般保证），当债务人在债务履行届满没有履行债务或未完全履行时，债权人可以要求债务人履行债务，也可以要求任何一个保证人承担全部保证责任，该保证人不得拒绝。该种情形中，保证人之间承担的是连带责任，保证人对债权人承担的保证方式为连带责任保证。如甲、乙、丙为丁担保债务 300 万元，未明确每人的保证范围，保证方式为连带责任保证，债务到期后，丁未偿还债务，债权人可要求丁承担 300 万元债务，也可要求甲、乙、丙中任何一个人承担 300 万元的保证责任，该保证人不得拒绝。此案例即属于典型的共同保证的连带责任保证形式。

四、共同保证的法律效力

共同保证依法成立,即具有法律效力。共同保证的法律效力表现在保证人与债权人之间、共同保证人之间、共同保证人与债务人之间的法律效力。

1.共同保证在保证人与债权人之间的法律效力。共同保证人与债权人的关系表现为:按份保证的一般保证或共同保证的一般保证,共同保证人均享有先诉抗辩权;按份保证的连带责任保证或共同保证的连带责任保证,共同保证人不享有先诉抗辩权。因连带责任保证侧重于保护债权人利益,一般保证侧重于保护保证人利益。连带责任依法律规定而产生,为此,各国规定也不一致,一种是以一般保证为原则,连带责任保证为例外,即只有保证人明示承担连带责任保证的才承担连带责任保证,否则,保证人承担一般保证。以法国、德国、日本为代表。另一种是以连带责任保证为原则,以一般保证为例外,即只有保证人明示承担一般保证的才承担一般保证责任,否则承担连带责任保证。在我国的立法中,《担保法》采取后一种模式,《民法典》则采取了前一种模式。

2.共同保证在保证人之间的法律效力。根据《民法典》第699条的规定,除保证合同中约定有保证份额,保证人承担按份保证责任外,每一个保证人均有履行全部保证债务的义务。在共同保证中,若其中一人的保证合同无效,并不影响其他人保证合同的效力。

3.共同保证在保证人与主债务人之间的法律效力。保证人在全部或部分偿付了保证债务后,依法享有对主债务人的追偿权。保证人追偿权的范围以保证人实际承担的保证责任范围和实现追偿权的合理费用为依据。

4.司法实践中应当注意的问题。在司法实践中,债权人放弃共同保证中的一人或数人保证时,其他保证人应如何承担民事责任,可分为如下几种情形处理:(1)在按份保证的一般保证中,其他保证人应当按共同保证合同中的约定承担自己应该承担的份额,对债权人放弃的保证人所应承担的份额不再承担责任。(2)在按份保证的连带责任保证中,其他保证人也仅对自己应当承担的份额负连带责任。(3)在共同保证的一般保证中,其他保证人仍应当对主债务人不能履行部分承担保证责任,不因债权人放弃部分保证人而减轻保证责任。(4)在共同保证的连带责任保证中,其他保证人仍应当对主债务人没有履行部分承担连带责任。

在前两种情形中,债权人放弃一人或数人保证时,对其他保证人不产生任何影响,而债权人放弃一人或数人保证的法律后果是责任自负。在后两种情形中,债权人放弃一人或数人保证时,其他保证人则要承担主债务人不能履行或没有履行部分的保证责任,债权人放弃一人或数人保证的法律后果是其对自己无任何影响,反而加大了其他保证人的保证责任。

五、共同保证的求偿权

根据《民法典》第700条"保证人承担保证责任后,除当事人另有约定外,有权在其承担保证责任的范围内向债务人追偿,享有债权人对债务人的权利,但是不得损害债权人的利益"的规定,同一债务存在两个以上第三人提供的保证时,尽管《民法典》并未明确规定保证人之间不能相互追偿,但通过与《担保法》及其司法解释进行比较,不难看出《民法典》删除了保证人之间相互追偿的规定,立法机构不允许保证人之间相互追偿的用意却不言自明。不过,保证人之间相互追偿的问题属于私法自治的范围,即使《民法典》未规定保证人之间可相互追偿,如果保证人之间约定可以相互追偿,则应基于尊重当事人的意思,允许已经承担保证责任的保证人依据其与其他保证人之间的约定进行追偿。此外,即使保证人没有明确约定可以相互追偿,但如果各保证人在提供保证时约定相互之间构成连带共同保证,则已经承担保证责任的保证人也有权根据《民法典》第519条[1]的规定,向其他担保人请求分担其应当承担的份额。

值得探讨的是,在保证人之间可以相互追偿的情形下,已承担保证责任的保证人是否应先向主债务人追偿,再就债务人不能清偿的部分请求其他保证人分担其应当承担的份额,实践中存在不同观点。笔者认为,如果当事人对追偿问题有明确约定的,按照其约定处理;未约定或者约定不明的,已经

---

[1] 《民法典》第519条规定,连带债务人之间的份额难以确定的,视为份额相同。实际承担债务超过自己份额的连带债务人,有权就超出部分在其他连带债务人未履行的份额范围内向其追偿,并相应地享有债权人的权利,但是不得损害债权人的利益。其他连带债务人对债权人的抗辩,可以向该债务人主张。被追偿的连带债务人不能履行其应分担份额的,其他连带债务人应当在相应范围内按比例分担。

承担保证责任的保证人应当先向主债务人追偿，只有主债务人不能清偿的部分才能在保证人之间进行分担。此种做法有利于避免循环追偿，同时也便于人民法院在保证纠纷案件的判决主文中就保证人之间的追偿问题直接作出裁判，从而减少诉累。

此外，在数个保证人为同一债务提供保证的情况下，如果保证人之间不能相互追偿，就可能会出现某一保证人通过与债权人签订债权转让协议的方式取得被担保的债权，再以债权人的身份向其他保证人主张保证权利，从而达到自己不再承担保证责任的目的。我们认为，与一般情形下的债权转让不同，保证人本身对债权人负有保证债务，保证人受让债权的行为，其性质属于承担保证责任的行为。因此，如果受让的债权未超过其应当承担的保证责任，则受让债权的保证人作为债权人请求其他保证人承担保证责任的，人民法院不予支持；该保证人请求其他保证人分担相应份额的，则取决于保证人之间是否有相互追偿的权利，故依照前述思路处理。[①]

六、对案例 26 的简要评析

在案例 26 中，根据《民法典》第 699 条的规定，信用社与王某、张某、杨某签订的保证借款合同为有效合同，张某、杨某作为共同保证人，没有约定保证份额及保证担保的范围。因此，两人都负有对王某的全部债务承担连带保证责任，信用社仅仅起诉请求张某承担王某借款本息的民事责任，于法有据，应当予以支持。张某的辩称理由不能成立，不予支持。

[①] 参见最高人民法院民事审判第二庭：《最高人民法院民法典担保制度司法解释理解与适用》，人民法院出版社 2021 年版，第 49—50 页。

第六章

租赁合同

本章概要

　　租赁合同是出租人将租赁物交付承租人使用、收益，承租人支付租金的合同。提供财产的一方为出租人，使用财产的一方为承租人，被交付使用的财产为租赁物，支付的报酬为租金。本章共计32个条文，主要对租赁合同的概念、租赁合同的内容、租赁合同的期限、租赁合同的形式、出租人交付租赁物、对租赁物的维修和对租赁物的质量及权利的瑕疵担保义务、承租人妥善保管租赁物、按时交付租金的义务等问题作出了规定。

　　《民法典》关于租赁合同的规定在《合同法》的基础上吸收了最高人民法院关于城镇房屋租赁合同司法解释的相关规定，增设了7个条文，从立法上对租赁合同作了进一步的发展和完善，主要变化在：一是明确了当事人未依照法律、行政法规规定办理租赁合同登记备案手续的，不影响合同的效力。二是规定了推定出租人同意转租的情形，完善了承租人经出租人同意转租的租赁期限不得超过剩余租赁期限，其超出剩余租赁期限的部分原则上对出租人没有约束力。三是明确了次承租人的代位求偿权。承租人拖欠租金的，次承租人可以代承租人支付其欠付的租金和违约金，但是转租合同对出租人不具有法律约束力的除外。四是规定了非承租人构成根本违约，承租人可以解除合同的情形：租赁物被司法机关或者行政机关依法查封、扣押；租赁物权属有争议；租赁物具有违反法律、行政法规关于使用条件的强制性规定情形。五是进一步明确了房屋承租人优先购买权行使的限制、放弃以及受到侵害的救济渠道。同时，增加规定了房屋承租人在同等条件下享有优先承租权。

第一节 租赁合同概述

根据《民法典》第 703 条的规定,租赁合同是出租人将租赁物交付承租人使用、收益,承租人支付租金的合同。提供财产的一方为出租人,使用财产的一方为承租人,被交付使用的财产为租赁物,支付的报酬为租金。亦有学者将它表述为:一方当事人将某一特定的财产交与另一方使用,另一方当事人支付报酬并于使用完毕后返还原物的合同。其中把自己的财产交给他人使用的人称为出租人,使用他人财产并支付报酬的人为承租人,支付的报酬称租金。[1]

一、租赁合同的法律特征

从民法理论及国外立法来看,租赁分为使用租赁和用益租赁。所谓使用租赁,是指仅以使用为目的的租赁;所谓用益租赁,是指以使用及收益为目的的租赁。[2] 从我国法律规定的精神看,租赁包括了使用租赁和用益租赁两种。

租赁合同与其他合同相比,其法律特征为:

1. 租赁合同为双务、有偿、诺成性合同。租赁合同的双方当事人既负有一定的义务,也享有一定的权利,其中出租人负担交付租赁物供承租人使用、收益的义务,承租人负担交付租金的义务,双方当事人的权利义务具有对应性和对价性,所以租赁合同为双务有偿合同。《民法典》合同编关于双务和有偿合同的规定,如风险负担、同时履行、出租人瑕疵担保责任等对于租赁合同都有适用余地。租赁合同自双方当事人达成协议时成立,其成立无须进行实际的履行行为,故为诺成性合同。

---

[1] 王家福主编:《民法债权》,法律出版社 1991 年版,第 648 页。
[2] 参见史尚宽:《债法各论》,中国政法大学出版社 2000 年版,第 145 页。

2.租赁合同是转移财产使用权、收益权的合同。租赁合同是以承租人一方取得对租赁物的使用收益为目的的,因而租赁合同仅转移租赁物的使用收益权,并不转移租赁物的所有权。而买卖合同则是以转移财产所有权为特征的,因此转移物的使用收益权,是租赁合同与买卖合同的根本区别。

租赁合同以物的使用收益为目的。在一般情况下,承租人重视的是对租赁物的使用。在有些情形下,承租人不仅重视物的使用,更重视取得收益,有时承租人的直接目的就是取得收益。因此,《民法典》第720条规定:"在租赁期间因占有、使用租赁物获得的收益,归承租人所有,但是当事人另有约定的除外。"但无论在何种情况下,承租人对租赁物均无所有权和处分权,承租人的债权人不能以租赁物清偿承租人的债务,在承租人破产时,租赁物不能列入破产财产,出租人有取回权。

3.租赁合同具有临时性。租赁合同是出租人将自己财产的使用收益临时地转让给承租人,故租赁合同具有临时性的法律特征,不适用于财产的永久性使用。

4.租赁合同终止后承租人须返还原物。《民法典》第733条规定,租赁期间届满,承租人应当返还租赁物。

5.租赁合同在当事人之间能引起债权法律关系,也能引起某些物权法律关系。依据租赁合同产生的租赁权,是一种合同债权,没有对抗第三人的效力,但为了保护稳定的经济法律关系,平衡当事人的利益,法律赋予租赁权物权化,从而使租赁权具有对抗效力。租赁权物权化具体表现在:

(1)租赁权优先于一般债权的对抗效力。租赁关系存续期间,承租人对于因买卖、抵押等取得租赁物所有权或其他物权的第三人,仍可以主张其租赁权,即原租赁合同对该第三人继续有效。也即《民法典》第725条[①]规定的"买卖不破租赁"规则。

(2)对事实上侵害租赁权的第三人的效力。当第三人事实上侵害租赁权时,承租人因取得租赁物的占有,可以基于占有权行使对第三人主张排除妨害请求权及损害赔偿请求权。

[①] 《民法典》第725条规定:"租赁物在承租人按照租赁合同占有期限内发生所有权变动的,不影响租赁合同的效力。"

（3）租赁权的继续性。所谓租赁权的继续性，是指延长租赁期限并限制出租人的解约权。我国《民法典》第705条明确规定了租赁期不得超过20年。期限更新时，也不得超过20年。租赁权的继续性主要体现在《民法典》第734条第1款的规定上，即"租赁期间届满，承租人继续使用租赁物，出租人没有提出异议的，原租赁合同继续有效，但是租赁期限为不定期"。该项规定对于租赁期限的延长并不有利。对出租人的解约权，则依据合同法定解除的事由，有诸多限制。

（4）租赁权处分的可能性，即租赁权是否可以自由地被让与及转租。多个国家和地区的立法一般规定，承租人非经出租人同意，不得转租。我国《民法典》第716条第2款规定："承租人未经出租人同意转租的，出租人可以解除合同。"

二、租赁合同的内容

我国《民法典》第704条对租赁合同的内容作了规定，即"租赁合同的内容一般包括租赁物的名称、数量、用途、租赁期限、租金及其支付期限和方式、租赁物维修等条款"。详言之：

1. 租赁物的名称。租赁物的名称必须明确具体，尤其是在合同的标的物因人、因地的不同而有不同称谓的情况下，更需写明。

2. 租赁物的数量和用途。租赁物的数量应当明确具体，以免返还租赁物时引起纷争。租赁物的用途亦必须在合同中明确约定，以便承租人按照约定的方法或者租赁物的性质使用租赁物。

3. 租赁期限。租赁期限是合同的主要条款之一。当事人可以约定明确期限，也可以不约定明确期限，前者法律上称之为定期租赁，后者即为不定期租赁。对于定期租赁合同，到期后租赁合同自然终止，承租人须返还原物。但是，双方当事人皆可以以明示或默示的方式将租赁期限延长，这种行为我们称为"续租"，续租期内双方当事人的权利义务不变。对于不定期租赁，不应理解为"永久租赁"，而应理解为任意期限的租赁。其间，合同当事人任何一方皆可在任意时间内终止合同，但是出租人终止合同的，应给承租人一个宽限期。

4. 租金及其支付期限和方式。租金是承租人使用租赁物的对价，包括租赁物的折旧费、维修费、出租人的合理盈利等费用。租金可用现金或实物支付。租金交纳期限必须明确界定,否则就会影响双方当事人的权利义务关系,使合同不能履行或不能适当履行,因此,租金究竟是一次缴纳还是分次缴纳,每次缴纳的具体时间,都应在合同中列明。

5. 租赁物维修。租赁物的维修和保养应由谁承担责任,必须予以明确。在一般情况下,凡属大修,应该由出租人承担,因为租赁物的所有权属于出租方。出租方有义务保证租赁物能够正常使用。平时正常的维修和保养,应由承租方承担,在承租期间,承租方负有保证租赁物完好状态和能够正常使用的义务。

6. 其他事项。租赁合同的当事人可在合同中约定其他有关事项,如转租问题、违约责任问题等。

三、租赁合同的期限与形式

(一)租赁合同的期限

《民法典》第705条规定:"租赁期限不得超过二十年。超过二十年的,超过部分无效。租赁期限届满,当事人可以续订租赁合同;但是,约定的租赁期限自续订之日起不得超过二十年。"

关于租赁合同的期限,各国法律一般都设有最长期限的规定。如《日本民法》第604条规定:"(一)租赁的存续期间不得超过五十年。契约中的规定长于该期间的,其期间亦为五十年。(二)租赁的存续期间可以更新。但是该期间自变更时起,不得超过五十年。"由于物的使用价值是有一定期限的,如果当事人之间约定的租赁期过长,既与租赁合同的转让使用收益权的目的不相符,也容易造成当事人在归还原物时产生纠纷。故我国《民法典》规定租赁的最长期限为20年。

租赁期限届满,当事人可以续订租赁合同。续订是合同期限的更新,它与合同期限的变更是不同的。租赁合同的更新只能发生于租赁期限届满时,而当事人在约定的租赁期限内,又协议更改租赁期限的,应为合同变更。

租赁合同更新有两种方式:(1)约定更新。当事人于租赁合同期限届满后另订一个合同,双方约定延长租赁期限。(2)法定更新。根据《民法典》第734条第1款的规定,租赁期间届满,承租人继续使用租赁物,出租人没有提出异议的，原租赁合同继续有效，但租赁期限为不定期。

（二）租赁合同的形式

《民法典》第707条规定："租赁期限六个月以上的，应当采用书面形式。当事人未采用书面形式，无法确定租赁期限的，视为不定期租赁。"依此规定，租赁合同应为非要式合同。对于不定期的租赁合同而言，无须采用书面形式；对于定期的租赁合同而言，也并非必须采取书面形式，若未采取书面形式，双方当事人对租赁期限也无争议，租赁合同的效力就不受任何影响；若双方当事人就租赁期限发生争议，则视为不定期租赁。

四、审判实践中应当注意的问题

1. 特别法对租赁期限另有规定的应依其规定。我国《民法典》虽然对租赁合同规定了最长期限，但在其他法律中另有规定允许期限超过20年的情况下，应当从其规定。例如，我国现行《土地管理法》中关于土地使用权有偿出让的规定，土地使用权有偿出让，其实质上就是一种土地出租。我国农村中存在的土地承包，实质上也是一种土地出租。我国其他法律法规中对此已经作出了规定，对此的处理应当从其规定。因此，本章租赁合同的规定不适用于土地使用权的出让、转让和农村土地承包经营权。[1]

2. 未定有期限的租赁合同不受20年限制。当事人在租赁合同中没有约定租赁关系存续期间的，双方当事人可以随时终止合同，一方终止合同的意思表示在到达对方后的一定期间内，发生终止合同的效力。但是，如果这种合同一直没有被终止，使得租赁合同在事实上得以持续至20年以上，则不应适用我国《民法典》第705条规定的限制。因此，20年实际上并不是一个绝对的最长期限，因为如果租赁合同双方当事人在20年期满时，仍然希望保持租赁关系，可以采取"约定更新"或者"法定更新"的办法予以解决。[2]

3. 特殊的租赁合同，法律规定应依法办理登记手续的，应依法办理。如

---

[1] 参见黄薇主编：《中华人民共和国民法典释义（中）》，法律出版社2020年版，第1331页。

[2] 参见黄薇主编：《中华人民共和国民法典释义（中）》，法律出版社2020年版，第1334页。

《城市房地产管理法》第 54 条规定，房屋租赁合同应当向房产管理部门登记备案。但未依法办理登记手续的，并不影响租赁合同的效力，除非法律和行政法规明确规定未办理登记手续的租赁合同为无效合同。对此，《民法典》第 706 条规定，当事人未依照法律、行政法规规定办理租赁合同登记备案手续的，不影响合同的效力。

4. 租赁合同的内容不完备，并不影响其效力。在租赁合同中，只要租赁物明确、具体，该租赁合同就有效，其他内容未约定或约定不明，合同双方当事人可协商解决，若协议不成，则可依法律的规定进行推定。

第二节　出租人的义务

一、问题的提出

出租人的权利包括请求支付租金的权利和请求返还租赁物的权利。出租人的这些权利与承租人的义务相对应，在承租人的义务中予以论述。因此，本章主要从出租人的义务角度进行论述。出租人负有按合同约定交付租赁物、修缮租赁物、物的瑕疵担保、物的权利瑕疵担保等主要义务。

在研究出租人的义务之前，先看一则案例。

案例 27：出租人应负权利瑕疵担保责任

某市中兴公司和该市三阳公司于 2022 年 1 月 3 日签订门面房租赁合同。出租人为中兴公司，承租人为三阳公司。租赁合同主要约定，中兴公司将其门面房 10 间出租给三阳公司，期限 3 年，每年租金 10 万元，年初时一次付清。若哪一方违约则支付对方违约金 3 万元。合同签订后，中兴公司依约将 10 间门面房交付三阳公司，三阳公司预付了 2022 年度房租 10 万元。

租赁合同履行至 2022 年 9 月，该市法院对三阳公司所租用的 10 间门面房发出拍卖公告。此时，三阳公司方得知，中兴公司早在 2019 年 3 月已将 10 间门面房抵押给某银行，其裁判文书业已生效。2022 年 10 月初，法院将此 10 间门面房拍卖给李某，法院遂通知承租人三阳公司限期腾房。10 月 15 日，三阳公司搬出，并要求中兴公司退付所交的余下房租及支付违约金 3 万元。中兴公司仅同意退还余下房租，不同意支付违约金，而形成纠纷。

在上述案例中，涉及出租人的一项重要法定责任，即应对租赁物负权利瑕疵担保责任。试问：出租人的义务有哪些？

二、出租人负有按合同约定交付租赁物的义务

我国《民法典》第 708 条规定了出租人的此项义务，即"出租人应当按照约定将租赁物交付承租人，并在租赁期限内保持租赁物符合约定的用途"。此义务为出租人最基本的义务，亦为各国立法明文规定。如《德国民法典》第 535 条第 1 款规定："因使用租赁契约，使用出租人与租赁期间，负有以租赁物提供使用承租人使用之义务。使用承租人应以合于所约定使用状态之租赁物交付使用出租人，并应于租赁期间保持该状态……"该条规定与我国《民法典》的规定相仿。

依据《民法典》第 708 条的规定，出租人所负担的按照合同约定交付租赁物义务具体包括以下两个方面。

1. 按合同约定交付租赁物。所谓交付租赁物，是指转移标的物的占有归承租人。由于租赁合同为诺成合同，一经双方合意一致即依法有效成立。因此，出租人需按合同约定的时间、地点、方式交付租赁物。同时，租赁物有从物的，除租赁合同另有约定外，出租人应将从物一并交付。

出租人不仅应按时交付标的物，而且其所交付的标的物必须符合约定的使用收益目的，即该租赁物在交付时必须处于符合使用及收益的状态。如同为房屋出租，为居住而租赁的，出租人交付的房屋应适于居住；为营业而租赁的房屋，出租人交付的房屋应适于营业。

出租人未能按约定的时间交付标的物，或者所交付的标的物不适合约定使用收益状态的，应当承担违约责任；同时，承租人可以主张拒绝支付租金。

2. 保持租赁物符合约定的用途。《民法典》第 708 条规定在出租人应当按照约定将租赁物交付承租人的同时，规定其负有在租赁期间保持租赁物符合约定用途的义务。也就是说，出租人不仅有义务使租赁物在交付时处于符

合约定的使用收益状况，而且在整个租赁关系存续期间均有义务保持租赁物符合约定的使用收益状态。因而，在租赁关系存续期间，出租人不得妨害承租人的使用收益；若第三人妨害承租人的使用收益，出租人亦有义务予以排除或者协助承租人排除；若标的物因自然原因而不适于约定的使用收益状态时，出租人应当予以维修恢复。

三、出租人负有修缮租赁物的义务

我国《民法典》第712条规定："出租人应当履行租赁物的维修义务，但是当事人另有约定的除外。"第713条规定："承租人在租赁物需要维修时可以请求出租人在合理期限内维修。出租人未履行维修义务的，承租人可以自行维修，维修费用由出租人负担。因维修租赁物影响承租人使用的，应当相应减少租金或者延长租期。因承租人的过错致使租赁物需要维修的，出租人不承担前款规定的维修义务。"以上两条即关于出租人修缮租赁物义务的规定。

除法律或合同另有规定外，出租人对租赁物有修缮的义务。出租人的该项义务实际上是出租人应维持租赁物适于使用、收益状态义务的引申。对此，各国民法一般都有明文规定。[1]我国《民法典》亦不例外。

所谓修缮，是指在租赁物不符合约定的使用、收益状态时，对租赁物予以修理，以使承租人得以按照约定正常使用、收益。出租人修缮义务的构成要件包括：

1. 有修缮的必要。所谓有修缮的必要，是指租赁物需要修缮方能满足承租人依约定对租赁物的使用、收益的目的。如租赁物虽有损毁但并不妨碍承租人使用、收益的，则无修缮的必要，出租人不负修缮义务。租赁物因可归责于出租人的事由或者因其他不可归责于承租人的事由而致租赁物损毁而有修缮的必要时，出租人有修缮的义务，自无疑问，但在因可归责于承租人的

---

[1] 《法国民法典》第1719条规定："无须订立任何特别约款，出租人依租约的性质负担以下义务：……保持出租屋处于能够用于据以订立租约之用途或使用的状态……"《德国民法典》第535条规定："使用出租人应以合于所约定使用状态之租赁物交付使用承租人，并应于租赁期间保持该状态……"《日本民法》第606条第1项规定"出租人对租赁物的使用及收益负有必要的修缮义务……"

事由而致租赁物损毁时，出租人是否也有修缮的义务，则有不同的观点。我国学者认为，出租财产在出租期间所出现的故障，必须非由承租人的过失所引起，出租人才负维修出租财产的义务。[①] 笔者亦持赞同观点。我们知道，民事责任的承担是以过错责任为原则，并辅之以无过错责任和公平责任。租赁物在租赁期间因承租人的过错（包括故意或过失）而需修缮，则只能由承租人自负。

2. 有修缮的可能，即指损毁的租赁物在事实上能够修复，并且在经济上也合算。也就是说，出租人修缮时要算好经济账。若修缮不能而影响租赁合同的履行时，租赁合同终止，出租人应负违约责任（若因承租人过错引起的除外）。

3. 承租人已请求出租人在合理期限内维修。根据《民法典》第713条的规定，在租赁关系存续期间，若租赁物发生损坏需要修缮的，承租人请求出租人进行维修。这是因为，承租人占用使用租赁物，对租赁物是否需修缮最为清楚。

4. 当事人未约定对修缮义务的排除。法律规定，在一般情况下出租人对于租赁物负有修缮的义务，这里通常是指对于租赁物的大修，对于租赁物的一般情况下的正常维修，通常由承租人自己负担。但即便如此，此种规定并非强制性的，允许当事人另行进行约定。我国《民法典》第712条在规定了"出租人应当履行租赁物的维修义务"的同时，即规定"但是当事人另有约定的除外"。如果当事人约定承租人负担修缮义务，亦应认定为有效。如当事人之间另有交易习惯时，可以依其习惯。从另一个角度看，修缮也是出租人的权利，即属出租人为了保存租赁物所为的必要行为。因此，当出租人需要对租赁物进行修缮，承租人不得拒绝。我国《民法典》对此没有规定，《德国民法典》第555条之一第1款规定："使用承租人应容忍对租赁物之必要保养或修缮措施（保存措施）。"此规定可以借鉴。

在司法实践中，应当注意的是：（1）出租人不修缮租赁物时，承租人有权催告出租人修理。出租人在承租人催告的合理期限内仍不履行其修缮租赁物的义务的，承租人可自己对租赁物进行维修，其维修费用由承租人负担。

[①] 王家福主编：《民法债权》，法律出版社1991年版，第652页。

（2）出租人修理租赁物影响到承租人对租赁物进行使用收益的，承租人有权要求出租人减少约定的租金，或者相应地延长租赁期限。

四、出租人负有物的瑕疵担保义务

出租人是否负有物的瑕疵担保义务，《民法典》关于"租赁合同"中未设明文规定。但我们知道，租赁合同为有偿合同，《民法典》第646条规定："法律对其他有偿合同有规定的，依照其规定；没有规定的，参照适用买卖合同的有关规定。"因此，买卖合同的出卖人负有物的瑕疵担保义务。则租赁合同的出租人同样负有物的瑕疵担保义务。

出租人的物的瑕疵担保义务，是指出租人应担保所交付的租赁物能够为承租人依合同约定正常地使用收益。如果租赁物存在瑕疵影响承租人的正常使用收益，则出租人应承担违约责任，承租人也有权解除合同或者请求相应减少租金。正确理解出租人的物的瑕疵担保义务：

1. 租赁物瑕疵的认定。租赁物的瑕疵包括物的质量或数量方面不符合合同约定的标准，或者不符合该物通常的使用状态。上述瑕疵，在租赁物交付前或交付时就已经存在，若当事人之间无特别的约定，承租人可以解除合同或者请求减少租金。若租赁物为种类物，承租人也可要求出租人另行提供无瑕疵的租赁物。若租赁物无所保证的品质，或出租人故意不告知承租人租赁物瑕疵的，承租人可以要求出租人承担不履行合同的损害赔偿责任。

2. 当事人可以通过约定对责任加以限制。若出租人在租赁合同中未对租赁物的品质予以特别的保证，双方又订有关于免除瑕疵担保责任的特殊约定，而且并非属于出租人出于故意或者重大过失而不告知租赁物的瑕疵，则出租人可以免除瑕疵担保责任。

3. 承租人订立合同时明知其瑕疵，出租人可免责。这里的"明知"，需由出租人负举证责任，若承租人否认明知，且出租人又举不出证据证明，则只能推定承租人不知。虽承租人在订立合同时明知租赁物存在瑕疵，出租人因而免于承担物的瑕疵担保责任，承租人不得主张减少租金或请求解除租赁合同。但根据《民法典》第731条的规定，当租赁物危及承租人的安全或者健康的，即使承租人订立合同时明知该租赁物质量不合格，承租人仍然可以随时解除合同。

4.租赁物交付后发生的瑕疵亦属担保范围。出租人不仅在交付租赁物的当时负有瑕疵担保责任,而且对在租赁关系存续期间租赁物发生的瑕疵,也同样承担担保责任。这是因为,租赁关系是一种持续性的法律关系,建立租赁关系的目的在于使承租人在租赁期间能够对租赁物使用收益,在租赁关系存续期间,租赁物因不可归责于承租人的事由而发生毁损或者部分灭失时,出租人仍然要负担保责任。至于此时当事人可以采取何种方式救济,《日本民法》第611条规定:"(一)承租物的一部分因灭失或其他事由不能使用及收益时,由于不能归责于承租人的事由造成的,根据该不能使用及收益部分的比例,减少租金。(二)租赁物部分灭失或因其他事由不能使用及收益时,仅就剩余部分不能实现租赁人的租赁目的的,租赁人可以解除契约。"在租赁关系存续中所发生的租赁物瑕疵,如果是属于可以修缮的,则对于出租人同时发生修缮义务和担保责任;如果瑕疵是属于不可能修缮的,则对出租人仅发生瑕疵担保责任。如果瑕疵是因可归责于出租人的事由而发生的,对出租人除发生瑕疵担保责任外,同时也构成了其不完全给付的责任,出租人应负债务不履行的损害赔偿责任。

五、出租人负有物的权利瑕疵担保责任

所谓出租人的权利瑕疵担保责任,是指因出租人并无将标的物交予承租人使用的权利,或者租赁物的使用权受到限制,使承租人事实上不能进行使用收益时,对出租人发生的责任。这种责任主要表现为,出租人担保不因第三人向承租人对租赁物主张权利,而使承租人不能依约对租赁物进行使用收益。我国《民法典》第723条第1款规定:"因第三人主张权利,致使承租人不能对租赁物使用、收益的,承租人可以要求减少租金或者不支付租金。"根据这一规定,物的权利瑕疵担保责任承担的方式主要是减少或者不支付租金。除此之外,根据国外的一些立法,承租人还可以解除或者终止合同,出租人应对承租人因此所受到的损失负赔偿责任。出租人的权利瑕疵担保责任,依据《民法典》第723条的规定,其构成要件如下:

1.权利瑕疵或其原因在租赁合同订立时已经存在,才发生瑕疵担保责任或签约上过失的赔偿责任。

2.第三人就租赁物向承租人所主张的权利妨害了承租人对租赁物的使用

收益。该权利可为所有权或用益物权（指以使用、收益为内容的物权，即使用人从他人的物本身获取利益或收益），或担保物权（指为了担保债的履行，在债务人或者第三人特定的财产上所设定的物权）。

3. 承租人在订立合同时不知有权利瑕疵。如果承租人明知有权利瑕疵存在仍与出租人订立合同，除有约定外，出租人无须承担权利瑕疵担保责任。但若物的使用收益全部被剥夺时，承租人可以不付租金。

4. 承租人在第三人主张权利时，及时通知了出租人。如承租人怠于通知致使出租人能够救济而未能及时救济的，则出租人对承租人的损失不负赔偿责任；相反，承租人应当赔偿出租人因此所受到的损害。

5. 用特别的约定形式限制权利人关于权利瑕疵担保义务的，则该特别约定无效。在租赁合同订立后，租赁物交付前，因可归责于出租人的事由，发生权利瑕疵的，可认为同时构成债务的不履行。承租人除可请求按比例减少租金或者不支付租金外，还可解除合同，请求违约的损害赔偿。

六、出租人负有接受租赁物、返还押金或担保物的义务

在租赁合同终止时，承租人需返还租赁物，而出租人则应当及时接受承租人所返还的租赁物。若出租人在出租时，收取了承租人所交付的押金或其他担保物的，出租人应当返还押金或者担保物，出租人拒绝返还时，其占有当为非法占有，应承担相应的民事责任。

七、对案例 27 的简要评析

在案例 27 中，主要涉及下列法律问题：

1. 租赁合同的效力。在案例 27 中，中兴公司与三阳公司所签订的门面房租赁合同，是双方当事人的真实意思表示，亦不违反法律、行政法规的强制性规定，应为有效合同。

2. 案件符合构成权利瑕疵担保责任的构成要件。在案例 27 中，一是在租赁合同签订之前，中兴公司已将租赁物抵押给银行。二是承租人三阳公司在订立租赁合同时并不知道租赁物上设定有担保物权。三是第三人银行申请人民法院对租赁物进行拍卖，致使承租人三阳公司对租赁物不能使用收益。四是承租人三阳公司及时履行了通知义务。因此，出租人中兴公司应负权利

瑕疵担保责任。

3.案件的处理。承租人中兴公司负有权利瑕疵担保责任,给承租人三阳公司造成了损害,三阳公司请求判令中兴公司退还余下租金及违约金3万元,应当予以支持。同时,抵押人将已抵押的财产出租的,抵押权实现后,租赁合同对受让人不具有约束力。抵押人将已抵押的财产出租时,如果抵押人未书面告知承租人该财产已抵押的,抵押人对出租抵押物造成承租人的损失承担赔偿责任;如果抵押人已书面告知承租人该财产已抵押的,抵押权实现造成承租人的损失,由承租人自己承担。

第三节　承租人的义务

一、问题的提出

租赁合同为双务有偿合同,承租人既享有权利,又负有义务。承租人的主要权利是对租赁物的使用收益权,作为使用收益的对价,其主要义务是向出租人支付租金。与上述权利和义务相联系,亦包含一些附属性的权利和义务。如承租人基于租赁合同享有租赁物交付请求权,对租赁物的占有权等。承租人负有合理使用租赁物、妥善保管租赁物、保持租赁物原状、返还租赁物等义务。由于承租人的权利即为出租人的义务,已在前面作过专题论述。因此,本节仍从承租人的义务角度予以论述。

在研究承租人的义务之前,先看两则案例。

案例 28:拆除餐厅及设备是否构成侵权导致解除租赁合同[①]

金龙公司(甲方)与经贸公司(乙方)签订《租赁合同》,约定:金龙公司将其所有的商厦大楼(建筑面积19129平方米)及其内部设施整体出租给经贸公司,租期为10年,第一年租金为人民币700万元,第2年至第10年

---

① 参见最高人民法院民事审判庭编:《最高人民法院民事案件解析》,法律出版社1999年版,第249—255页。

租金为 800 万元每年；因乙方使用不当引起商厦主体结构及设备的损害，乙方应负赔偿责任，甲方有权监督、检查乙方的使用情况；在不改变商厦主体建筑结构的情况下，乙方有权自行决定商厦的经营项目、使用方式及进行装修改造；乙方有权自行决定商厦内部的使用与出租，其摊位与房间的出租价格由乙方自行决定并收取租金；在合同履行中，如乙方违约，不按时缴纳租金，按缺少额 15% 月息向甲方加付滞纳金，时间超过半年，甲方有权终止合同，由此造成的经济损失和后果由乙方负责。随后，双方签订《补充协议》，将合同中原由甲方负责的临街露天业户退路进厦的工作改为由乙方负责，甲方提供人民币 30 万元。集团公司与亚东公司签订协议，同意亚东公司将其与大厦共用的二楼隔墙拆除，换成铝合金自动升降幕墙，以使亚东商场与玛克成商厦连成一体，扩大经营规模。为了防火安全及经营需要，拆除了大厦一楼餐厅内外隔断墙及全部设备，经原审法院委托有关专家鉴定，结论是此两项拆除，对结构受力无不利影响，但原有功能已经丧失。在租赁合同履行期间，金龙公司致函经贸公司及其法定代表人，提出原租金过低，今后年租金为 850 万元，每年重新签订一次续租合同。在每一年度开始前 20 日内，一次向出租方缴齐下年房租，逾期按违约处理，并要求经贸公司在 7 日内书面答复，否则视为放弃承租权。经贸公司未在限定的期间作出答复，而形成纠纷。

生效裁判认为，金龙公司与经贸公司签订的租赁合同及其补充协议，系双方当事人的真实意思表示，且不违反法律的规定，租赁合同及其补充协议为有效协议。由于双方在《租赁合同》中明确约定，经贸公司"在不改变商厦主体建筑结构的情况下，有权自行决定商厦的经营项目，使用方式及进行装修改造"。经法院组织专家鉴定，结论为上述两项拆除行为对房屋结构无不利影响，故经贸公司根据经营需要拆除一楼餐厅及将大厦中与亚东公司之间的隔断墙换成铝合金自动升降幕墙，不违反合同，亦不构成对金龙公司的侵权，租赁合同不能解除，应当继续履行合同。

案例 29：建筑设备租赁合同终止后能否计付租赁费[①]

2010 年，被告刘某斌以某大学某校区工程第一项目部名义承建某校区工

[①] 详见陕西省咸阳市中级人民法院（2022）陕 04 民终 4 号民事判决书。

程。2011年4月19日，原告某租赁站与某校区工程第一项目部签订租赁合同，原告的经营者李某梅的丈夫张某英代表原告在合同中签名。合同签订后，原告开始向项目部工地出租钢管、扣件、丝杠等物件。2012年5月，被告宏某公司参与案涉工程的项目施工，与某大学签订施工合同。被告刘某斌作为宏某公司某校区工程第一项目部负责人负责施工事宜，宏某公司某校区工程第一项目部继续租赁原告钢管、扣件、丝杠、提升机等物件。2012年6月27日，被告刘某斌对原告截至2011年12月31日的租赁费进行结算并出具结算单，结算单载明：截至2011年12月31日，应付张某英租赁费92198.56元，已付款20000元，余款72198.56元。2013年1月16日，宏某公司某校区工程第一项目部对原告在2012年1月至2012年12月31日租赁的钢管、扣件、丝杠费用进行结算，结算单载明该期间应付的租赁费为66521.34元。其间，宏某公司某校区工程第一项目部对原告在2012年6月1日至2012年12月31日租赁的提升机费用进行结算，结算单载明该期间应付四台提升机的租赁费为42960元。2013年案涉工程停工。

生效裁判认为，被告刘某斌在2011年以某校区工程第一项目部名义与原告签订租赁合同，原告向该项目部租赁建筑设备，但被告宏某公司参与该项目施工，被告宏某公司虽未与原告签订租赁合同，但其在进驻案涉项目后，案涉项目仍租赁原告的钢管、扣件等物品，原告与宏某公司某校区工程第一项目部建立事实租赁关系，且其项目部在设备租赁结算单中加盖公章，故被告宏某公司是租赁合同的当事人，其主体适格。关于租赁合同是否应当予以解除，原告租赁费数额如何计算的问题。从原告提交的三份设备租赁结算单中看，截至2011年12月31日，租赁费为72198.56元；2012年1月至2012年12月31日，原告的租赁费共计109481.34元。原告主张2013年至2020年8月31日期间的租赁费，从本案租赁情况看，宏某公司某校区工程第一项目部在项目因故停工后再未进行施工，并陆续向原告归还部分租赁物品，项目部在返还原告的租赁物品时，原告对项目停工无法施工的情况亦明确知晓，双方租赁合同事实此时已经终止，因此，原告主张其在2013年后至今仍与被告建立租赁关系，不符合事实及社会通常认知，亦违反公平原则，故原告请求解除与被告间的租赁合同并要求被告支付该期间的租赁费用，不予支持。关于原告主张的逾期付款利息，因双方并未明确约定租赁费的支付期限,被告应当在租赁关系终止时支付原告租金并承担利息。据此判决:一、被告刘某斌支付原告租赁费72198.56元及利息。二、被告宏某公司支付原告租赁费109481.34元及利息。三、被告宏某公司返还原告未归还的租赁物品;如不能返还,则按照同类型号通用物品的市场价格折价赔偿,赔偿价格以折价时的市场价格计算。

上述案例,均涉及承租人的义务问题。试问:承租人的主要义务有哪些?

二、承租人负有合理使用租赁物的义务

《民法典》对承租人负有合理使用租赁物的义务作出了明确规定,即第709条规定:"承租人应当按照约定的方法使用租赁物。对租赁物的使用方法没有约定或者约定不明确,依据本法第五百一十条的规定仍不能确定的,应当根据租赁物的性质使用。"第710条规定:"承租人按照约定的方法或者根据租赁物的性质使用租赁物,致使租赁物受到损耗的,不承担赔偿责任。"第711条规定:"承租人未按照约定的方法或者未根据租赁物的性质使用租赁物,致使租赁物受到损失的,出租人可以解除合同并请求赔偿损失。"

从《民法典》的规定精神看,承租人合理使用租赁物是一项法定义务。所谓合理使用租赁物,是指承租人应按租赁合同约定的方法或出租人所提供的使用说明书、操作规则等使用租赁物,合同就使用方法未形成约定或出租人未能提供使用说明书、操作规则时,应按租赁物的性质使用。承租人是否合理使用租赁物,产生不同的法律后果。因此,在司法实践中,应当正确界定承租人是否合理使用租赁物。

承租人合理使用租赁物,致使租赁物受到损耗的,不承担损害赔偿责任。如甲将其货车租赁给乙使用,乙在正常合理使用中,货车必然会产生正常损耗,即发生折旧。该折旧损失自然应由出租人甲承担。承租人违反合理使用租赁物的义务,致使租赁物受到损失的,承租人应负损害赔偿责任。同时,出租人可以请求解除合同。如乙在使用货车过程中,若因严重超载,致使货车损坏,则乙应负赔偿责任,亦充分体现了民事责任承担的过错责任原则。

依《民法典》第711条的规定,承租人未合理使用租赁物,致使租赁物受到损失的,出租人可以解除合同并要求赔偿损失。但《民法典》没有对承租人未合理使用租赁物,未给租赁物造成损害情形作出规定。对此,《法国民法典》第1729条规定:"如果承租人不合理地使用承租物或者将承租物用于规定的用途以外的其他用途或者由此给出租人造成损失的,出租人可以根据具体情节,请求解除租约。"该规定值得借鉴。同时,笔者认为,虽《民法典》对此种情形未作规定,但可依《民法典》第527条、第528条[①]所规定的不安抗辩权制度进行处理,出租人当属先履行债务的一方,承租人未合理使用租赁物,当属严重丧失信誉。因承租人的行为可能给租赁物造成损害,出租人应中止租赁合同的履行,并通知承租人在合理期限内提供适当的担保,否则,出租人有权解除合同。因此,应由出租人行使不安抗辩权。

三、承租人负有妥善保管租赁物的义务

我国《民法典》第714条规定了承租人负有妥善保管租赁物的义务,即"承租人应当妥善保管租赁物,因保管不善造成租赁物毁损、灭失的,应当承担赔偿责任"。承租人在租赁期间占有租赁物的,负有妥善保管租赁物的义务。对此,其他国家的民法也都设有类似规范,如《法国民法典》第1728条规定:"承租人负有两项主要义务:1.以合理的悉心注意并且按照租赁合同规定的目的使用出租物……"第1732条规定:"承租人应当对承租期间承租物发生的损坏或灭失负赔偿责任;其证明此种损坏或灭失非因其过错造成的除外。"

在司法实践中,承租人负有妥善保管租赁物的义务,应注意如下几点:

---

① 《民法典》第527条规定:"应当先履行债务的当事人,有确切证据证明对方有下列情形之一的,可以中止履行:(一)经营状况严重恶化;(二)转移财产、抽逃资金,以逃避债务;(三)丧失商业信誉;(四)有丧失或者可能丧失履行债务能力的其他情形。当事人没有确切证据中止履行的,应当承担违约责任。"第528条规定:"当事人依据前条规定中止履行的,应当及时通知对方。对方提供适当担保的,应当恢复履行。中止履行后,对方在合理期限内未恢复履行能力且未提供适当担保的,视为以自己的行为表明不履行主要债务,中止履行的一方可以解除合同并可以请求对方承担违约责任。"

1. 承租人在保管租赁物方面，应当以善良管理人的注意，尽到妥善保管的义务。在承租人对租赁物进行使用收益时，因未尽到应有的注意，致使租赁物遭受毁损或者灭失的，承租人应当对出租人承担赔偿责任。

2. 承租人对他人的使用行为承担责任。承租人不仅应对自己违反保管义务的行为承担责任，而且在因经承租人允许使用租赁物的第三人，造成租赁物毁损、灭失时，承租人同样应承担赔偿责任。此处并不包括转租问题。

3. 承租人对他人侵害租赁物的行为承担责任。因承租人未履行充分注意义务，致使租赁物被第三人毁损或窃取时，承租人基于租赁合同中的债务不履行，而对出租人承担责任。同时，第三人基于侵权行为，对于出租人承担损害赔偿责任。此两项责任并非连带责任。

4. 对于使用租赁物同时可以产生收益的，承租人应当负责保持租赁物的收益能力。保持租赁物的收益能力根本目的是使承租人能够继续获得收益，故为此所花费用，应当由承租人自行负担。

四、承租人负有保持租赁物的义务

我国《民法典》第 715 条规定了承租人负有保持租赁物的义务。即"承租人经出租人同意，可以对租赁物进行改善或者增设他物。承租人未经出租人同意，对租赁物进行改善或者增设他物的，出租人可以请求承租人恢复原状或者赔偿损失"。

所谓对租赁物进行改善，是指承租人在占有使用租赁物期间将租赁物加工改造为具有更高价值的财产。在改善的情况下，承租人已包括了自己的劳动。所谓承租人增设他物，是指承租人在占有使用租赁物期间在租赁物上增设自己的财产，使二者结合在一起，因此，租赁物价值也发生了变化。在增设他物的情况下，租赁物的价值有可能增加，也有可能减少。

依据《民法典》第 715 条的规定，在未经出租人同意的情况下，承租人不能基于自己的意志改变租赁物的现状。为了提高租赁物的使用价值，或服务于自己的特定使用目的，欲对租赁物进行改善，或增设他物时，承租人必须借助于出租人的意志，即只有在征得出租人同意的前提下，方可实施上述行为。如果未经同意，擅自对租赁物进行改善或增设他物，则一方面构成合同义务的违反，应承担恢复原状、赔偿损失的违约责任；另一方面也属于对出租人所有权或他物权的侵害，出租人可选择行使物上请求权，要求承租人恢复原状；或依《民法典》第1165条的规定要求承租人承担赔偿损失的责任。

承租人经出租人同意，对租赁物进行改善或者增设他物，在民法理论上属于添附行为。所谓添附，是附合、混合及加工三者的总称。王泽鉴先生进一步解释为："附合可分为不动产附合及动产附合二种：前者对动产附合于不动产而成为其成分之事实，例如甲取乙之建材，修建自己之房屋；后者指动产与动产附合，非毁损不能分离，或分离需费过巨之事实，例如甲取得乙之纸糊于自己之门窗。混合者，乃物主各异之动产，互相混合后，不能识别，或识别需费过巨之事实，例如甲取乙之味精加于自己之香菇排骨汤之内。加工者，系指就他人之动产，加以制作或改造，使成新物之事实，例如甲取乙之宣纸绘成名画。"[1] 我们同意王泽鉴教授的分析。承租人因为添附而支出的费用属于租赁合同中的有益费用。一般而言，出租人对于承租人为租赁物支出的费用有偿还的义务。

关于有益费用返还的根据，我国通说认为，构成有益费用偿还须具备如下条件：（1）该费用须为对租赁物进行改善或者在租赁物上增设他物而支出的费用。如果仅为维持租赁物必要的使用状态所支出的费用则为必要费用，而非有益费用。（2）须因该费用的支出而使租赁物的价值增加。（3）须承租人所为的改善或增设行为已经出租人同意。如未经出租人同意，承租人不享有请求出租人返还费用的权利，只能恢复原状。但这里的同意，不应仅限于承租人实施行为时出租人的明示同意，出租人知道承租人的行为而不表示反对的，也包括在内。

笔者认为，出租人返还有益费用的根据，应遵循不当得利的规定。正如史尚宽先生所说的："此种有益费用，基于不当得利之理由，出租人应负返还之责。"[2] 因为，在租赁关系终止后，租赁物返还给出租人，出租人就享有了由承租人的改善行为而增加的租赁物价值的利益，承租人则因该费用的支出

---

[1] 王泽鉴：《民法学说与判例研究》（第四册），中国政法大学出版社1997年版，第232页。

[2] 史尚宽：《债法各论》，中国政法大学出版社2000年版，第175页。

而受到损失，出租人取得该利益又没有法律上的根据，所以出租人应将其所得的利益返还给受损失的承租人。也正由于出租人返还的利益仅以其所得为限，因此，有益费用的范围仅限于租赁合同终止时租赁物增加的价值额，而不能以承租人支出的数额为准。关于这一点，史尚宽先生的观点颇值借鉴："偿还之数额，限于现存之增加价。其现存之增加，多于所支出的费用或与之相等者，故应偿还其费用之全部，若其现存之增加额，少于所支出的费用者，则只须偿还其现存之增加额。"[1]承租人虽支出费用改善了租赁物而使价值增加，但在承租人使用租赁物期间，该利益并不为出租人所享有，只有在租赁合同终止时现存的价值才能为出租人所享有，才属于出租人取得的利益。当然，承租人所增设的物能够拆除的可以拆除，而不要求出租人偿还有益费用，但承租人拆除时应恢复租赁物的原状。承租人拆除增设物的权利，在学说上称为工作物取回权。

在司法实践中，根据《城镇房屋租赁合同解释》的有关规定，对于装饰装修的处理可遵循下列原则：一是承租人经出租人同意装饰装修，租赁合同无效时，未形成附合的装饰装修物，出租人同意利用的，可折价归出租人所有；不同意利用的，可由承租人拆除。因拆除造成房屋毁损的，承租人应当恢复原状。已形成附合的装饰装修物，出租人同意利用的，可折价归出租人所有；不同意利用的，由双方各自按照导致合同无效的过错分担现值损失。二是承租人经出租人同意装饰装修，租赁期间届满或者合同解除时，除当事人另有约定外，未形成附合的装饰装修物，可由承租人拆除。因拆除造成房屋毁损的，承租人应当恢复原状。三是承租人经出租人同意装饰装修，合同解除时，双方对已形成附合的装饰装修物的处理没有约定的，按照下列情形分别处理：（1）因出租人违约导致合同解除，承租人请求出租人赔偿剩余租赁期内装饰装修残值损失的，应予支持。（2）因承租人违约导致合同解除，承租人请求出租人赔偿剩余租赁期内装饰装修残值损失的，不予支持。但出租人同意利用的，应在利用价值范围内予以适当补偿。（3）因双方违约导致合同解除，剩余租赁期内的装饰装修残值损失，由双方根据各自的过错承担相应的责任。（4）因不可归责于双方的事由导致合同解除的，剩余租赁期内

---

[1] 史尚宽：《债法各论》，中国政法大学出版社2000年版，第175页。

的装饰装修残值损失，由双方按照公平原则分担。法律另有规定的，适用其规定。四是承租人未经出租人同意装饰装修或者扩建发生的费用，由承租人负担。出租人请求承租人恢复原状或者赔偿损失的，应予支持。五是承租人经出租人同意扩建，但双方对扩建费用的处理没有约定的，若办理了合法建设手续的，扩建造价费用由出租人负担。若未办理合法建设手续的，扩建造价费用由双方按照过错分担。

五、承租人负有支付租金的义务

（一）租金的支付期限

我国《民法典》第721条规定："承租人应当按照约定的期限支付租金。对支付租金的期限没有约定或者约定不明确，依据本法第五百一十条的规定仍不能确定，租赁期限不满一年的，应当在租赁期限届满时支付；租赁期限一年以上的，应当在每届满一年时支付，剩余期限不满一年的，应当在租赁期限届满时支付。"

承租人应当按照约定的期限支付租金。当事人如果没有约定支付期限或约定的支付期限不明确，则依照《民法典》第510条的规定确定支付期限，即可以协议补充约定支付期限。如果就支付租金期限未能达成一致意见，则按照合同的有关条款或交易习惯确定支付租金的期限，如果通过以上途径仍不能确定支付期限，则应当在租赁期限届满时支付。但租赁期限在1年以上的，应在每届满1年时支付；剩余期限不满1年的，应当在租赁期限届满时支付。

（二）承租人违反按时支付租金义务的法律后果

我国《民法典》第722条规定："承租人无正当理由未支付或者迟延支付租金的，出租人可以请求承租人在合理期限内支付；承租人逾期不支付的，出租人可以解除合同。"

承租人负有按照约定支付租金的义务，如违反该义务，要承担一定的法律后果。违反该义务包括两个方面：一是无正当理由未支付；二是无正当理由迟延支付，这两种行为均为违约行为。《民法典》对该种违约行为规定经出租人在合理期限内催告后，于其期限届满时仍不支付的，出租人可以解除合同。"合理期限"无具体时间规定，应以租赁合同的具体情况及交易习惯确定。另外，依我国现行法律规定，房屋租赁的承租人6个月不支付房租的，出租人才能解除合同。

（三）关于租金应注意的问题

1. 租金的表现形式。租金一般以货币为表现形式，但不以货币为限，当事人亦可以约定以其他物品或者租赁物的孳息等充作租金。

2. 租金数额的确定。租金的数额一般可以由当事人自行约定，但法律或者行政法规中对租金数额有特殊规定的，应当依照其规定，当事人约定的租金高于法定最高限额的，超过的部分无效。若当事人对租金数额约定不明时，可参照同类物的租金来确定。

3. 租金的诉讼时效。依据《民法典》第188条的规定，当事人延付或者拒付租金的诉讼时效期间为3年。因此，对租金的诉讼时效，要特别注意的是，并不是《民法通则》所规定的1年的诉讼时效期间。

4. 租金的减免。承租人应当按合同约定的期限、数额支付租金，此为法定义务。但因不可归责于承租人的事由，致使租赁物部分或者全部毁损、灭失的，承租人可以要求减少或者不支付租金。如在租房出租中，房屋因地震等原因毁灭时，承租人可以减免支付租金。

六、承租人负有返还租赁物的义务

我国《民法典》第733条规定了承租人的此项义务，即"租赁期限届满，承租人应当返还租赁物。返还的租赁物应当符合按照约定或者根据租赁物的性质使用后的状态"。

租赁关系终止的原因多种多样。一般为租赁期限届满而终止，但也可能会出现因合同一方当事人违约后另一方解除租赁合同而终止。在租赁关系终止时，只要租赁物存在，承租人就应返还租赁物；只有当租赁物不存在了，承租人才不负返还义务。如在租赁物因不可归责于承租人的事由灭失时，租赁关系终止，承租人并不负有返还租赁物的义务。

承租人返还租赁物的义务是基于租赁合同所产生的义务，因而即使是承租人在租赁关系终了后将租赁物的所有权让与他人,也可被请求返还。

数人共同承租时,各承租人之间所负担的租赁物返还义务应为连带债务。当出租人为数人时,如出租人之间为按份共有,各共有人可基于所有物返还请求权,就其应有部分,主张返还;如数个出租人为共同共有,则原则上应由数个共有人共同主张返还。①

承租人返还的租赁物应当符合合同约定或者按照租赁物的性质使用后的状态。租赁合同以承租人使用收益租赁物为内容,因此在返还原物时,并不要求原状返还。因为在承租人依约定的方法或根据租赁物的性质所确定的方法,对租赁物进行使用、收益的过程中,难免会使租赁物发生变更或者损耗,故如果承租人在租赁期间对出租财产尽到了正常使用和善意保管义务,则在返还出租物时,即使出租物已显得老旧且遭磨损,出租人也不得要求承租人予以赔偿。

当然,在返还原物时,如承租人在租赁期间未经出租人同意,对出租物进行了改建、改装或者增加附着物,承租人应予以拆除,恢复原状。如当时是经出租人同意的,也可不拆除,承租人对使租赁物价值增加的部分,可主张返还,即请求有益费用的返还。

七、对案例 28、案例 29 的简要评析

1. 对案例 28 的简要评析

案例 28 中,双方当事人约定的解除合同的条件是拖欠租金超过半年,而这种情形在案件中并没有出现。经贸公司的行为也未构成侵权。因为双方在租赁合同中约定:经贸公司"在不改变商厦主体建筑结构的情况下,有权自行决定商厦的经营项目,使用方式及进行装修改造"。显然,经贸公司在不改变主体建筑结构的前提下,可以根据经营需要对大厦局部或全部进行装修及改造。因此,经贸公司出于安全考虑,按消防部门的意见拆除一楼小餐厅,并将二楼隔断墙拆除,换成铝合金升降幕墙,使其兼具隔断及联通的双重功能,将大厦与相邻的亚东商场连成一体,使双方因扩大经营规模而受益并无不当,故经贸公司的行为不构成对金龙公司的侵权。

---

① 史尚宽:《债法各论》,中国政法大学出版社 2000 年版,第 204 页。

案件中，双方约定第三年起的租金按当时的市场和物价由双方进行商议。金龙公司在租期未满两年时，给经贸公司出具书面函，要求从第三年起，每年支付租金 850 万元，对此经贸公司未予答复。金龙公司认为由于双方未约定第三年起的租金，故合同无法履行，因而主张解除合同。金龙公司要求 850 万元租金，实际上是单方要求改变租金的一种行为，经贸公司未表示同意，并不等于没有租金标准作为依据，因为双方在租赁合同中明确约定，第三年起的租金可按当时的市场和物价进行商议。据此，应在原租金 400 万元的基础上，考虑当时的市场及物价情况确定租金，如果双方协商不成，可根据此计算方式，委托双方同意的评估部门评估。因此，合同是可以履行的，而不是必须解除，如果解除合同，将会使一方业已培育而成的市场毁于一旦，这是不公平的。

2. 对案例 29 的简要评析

在案例 29 中，主要涉及下列问题：

宏某公司是不是适格的被告主体。2011 年，被告刘某斌以某大学某校区工程第一项目部名义与某租赁站签订了租赁合同，某租赁站向该项目提供建筑设备，宏某公司参与该项目施工。宏某公司虽未与某租赁站签订租赁合同，但其进驻案涉项目后，案涉项目的建筑仍租赁某租赁站的钢管、扣件等物品，某租赁站与宏某公司杨陵校区工程第一项目部建立事实租赁关系，且其项目部在设备租赁结算单中加盖公章，宏某公司作为实际的租赁合同当事人，其主体适格。

租赁合同是否应当解除。从本案租赁情况来看，案涉项目自 2013 年因故停工后再未进行施工，并陆续向某租赁站归还部分租赁物，某租赁站对该项目停工情况明确知晓，此时双方租赁合同事实已经终止，因此，某租赁站主张其在 2013 年后至今仍与宏某公司和刘某斌建立租赁关系，不符合事实及社会通常认知，如果让其支付租赁费，则有违公平原则。因此，对于原告某租赁站请求解除该租赁合同并要求支付该期间的租赁费用，不予支持。

租赁费数额及责任承担。从原告某租赁站提交的三份设备租赁结算单来看，租赁费共计 109481.34 元。刘某斌以某校区工程第一项目部名义承揽工程，与某租赁站建立租赁关系，其亦对 2011 年 12 月前欠付的租赁费进行结算，该期间的租赁费应当由刘某斌承担。对于之后的租赁费，宏某公司某校区工程第一项目部与原告某租赁站就 2012 年 1 月至 12 月的租赁费进行结算，系对双方租赁关系的认可，宏某公司应当对其项目部的行为承担责任，支付原告租赁费共计 109481.34 元。

第四节　租赁合同实务问题研究

一、问题的提出

租赁合同是以取得物的使用收益为目的的合同。一是有利于充分发挥物的使用价值，使闲置的财产得到充分利用。二是有利于满足社会成员对财产临时使用的需要，以解决其生产和生活需求与资金不足的矛盾，并且可以避免因临时需要而购买所造成的浪费。因此，租赁合同自古存在，经久不衰。正因为如此，在司法实践中，租赁合同在实务中有诸多问题需要研究。

在研究租赁合同实务问题之前，先看三则案例。

案例 30：租赁权的对抗效力纠纷

2021 年 2 月 2 日，某市中兴公司与该市化学公司签订门面房屋租赁合同，主要约定：中兴公司将自己的 20 间门面房出租给化学公司，由化学公司在此设立化学公司销售部，租赁期限为 3 年，年租金为 6 万元，每年年初时一次性付清年租金。并约定租赁期满后，在同等条件下化学公司享有优先承租权。租赁合同签订后，2021 年 2 月 3 日，化学公司将第一年的租金 6 万元支付给中兴公司。2022 年 2 月 3 日，化学公司又将第二年度房租 6 万元支付给中兴公司。

2021 年 9 月 6 日，中兴公司与该市阳光支行签订借款抵押担保合同，主要约定：阳光支行贷款给中兴公司人民币 30 万元，月息 0.9 分，借款期限 8 个月，贷款用途为开发商品房建设，担保方式为抵押担保，中兴公司用其门面房屋 20 间及所占用的土地使用权抵押担保。2021 年 9 月 7 日，经该市房产和土地管理部门评估，中兴公司的抵押物价值为40万元，并于同日办理了抵押登记。当日，阳光支行将款项30万元划入中兴公司账号。

中兴公司与阳光支行签订借款抵押担保合同，将化学公司所租用的门面房屋设置抵押，中兴公司未将设置抵押情况告知化学公司，并于2022年2月3日继续收取租金。中兴公司贷款到期后，仅偿还了贷款的利息。经中兴公司与阳光支行协商，中兴公司将抵押物协议作价38万元抵还贷款，尚余的8万元将由阳光支行支付给中兴公司。双方协商后，2022年5月9日办理了产权过户手续。过户后，2022年5月13日，阳光支行以在此设立分理处为由，通知承租人化学公司限期搬走，化学公司接到通知后，以与中兴公司所签订的门面房租赁合同有效，而应继续履行租赁合同或者享有优先购买权为由拒绝搬走，双方形成纠纷。

案例31：谁的优先购买权更优先

某市王某一、王某二共有房屋4间，二人各占两间，出租给张某，租赁期限为2020年1月1日至2024年12月31日。每年租金8000元，在年初预交。

2021年10月8日，王某二私下将其所享有的份额以价款10万元转移所有权于李某。其后，房屋共有人王某一、房屋承租人张某得知后，均表示"愿出10万元购买之"，并主张优先购买权。各方当事人各执一词，形成纠纷。2021年10月28日，王某一作为原告，以王某二、李某为被告，张某为有独立请求权的第三人，诉至法院，请求：（1）撤销王某二与李某之间的房屋买卖关系；（2）原告在同等条件下享有优先购买权。张某的诉讼请求与王某一一致。

案例32：转租是否合法

2022年1月6日，某市牛某与李某签订房屋租赁合同，约定租期3年，年租金10000元，每半年交清一次。李某在租赁过程中，私下将其房屋的一半另租给江某，年租金6000元，年初时预交。

2022年8月3日，牛某在向李某追要下半年房租时，得知李某擅自将房屋的一半转租给江某。牛某遂告知李某不要转租，李某继续我行我素。无奈之下，牛某于 2022 年 9 月 19 日，诉至法院，请求解除与李某之间的租赁合同。江某以第三人的身份申请参加诉讼，称与李某之间的租赁合同应合法有效，且年租金 6000 元已预交给李某，请求继续履行租赁合同。

在上述案例中，案例 30 涉及租赁权与抵押权的对抗效力；案例 31 涉及共有人、承租人均享有优先购买权，谁更优先的问题；案例 32 涉及转租的效力问题。试问：租赁物在租赁期间发生所有权变动是否影响租赁合同的效力？出租人出卖租赁房屋，承租人是否享有在同等条件下优先购买的权利？承租人转租，承租人与出租人之间的租赁合同是否继续有效？第三人对租赁物造成损失，承租人是否应当赔偿损失？因不可归责于承租人的事由，致使租赁物部分或者全部毁损、灭失，承租人可否请求减少租金或者不支付租金？承租人可否解除合同？出租人是否为租赁物的所有人或使用权人，是否影响租赁合同的效力？在租赁期间因占有、使用租赁物获得的利益，归承租人所有，但当事人可否另有约定？

二、租赁权的性质及对抗效力

（一）租赁权的性质

所谓租赁权，是指承租人依据租赁合同所取得的权利，即承租人依租赁合同约定方法对租赁物有使用、收益的权利。

关于租赁权的性质，大致存在三种学说。一是债权说。该学说认为，租赁权系因租赁合同成立后租赁物交付而取得，是对他人之物使用、收益的权利，并非如物权那样直接支配标的物的独立的权利，故租赁权是债权而不是物权。二是物权说。该学说认为，债权是请求他人为一定行为或不为一定行为的权利，而租赁权系占有租赁物并为使用、收益的权利，其实质在于对物的支配，承租人对出租人享有的租赁物交付的请求权、修缮请求权等，不过是由这种支配权发生的效果。三是租赁权物权化说。该学说认为租赁权仍属于债权，但法律赋予其物权的效力，即通常所说的"买卖不破租赁"原则，是租赁权物权化的具体体现。

上述三种学说中，债权说不利于维持租赁权的安定性，对承租人利益的保护极为不周。物权说有悖于"物权法定主义"[①],因而各国民法均未将租赁权规定为物权,我国亦如此。《民法典》第725条规定:"租赁物在承租人按照租赁合同占有期限内发生所有权变动的,不影响租赁合同的效力。"该条规定就体现了租赁权的物权化。[②] 租赁权的物权化表明租赁权不是物权。租赁权如果被法律赋予物权的全部效力,就成为真正意义的物权,而非物权化。我国民法对于承租人直接支配租赁物的事实并未按照物权关系设计,而是将租赁权在总体上作为债权,在个别方面赋予物权的效力,使租赁权物权化了。[③]

(二)租赁权的对抗效力

我国《民法典》第725条的规定,说明了我国在立法上对租赁权的对抗效力予以确认,体现了"租赁权的物权化",明确了"买卖不破租赁"的规则。所谓"物权化",是指在承租人依据租赁合同占有租赁物期限内,承租人对租赁物的占有使用可以对抗第三人,即使是该租赁物所有权人或享有其他物权的人也不例外。[④]

财产租赁在民法上由原来的"买卖可以击破租赁"发展到现在的"买卖不破租赁"规则。所谓"买卖可以击破租赁"规则,是指出租人将该财产出租给承租人使用后,若在承租期间出租人将该项财产转让给第三人,则导致承租人的租赁权消灭。所谓"买卖不破租赁"规则,是指租赁关系成立之后,即使出租人将出租物转卖给第三人,该原来存在的租赁关系仍对买受人有效,承租人仍然可以向受让人主张租赁权,受让人所得的也仅是负有租赁债权的财产所有权。在"买卖不破租赁"规则下,租赁权不仅具有债权性,还具有一定的物权性,可能附随于租赁物之上,承租人向该租赁物后成立的物权人主张租赁合同的继续存在,租赁权有效。

---

① 所谓物权法定主义,是指对于物权的种类和内容由国家以法律形式统一确定,不允许依当事人的意思自由创设,即除民法及其他法律有明文规定的物权之外,当事人不得任意创设物权。
② 黄薇主编:《中华人民共和国民法典合同编释义》,法律出版社2020年版,第554页。
③ 参见最高人民法院民法典贯彻实施工作领导小组主编:《中华人民共和国民法典合同编理解与适用(三)》,人民法院出版社2020年版,第1413页。
④ 黄薇主编:《中华人民共和国民法典合同编释义》,法律出版社2020年版,第554页。

租赁权具有对抗效力,是租赁权物权化的具体体现。租赁权的物权化具体表现在:(1)租赁权具有优先于一般债权的对抗效力;(2)对事实上侵害租赁权的第三人的效力;(3)租赁权的继续性;(4)租赁权处分的可能性。

三、抵押权与租赁权的关系

抵押权与租赁权的关系,指一物之上抵押权与租赁权同时存在,当两者发生冲突时,哪个权利效力优先的问题。之所以一物之上能同时存在抵押权和租赁权,是因为抵押权和租赁权在性质上是相容的,抵押权所追求的是抵押物的交换价值,并且不要求移转抵押物的占有,而租赁权是追求标的物的使用价值,同时又移转占有。抵押权和租赁权的关系,有两种情形。

(一)租赁权发生在先,抵押权发生在后

正如前文所述,传统民法中遵循"买卖不破租赁"的原则。租赁权对抗所有权,是在租赁权发生在先,物的新所有人产生在后,买主如果购买已经出租的财产,则必须承受租赁继续有效的负担。之所以规定租赁权可以对抗所有权,是为了保护承租人的利益,维持社会经济关系的稳定。

当租赁合同先成立时,其后出租人又以该出租物设定抵押时,则会产生租赁权是否继续有效的问题。根据"买卖不破租赁"的规则,在买卖时,买受人所取得的标的物所有权是不得对抗标的物租赁权的,而抵押权从本质上讲,并无优先于所有权的效力,这样以前已存在的租赁权也可以对抗后设立的抵押权而继续有效存在。对此种情况,我国《民法典》第405条作出了明确规定,即"抵押权设立前,抵押财产已经出租并转移占有的,原租赁关系不受该抵押权的影响"。换言之,抵押人将已出租的财产抵押的,抵押权实现后,租赁合同在有效期内对抵押物的受让人继续有效。

(二)抵押权发生在先,租赁权发生在后

我国《民法典》对抵押权发生在先,租赁权发生在后的情形未作明文规定。抵押人将抵押物设立抵押之后,其抵押物的物权仍归抵押人所有,抵押人依然享有占用、使用、收益、处分(处分权应有所限制)的权利,抵押人完全可以在抵押物抵押期间将其抵押物出租,从而在抵押物上形成租赁权。

根据《城镇房屋租赁合同解释》第14条"租赁房屋在承租人按照租赁合同占有期限内发生所有权变动，承租人请求房屋受让人继续履行原租赁合同的，人民法院应予支持。但租赁房屋具有下列情形或者当事人另有约定的除外：（一）房屋在出租前已设立抵押权，因抵押权人实现抵押权发生所有权变动的……"的规定，抵押人将已抵押的财产出租的，抵押权实现后，租赁合同对受让人不具有约束力。抵押人将已抵押的财产出租时，如果抵押人未书面告知承租人该财产已抵押的，抵押人对出租抵押物造成承租人的损失承担赔偿责任；如果抵押人已书面告知承租人该财产已抵押的，抵押权实现造成承租人的损失，由承租人自己承担。

四、转租

转租，是指承租人将租赁物再次出租给次承租人使用收益，而承租人自己并不退出租赁关系。在转租情况下，次承租人与承租人之间形成一个新的租赁关系，而承租人与出租人之间原来的租赁关系仍继续存在。

（一）超过承租人剩余租赁期限的转租

《民法典》第717条规定："承租人经出租人同意将租赁物转租给第三人，转租期限超过承租人剩余租赁期限的，超过部分的约定对出租人不具有法律约束力，但是出租人与承租人另有约定的除外。"该条规定是对超过承租人剩余租赁期限的转租期间效力的规定。要正确认识转租的法律效果，首先就要厘清转租与租赁合同之间的关系。

就转租须以租赁合同为前提而言，二者类似主从合同关系。但是转租合同不是租赁合同的从合同，原因是：虽然转租在发生上、效力上、转让上、消灭上均受到租赁合同的限制，即转租的生效要件之一是租赁合同的有效存在。但就转租合同内容而言，转租人与次承租人均具有独立于租赁合同的法律利益，转租人为了获取租金，次承租人则为了获得租赁物的使用、收益之权，不符合主从合同的要求。

另就标的物而言，转租的标的物系租赁合同的标的物或其一部分，具有同一性，亦不符合主从合同的要求。但是，不可否认的是，租赁合同与转租具有密切的关联，转租人亦为租赁合同的承租人，两个合同的标的物相同，均为出租人的所有物。出租人虽非转租的当事人，但基于租赁物的所有人及租赁合同的出租人身份，可在不同程度上对转租施加影响。之所以有人将租赁合同与转租合同之间的关系混同于主合同与从合同之间的关系，主要原因在于租赁合同与转租合同之间关系密切，转租合同在一定意义上也具有附属性。从这种意义上讲，转租合同的期限不应长于出租人与承租人订立的租赁合同的期限。承租人将房屋转租，依据的恰恰是其与出租人订立的房屋出租合同，其权源也是依据该房屋出租合同享有的对房屋租赁期内的占有和使用权。因此，转租合同具有一定的依附性。如果转租合同约定的租赁期限超出了承租人的剩余租赁期限，而租赁合同约定的履行期限又已届满，承租人就丧失了对于该房屋进行处分的合法权源，该行为当然应归于无效。但是同时也应考虑到当事人的意思自治，如果出租人与承租人在订立合同时就约定，承租人可以将房屋超过剩余租赁期限进行出租，此时应当尊重当事人的意思自治，而不应将这种超过剩余租赁期限的转租行为认定为无效。

转租合同中超过承租人剩余期限的部分效力如何，主要存在绝对无效说和相对无效说。《民法典》第717条的规定采用相对无效说，规定转租合同中约定的转租期限超过承租人剩余租赁期限的，该约定只要不存在法律规定无效事由即为有效，次承租人也因此取得相应权利，但该权利仅对承租人不产生法律约束力。原租赁合同期限届满后，出租人可以要求次承租人限期返还租赁物，次承租人则可依据转租合同的约定向承租人主张违约责任。[1]

（二）出租人同意转租的推定

出租人同意承租人转租后，将对出租人、承租人和次承租人均产生一定的法律后果，因此出租人将该同意的意思表示于外的行为，属于意思表示。行为人的意思表示可以是明示或者是默示，但默示只有在有法律规定、当事人约定或者符合当事人之间的交易习惯时，才可以视为意思表示。[2] 在

---

[1] 参见黄薇主编：《中华人民共和国民法典释义（中）》，法律出版社2020年版，第1354页。

[2] 参见黄薇主编：《中华人民共和国民法典释义（中）》，法律出版社2020年版，第1354页。

承租人将租赁物部分或者全部转租他人时，出租人明知或者应当知道而置之不理，此时转租合同的效力往往处于不确定状态，对承租人、次承租人均不利。

1. 出租人同意转租的推定。《民法典》第 716 条第 2 款规定："承租人未经出租人同意转租的，出租人可以解除合同。"为督促当事人及时保护合法权益，维护交易的稳定性，《民法典》第 718 条将出租人知道或者应当知道承租人转租，但在 6 个月内未提出异议的，推定为出租人同意转租。

2. 未经出租人同意的转租合同的效力。未经出租人同意的转租破坏了原有的出租人与承租人的信任关系，减弱了出租人对于出租房屋的控制，因此，原则上未经出租人同意，转租行为无效。

3. 次承租人的诉讼地位。在房屋租赁合同被解除或者被认定无效的情形下，都涉及房屋的返还问题，此时，案件的处理结果必然与次承租人具有法律上的利害关系。至于次承租人是具有独立请求权的第三人还是无独立请求权的第三人，由受诉人民法院根据案件的具体情况确定。

4. 对于"6 个月"的理解。6 个月异议期的规定，目的是平衡出租人与次承租人的利益，规定的期限太长，不利于稳定现有的转租关系和维护次承租人的利益；规定的期限过短，也不利于出租人利益的保护。这 6 个月应当理解为除斥期间，不适用诉讼时效关于中断、中止与延长的规定。这是出租人行使合同解除权和主张合同无效的权利期间，因此，将其定位于除斥期间更为准确。

（三）次承租人的代位求偿权

在承租人将租赁物转租的情况下，次承租人作为实际占有使用租赁物的当事人，与出租人之间并不存在直接的合同关系，当承租人未按租赁合同约定按时足额向出租人支付租金时，根据《民法典》第 722 条的规定，出租人可以在经催告无果的情况下解除租赁合同，而一旦租赁合同被解除，次承租人即面临无法继续使用租赁物的风险，除非其与出租人另行达成新的租赁合同。在出租人、承租人和次承租人三方关系中，次承租人作为租赁物的实际占有使用人，受限于租赁合同和转租合同的独立性和相对性，难以直接对抗出租人，在法律关系上处于相对弱势的地位。为了平衡次承租人的利益，

《民法典》第 719 条规定："承租人拖欠租金的，次承租人可以代承租人支付其欠付的租金和违约金，但是转租合同对出租人不具有法律约束力的除外。次承租人代为支付的租金和违约金，可以充抵次承租人应当向承租人支付的租金；超出其应付的租金数额的，可以向承租人追偿。"

在出租人因承租人欠付租金构成违约而主张行使合同解除权的情形下，次承租人虽非租赁合同当事人，但作为实际占有使用租赁物的一方，可以第三人的身份参与诉讼，提出代承租人支付欠付款项的主张，从而对抗出租人的合同解除权。由于次承租人并非租赁合同当事人，替代承租人向出租人支付租赁合同项下款项，系代为履行承租人合同义务。《民法典》第 523 条规定了当事人约定前提下的第三人履行。在租赁合同项下，出租人的主要权利是收取租金，支付租金作为金钱债务履行，由债务人之外的第三人履行，通常并不会对债权人造成损失。如果租赁合同因承租人拒绝履行租金支付义务而被解除，将使转租合同无法继续履行，直接对次承租人占有使用租赁物的利益产生影响，因而赋予次承租人租金代偿权具有合理性，可以实现稳定交易关系，保护无过错次承租人权益的立法价值，亦符合《民法典》第三人履行的基本原则。①

《民法典》第 719 条第 1 款对次承租人代偿请求权亦规定了例外情形，即"转租合同对出租人不具有法律约束力的除外"，应理解为主要指转租合同违法无效的情形。其实，在租赁物转租的情况下，转租合同无论效力如何，由于出租人并非转租合同的当事人，转租合同自然无论如何都不能对出租人直接产生法律约束力。

次承租人向出租人支付承租人欠付的租金及违约金，系代为履行承租人债务，次承租人并非租赁合同项下的债务人，应认为其可基于本条法律规定和代偿事实，获得对承租人的追偿权。而在转租合同项下，次承租人负有向承租人支付租金的合同债务，应当抵销。在次承租人实际代为支付的租金及违约金数额超出其应向承租人支付租金数额的情况下，次承租人享有追偿权的债权数额超出其应付租金的债务数额，次承租人对所余债权自然仍应享有

---

① 参见最高人民法院民法典工程实施工作领导小组主编：《中华人民共和国民法典合同编理解与适用（三）》，人民法院出版社 2020 年版，第 1513 页。

向承租人追偿的权利。

五、承租人的优先购买权

承租人的优先购买权是世界各国普遍确立的一项民事法律制度,我国法律历来赞同承租人优先购买权制度,但未对该权利的法律性质、实现程序及救济方法作出规定,使该权利的保护成为司法实践中适用法律的难点问题之一。

(一)承租人优先购买权的性质

承租人优先购买权的性质存在分歧,主要代表学说有:一是附条件的形成权说。该学说认为,优先权就其性质来说属于形成权。优先购买权无论是法定的还是约定的,性质上都属于形成权。权利人可依单方的意思表示,形成与义务人将租赁房屋出卖给第三人的以同样条件为内容的合同。而无须义务人(出卖人)的承诺。但该项形成权附有停止条件,即只有在义务人出卖租赁房屋于第三人时,权利人才可以行使。二是期待权说。该学说认为,在出租人未出卖租赁房屋时,优先购买权人的权利尚未现实化,只处于期待权状态。但若出租人出卖租赁房屋于第三人时,优先购买权人就可以行使权利,期待权即可获得实现。三是请求权说。该学说认为,优先购买权是权利人对出卖人享有的买卖合同订立请求权。在权利人行使优先购买权时,买卖合同的成立尚需出卖人的承诺。有的观点认为,请求权说可以概括为附强制缔约义务的请求权,出租人对于承租人购买租赁房屋的请求负有强制承诺的义务。[1]

依照《民法典》第728条"出租人未通知承租人或者有其他妨害承租人行使优先购买权情形的,承租人可以请求出租人承担赔偿责任。但是,出租人与第三人订立的房屋买卖合同的效力不受影响"的规定,承租人优先购买权受侵害时,可以主张损害赔偿请求权,但无权请求确认出租人与第三人签订的房屋买卖合同无效。上述规定将承租人的优先购买权定性为债权。依照

---

[1] 参见黄薇主编:《中华人民共和国民法典释义(中)》,法律出版社2020年版,第1366页。

物权法规定的"物权法定原则",在法律未规定承租人的优先购买权为物权的情形下,该权利不应纳入物权保护的范畴,不具有排他性。《民法典》第726条规定:"出租人出卖租赁房屋的,应当在出卖之前的合理期限内通知承租人,承租人享有以同等条件优先购买的权利;但是,房屋按份共有人行使优先购买权或者出租人将房屋出卖给近亲属的除外。出租人履行通知义务后,承租人在十五日内未明确表示购买的,视为承租人放弃优先购买权。"第727条规定:"出租人委托拍卖人拍卖租赁房屋的,应当在拍卖五日前通知承租人。承租人未参加拍卖的,视为放弃优先购买权。"也就是说,承租人的法定优先缔约权系债权,不具有对抗第三人的效力,承租人不能以出租人侵害其优先购买权为由,请求确认出租人与第三人签订的房屋买卖合同无效。因此,从《民法典》第728条的规定来看,优先购买权的性质系采取请求权说,在优先购买权受到侵害的情形下,并没有采取无效说,而是采取了损害赔偿说。

在司法实践中,承租人以其优先购买权被侵害为由,主张出租人与第三人之间买卖租赁房屋的合同无效的,人民法院应当驳回其诉讼请求。基于债权优先权的性质,承租人优先购买权不具有对抗第三人的效力。承租人优先购买权被侵害的,可以主张损害赔偿,而无权主张出租人与当事人之间房屋买卖合同无效。同时,出租人对承租人未能行使优先购买权的损害赔偿责任,以其存在妨害行为为基础。但并非出租人实施妨害行为当然导致其承担责任。承租人的优先购买权没有受到妨害行为影响的,出租人不承担责任。[①]

(二)将承租人的优先购买权作为强制缔约请求权予以保护

强制缔约,是指个人或企业负有应相对人的请求,与其订立合同的义务,即对相对人的要约,非有正当理由不得拒绝承诺。强制缔约可以被区分为直接的强制缔约与间接的强制缔约两个基本类型。对直接的强制缔约而言,当负有缔约义务的一方不接受他方的要约时,要约人可以诉请公权力介入,强制受要约人作出承诺的意思表示。合同法设立优先购买权制度,

---

[①] 参见最高人民法院民法典工程实施工作领导小组主编:《中华人民共和国民法典合同编理解与适用(三)》,人民法院出版社2020年版,第1570页。

是赋予承租人相对于第三人优先购买房屋的权利,该权利系请求权。从功能上看,请求权旨在实现请求权人的利益,使当事人取得物权或者其他支配性的权利或者利益。请求权在性质上属于阶段性的权利,但如果法律规定请求权的相对人负有不得拒绝的义务,该请求权就具有了一定的终局性和目的性。就承租人的优先购买权而言,将其性质定为附强制缔约义务的请求权,就能使承租人取得租赁物买受人的地位,使法律关系的稳定性增强,优先购买权的立法目的得以彰显。同时,也解决了审判实践中承租人优先购买权保护不周延,该权利无法行使的问题。承租人优先购买权是法律规定的特定权利,该权利受到侵害时,承租人享有损害赔偿请求权,也享有强制缔约请求权,两种请求权竞合,承租人可以选择一种请求权予以主张。

当然,承租人主张优先购买房屋时,人民法院应当考虑以下两方面的问题:一是承租人应当具有让出租人信赖的履约能力,如责令承租人以交付押金或者定金等方式提供履约担保,使出租人信赖其履约能力,以避免人民法院支持承租人购买房屋的主张后,因承租人缺乏履约能力导致合同无法履行,损害出租人利益。二是依照权利义务对等原则,承租人的优先购买权亦应当在合理期限内主张。依据《民法典》第 726 条第 2 款的规定,出租人履行通知义务后,承租人在 15 日内未明确表示购买的,视为承租人放弃优先购买权。第 727 条规定,出租人委托拍卖人拍卖租赁房屋的,应当在拍卖 5 日前通知承租人。承租人未参加拍卖的,视为放弃优先购买权。

(三)优先购买权行使的例外情形

房屋承租人的优先购买权是依法产生的,而不是根据当事人之间的合同产生的。房屋承租人行使优先购买权的条件:一是承租人的优先购买权发生于出租人转让房屋所有权时。二是出租人出卖担保房屋,应负担在合理期限内的通知义务,这是承租人得以行使优先购买权的必要前提。三是承租人仅在同等条件下享有优先购买权。四是承租人应在合理期限内行使优先购买权。根据《民法典》第 726 条、第 727 条的规定,承租人行使优先购买权具有四种例外情形:

1. 房屋按份共有人行使优先购买权。法律规定按份共有人具有优先购权,旨在简化物权关系,维护共有关系的稳定性,充分发挥物的用益价值,而承租人优先购买权主要是维护使用关系的稳定性,从利益衡量的角度考量,应当优先保护共有人的购买权。确定共有人的优先购买权优先于承租人的优先购买权。理由是:

(1)从法律效力上看,共有人的优先购买权是从共有权中派生出的一项权利,它是基于共有人对共有物的所有而对共有人所有权的一种法律保护。承租人的优先购买权是从租赁权中派生出的一项权利,它是基于承租人对租赁物的租赁而对承租人租赁权的一种法律保护。尽管目前各国法律对租赁权的保护已呈物权化趋势,但无论如何,租赁权毕竟还只是基于合同而产生的一种债权。按照民法的一般规则,对物权的保护应优先于对债权的保护。当物权与债权并存时,物权具有优先于债权的效力。因此,共有人的优先购买权应具有高于承租人优先购买权的法律效力。

(2)从权利义务上看,共有人作为整个共有财产的所有权人,其与共有财产的利害关系较承租人更为密切,其对共有财产的关注较承租人更为尽心,其对共有财产所负的维护义务和责任较承租人更为重大,因此,根据权利与义务相一致的原则,共有人的优先购买权较承租人的优先购买权应更为优先。

(3)从立法目的上看,共有人的优先购买权是共有权中包含的权利,是为了保护共有人的财产而设立的。而承租人的优先购买权则是为了稳定租赁关系,使承租人不因租赁物产权的转移丧失租赁权而设立的。不过,设立承租人优先购买权的这种目的可以通过"买卖不破租赁"的原则来实现。《民法典》第725条规定:"租赁物在承租人按照租赁合同占有期限内发生所有权变动的,不影响租赁合同的效力。"因此,即使承租人不享有优先购买权,其租赁权仍然能够得到保护。但如果共有人不享有优先购买权,则难以获得其他规则的保护。

2.出租人将房屋出卖给近亲属。在我国,人们在经济交往中,亲情关系往往是交换价值确定的重要考虑因素,具有浓厚的人身色彩,与纯粹的买卖关系终究有所不同。《民法典》第726条立足国情,将出租人出卖房屋给近亲属的情况列为出租人出售房屋的特别方式,排除承租人优先购买权。这一规定有利于促进家庭和睦和社会稳定,符合构建和谐社会的要求。

3. 出租人履行告知义务后，承租人在 15 日内未明确表示愿意购买。《民法典》第 726 条第 2 款规定，出租人履行通知义务后，承租人在 15 日内未明确表示购买的，视为承租人放弃优先购买权。从权利义务对等的角度分析，承租人在合理期限内行使优先购买权，亦应为承租人优先购买权的内容。如果承租人不及时行使优先购买权，将导致出租人所有者权益受到损害。因此，立法对承租人行使优先购买权的合理期限作了限制。

4. 承租人未参加拍卖。《民法典》第 727 条规定，出租人委托拍卖人拍卖租赁房屋的，应当在拍卖 5 日前通知承租人。承租人未参加拍卖的，视为放弃优先购买权。经通知，承租人未参加拍卖，包括承租人未出席，也包括未进行竞买登记、未交纳竞买保证金等未有效参加拍卖活动的情形，均产生视为放弃优先购买权的法律后果。[①]

六、对案例 30、案例 31、案例 32 的简要评析

1. 对案例 30 的简要评析

在案例 30 中，主要涉及下列法律问题：

（1）房屋租赁合同的效力问题。中兴公司与化学公司所签的门面房屋租赁合同，是双方当事人的真实意思表示，不违背国家的有关法律规定，应为有效合同。

（2）借款抵押担保合同的效力问题。中兴公司与阳光支行所签订的借款抵押担保合同系真实意思表示，并不违背国家有关法律规定，且抵押物土地使用权和 20 间门面房屋均到有关部门办理了抵押登记手续，所以，借款抵押担保合同为有效合同。虽然抵押人中兴公司未履行书面告知承租人化学公司的义务，但并不必然导致抵押无效。其理由：一是中兴公司将其租赁物 20 间门面房屋设置抵押，并未影响化学公司对租赁物的占有权、使用权，未损害承租人化学公司的利益。二是根据我国《民法典》第 725 条的规定，化学公司在租赁期间，即便使租赁物（抵押物）发生所有权变动，亦不影响租赁合同的效力。三是根据我国《民法典》第 726 条的规定，阳光支行在实现抵

---

① 参见最高人民法院民法典工程实施工作领导小组主编：《中华人民共和国民法典合同编理解与适用（三）》，人民法院出版社 2020 年版，第 1566 页。

押权时，承租人化学公司享有在同等条件下的优先购买的权利。四是阳光支行设置抵押权时，同时为抵押物门面房屋20间及其占有的土地使用权分别办理了抵押登记手续，使抵押权经登记而产生公信力。因此，抵押人中兴公司虽未书面告知承租人化学公司，亦不影响中兴公司与阳光支行所签订的借款抵押担保合同的效力，而应当认定为有效。

（3）抵押物协议作价转让的效力问题。中兴公司与阳光支行协商，将中兴公司的已出租给化学公司的房屋协议作价38万元，抵还其贷款，并到不动产登记中心办理了产权过户手续，对于将押物协议作价转让给阳光支行的效力问题，存在两种意见：一是中兴公司与阳光支行将抵押物协议作价转让给阳光支行，偿还中兴公司贷款，并办理了过户手续，应当认定抵押物协议作价转让行为有效。二是出租人中兴公司未在合理期限内通知承租人化学公司，中兴公司与阳光支行将抵押物协议作价转让的行为侵害了承租人化学公司在同等条件下享有优先购买权，因此，应当认定为无效。

依据《民法典》第728条"出租人未通知承租人或者有其他妨害承租人行使优先购买权情形的，承租人可以请求出租人承担赔偿责任。但是，出租人与第三人订立的房屋买卖合同的效力不受影响"的规定，第一种意见是正确的。抵押物作价转让协议侵害了承租人化学公司的优先购买权，化学公司可以主张行使损害赔偿请求权。

化学公司是否享有继续租赁权。根据《民法典》第725条所规定的"租赁物在承租人按照租赁合同占有期限内发生所有权变动的，不影响租赁合同的效力"的规定，租赁合同继续有效，阳光支行无权要求承租人化学公司限期搬出。

2.对案例31的简要评析

关于王某一是否享有优先购买权。王某一、王某二共有房屋4间，为共有财产的共有人。这时，王某二转让其所享有的份额，根据《民法典》第726条"出租人出卖租赁房屋的，应当在出卖之前的合理期限内通知承租人，承租人享有以同等条件优先购买的权利；但是，房屋按份共有人行使优先购买权或者出租人将房屋出卖给近亲属的除外"的规定，王某一作为共有人愿以10万元购买共有房屋的主张当然成立。因此，王某一在同等条件下享有优先购买权。

关于张某是否享有优先购买权。张某为4间房屋的承租人，在租赁期间，王某二转让其共有份额，张某也愿以10万元购之，根据《民法典》第726条的规定，其主张成立。因此，张某在同等条件下享有优先购买权。

关于王某二的行为是否侵犯了优先购买权。在本案中，王某二未对共有人王某一、承租人张某尽自己的通知义务，而私自转让其共有份额，无疑侵犯了王某一和张某的优先购买权。依据《民法典》第728条"出租人未通知承租人或者有其他妨害承租人行使优先购买权情形的，承租人可以请求出租人承担赔偿责任。但是，出租人与第三人订立的房屋买卖合同的效力不受影响"的规定，王某一、张某不得主张撤销房屋买卖合同，只能向王某二主张损害赔偿请求权。

若本案中王某二通知王某一、张某行使优先购买权，则王某一、张某的优先购买权谁更优先呢？在本案中，共有人王某一和承租人张某的优先购买权发生了冲突，依据《民法典》第726条第1款"出租人出卖租赁房屋的，应当在出卖之前的合理期限内通知承租人，承租人享有以同等条件优先购买的权利；但是，房屋按份共有人行使优先购买权或者出租人将房屋出卖给近亲属的除外"的规定，显然是王某一的优先购买权更优先。这是因为，共有人王某一的优先权从属于物权的优先权，而承租人张某的优先权从属于债权的优先权，物权优于债权。因此，共有人王某一的优先购买权优于承租人张某的优先购买权。

3. 对案例32的简要评析

关于转租是否合法。在本案中，牛某与李某所签订的房屋租赁合同为有效合同，当无疑问。李某在承租期间，未经出租人牛某同意，擅自转租。根据《民法典》第716条"承租人未经出租人同意转租的，出租人可以解除合同"的规定，本案转租属于非法转租。

关于李某与江某之间转租合同是否有效。在司法实践中，不少人认为，既然转租为非法转租，那么转租合同当然亦无效。笔者认为，此种观点欠妥，李某与江某之间的转租合同为有效合同。这是因为，转租为非法转租，其主要涉及出租人牛某的利益。而李某与江某之间的转租合同，为诺成性合同，双方意思表示一致即有效成立，因此，该转租合同为有效合同。

出租人牛某是否享有解除合同的权利。在案例32中，承租人李某未经出租人牛某同意，而非法转租，出租人牛某根据《民法典》第716条第2款的规定，完全享有解除与李某之间租赁合同的权利。

关于次承租人江某的损失如何处理。次承租人江某的损失，只能向承租人李某主张权利。

第七章

融资租赁合同

本章概要

融资租赁合同是出租人根据承租人对出卖人、租赁物的选择，向出卖人购买租赁物，提供给承租人使用，承租人支付租金的合同。融资租赁合同是由买卖合同和租赁合同以及三方当事人出卖人、出租人（买受人）、承租人有机结合在一起的独立有名合同。本章共计26个条文，主要内容包括融资租赁合同的概念、内容、融资租赁合同中出租人的主要权利义务、承租人的主要权利义务、融资租赁交易中融资租赁合同与买卖合同的关系、租金的构成、租赁期限届满租赁物的归属等。

《民法典》中的融资租赁合同在原来《合同法》规定的基础上进行了较大的修改、补充和完善，主要表现在：一是明确规定了当事人以虚构租赁物方式订立的融资租赁合同无效，出租人未取得行政许可不影响融资租赁合同的效力。二是规定了承租人拒绝受领租赁标的物的条件，承租人行使索赔权并不影响支付租金义务；同时明确规定了承租人索赔失败的责任承担。三是规定了出租人负有保证承租人占有和使用租赁物，明确了租赁物毁损、灭失对租金给付义务的影响。四是规定了出租人或者承租人解除融资租赁合同的法定情形，以及融资租赁合同解除后承租人承担赔偿责任的情形。

第一节　融资租赁合同概述

一、问题的提出

融资租赁最早产生于 20 世纪 50 年代的美国，因其具有独特的融资和融物双重属性，迅速成为与实体经济联系最为密切的金融交易模式，在支持工业企业设备更新、促进农业经济的规模化、推动航运业发展以及解决小微企业融资难等方面，都发挥了不可替代的重要作用。我国从 20 世纪 80 年代开始引入融资租赁交易模式，融资租赁在我国呈持续高速发展态势，不仅新设的融资租赁公司数量持续快速增长，融资租赁业务总量和纠纷数量也呈高速增长态势。[1]

根据《民法典》第 735 条的规定，融资租赁合同是出租人根据承租人对出卖人、租赁物的选择，向出卖人购买租赁物，提供给承租人使用，承租人支付租金的合同。

在研究融资租赁合同的几个一般性问题之前，先看一则案例。

案例 33：案件属于买卖合同纠纷还是融资租赁合同纠纷

元丰公司与汽运公司于 2020 年 1 月 3 日签订一份融资租赁合同，一份租赁设备委托订购协议书，并由搬运公司担保。融资租赁合同约定：元丰公司按汽运公司的要求购进东风柴油加长车 10 辆，并出租给其使用。租期为 36 个月，租金总额为 150 万元，分 3 次交付。2020 年 3 月 3 日前交 50 万元，2021 年 3 月 3 日前付 50 万元，2022 年 3 月 3 日前付 50 万元。若延付租金，每月按延付金额的日万分之五加收罚金，并承担延付利息。2020 年 2 月 5 日，

---

[1] 最高人民法院民法典工程实施工作领导小组主编：《中华人民共和国民法典合同编理解与适用（三）》，人民法院出版社 2020 年版，第 1610 页。

经双方协商同意将原合同车型变更为解放柴油加长车。委托订购协议书约定：元丰公司全权委托汽运公司订购租赁合同约定的租赁设备，元丰公司将设备款汇给汽运公司，由其直接向供货方支付货款。合同签订后，元丰公司依约履行了全部义务，汽运公司只履行了部分义务，截至 2022 年 6 月 30 日，汽运公司尚欠租金 70 万元，担保人搬运公司亦未履行担保义务。元丰公司以汽运公司、搬运公司为被告诉至法院，请求判令被告汽运公司偿还所欠租金，搬运公司负连带保证责任。

根据上述案例，试问：何谓融资租赁合同？有哪些法律特征？融资租赁合同的形式和内容有哪些要求？案例中融资租赁合同是否成立？是否有效？当事人协商变更租赁物件的品名对合同有无影响？委托订购协议内容是否合法？

二、融资租赁合同的法律特征

融资租赁是一种贸易与信贷相结合，融资与融物为一体的综合性交易。[①] 融资租赁合同属于财产使用类合同，是继续性合同，是有偿合同、双务合同、诺成性合同，这是融资租赁合同与其他财产使用类合同的共同特征。但与其他财产使用类合同相比，仍有自身特征：

1. 融资租赁合同是由买卖合同和租赁合同以及三方当事人出卖人、出租人（买受人）、承租人有机结合在一起的独立有名合同。在实践中，融资租赁交易表现为这样一个复杂的过程：（1）用户与供应商（出卖人）之间商定买卖合同条件；（2）用户向租赁公司提出缔结租赁合同的申请；（3）用户与租赁公司之间签订租赁合同；（4）租赁公司与供应商之间签订买卖合同；（5）供应商向用户交货，用户进行验收；（6）用户向租赁公司交付标的物受领证，并支付第一期租金；（7）租赁公司向供应商支付买卖价金。

作为融资租赁合同构成部分的买卖合同和租赁合同，并非完全独立存在，二者常常呈现效力上的相互交错。这种效力上的交错主要体现在：买卖

[①] 黄薇主编：《中华人民共和国民法典合同编释义》，法律出版社 2020 年版，第 570 页。

合同的一方当事人即出卖人，不是向买卖合同的买受人履行交付标的物的义务，而是向另一个租赁合同中的承租人交付标的物，承租人享有与受领标的物有关的买受人的权利和义务；在出卖人不履行买卖合同中的义务时，承租人在一定前提下，有权向出卖人主张赔偿损失；买卖合同的双方当事人不得随意变更买卖合同中与租赁合同的承租人有关的条款。

在融资租赁合同中的买卖合同与租赁合同的效力相互交错，其基于三方当事人在合同中的约定，也是严守合同相对性原则的具体体现。换言之，在融资租赁合同中，承租人基于买卖合同中约定享有向出卖人主张标的物交付的权利，该权利的行使并未突破合同相对性原则。当然，当出卖人未按照合同约定履行义务时，承租人在依据各方当事人在融资租赁合同中的约定向出卖人请求承担违约责任，该请求权产生的基础仍然是基于合同的约定，同样是严守了合同相对性原则。

在融资租赁合同中，买卖合同的效力与租赁合同的效力存在着相互交错的情形，合同效力是否相互产生影响？日本大阪高等法院的一个判决认为，除有特别情事外，其一契约之有效无效，对另一契约的成立与生效不产生影响。该立场已为其他判决所接受，形成一项判例法原则。而日本有学者对此项判决提出批评，认为在融资租赁交易中，买卖契约与租赁契约之间有较为密切的联系，当租赁契约不成立、无效或被解除时，如在标的物交付之前，租赁方与供应商之间的买卖契约应可解除，或者因默示解除条件成就而自动失效。如在标的物交付后，买卖契约应不受影响；买卖契约不成立、无效或被解除时，租赁契约应可解除，或者因默示解除条件成就而自动失效。[①] 这一观点值得我们思考和借鉴。《合同法》对此未作明确规定，主要是考虑到融资租赁交易是实践的产物，而非法律的创新；它是一种仍在继续发展变化的交易形式，而非进入了相对的稳定期。因而法律应遵守并反映这一客观现实，预留一定的法律空间，而不要先作出强行性规定。更何况，当事人欲实现两个合同的相互影响时，完全可以经由彼此间的约定来实现。但是，《民法典》对融资租赁合同的解除作了相应的

---

① 梁慧星：《民法学说判例与立法研究》，中国政法大学出版社1993年版，第218页。

规定。①

2. 融资租赁合同具有融资、融物的双重属性。融资租赁合同不同于银行等信用机构单纯融资的信贷合同。在融资租赁合同中，承租人通过出租人购买租赁物达到融资的目的，以解决自己一次性购买租赁物所需资金的不足。从这方面看，承租人等于向出租人借贷。但承租人并不是从出租人那里取得租赁物或金钱的所有权，而是通过租赁形式取得租赁物的使用权，以租金形式偿还出租人购买租赁物所付出的代价等费用。因此，它不同于单纯的融资信贷合同。同时，融资租赁合同也不同于只注重物的使用价值的一般租赁合同。融资租赁的过程体现了货币资金与商品资金对待转移的过程。

3. 出租人对租赁标的物无瑕疵担保责任。在租赁合同中，出租人与买卖合同中的出卖人一样的负有瑕疵担保责任，须使租赁物符合合同中约定的使用收益的状态和保证第三人不能对租赁物主张权利。而在融资租赁合同中，出租人仅依承租人的指示和要求筹措资金购买物件，租赁设备的购买并不是依靠出租人的技能和判断，而是由承租人指定和选择，因此，出租人对租赁标的物不负瑕疵担保责任。

4. 承租人须向出租人支付约定的租金，但租金非为使用租赁物的代价。在租赁合同中，承租人须向出租人支付租金，并且租金为承租人对租赁物进行使用收益的代价。在融资租赁合同中，因其也为"租赁"而非买卖，故承租人也须支付"租金"，但因其为"融资"租赁，所以承租人支付的代价并非对租赁物进行使用收益的代价，而是"融资"的代价，租金实际上是承租人分期对出租人购买租赁物件的价金的本息和其应获取的利润等费用的偿

---

① 《民法典》第753条规定："承租人未经出租人同意，将租赁物转让、抵押、质押、投资入股或者以其他方式处分的，出租人可以解除融资租赁合同。"第754条规定："有下列情形之一的，出租人或者承租人可以解除融资租赁合同：（一）出租人与出卖人订立的买卖合同解除、被确认无效或者被撤销，且未能重新订立买卖合同；（二）租赁物因不可归责于当事人的原因毁损、灭失，且不能修复或者确定替代物；（三）因出卖人的原因致使融资租赁合同的目的不能实现。"第755条规定："融资租赁合同因买卖合同解除、被确认无效或者被撤销而解除，出卖人、租赁物系由承租人选择的，出租人有权请求承租人赔偿相应损失；但是，因出租人原因致使买卖合同解除、被确认无效或者被撤销的除外。出租人的损失已经在买卖合同解除、被确认无效或者被撤销时获得赔偿的，承租人不再承担相应的赔偿责任。"

还。也正因如此，融资租赁合同中租金标准的确定与租赁合同中租金的确定标准是不同的，它高于传统租赁中的租金。

5. 承租人在租赁关系终止后享有选择权。在传统租赁中，租赁终止后，承租人须将租赁标的物返还给出租人。而在融资租赁中，租赁关系终止后，承租人有选择权，即将租赁物返还给出租人，或以预定的租金继续租赁租赁物，抑或以支付租赁物剩余的价值购买租赁物而取得其所有权。

三、融资租赁合同的形式

我国《民法典》第 736 条第 2 款规定："融资租赁合同应当采用书面形式。"融资租赁合同的特点是金额大，合同履行期限长，涉及信贷、贸易、保险、运输、税收等许多方面的问题，法律关系复杂，出租人、承租人、出卖人之间的权利和义务相互交叠。为了避免和减少在履行合同过程中产生争议，明确当事人之间的权利义务，法律要求融资租赁合同应当采用书面形式。

在司法实践中需注意的是，融资租赁合同未采用书面形式，其合同的效力并不受影响。当事人采用信件、数据电文等形式订立合同，并要求在合同成立之前签订确认书的，合同自签订确认书时成立。已成立的融资租赁合同，无须办理批准、登记等手续的，自合同成立时生效；依法应当办理批准、登记等手续的，自批准、登记时生效。

四、融资租赁合同的内容

根据《民法典》第 736 条第 1 款的规定，融资租赁合同的内容一般包括租赁物的名称、数量、规格、技术性能、检验方法，租赁期限，租金构成及其支付期限和方式、币种，租赁期限届满租赁物的归属等条款。

租赁物的名称、数量、规格、技术性能、检验方法是融资租赁合同的基本条款，主要明确合同的标的物及其各项特征，承租人有权自己选择这些条款。租赁期限一般根据租赁物的经济寿命、使用年限以及利用该机器设备所产生的效益，由承租人和出租人双方商定。

租金构成及其支付期限和方式、币种是融资租赁合同的主要内容之一。一般而言，租金总额是由租赁设备价款、利息、手续费等构成的，如果出租人为租赁物投保，保险费也应计算在租金中。租金的支付期限和支付方式以及币种都应在合同中加以明确约定，以防在合同履行中出现纠纷。租金的币种，在国际融资租赁合同中尤其重要，以免因汇率波动而发生纠纷。

租赁期间届满租赁物的归属也是融资租赁合同中的一项重要条款。一般而言，融资租赁合同期限届满时，承租人一般有三种选择权：留购、续租、退租。在实际业务中，承租人多数选择留购方式，即在融资租赁合同期限届满时，承租人支付给出租人一笔双方商定的设备残值费即名义货价，从而取得租赁物的所有权。

在审判实践中，租赁物是否适格应当把握以下问题：一是审查租赁物是否具有特定性；即是否存在与融资租赁合同中载明的由出租人确定的独一无二的编号；是否符合融资租赁合同中载明的租赁物的特征。二是审查租赁物是否系不消费物。不消费物是指经反复使用不改变其形态、性质的物。[①] 不消费物作为租赁物可以反复使用不改变形态、性质，租赁物不会因使用转化为他物或灭失，从而满足当事人的要求。三是审查租赁物是否系独立的物。独立物才能成为融资租赁合同的标的物。

五、融资租赁合同的种类

在实践中，融资租赁按其业务方式可分为如下几种形式：

1. 直接融资租赁合同，即指出租人按照承租人与供货方商定购买租赁标的物，取得标的物所有权，然后再出租给承租人使用，并收取租金。目前，多数融资租赁采用这种形式。

2. 衡平融资租赁合同，即指出租人以承租人选定的租赁物为抵押，向银行或其他金融机构贷款，然后用贷款购买该租赁物出租给承租人。这种类型的融资租赁一般适用于一些大型的投资项目，如飞机、轮船、石油钻井平台等项目。其优点在于出租人只需自筹购买租赁物所需资金的一部分，一般是20%至40%，其余的资金则通过将出租的设备作为抵押而取得贷款。同时将出租人收取租金的权利转让给借款人，由承租人定期向借款人支付租金代替出租人偿还借款。而出租人只需投资相当于租赁物成本的20%至40%，便可享受100%的减税利益，较一般融资租赁享有更多的优惠，获得更高的投

---

① 梁慧星：《民法总则》，法律出版社1996年版，第86页。

资收益，并且可以通过降低租金，使承租人也从中得到好处，这种形式是目前国际上十分流行并很受欢迎的租赁方式，但也是一种相当复杂的融资租赁方式。

3. 回租融资租赁合同。回租融资租赁又称售后租回的融资租赁方式，是指由承租人先将自己的标的物出卖给出租人，然后再将标的物租回使用，并向出租人支付租金。这是承租人急需资金作为他用时，可以采取的有利于承租人的融资租赁方式。通过这种方式，承租人可以加快资金周转，又不致影响生产，从企业的财务角度来看，这是改善财务状况的一种有效手段。

审判实践中应注意回租这种租赁方式同抵押贷款的区别。企业在抵押贷款中始终掌握设备的所有权和使用权，只是在偿还不了借款时才丧失所有权；而回租过程中，承租人因出售标的物而失去所有权，通过把固定资产变现来扩大投资能力，同时又继续保持其使用权，使原有的生产能照常进行。

4. 转租融资租赁合同。转租赁是转租人从另一出租人（通常是外国租赁公司）租进租赁物后再转租给国内承租人使用，它包括两个租赁合同和一个买卖合同，属于一种特殊的融资租赁合同，它与一般的融资租赁最大的不同在于出租人拥有租赁物的所有权，转租人既要向承租人收取租金，又要向出租人支付租金。这对转租人来说，既实现了融资租赁，又可节省大量资金。

在司法实践中遇到这类案件，要注意审查是否具备转租赁的特征。实践中常有国内租赁公司自己作为购货人与外国借贷商签订了国际货物买卖合同，在未将该合同转让给出租人（外国租赁公司）的情况下，自己从国内外金融机构筹措资金支付货款，虽金融机构会以出租人财务代理人的名义在买卖合同上签字，但这并非转租，只能认定是借贷关系。

六、对案例 33 的简要评析

在案例 33 中，融资租赁合同是元丰公司与汽运公司双方协商一致达成的。因此，该合同在租赁双方形成书面协议并签字后，即告成立。该案并不是买卖合同，因为买卖合同涉及的卖方和买方，由买方支付价款，而该案是支付租金，属于租赁合同性质。

合同依法成立，即对双方产生法律效力，出租人与承租人都必须依合同的约定行使自己的权利，履行自己的义务，租赁双方不得随意变更、解除合同。租赁合同生效后，购货合同若无承租人的同意不得变更。在本案中，租赁双方对租赁物品名的变更是在协商一致基础上达成的，因而对合同的效力并无影响。

在这个案例中，元丰公司全权委托汽运公司订购租赁物，购买人虽然名义上是承租人汽运公司，但实际上是出租人元丰公司。元丰公司根据汽运公司对租赁物的特定要求及指定的供货商，出资为汽运公司购买租赁物，并取得对租赁物的所有权。汽运公司用元丰公司汇来的设备款，直接向供货人支付货款，并接受供货人交付的租赁物，获得该租赁物的使用权。因此，可以说在案例中的委托订购协议有利于融资租赁合同的履行，是合法的。

第二节　融资租赁合同的效力

一、问题的提出

融资租赁合同涉及租赁物的买卖和租赁两个合同，涉及出卖人、出租人、承租人三方当事人的权利义务在两个合同中的交叉履行。因此，各方当事人在融资租赁交易中的权利义务与一般买卖合同和传统租赁合同中的权利义务既有相同之处，又有很大的不同之处。《民法典》对融资租赁合同规定的主要目标就是解决出卖人、出租人、承租人之间共同关心的问题，明确三方当事人最基本的权利和义务，这也是融资租赁合同的效力之所在。

在研究融资租赁合同的效力之前，先看一则案例。

案例 34：融资租赁合同能否解除[①]

2011 年 3 月 1 日，徐某租赁公司（甲方）与金某公司（乙方）签订融资租赁合同，约定金某公司向徐某租赁公司融资租赁徐某牌汽车起重机一台，

---

① 参见江苏省高级人民法院（2015）苏商终字第 00546 号民事判决书。

设备租赁期限自正式交付之日起 48 个月，即 48 期，首个付款日为 2011 年 6 月 1 日，乙方付履约保证金（设备金额 5%）20 万元、首期租金 20 万元、手续费 7.6 万元，每月支付月租金 91173 元。因租赁设备为机动车，由乙方根据国家目前的机动车辆上牌照管理规定，在其所在地有管辖权的交管部门以乙方名义登记、上牌。同日，双方签订抵押担保合同。上述合同签订后，金某公司按照约定向徐某租赁公司支付履约保证金 20 万元、首期租金 20 万元、手续费 7.6 万元。2011 年 3 月 10 日，徐某租赁公司针对交付的汽车起重机开具机动车销售发票，该发票载明发动机号为 458.***-00-******。同年 9 月 13 日，本案诉争汽车起重机注册登记，登记所有权人为金某公司，车牌号为京 A×××××，发动机号为 458.***-00-******，发动机型号为 OM46***.E3A/1。金某公司在合同履行期限内共支付分期租金 1094928 元。现金某公司认为因本案诉争汽车起重机不能正常年检而不能使用，导致合同目的不能实现，要求解除双方签订的融资租赁合同及抵押担保合同。

生效裁判认为：双方当事人之间签订融资租赁合同、抵押担保合同，系双方当事人的真实意思表示，合同内容不存在法定的无效的情形，应为合法有效合同。金某公司认为本案诉争融资租赁合同项下的汽车起重机因发动机型号出现错误而不能正常年检，从而导致合同目的不能实现，要求解除合同。首先，金某公司在接收本案诉争汽车起重机时，并未对发动机型号是否出现错误提出异议；即使根据安某公司出具的证明，本案诉争汽车起重机存在发动机型号错误的事实，但是金某公司亦未对此提出异议，直至为该汽车起重机办理注册登记、上牌。其次，根据合同约定，为诉争汽车起重机登记、上牌的义务主体是金某公司，事实上，金某公司已于 2011 年 9 月 13 日为诉争汽车起重机办理了注册登记、上牌手续，且之后也是由金某公司一直占有、使用、收益。综上，在诉争汽车起重机已经通过法定的车辆管理部门检验并注册登记上牌的情况下，金某公司以发动机型号错误不能正常年检，合同目的不能实现为由，要求解除双方当事人之间融资租赁合同的主张不能成立，进而要求解除为融资租赁合同提供抵押担保的抵押担保合同、返还已经支付的履约保证金、租金、手续费的主张亦不能成立，均不予支持。

上述案例，涉及融资租赁合同的出租人、承租人的义务问题。试问：出卖人、出租人、承租人各享有哪些权利和义务？

二、出卖人的权利和义务

出卖人作为融资租赁合同的一方当事人，其主要权利是向出租人收取标的物的价款。出卖人的权利与买卖合同中的出卖人的权利相同。

根据《民法典》的有关规定，出卖人应负有如下义务：

1. 出卖人负有向承租人交付标的物的义务。《民法典》第 739 条规定："……出卖人应当按照约定向承租人交付标的物……"出租人实质上是为承租人购买租赁物提供资金，真正的买卖双方当事人是承租人和出卖人，因此，出卖人应直接向承租人交付标的物。① 出卖人没有按照约定向承租人交付标的物的，当属违约行为，应向出租人负违约责任。

2. 出卖人对标的物负瑕疵担保责任。《民法典》第 747 条规定："租赁物不符合约定或者不符合使用目的的，出租人不承担责任。但是，承租人依赖出租人的技能确定租赁物或者出租人干预选择租赁物的除外。"出卖人应对租赁物的质量负有瑕疵担保责任，必须保证交付的标的物符合国家规定的质量标准或合同约定的标准。一定要注意"但书条款"，即承租人依赖出租人的技能确定租赁物或者出租人干预选择租赁物的，出卖人对标的物不负瑕疵担保责任。因此，在融资租赁合同中一般都明确规定，出卖人迟延交付租赁物或者租赁物的规格、式样、性能等不符合合同约定或者不符合使用目的的，出租人不承担责任，由承租人直接向出卖人索赔，并承担索赔不成的损害后果。此即所谓出租人瑕疵担保的免责特约。②

3. 出卖人负有向出租人转移租赁物所有权的义务。出卖人应当向出租人转移租赁物的所有权，并保证租赁物所有权的完整有效，无第三人对租赁物追索或主张权利。根据法律规定或者合同约定，办理必要的手续，如公证、登记、鉴证、产权过户手续等。若因租赁物的所有权与第三人发生纠纷或第三人主张权利，使出租人蒙受损失，出卖人应负责赔偿。

---

① 黄薇主编：《中华人民共和国民法典释义（中）》，法律出版社 2020 年版，第 1379 页。
② 黄薇主编：《中华人民共和国民法典合同编释义》，法律出版社 2020 年版，第 584 页。

三、出租人的权利和义务

（一）出租人的权利

根据《民法典》的有关规定，出租人所享有的主要权利如下：

1. 出租人对租赁物享有所有权。《民法典》第745条明确规定："出租人对租赁物享有的所有权，未经登记，不得对抗善意第三人。"出租人通过与出卖人订立买卖合同，作为买受人，按买卖合同规则，自出卖人将标的物——融资租赁物交付承租人时起，标的物的所有权即转归出租人所有。但是，租赁物必须经过登记才能取得对抗第三人的效力。在租赁期限内，融资租赁物的所有权归出租人，承租人只享有对标的物占有、使用和收益的权利。

2. 出租人享有对索赔权的转让权。根据《民法典》第741条的规定，出租人、出卖人、承租人可以约定，出卖人不履行买卖合同义务的，由承租人行使索赔的权利。承租人行使索赔权利的，出租人应当协助。

3. 出租人享有根据融资租赁合同收取租金的权利。

（二）出租人的义务

根据《民法典》的有关规定，出租人负有下列义务：

1. 出租人负有不得擅自变更买卖合同的义务。《民法典》第744条对此作了规定，即"出租人根据承租人对出卖人、租赁物的选择订立的买卖合同，未经承租人同意，出租人不得变更与承租人有关的合同内容"。当然，在实务中，出租人和出卖人变更买卖合同，应当经承租人同意。

2. 出租人负有交付租赁物的义务。在融资租赁合同中，出租人仍应负有向承租人交付租赁物的义务。这是由于融资租赁合同包括租赁合同的内容，而在租赁中交付租赁物给承租人是出租人的基本义务，只是在融资租赁合同中，出租人对租赁物的交付并非采取现实交付的方式，而是观念意义上的交付。如同租赁合同一样，出租人交付标的物后，在租赁期间内，出租人享有租赁物的所有权。

3. 出租人有保证承租人对租赁物占有和使用的义务。在融资租赁合同中，出租人对租赁物应当承担权利瑕疵担保责任，即在租赁关系存续期间，出租人应当担保不会出现第三人对租赁物主张权利而使承租人无法按照合同约定,有效使用租赁物的情况。出租人有义务完全排除第三人对承租人使用租赁物权利的侵犯。如果发生因出租人过错而导致承租人对租赁物的使用权被侵犯,出租人应当承担损害赔偿责任。

4. 出租人有协助承租人行使索赔权的义务。《民法典》第741条规定:"出租人、出卖人、承租人可以约定,出卖人不履行买卖合同义务的,由承租人行使索赔的权利。承租人行使索赔权利的,出租人应当协助。"

四、承租人的权利和义务

(一)承租人的权利

根据《民法典》的有关规定,承租人的权利如下:

1. 承租人享有选择租赁物、出卖人的权利。根据《民法典》第735条的规定,出租人根据承租人的选择与出卖人订立买卖合同购买租赁物供承租人使用。在此过程中,出卖人由承租人选定并与其就租赁物的条件协商一致,然后委托出租人购买。

2. 承租人享有要求出卖人交付标的物的权利。《民法典》第739条规定,出卖人应当按照约定向承租人交付标的物。同时承租人享有与受领标的物有关的权利,即承租人可以要求出卖人交付标的物,出卖人不得拒绝。依据我国《民法典》第741条规定,出租人因出卖人不履行买卖合同的义务而产生索赔的权利,如果出租人将此权利转让给承租人的,承租人有权直接向出卖人索赔。

3. 承租人享有就租赁物的瑕疵向出卖人请求瑕疵担保责任的权利。我国《民法典》第747条规定,租赁物不符合约定或者不符合使用目的的,出租人不承担责任,但承租人依赖出租人的技能确定租赁物或者出租人干预选择租赁物的除外。

4. 承租人在租赁期间对租赁物享有独占使用权。承租人在接受出卖人交付的标的物后,在租赁期间,对该标的物享有独占的使用权,对使用租赁物所取得的收益独立进行处分。出租人虽对租赁物享有所有权,但在租赁期间对其不能进行使用收益,即承租人对租赁物的使用收益权可以对抗出租人的所有权。依据《民法典》第748条的规定，出租人有无正当理由收回租赁物；无正当理由妨碍、干扰承租人对租赁物的占有和使用；因出租人的原因致使第三人对租赁物主张权利；不当影响承租人对租赁物占有和使用的其他情形之一的，承租人享有请求赔偿损失的权利。

5. 在合同被出租人解除时，承租人有权请求出租人返还收回租赁物的价值超过其欠付的租金以及其他费用的部分。

（二）承租人的义务

根据《民法典》的有关规定，承租人的义务如下：

1. 承租人负有及时接受、验收租赁物的义务。

2. 承租人负有支付租金的义务。《民法典》第752条规定："承租人应当按照约定支付租金。承租人经催告后在合理期限内仍不支付租金的，出租人可以请求支付全部租金；也可以解除合同，收回租赁物。"

承租人不按照约定支付租金时，出租人可以确定相当的合理期限要求承租人支付。经出租人催告，承租人在规定的期限内仍不支付租金的，出租人可采取以下两种救济措施：请求承租人支付到期和未到期的全部租金；解除合同，收回租赁物。

3. 承租人负有妥善保管、维修租赁物的义务。由于在融资租赁中，出租人对租赁物的瑕疵一般不负担保责任，因此对租赁物无维修义务，该维修义务由承租人负担。根据《民法典》第750条的规定，在租赁期间，承租人对租赁物负有妥善保管、妥善使用的义务；在占有租赁物期间，对租赁物负有维修的义务。在租赁期间，承租人应为维护租赁物所有人即出租人的利益，亦为确保自己对租赁物的使用，妥善保管租赁物。应依租赁物的性能妥善使用租赁物。承租人不得擅自将租赁物转租，更不得处分租赁物品。

4. 承租人负有于租期届满时返还租赁物的义务。依据我国《民法典》第757条的规定，出租人和承租人可以约定租赁期间届满时租赁物归承租人所有或者归出租人所有。如果双方约定租赁物归出租人所有，承租人应于租赁期限届满时将租赁物返还出租人。如果未约定或者约定不明，由双方协议补充；达不成协议的，依合同有关条款或交易习惯确定；仍不能确定租赁物归属时，租赁期届满时承租人应将租赁物返还出租人。

5.承租人负有对租赁物使用不当造成他人损害承担责任的义务。我国《民法典》第 749 条规定，在承租人占有租赁物期间，租赁物造成第三人财产损害或者人身伤害的，出租人不承担责任。但该责任应由谁承担，法律未作明确规定。在融资租赁中，出租人对租赁物的瑕疵不负担保责任，此责任由出卖人负担，因此如果由于出卖人交付的租赁物的瑕疵造成第三人损害的，该责任则应由出卖人负担。但由于承租人在租赁期间对租赁物负有保管和维修义务，因此，若不是由于租赁物本身存在瑕疵，而是由于承租人疏于管理，未尽妥善保管和维修义务造成第三人财产损害或者人身损害的，则应由承租人承担。

五、融资租赁合同纠纷案件的当事人及管辖

1.融资租赁合同纠纷案件的当事人应包括出租人、承租人。供货人是否需要列为当事人，由法院根据案件的具体情况决定。但供货合同中有仲裁条款的，则不应当将供货人列为当事人。

2.融资租赁合同中的承租人与租赁物的实际使用人不一致时，法院可以根据实际情况决定将实际使用人列为案件的当事人。

3.融资租赁合同纠纷案件的当事人可以协议选择与争议有实际联系地点的法院管辖。当事人未选择管辖法院的，应由被告住所地或合同履行地法院管辖。租赁物的使用地为融资租赁合同的履行地。

4.涉外融资租赁合同纠纷案件的当事人可以协议选择处理合同争议所适用的法律；当事人没有选择的，适用承租人所在地的法律。

六、融资租赁合同与类似合同的区别

融资租赁具有融资和融物相结合的内容，涉及买卖合同与租赁合同。因此，在实务中应当弄清融资租赁合同与借款合同、租赁合同、买卖合同的区别。

1.融资租赁合同与借款合同的主要区别。融资租赁合同中的出租人用自己的资金购买了承租人所需要的租赁物后出租给承租人，等于是向承租人提供了一笔信贷资金，但是，承租人从出租人手中取得的是租赁物的实物使用权，并以租金形式分期支付出租人为购买租赁物所付出的对价和出租人应获

得的合理利润。而在借款合同中，借款人从贷款人手中获得的是货币的使用权，并以同种类货币分批支付给贷款人利息与到期偿还借款本金和利息余额。

2. 融资租赁合同与租赁合同的主要区别。融资租赁合同中的出租人是按承租人的需要去购买特定的租赁物，目的是将其出租给承租人；而在租赁合同中，出租人出租的租赁物是根据市场中非特定人一般的租赁需求和自己租赁经营活动的范围购买的，与承租人对租赁物的需求没有直接联系。

3. 融资租赁合同与买卖合同的主要区别。融资租赁合同中的出租人之所以要去购买租赁物，其目的是出租，以满足他人，即承租人的特定需求；而在买卖合同中，买受人是按自己的意愿去购买物品，其目的一般都是取得物品所有权，以满足自己的生产经营和生活的需要。

七、对案例 34 的简要评析

在案例 34 中，案涉融资租赁合同和抵押担保合同系双方当事人的真实意思表示，且不违反法律法规的禁止性规定，合法有效。金某公司要求解除案涉融资租赁合同和抵押担保合同的理由不能成立。

根据《民法典》第 747 条的规定，租赁物不符合约定或者不符合使用目的的，出租人不承担责任，但是，承租人依赖出租人的技能确定租赁物或者出租人干预选择租赁物的除外。同时，案涉融资租赁合同对于汽车起重机的产品质量责任也作了明确约定，即金某公司因产品质量存在瑕疵应向出卖人机械公司主张权利，与出租人徐某租赁公司无关。租赁设备系由金某公司自主选择，并无证据证明徐某租赁公司对租赁物的选择进行了干预，依照融资租赁合同约定金某公司对租赁设备的选择应负全部责任。

金某公司签订融资租赁合同和抵押担保合同的目的系通过融资租赁的方式向徐某租赁公司融得资金以占用、使用案涉汽车起重机并最终取得所有权，合同订立后，金某公司已经受领了汽车起重机并上牌、实际投入使用，也向徐某租赁公司交付了数期租金，其关于合同目的不能实现的主张，不能成立。

第八章

保理合同

本章概要

　　保理合同是应收账款债权人将现有的或者将有的应收账款转让给保理人，保理人提供资金融通、应收账款管理或者催收、应收账款债务人付款担保等服务的合同。保理业务作为企业融资的一种手段，在权利义务设置、对外效力等方面具有典型性。对保理合同作出明确规定，提供清晰的交易规则和司法裁判规则，一方面针对保理合同的特殊问题予以规定，另一方面补充债权转让的一般规则。[1]

　　本章共计9个条文，主要对保理合同的定义、内容和形式、虚构应收账款的保理、保理人发出转让通知表明身份义务、保理后变更或者终止基础交易合同、有追索权保理、无追索权保理和多重保理等作了规定。

---

　　[1] 参见黄薇主编：《中华人民共和国民法典释义（中）》，法律出版社2020年版，第1402页。

一、问题的提出

根据《民法典》第761条的规定，保理合同是应收账款债权人将现有的或者将有的应收账款转让给保理人，保理人提供资金融通、应收账款管理或者催收、应收账款债务人付款担保等服务的合同。保理业务一般被理解为以现金方式买入一段时期内卖方对买方的应收账款，进行管理和催收，并承担买方无法给付货款风险的一种营业方式，其本质是为赊销贸易的当事人尤其是卖方提供融资的一种经营活动。[①]

在探讨保理合同的相关问题之前，先来看一则案例。

案例35：被告应否履行回购义务[②]

2017年9月18日，原告（保理银行）与被告鑫某公司（卖方）签订了《公开型有追索权国内保理合同》（以下简称《保理合同》）约定，鑫某公司愿意将交易合同项下的应收账款转让给原告，原告同意按本合同约定受让应收账款并向鑫某公司提供保理融资、应收账款管理及催收等国内保理业务。催账期届满日不应迟于2019年3月14日。保理融资额度为人民币300万元，保理融资额度有效期自2017年9月18日至2018年9月14日。保理融资额度为一次性额度；融资方式为折扣方式，折扣率为5.4375%。《保理合同》第六条回购条款约定，回购情形为应收到账款到期日，买方未足额支付应收账款，经保理银行自行或委托卖方在催账期内向买方催收后，买方仍未在催账期届满日前一日足额付款。回购情形发生后，保理银行将向卖方发出《应收账款回购通知书》，卖方应当按照保理银行的要求，于保理银行指定的日期回购所有保理银行已受让的应收账款；已预付应收账款转让价款的，卖方应立即并不迟于保理银行要求的时间退还相应的保理融资本金，比

---

① 最高人民法院民法典贯彻实施工作领导小组主编：《中华人民共和国民法典合同编理解与适用（三）》，人民法院出版社2020年版，第1759页。

② 参见辽宁省沈阳市中级人民法院（2021）辽01民终20030号民事判决书。

例预付方式下的应同时支付相应的利息。《保理合同》第八条卖方的陈述与保证约定，卖方保证应收账款符合所有的适用法律并已经获得了与其产生有关的所有必要的同意、批准和授权，不存在任何法律上的瑕疵。应收账款均产生于正常业务的真实的交易，货物的销售、服务符合法律的规定和交易合同的约定。《保理合同》第十一条违约条款约定，卖方未按照合同约定退还预付转让价款对应的保理融资本金的，保理银行有权就未退还的本金金额计收罚息。罚息利率为银行凭证记载的利率/折扣率上浮50%。卖方违约时，应当承担保理银行为此而支付的催收费用。保理合同的附件中鑫某公司提供了《应收账款转让申请书》，该申请书记载买方为北某公司电站设备、金属结构、汽车转向系统、重大部件加工、冶金设备、矿业装备分公司，申请书中同时记载了交易合同的数量、总价款、应收账款的金额及发票编号。原告向鑫某公司出具了《应收账款转让申请保理银行审核意见》，受让了应收账款。同日，原告向被告发放保理融资款300万元。2018年9月11日，原告向鑫某公司邮寄《应收账款回购通知书》，载明：由于发生了贵我双方签订的《保理合同》约定的"回购情形"，请贵方按下表所列回购应收账款，并向我行退还保理融资本金及支付比例预付方式融资下的利息。回购日期2018年9月14日。截至2020年7月27日，被告尚欠原告保理融资本金2999765.73元、罚息463510.25元、复利4.61元。因鑫某公司未履行回购义务，原告诉至法院。

生效裁判认为，保理银行与鑫某公司签订的《保理合同》意思表示真实，且内容不违反法律、行政法规的强制性规定，合法有效，双方均应遵照履行。在诉争《保理合同》签订之时，鑫某公司向原告提供了《应收账款转让申请书》，该申请书记载了买方为北某公司下属分公司及交易合同的数量、总价款、应收账款的金额及发票编号，向原告提供资金的用途。鑫某公司在上述合同文件上加盖公司公章和法定代表人姓名章。鑫某公司的上述行为，实质是以应收账款债权人的身份，向原告确认应收账款真实且合法。在此情形下，原告信赖应收账款真实有效，进而与鑫某公司签订保理合同，符合常理。原告依约发放保理融资款后，届期未收到系争应收账项下款项，根据涉案保理合同的约定，鑫某公司应对此承担相应的回购责任，故对原告请求鑫某公司归还融资本金并支付相应逾期罚息、复利的主张，予以支持。

上述案例，是一起典型的保理合同纠纷。试问：如何理解保理合同？保理合同的内容和形式有哪些规定？虚构应收账款的法律后果如何？基础交易合同变更或者终止对保理人的效力如何？如何理解适用有追索权保理和无追索权保理？应收账款债权重复转让应当如何处理？

二、保理合同的法律意义

在保理合同法律关系中，涉及保理人与债权人、保理人与债务人之间不同的法律关系，债权人与债务人之间的基础交易合同是成立保理的前提，而债权人与保理人之间的应收账款债权转让则是保理关系的核心。保理人之所以介入应收账款债权人与债务人之间的法律关系，是为了向应收账款债权人提供融资服务、协助账款催收，以及提供其他服务。[1]

根据《民法典》第761条的规定，保理合同必须具备的要素是应收账款债权的转让，没有应收账款债权的转让，则不能构成保理合同。应收账款就是权利人因提供一定的货物、服务或设施而获得的请求债务人付款的权利以及依法享有的其他付款请求权，包括现有的和未来的金钱债权，但不包括因票据或其他有价证券而产生的付款请求权，以及法律、行政法规禁止转让的付款请求权。[2]

债权人将应收账款债权转让给保理人，其目的是需要保理人提供资金融通、应收账款管理或者催收、应收账款债务人付款担保等服务。资金融通，是指保理人应债权人的申请，在债权人将应收账款转让给保理人后，为债权人提供的贷款或者应收账款转让预付款。应收账款催收，是指保理人根据应收账款账期，主动或应债权人要求，采取电话、函件、上门等方式直至运用法律手段等对债务人进行催收。应收账款管理，是指保理人根据债权人的要求，定期或者不定期向其提供关于应收账款的回收情况、逾期账款情况、对账单等财务和统计报表，协助其进行应收账款管理。付款担保，是指保理人

---

[1] 最高人民法院民法典贯彻实施工作领导小组主编：《中华人民共和国民法典合同编理解与适用（三）》，人民法院出版社2020年版，第1762页。

[2] 参见黄薇主编：《中华人民共和国民法典释义（中）》，法律出版社2020年版，第1403页。

与债权人签订保理合同后，为债务人核定信用额度，并在核准额度内对债权人无商业纠纷的应收账款，提供约定的付款担保。

三、保理合同的内容和形式

根据《民法典》第 762 条第 1 款的规定，保理合同的内容一般包括业务类型、服务范围、服务期限、基础交易合同情况、应收账款信息、保理融资款或者服务报酬及其支付方式等条款。从实践中的情况来看，除以上内容外，保理合同通常还会约定担保（如回购条款、抵押、质押、保证条款等）、违约责任、争议解决等内容。

根据《民法典》第 762 条第 2 款的规定，保理合同应当采用书面形式，这主要是从纠纷发生时便于举证的角度所作出的规定。根据《民法典》第 469 条第 2 款、第 3 款的规定，书面形式是合同书、信件、电报、电传、传真等可以有形地表现所载内容的形式。以电子数据交换、电子邮件等方式能够有形地表现所载内容，并可以随时调取查用的数据电文，视为书面形式。

四、虚构应收账款的法律后果

在现实生活中，保理人与应收账款债权人签订保理合同之前，保理人一般都会对应收账款债务人进行尽职调查以核实应收账款的真实性，债务人在征询函或其他文书上确认该应收账款真实存在，保理人据此签订保理合同以及应收账款转移文件等文件，但当保理人向债务人主张权利时，债务人往往以基础交易合同不实或应收账款虚假、已消灭等为由抗辩，且从查明的事实来看，该应收账款大多不实。由此，在应收账款不实的情况下，债务人是否应当向保理人承担责任，其责任性质、范围应当如何确定，成为当事人之间争议的焦点问题。对此，《民法典》第 763 条明确规定："应收账款债权人与债务人虚构应收账款作为转让标的，与保理人订立保理合同的，应收账款债务人不得以应收账款不存在为由对抗保理人，但是保理人明知虚构的除外。"

针对虚构应收账款，不同国家和地区的法律存在不同的规定方式：一是统一规定通谋虚伪表示不得对抗善意第三人。如《日本民法》第 94 条规定："（一）与相对人通谋而进行虚伪意思表示的，该意思表示为无效。（二）前款规定的意思表示无效，不得对抗善意第三人。"二是针对的情形予以特别规定。如《德国民法典》第405条规定："债务人出具关于债务之文书者，如于文书提出时而为债权让与，债务人不得对新债权人主张债之关系成立或承认系出于虚伪，或与原债权人曾有债权不得让与之约定。当新债权人于债权让与时明知或可得而知其情事者，不在此限。"三是受让人有权请求债务人承担侵权的损失赔偿责任。我国《民法典》规定债务人不得以债权不存在为由对受让人提出抗辩的方式，有助于实践中债务人承担责任的数额的确定，能够对受让人（保理人）的利益予以充分保护。①

虚构应收账款，不得对抗善意保理人的条件应当包括：一是作为应收账款的债权为虚构。此处的虚构，既包括应收账款债权全部不存在，也包括部分不存在。二是应收账款虚构是因为其债权人与债务人存在通谋行为。既包括应收账款债权人与债务人通谋以虚假的意思表示制造了虚假应收账款的外观，也包括债务人向保理人确认应收账款的真实性（实际上不存在或者部分不存在）。三是保理人对应收账款债权存在产生了合理的信赖，即属于善意，尽到了一般人应当注意的义务。如果保理人明知虚构，则自担损失。何谓明知，即有证据证明保理人知道，不包括保理人"应当知道"的推定情形。

五、基础交易合同变更或者终止对保理人的效力

在保理合同中，为了保障保理人的利益，应收账款债权人负有不减损该应收账款债权价值的义务。因此，债权人不能通过与债务人协商变更已经转让给保理人的债权，否则即构成违约行为，应当承担违约责任。但是，作为基础交易合同，应收账款债权难免会存在变更或者终止的情形，这对保理人产生哪些效力？对此，《民法典》第765条规定："应收账款债务人接到应收账款转让通知后，应收账款债权人与债务人无正当理由协商变更或者终止基础交易合同，对保理人产生不利影响的，对保理人不发生效力。"

适用《民法典》第765条的前提：一是应收账款债权人和债务人协商作出了有关转让债权的民事法律行为。该民事法律行为必须是关于转让债权的，而且必须是债权人和债务人协商一致作出了法律行为，这里包括协商变

---

① 参见黄薇主编：《中华人民共和国民法典释义（中）》，法律出版社2020年版，第1408页。

更或者终止基础交易合同的情形,而不应包括基于法律规定以及债务人单方行使基于法律规定享有的法定解除权等使基础交易合同发生变更或者终止的情形。

二是该民事法律行为对保理人产生不利影响。这里意味着债权人和债务人通过协商使得应收账款债权的价值落空或者减损,而对保理人产生不利影响,如果债权人和债务人的行为对保理人是有利的,自然无须保理人同意即可对其发生有利的效力。

三是该民事法律行为发生在债务人接到债权转让通知后。债务人接到债权转让通知前,由于债权转让对债务人不发生效力,债务人有权主张债权人仍然对债权有处分权,此时债权人和债务人协商一致作出的民事法律行为,即使导致保理人利益受损,该行为仍然对保理人发生效力,保理人所取得的债权发生相应变动,保理人仅能依法解除保理合同并请求债权人承担违约责任。

四是对保理人产生不利影响的民事法律行为无正当理由。这里所谓的正当理由,第一是指经过了保理人的同意。如果经过了保理人的同意,自然能够对保理人发生效力。第二是指该民事法律行为符合诚信原则且保理人并无合理理由反对的情形,具体可能包括:(1)基础交易合同已约定可变更或者终止的情形。(2)政府合同和复杂的合同安排中,尤其对于数额尚未最终确定的债权。[1]

依据《民法典》第 765 条的规定,该民事法律行为对保理人不发生效力。这意味着,保理人仍然可以根据该民事法律行为成立之前的债权状况请求债务人履行支付应收账款的债务。当然,保理人自然可以放弃此种保护,而选择依法解除保理合同并请求债权人承担违约责任。债权人与债务人恶意串通变更或者终止基础交易合同,损害保理人利益的,保理人也有权选择依据《民法典》第 1168 条的规定主张债权人与债务人构成共同侵权,请求他们对造成的损失承担连带责任。

---

[1] 参见黄薇主编:《中华人民共和国民法典释义(中)》,法律出版社 2020 年版,第 1411-1412 页。

六、有追索权保理和无追索权保理

根据不同的分类标准，可以将保理业务进行不同的分类，如按照基础交易的性质和债权人、债务人所在地的不同，分为国际保理和国内保理；按照是否将应收账款转让的事实通知债务人的不同，分为公开型保理和隐蔽型保理；按照参与保理服务的保理机构个数，分为单保理和双保理；按照保理人在债务人破产、无理拖欠或无法偿付应收账款时，是否可以向债权人反转让应收账款、要求债权人回购应收账款或归还融资的不同，分为有追索权保理和无追索权保理。从保理业务实践的角度来看，有追索权保理和无追索权保理的分类最为重要，虽然在国际上无追索权保理业务占主流，但在我国的保理业务结构中，却是有追索权保理业务占据主导地位。由于在这两种类型的保理业务中，保理人对应收账款债权人的权利存在着明显的差别，因此，《民法典》以专门的条文对两种保理业务类型中保理人的权利进行提示性的规定。[①]

《民法典》第766条规定了有追索权保理，即"当事人约定有追索权保理的，保理人可以向应收账款债权人主张返还保理融资款本息或者回购应收账款债权，也可以向应收账款债务人主张应收账款债权。保理人向应收账款债务人主张应收账款债权，在扣除保理融资款本息和相关费用后有剩余的，剩余部分应当返还给应收账款债权人"。该条关于有追索权保理的规定，在性质上属于任意性规范，适用于当事人无另有约定的情形，如果当事人另有约定，就应当按照当事人的约定处理。基于保理业务的通常实践，避免当事人通过约定排除法定规则的交易成本，以及对保理人负担越大者越需要保理人的明确同意这种解释原则，而且基于基础交易合同关系和保理合同关系的关联性，便于查明事实，减轻当事人诉累，提高审判效率，在保理人和债权人无特别约定或者约定不明确时，保理人有权选择向应收账款债权人主张返还保理融资款本息或者回购应收账款债权，或者向应收账款债务人主张应收账款债权。同时，在有追索权保理中，保理人向应收账款债务人

---

① 参见最高人民法院民法典贯彻实施工作领导小组主编：《中华人民共和国民法典合同编理解与适用（三）》，人民法院出版社2020年版，第1781页。

主张应收账款债权的，在获得债务人的履行后，首先应当扣除保理融资款本息和相关费用，对于扣除后仍有剩余的保理余款，应当返还给应收账款债权人。

《民法典》第767条规定了无追索权保理，即"当事人约定无追索权保理的，保理人应当向应收账款债务人主张应收账款债权，保理人取得超过保理融资款本息和相关费用的部分，无需向应收账款债权人返还。"该条规定适用于债务人发生了信用风险的情形，即债务人未按照基础交易合同约定履行债务或者履行债务不符合约定，包括债务人破产、无正当理由不按照约定履行债务等。

无追索权保理并非意味着在任何情形下保理人对债权人均无追索权，保理人不再追索应收账款债权人是具有一定前提的，即债务人未及时全额付款系源于其自身信用风险，而非其他原因。如果债务人因不可抗力而无法支付，或者债务人依法主张基础交易合同所产生的抗辩、抵销权或者依法解除基础交易合同而拒绝付款，则保理人仍有权对债权人追索，有权向应收账款债权人主张返还保理融资款本息或者回购应收账款债权。在实践中，针对非债务人信用风险的情形，保理人和债权人可以约定特定情形下的反转让权。同时，在无追索权保理中，保理人向应收账款债务人主张应收账款债权，在获得债务人的履行后，对保理人超过保理融资款本息和相关费用的这部分保理余款的归属，首先由保理人和债权人在保理合同中约定。保理合同对此无约定或者约定不明确时，基于无追索权保理在性质上属于应收账款债权买卖，因此与有追索权保理不同，该条规定了另外的默认规则，即这部分保理余款应当归属于保理人，无须向应收账款债权人返还。

七、应收账款债权重复转让

应收账款债权转让合同作为涉他合同，民法理论对其合同效力的分析一般区分为债权转让在转让人和受让人之间的效力、对债务人的效力，以及对于应收账款债权人的债权人等第三人的效力这三个方面。根据《民法典》第502条、第545条和第546条的规定，债权转让合同自成立时生效，在通知债务人后对债务人发生效力。但对于债权转让合同是否具有对抗第三人的效力，既往的立法没有明文规定。如果将债权转让合同的效力仅限于转让人、保理人（受让人）和债务人之间，则三方当事人均不能基于债权转让的事实对抗第三人，转让人的其他债权人仍然可以将该债权作为转让人的责任财产申请法院加以查封、冻结，这种理解明显不利于保护债权受让人的利益。反之，如果承认债权转让合同具有对抗第三人的效力，但由于债权转让并没有公示外观，对于转让人的其他债权人而言，很难防止转让人利用债权转让的方式逃避债务。

为解决债权转让，特别是在债权多重让与情形下对抗第三人的效力问题，《民法典》第768条规定："应收账款债权人就同一应收账款订立多个保理合同，致使多个保理人主张权利的，已经登记的先于未登记的取得应收账款；均已经登记的，按照登记时间的先后顺序取得应收账款；均未登记的，由最先到达应收账款债务人的转让通知中载明的保理人取得应收账款；既未登记也未通知的，按照保理融资款或者服务报酬的比例取得应收账款。"据此，应收账款债权人就同一应收账款订立多个保理合同的，多个保理人按照以下顺序受偿：（1）已经登记的先于未登记的受偿；（2）均已登记的，按照登记时间的先后顺序受偿；（3）均未登记的，转让通知先到达债务人的保理人优先受偿；（4）均未登记也未通知的，按照债权比例受偿。

为防范应收账款存在在先转让、质押登记，在尽职调查过程中，保理人应当通过中国人民银行征信中心的应收账款登记系统查询卖方是否存在在先的应收账款转让、质押登记，在先登记的应收账款是否与本次转让应收账款为同一应收账款。

八、对案例35的简要评析

在案例35中，双方当事人已经在《保理合同》第六条回购条款约定：回购情形为应收账款到期日，买方（北某公司）未足额支付应收账款，经保理银行自行或委托卖方在催账期内向买方催收后，买方仍未在催账期届满日前一日足额付款。回购情形发生后，保理银行将向卖方鑫某公司发出《应收账款回购通知书》，卖方鑫某公司应当按照保理银行的要求，于保理银行指定的日期回购所有保理银行已受让的应收账款；已预付应收账款转让价款的，卖方应立即并不迟于保理银行要求的时间退还相应的保理融资本金，比例预付方式下的应同时支付相应的利息。因此，鑫某公司对案涉保理应收账款，负有到期回购义务，并且根据案涉《保理合同》的约定，回购人北某公司还应承担相应的费用，鑫某公司应依约承担保理回购责任。

第九章

承揽合同

本章概要

承揽合同是承揽人按照定作人的要求完成工作，交付工作成果，定作人支付报酬的合同。承揽包括加工、定作、修理、复制、测试、检验等工作。

本章共计18个条文（与《合同法》对承揽合同的规定是相同的，几乎没有任何变化），主要对承揽合同的主要内容、承揽合同的方式、材料的提供、履行期限、支付报酬、保管责任、留置权等承揽人与定作人之间的权利义务作了规定。

第一节　承揽合同概述

一、问题的提出

在日常生活中,承揽合同是一种比较常见、普遍的合同。承揽合同的立法在古罗马时就已存在,并随着人类社会生产生活的发展,成为当今各国民事法律中的一大类合同。承揽合同在《民法典》规定的"典型合同"中占据举足轻重的地位,其分则部分主要是以买卖合同和承揽合同为两大基本枝干设计的。其原因是,在典型合同中,当事人的权利义务体现为价值的流动,这种价值表现为两种:一是财产(主要是物)价值,二是劳动价值。劳动价值的流动是通过完成工作的合同实现,而承揽合同又是这类合同的核心。

在研究承揽合同的几个一般性问题之前,先看一则案例。

案例36:案涉合同是买卖合同还是承揽合同

2022年3月7日,某市水泥制品厂(以下简称甲方)与本市宏发建筑有限责任公司(以下简称乙方)签了一份买卖合同。合同约定:甲方供给乙方4米以内的预制板12000立方米,每立方米由乙方提供钢筋60千克,所需水泥由甲方筹集,费用凭发票向乙方结算。每立方米单价500元,甲方交付预制板时由乙方分次结算。预制板由甲方运送,装车费、运费均由甲方负责。任何一方违约,应向对方支付货款总额20%的违约金。合同订立后,甲方按约运去预制板8500立方米,但乙方以工程款未到位为由拖欠货款54.5万元,欠付钢筋3425千克。双方经多次协商未果,甲方遂向法院起诉,请求法院判令乙方支付货款及偿付违约金。

上述案例,涉及双方当事人对合同性质的定性问题。试问:何谓承揽合同？有哪些法律特征？承揽合同的种类和内容有哪些？承揽合同与类似合同的区别在哪里？

二、承揽合同的法律特征

我国学者一般认为，承揽合同是指一方为他人完成一定的工作并支付工作成果，他方支付报酬的合同。[①]

我国《民法典》第 770 条第 1 款对承揽合同的定义作了明确规定，即"承揽合同是承揽人按照定作人的要求完成工作，交付工作成果，定作人支付报酬的合同"。从《民法典》的规定来看，并没有对报酬的实际支付时间作明确限制，这既符合合同自由原则的精神，又符合实际情况，因为在现实生活中，很多承揽合同都不是在工作完成后支付报酬的。

在承揽合同中，合同双方的主体分别称为承揽人和定作人。完成工作并交付工作成果的一方称为承揽人，接受工作成果并支付报酬的一方称为定作人。同时，承揽人按照定作人的要求，应交付的工作成果称为定作物。承揽人和定作人可以是法人或者非法人组织，也可以是自然人。

承揽合同除具有诺成、有偿、双务、不要式合同的特征外，还有其自身的特征：

1. 承揽合同的标的是特定的工作成果。在承揽合同中，定作人订立合同的目的是最终能得到承揽人完成的一定工作成果，因此合同的标的是承揽人完成并交付的工作成果，这一点区别于单纯的提供劳务的合同，如运输、保管合同等。另外，这一工作成果是按照定作人的特定要求，并满足定作人的特定需要完成的，一般不具备通用性，属特定物范畴。这一点又与买卖合同的标的物有所区别。

2. 承揽人的工作具有独立性。承揽人以自己的设备、技术和劳动独立完成工作，承揽人有权按照自己的生产条件，独立地部署生产计划，确定工作方法和步骤。定作人虽有权对承揽人的工作进行必要的监督检验，但不得妨碍承揽人独立完成工作。

---

① 王家福主编：《中国民法学·民法债权》，法律出版社 1991 年版，第 692 页。郭明瑞、王轶：《合同法新论·合同分则》，中国政法大学出版社 1997 年版，第 215 页。

3. 承揽人在工作中独立承担风险。承揽人在独立完成工作的过程中，对工作成果的完成应负全部责任。承揽人完成的工作成果在交付定作人之前毁损、灭失的风险，由承揽人承担。若该风险是由不可抗力引起的，承揽人可以免除承担违约责任，但承揽人不能以为完成定作人交付的工作为由，要求定作人给付报酬或赔偿损失。

4. 承揽人可以留置定作物的方式实现债权。《民法典》第 783 条规定，定作人未向承揽人支付报酬或者材料费等价款的，承揽人对完成的工作成果享有留置权或者有权拒绝交付，但当事人另有约定的除外。

三、承揽合同的种类

关于承揽合同的种类，我国理论界有两种观点。一种观点认为，承揽合同包括两种：一是一般承揽合同，如日用品的加工、定作、修理、修缮、复制、翻译等；二是基本建设工程承揽合同。[①] 该观点影响极为广泛，其后的民法学教科书基本沿袭了此观点。另一种观点认为，承揽合同包括加工、定作、修理、修缮和其他种类的承揽合同（如非基本建设工程设计、翻译、物品性能测试与检验等）。[②] 传统民法中承揽合同包括加工承揽合同和建设工程合同两大类。由于建设工程合同在发展中形成了许多独特的行业特点，原经济合同法将建设工程合同独立于加工承揽合同加以规定，因此《民法典》所指的承揽合同主要是加工承揽合同而不包括建设工程合同。[③]

《民法典》第 770 条第 2 款规定，承揽包括加工、定作、修理、复制、测试、检验等工作。现将这几类合同作以简要介绍。

1. 加工合同。加工合同是定作人为承揽人提供原材料，由承揽人以自己的设备、技术和劳动将原料加工为成品，定作人接受成品并给付报酬的合同。加工合同是生产生活中极为普遍的合同。进而可将加工合同分为：生产性加工合同，如将原材料、半成品加工为半成品、产成品；生活性加工合同，如

[①] 佟柔主编：《民法原理》（修订本），法律出版社 1987 年版，第 303 页。
[②] 王家福等：《合同法》，中国社会科学出版社 1986 年版，第 254 页。
[③] 黄薇主编：《中华人民共和国民法典释义（中）》，法律出版社 2020 年版，第 1421 页。

碾米、磨面、裁衣等；艺术性加工合同，如装裱字画等。加工合同的最大特点是定作人提供全部或部分原材料，承揽人一般只提供辅助材料，仅收取加工费。

2. 定作合同。定作合同是承揽人用自己的设备、技术、材料和劳力，应定作人的特殊要求制作成品，定作人接受成品并支付报酬的合同。定作合同与加工合同的区别在于：在加工合同中，原材料是由定作方提供的；而在定作合同中，原材料由承揽人提供。定作合同也有生产性、生活性的区别，前者如一企业为另一企业制作有特殊用途的运输工具；后者如日常生活中的定做衣服、家具等。

3. 修理合同。修理合同是承揽人为定作人修理功能不良、缺失或外观被损坏的物品，使其恢复原状，定作人支付报酬的合同。修理合同与加工合同、定作合同不同的是，在修理合同中，需要更换的原件、配件或其他需要添加的材料，既可由承揽人提供，也可由定作人提供。修理的工作物既可为动产，如鞋、收音机；也可为不动产，如房屋修缮等。我国学者一般将标的物是动产的合同称为修理合同，标的物是不动产的合同称为修缮合同。

4. 复制合同。复制合同是承揽人根据定作人提供的样品，制作与样品相同的成品，定作人接受成品并给付报酬的合同。在日常生活中，复制合同大量存在。复制品一般与样品的外观及内容相同或相似。美术作品的临摹也可被视为复制合同，尽管再现原样品的精神气质是不太可能的。

5. 测试合同。测试合同是承揽人利用自己的技术和设备，为定作人完成某项工程的测试任务，定作人接受测试成果并支付报酬的合同。

6. 检验合同。检验合同是承揽人利用自己的技术和设备对定作人提供的检验品进行检测、分析、化验、安装调试等必要工作，并对检验品的品质、成分、结构、性能等方面作出报告或结论，定作人接受报告或结论，并支付报酬的合同。

在测试合同与检验合同中，承揽人的劳动技术含量较高，因而一般只有特定主体才可能完成工作任务。它主要用于生产、科研领域。

四、承揽合同的内容

我国《民法典》第771条对承揽合同的内容作了规定，即"承揽合同的内容一般包括承揽的标的、数量、质量、报酬，承揽方式，材料的提供，履行期限，验收标准和方法等条款"。

1. 承揽的标的，即指承揽的品名或项目，是承揽合同当事人双方权利义务共同指向的特定对象。承揽的标的是订立承揽合同的目的和前提，应当明确并注以全称，不得使用代号，以免产生误解，发生纠纷。

2. 承揽的数量、质量。承揽合同必须写明定作物的数量，在约定数量时所使用的应当是国家法定的计量单位。当事人还必须在承揽合同中明确约定质量要求和技术标准，以免纷争。

3. 报酬，即指定作人依照合同约定向承揽人支付的代价。承揽合同中的报酬一般表现为价款和酬金两种形式。价款包括材料价款和加工费；酬金仅指加工费。如果当事人另有约定，定作人亦可支付一定的实物作为报酬。

4. 承揽方式，即指承揽人应以何种形式的工作完成特定的工作成果。具体的承揽方式包括加工、定作、修理、测试、复制、检验等。

5. 材料的提供，即指完成承揽工作所需的原材料。承揽合同应当明确由承揽人还是定作人提供原材料。由定作人提供材料的，应明确提供原材料的具体日期。由承揽方提供原材料的，双方应当约定原材料的规格、数量、质量、单位或金额。

6. 履行期限。履行期限是履行合同义务的时间界限，是确定合同是否履行和是否迟延履行的客观的时间标准。在承揽合同中，履行期限包括承揽人完成工作、交付定作物的期限和定作人履行提供原材料、技术资料、图纸及支付报酬的期限。

7. 验收标准和方法。验收标准和方法主要是指承揽人所完成的工作成果的验收标准和方法，用以确定工作成果是否达到定作方需要的质量要求或技术标准。验收标准和方法同样适用于承揽人对定作人提供的原材料。

承揽合同除应当包括上述条款之外，当事人还可在合同中约定履行地点和方式、结算办法、违约责任等条款。

五、承揽合同与类似合同的区别

在审判实践和现实生活中，关键是要把握好承揽合同与类似合同的区别。

(一)承揽合同与买卖合同的区别

承揽合同的包容性极强,涉及生活中的各个领域。法律对承揽合同的规定,实际上是对各类承揽合同共性的规定,对每一个具体的承揽合同,不可能事无巨细地列举完毕。因此,区分哪些合同是承揽合同,对正确适用法律尤其重要。由于承揽合同往往涉及所有权的转移,而买卖合同也涉及所有权的转移,在审判实践中,承揽合同与买卖合同最容易混淆,需要认真加以区别。[①]

一般而言,要确定一个合同是不是承揽合同,最基本的方法是看当事人的基本权利义务类型。如一方的义务是按对方的要求完成工作并交付成果,对方的义务是接受工作成果并支付报酬,而又无法律特别规定为其他有名合同(如建设工程合同、运输合同等)的,则属于承揽合同的范畴。否则,不属于承揽合同的范畴。

具体而言,承揽合同与买卖合同的区别关键在于:承揽合同是以完成一定的工作为目的的合同,而买卖合同则是以转移所有权为目的的合同。在承揽合同中,双方当事人的权利义务所指向的对象主要是一定的行为,而在买卖合同中,双方当事人的权利义务所指向的对象都是一定的物。二者的区别表现在以下几个方面:

1. 买卖合同的标的既可以是特定物,也可以是代替物。而且,在现代社会中,一般都是可替代物。但在承揽合同中,如果工作成果是有形的,其标的物则是特定物;如果工作成果是无形的,就根本不存在物的转移。而买卖合同则必须转移物的所有权。在承揽合同中,如果涉及转移标的物所有权(如在承揽人提供全部材料的情况下),这只是合同的从属义务;而在买卖合同中却是最基本的义务。

2. 买卖合同的标的物既可能在合同成立时存在,也可能根本不存在;而承揽合同的标的物在合同成立时绝对不存在,只能在承揽人完成工作后才可能存在。

3. 在承揽合同中,承揽人要亲自完成主要工作或次要工作,以满足定作

[①] 何志编著:《合同法原理精要与实务指南》,人民法院出版社2008年版,第758—762页。

人的特殊需要；而在买卖合同中，卖方既可以自己生产标的物，也可以从他人处购买，或者将生产工作完全交由第三人完成，当事人并不关心标的物的特定性。

4. 在买卖合同中，买方以卖方仅得请求交付符合质量要求的标的物，对卖方无检查监督的权利；在承揽合同中，定作人有权对承揽人的工作进行检验监督，定作人同时负协助义务，而且定作人违反协助义务后果严重的，甚至可能导致承揽方解除合同。

5. 承揽合同的定作人在工作成果未完成之前，随时可以解除合同；而买卖合同的当事人并无此权利。

6. 在承揽合同中，如当事人无相反约定，承揽人有留置工作成果的权利；而在买卖合同中，任何一方当事人均无此权利。

7. 承揽合同的标的物毁损、意外灭失的风险，在工作成果完成前，只能由承揽人承担；而在买卖合同中，标的物意外毁损、灭失的风险，当事人可以约定自合同成立时起转移。

（二）承揽合同与委托合同的区别

委托合同是委托人委托受托人处理事务，受托人依委托人的要求处理事务的合同。二者都包含劳力付出的内容，而且都包含遵照他人要求实施一定事务的内容，从这些特点上看，承揽合同与委托合同具有相似性。但是，二者也有明显的区别：

1. 在承揽合同中，仅存在承揽人与定作人之间的关系，一般不会涉及第三人，即使承揽人将承揽合同的辅助工作交由其他人完成，这些辅助承揽人也同样是承揽人，而且辅助承揽人不必以承揽人名义而为承揽。而在委托合同中，受托人一般要以委托人名义行事，即使不以委托人名义行事的，受托人对外签订合同的义务，最终也还要由委托人负担，受托人实际上与合同的相对方并无权利义务关系。所以，在委托合同中，受托人依委托人要求行事，实际上是委托人、受托人和第三人三方之间的关系，受托人往往处于一种"中间人"的地位。而承揽合同则不存在这一问题。

2. 承揽合同中承揽人要自己承担风险和责任，独立完成工作，定作人一般不会对此承担风险和责任。而委托合同则不同，因为受托人所处理的事务并非自己的事务，而是为委托人处理事务，所以，委托人要承担处理事务中发生的风险和责任。受托人虽直接处理事务，但并不对此承担风险和责任。这也是自己事务自己承担责任的当然要求。

3. 承揽合同为有偿合同，这是承揽合同的必然特点。而委托合同虽然在过去的立法，如罗马法等中为无偿合同，但是近代以来，各国立法对此并不作此要求，而是大多规定委托合同可以为有偿合同，也可以是无偿合同，当事人自己可以自由约定。

4. 在承揽合同中，承揽人的工作一般必须有工作成果，至少在合同中有约定的工作成果，否则就不能成立承揽合同。在委托合同中，委托人一般只是要求受托人处理一定事务，这种事务虽然处理会有结果，但这里的结果并不等于承揽合同中的工作成果，它只是一种事物发展的后果，不一定包含着利益因素；承揽合同的工作成果则包含对定作人有利的因素，如财产利益等。而委托合同的结果则仅是一种客观的后果，如委托人委托受托人购买某物，受托人前去购买时该物已售完的，不能说受托人未履行委托合同的义务，也不能说委托人因此得到了财产利益，但这仍然是委托合同履行的结果。

（三）承揽合同与雇用合同的区别

承揽合同与雇用合同相比，也有相似之处。承揽合同中的承揽人要以自己的技术、条件为定作人完成一定的工作，因此是提供一种劳务。而雇用合同中的受雇人同样要按照雇用人的要求而做一定的工作，要向雇用人提供一定的劳务。正是因为二者存在这些相似之处，所以在实践中，关于特定合同属于承揽合同还是雇用合同，往往会引起争议。如，农民甲建造房屋，将工程交给乙。乙又召集若干熟人共同参与建造。后来个人丙在建造房屋时不慎从脚手架跌下受伤。丙在要求赔偿时，乙又称丙与甲形成了雇用关系，应当由甲来承担赔偿责任。为区分这两种不同的合同，就需要弄清楚二者之间的区别。

1. 承揽合同与雇用合同的标的物不同。在承揽合同中，定作人所要求的不仅仅是承揽人应以自己的技能、设备进行一定的工作，而且还要求这种工作有成果，并将这种成果交付给定作人，即承揽合同的标的物是包含承揽人特定技能的工作成果。而雇用合同的标的只是受雇人提供的劳务本身，受雇人只要按照约定的要求完成劳动，就已经尽到了合同义务，而无论这种劳动有无特定的成果。雇用人也只能要求受雇人依约定提供劳务，而不能要求受雇人的劳动必须有成果。

2. 承揽合同与雇用合同中双方当事人的地位不同。承揽合同中当事人的地位平等。定作人与承揽人之间不存在指挥与听从的关系，定作人虽可以检查、监督承揽人的工作，但也只是防止承揽人将主要工作交由他人完成或不依约进行工作等违约行为发生，而并非直接指挥承揽人为或不为某些行为。雇用合同中当事人的地位则不同。在这一合同中，受雇人处于从属地位，要听从雇用人的指挥，雇用人与受雇人之间是一种指挥与听从、管理与被管理的关系，而不是一种完全平等的关系。受雇人要完全听从雇用人安排进行劳动，才能获得劳动的报酬。

3. 在两种合同中，因工作过程中发生损害的责任承担者不同。在承揽合同中，对于承揽人工作期间因工作致他人的损害，由承揽人承担责任，定作人不负责任，这是一般的原则。而在雇用合同中，因受雇人是由雇用人指挥，听从雇用人的安排而劳动的，所以由此劳动致他人的人身或财产损害的，应由雇用人承担责任。

4. 由于两种合同对标的物的要求不同，所以两种合同中的提供劳务方取得报酬的要求也不同。在承揽合同中，承揽人要依约定完成工作，并将工作成果交付给定作人，才能请求定作人支付报酬。而在雇用合同中，受雇人只要依雇用人指示完成了一定的工作，付出了劳动，就可以请求雇用人支付报酬。

通过对承揽合同与雇用合同的前述几点区别的分析，我们也可以看出，在前述的案例中，甲将工程交给乙，甲、乙之间形成承揽合同关系（建设工程合同）。而丙是乙召集参与房屋建设的，如果他和乙是共同工作，分工协作，则是与乙形成了合伙关系；如果丙是听从乙的指挥工作，则应当是与丙形成雇用关系，而雇工在工作中受到伤害的，应当由雇主承担责任。

六、对案例36的简要评析

在案例36中，争议的焦点是合同的性质，亦即双方当事人所签的合同究竟为买卖合同，还是承揽合同。虽然双方当事人所签的合同写明是买卖合同，乙方所交的金额注明是货款而非加工费，但合同明确规定，由乙方提供钢筋等原材料；所需水泥虽由甲方筹集，但费用单独结算，且产品规格按乙方要求制定。这些合同的本质内容，完全说明该合同性质属于加工合同，而非买卖合同。

该案给我们两点启发：一是当事人在订立合同时，一定要将合同条款尽量明确，并写在合同文本中；二是当事人在签订承揽合同之前，要弄清自己要签订的是什么种类的承揽合同。

第二节　承揽人的义务

一、问题的提出

承揽人负有亲自完成主要工作、将辅助工作交由第三人完成时向定作人负责、按照约定提供材料、及时检验和不得更换材料、及时通知、交付工作成果、妥善保管等主要义务。

在研究承揽人的义务之前，先看两则案例。

案例 37：承揽人多支付给第三人的加工费能否向定作人主张支付

2022 年 8 月 17 日，宏某公司与德某公司签订加工合同。双方在合同中约定：宏某公司提供原材料，由德某公司加工制作雨衣。双方还对承揽的数量、质量、价款、履行期限等作了明确规定。合同签订后，宏某公司按约定提供了原材料，并分三次预付加工费 9 万元。德某公司收到原材料后，以自己的设备、技术和劳动加工 3 万件雨衣，为按时交货，将其余 7 万件以每件增加 0.1 元的加工费擅自转让给利某公司加工。利某公司保质保量地将 7 万件雨衣交付给德某公司。宏某公司在接受德某公司所交付的 10 万件雨衣时，德某公司要求宏某公司另支付加工费 7000 元而形成纠纷。

案例38：被告拒付承揽费用的理由能否成立[①]

2020年8月31日，某度公司（乙方、供方）与某阁公司（甲方、需方）签订《主材供货合同》，约定某度公司为某阁公司常年供应定制产品等装饰材料，某阁公司以此材料直接用于相关装饰装修客户工程，合作期限为2020年8月31日至2021年8月31日。整装模式由某阁公司与客户签订合约，某度公司按《主材专供清单》价格提供定制产品，并按《主材专供清单》价格和某阁公司结算，一单一结清。某度公司接到某阁公司下单通知后，安排设计师和客户约定时间测量出图，图纸确认平方数后第一时间反馈给某阁公司确认，某阁公司同意后下单生产，定制产品安装完毕，由某阁公司验收。某阁公司派单，某度公司需在核定的平方数内测量，若超出的平方数未经某阁公司设计师确认，费用由某度公司承担，客户下订单后，双方以书面形式签字确认客户所选产品，某度公司指定责任人为侯某。该《主材供货合同》附报价表。合同签订后，双方依照合同履行。双方通过微信群"某阁施工群"安排施工事宜，由某阁公司工作人员在微信群中通知某度公司客户地址，由某度公司安排设计师上门测量出图，客户确认后定制安装。2020年11月25日，某阁公司工长马某通过"某阁施工群"通知某度公司下单，某度公司经测量尺寸定制安装并于2020年12月1日经客户签字确认，产生加工承揽费22453元……以上共计产生加工承揽费210073元。2021年6月16日，某度公司代理人侯某因索要欠付加工承揽费与某阁公司法定代表人李某发生纠纷报警，在出警执法记录仪视频录像中，李某认可欠付某度公司加工承揽费21万元，但提出"产品在做检测，合格了就可以支付"。

生效裁判认为，承揽合同是承揽人按照定作人的要求完成工作，交付工作成果，定作人支付报酬的合同。某度公司与某阁公司签订的《主材供货合同》实为承揽合同，该合同系双方真实意思表示，不违反法律、行政法规的强制性规定，不违背公序良俗，该合同合法有效，双方均应当按照约定全面履行自己的义务。某度公司按照某阁公司的通知要求完成了家具定制工作，并向某阁公司指定的客户交付了工作成果，某阁公司应当按照约定支付报

[①] 详见青海省西宁市中级人民法院（2022）青01民终456号民事判决书。

酬。某阁公司称某度公司核定的平方数未经其确认，但在合同履行过程中，某阁公司在"某阁施工群"中指定客户及后续安装事宜的沟通过程中均未限定平方数，某阁公司法定代表人李某对欠付"21万元"货款亦予认可，因此某阁公司应当支付某度公司加工承揽费金额为210073元。关于利息，双方在《主材供货合同》中约定一单一结清，但某阁公司未及时付款，给某度公司造成资金占用损失，某度公司主张按照同期全国银行间同业拆借中心公布的贷款市场报价利率3.85%主张利息予以支持。

上述案例，均涉及承揽人的义务问题。试问：在司法实践中如何理解承揽人的义务？

二、承揽人完成主要工作的义务

我国《民法典》第772条对此作了规定，即"承揽人应当以自己的设备、技术和劳力，完成主要工作，但是当事人另有约定的除外。承揽人将其承揽的主要工作交由第三人完成的，应当就该第三人完成的工作成果向定作人负责；未经定作人同意的，定作人也可以解除合同"。应从以下两方面理解承揽人的此项义务：

1. 承揽人亲自完成主要工作的义务。该条款规定的"设备"，是指承揽人进行工作所使用的工具；"技术"，是指承揽人进行工作所需的技能，包括专业知识、经验等；"劳力"，是指承揽人完成工作需要付出的劳动力。问题的关键是要正确地理解"主要工作"，一般认为，主要工作是指工作的主要部分。所谓"主要部分"，首先是指对定作物质量起决定性作用的部分；如果其质量在承揽工作中不起决定性作用，定作物为一般人均可完成，那么"主要部分"即指数量上的大部分。

应当明确的是，依据《民法典》的规定，以自己的设备、技术和劳务完成主要工作是承揽人的一项法定义务，因而无论当事人在合同中对此有无约定，承揽人均应承担这一义务。当事人如在合同中另有约定的，自然应适用其约定。

2. 承揽人违反此义务的法律后果。承揽人承担亲自完成主要工作义务的情形有两种：一是承揽合同中已明文规定，承揽人需亲自完成主要工作；二是若承揽合同中对此未作明确约定，依据《民法典》第772条的规定，承揽人也应亲自完成主要工作。在此两种情形下，承揽人若未亲自履行这一义务，即构成违约。根据《民法典》第772条第2款的规定，定作人享有是否解除合同的选择权。如果定作人没有解除合同，承揽人应就该第三人完成的工作成果向定作人负责。因为，此时定作人若知道承揽人将主要工作交由第三人完成，则视为定作人已经同意该行为。但是，因定作人与第三人不存在承揽合同关系，定作人无权向第三人作出任何请求，所以承揽人应对第三人完成的工作成果向定作人负责，应无疑问。

三、承揽人将辅助工作交由第三人完成时向定作人负责的义务

《民法典》第773条规定："承揽人可以将其承揽的辅助工作交由第三人完成。承揽人将其承揽的辅助工作交由第三人完成的，应当就该第三人完成的工作成果向定作人负责。"应从以下两方面理解和掌握承揽人的此项义务：

1.承揽人依法享有与第三人订立次承揽（或称再承揽）合同的权利。依《民法典》第773条的规定，承揽人可以将其承揽的辅助工作交由第三人完成，无论合同中是否约定，此为承揽人的法定权利。对于"辅助工作"，应解释为除《民法典》第772条的主要工作以外的其他工作，如专业性、技术性不强的准备工作，或占承揽人全部工作中一小部分的工作。

在司法实践中应特别明确的是，《民法典》第773条的规定属于任意性规范，如果当事人在承揽合同中约定承揽人必须完成全部工作的（包括主要工作和辅助工作），则承揽人无权将辅助工作交由第三人完成。否则，即构成违约。

2.次承揽合同的效力。一是次承揽合同是独立的承揽合同。承揽人将辅助工作交由第三人完成的，即与第三人订立了一个承揽合同。这与原承揽合同在事实上有联系，但在法律上是一个独立的合同。二是承揽人需对第三人完成的工作成果向定作人负责。承揽合同与次承揽合同各自独立，其当事人各不相同。因此，基于合同的相对性原理，承揽合同的定作人对次承揽合同中的承揽人不存在任何合同上的请求权，第三人对定作人亦不负任何合同上的义务，定作人只能依据承揽合同向承揽人请求给付。因此，承揽人应对第

三人完成的工作成果向定作人负责。若第三人完成的工作成果存在瑕疵，定作人应向承揽人请求赔偿，承揽人在赔偿后可向次承揽人追偿。

在司法实践中应注意的是，由于承揽合同与次承揽合同为两个独立的合同，因此，承揽合同的无效并不导致次承揽合同的无效，次承揽合同的无效亦并不导致承揽合同的无效。换言之，承揽合同与次承揽合同的效力互不影响。

四、承揽人按约定提供材料的义务

在承揽合同法律关系中，完成承揽工作所需要的材料，根据当事人双方的约定，既可由定作人提供，也可由承揽人提供。《民法典》第774条对承揽人按约定提供材料义务作出了规定，即"承揽人提供材料的，应当按照约定选用材料，并接受定作人检验"。应从以下方面掌握承揽人的此项义务：

1.工作材料的范围。进行工作所使用的材料与完成工作所必须使用的工具不同。工作所使用的材料可以约定由承揽人来提供，亦可由定作人提供；对于工具，如无特殊约定，当由承揽人负担。此外，对于附属材料，如无特殊约定，亦当由承揽人提供。如定作服装，由定作人提供布料，但缝衣所使用的线，依习惯则由承揽人提供。

2.承揽人应当提供符合要求的材料。若合同中约定由承揽人提供材料，则承揽人应按合同约定的质量标准而选用材料；若合同中未约定材料的标准，承揽人应当选用符合定作人使用目的的材料。

3.通知并接受定作人的检验。承揽人应当通知并接受定作人对其选用材料的检验。定作人经检验，对承揽人选用的确有质量问题的材料提出异议的，承揽人应当负责更换。定作人经通知对承揽人所选用的材料进行检验未提出异议的，视为同意使用该材料。

4.对质量瑕疵承担责任。由于承揽人隐瞒材料的缺陷而造成定作成果质量瑕疵的，定作人有权要求其修理、重作、减少报酬或者解除合同。

五、承揽人及时检验和不得更换材料的义务

我国《民法典》第775条规定："定作人提供材料的，应当按照约定提供材料。承揽人对定作人提供的材料应当及时检验，发现不符合约定时，应当

及时通知定作人更换、补齐或者采取其他补救措施。承揽人不得擅自更换定作人提供的材料，不得更换不需要修理的零部件。"

定作人提供材料的合同一般是加工合同，是否由定作人提供材料也是加工合同和定作合同的区别。当事人既然在合同中约定由定作人提供材料，定作人就应当按照合同的约定来履行自己的义务，定作人必须保证其所提供的材料的质量，如果从第三者处购买材料，就要注意认真检查材料的质量。承揽人对定作人提供的材料进行检验，如果发现材料不符合约定时，应当及时通知定作人更换或者补齐，但是，承揽人对定作人提供的材料不得擅自更换，对定作人提供的承揽工作物的基础不得更换应修理部分以外的零部件。例如，定作人将损坏的电视机交由承揽人修理，承揽人对定作人交来的旧电视机上的零部件只能更换应修理的部分，而不能更换未坏的零部件。

六、承揽人及时通知的义务

我国《民法典》第776条规定："承承揽人发现定作人提供的图纸或者技术要求不合理的，应当及时通知定作人。因定作人怠于答复等原因造成承揽人损失的，应当赔偿损失。"

定作人在接到承揽人的通知后，从合同目的和承揽人的利益出发，应当及时答复承揽人，更改图纸或者不合理的技术要求，以使合同继续履行。因定作人怠于答复等原因造成承揽人损失的，定作人应当赔偿承揽人遭受的损失。在此种情形下，承揽人有权采取下列措施：（1）定作人未按合同约定的时间和要求给予答复的，承揽人有权解除合同，定作人应当赔偿承揽人因此造成的损失；（2）定作人未按合同约定的时间和要求给予答复，承揽人不要求解除合同的，除交付定作物的日期得以顺延外，定作人应当偿付承揽人误工的损失；（3）定作人未按合同约定的时间和要求给予答复的，承揽人有权停止工作，并通知定作人，因此造成的损失，由定作人赔偿。

在司法实践中应注意的是，因承揽人怠于通知或者未经定作人同意，擅自修改定作人的设计图纸或者技术要求而影响工作质量的，承揽人应承担责任。

七、承揽人接受定作人监督检验的义务

根据《民法典》第779条的规定，承揽人在完成工作期间，应当接受定

作人必要的监督检验。对承揽人的工作进行必要的监督检验，是定作人的一项基本权利。这是一种法定权利，不以当事人在承揽合同中是否约定为必要。接受定作人的监督检查是承揽人的一项义务。在定作人提出对承揽工作进行检验时，承揽人不得拒绝。但是，定作人对承揽人工作的监督检验，不得妨碍承揽人的正常工作。若定作人妨碍承揽人的正常工作，或者定作人中途变更承揽工作的要求，造成承揽人损失的，依据《民法典》第777条的规定，应当赔偿损失。

八、承揽人交付工作成果的义务

我国《民法典》第780条规定了承揽人的此项义务，即"承揽人完成工作的，应当向定作人交付工作成果，并提交必要的技术资料和有关质量证明。定作人应当验收该工作成果"。

承揽合同的内容就是承揽人按照定作人的要求按期完成一定的工作，并将完成的工作成果及时交付给定作人。完成工作与交付工作成果共同构成承揽人的主要合同义务。只有在极少数的情况下，承揽合同的承揽人只需完成一定的工作即完全履行了其合同义务，而没有工作成果也不必向定作人交付工作成果。

九、承揽人妥善保管的义务

我国《民法典》第784条规定了承揽人的此项义务，即"承揽人应当妥善保管定作人提供的材料以及完成的工作成果，因保管不善造成毁损、灭失的，应当承担赔偿责任"。可从以下方面理解和掌握承揽人的此项义务：

1.妥善保管的界定。所谓妥善保管，是指承揽人应当尽与保管自己的物品同样的注意来保管定作人提供的材料以及完成的工作成果。换言之，承揽人在没有特别约定的情形下，须按照本行业的一般要求，根据物品的性质选择合理的场地、采用适当的保管方式加以保管，防止物品毁损和损失。[1]在实践中，应结合具体情形来判断承揽人是否尽到妥善保管的义务。

2.承揽人应当妥善保管定作人提供的材料。在承揽合同中约定由定作

---

[1] 参见黄薇主编：《中华人民共和国合同编释义》，法律出版社2020年版，第648页。

人提供原材料的,承揽人应当及时接受定作人交付的材料,并负责妥善保管。

3.承揽人应当妥善保管定作物等工作成果,在交付工作成果之前,因承揽人保管不善而造成毁损、灭失的,承揽人应当承担赔偿责任。

4.在合同约定的履行期限内,因不可抗力致使原材料毁损、灭失的,承揽人在取得合法证明后,可免于承担违约责任,但应当采取积极措施,尽量减少损失。

十、承揽人保密的义务

《民法典》第785条对承揽人的保密义务作了规定,即"承揽人应当按照定作人的要求保守秘密,未经定作人许可,不得留存复制品或者技术资料"。在承揽合同中,如果定作人根据承揽合同应向承揽方提供一定的技术资料或图纸,以利于承揽人按照其提出的技术要求完成工作,定作人可以要求承揽人承担保密义务,也可以在合同中订立保密条款对此加以约定。承揽人在工作中应对这些技术资料严格保密,防止其内容的泄露与扩散;完成工作后,承揽人应将技术资料完整地返还定作人,未经定作人许可,不得留存复制品和技术资料。承揽人违反保密义务,造成定作人的技术秘密泄露,应承担违约责任,如擅自复制技术资料并实际利用定作人的技术,造成对定作人技术秘密的侵犯,应承担侵权责任。

十一、承揽合同中的风险负担

在承揽合同的履行过程中,基于双方当事人以外的因素导致承揽合同的标的物毁损、灭失的风险如何承担?对此,我国《民法典》"承揽合同"一章中并没有明确规定。但是,《民法典》关于买卖合同风险负担以交付主义为一般原则,且买卖合同是《民法典》所列合同中最具典型性、代表性的合同,依据《民法典》第646条"法律对其他有偿合同有规定的,依照其规定;没有规定的,参照适用买卖合同的有关规定"的规定,承揽合同作为有偿合同,其风险负担参照买卖合同的规定处理。在承揽合同中,根据原材料和工作成果的不同而确定风险负担。

1.承揽合同中原材料风险负担的处理。因为《民法典》对买卖合同风险负担采取交付主义，所以承揽合同的风险负担应当适用交付主义来认定风险转移。在承揽合同中，定作人把提供的材料交付给承揽人，此时承揽人对材料享有控制权，有义务防范风险发生，若因保管不善导致原材料毁损、灭失的风险，应当由承揽人承担。当然，在承揽合同的原材料交付承揽人之前的风险应当由定作人承担。

在承揽合同的履行过程中，原材料是承揽人自己提供的，在工作成果交付定作人之前的风险自然由承揽人承担，定作人不为此买单。

2.承揽合同中工作成果风险负担的处理。早在罗马法中，就对工作成果的风险负担原则作出了规定，工作成果交付之前，风险由承揽人承担；交付后，由定作人承担。罗马法的这一做法被大陆法系的大多数国家或地区所继受，即对工作成果的风险负担采取交付主义原则，但定作人受领迟延的例外。如《德国民法典》第644条规定："Ⅰ工作受领前，由承揽人负担危险。定作人受领迟延者，其危险移转于定作人。定作人所供给之材料，因事实而灭失及毁损者，承揽人不负责任。Ⅱ承揽人因定作人之请求，将工作送交履行地以外之处所者，准用第四百七十七条关于买卖之规定。"虽然该规定并未明确说明材料与工作成果应实行不同的风险负担规则，但依其文义可解释为，在工作验收之前，危险由承揽人承担，但在定作人迟延验收时，危险移转于定作人。承揽人对定作人所供给的材料的意外灭失或意外毁损，不负其责任。[1]

根据我国《民法典》对买卖合同的规定，风险负担以交付主义为原则，则承揽合同工作成果风险负担仍然以交付主义为确定原则。在工作成果交付之前，风险由承揽人负担；在工作成果交付之后，风险由定作人负担。

十二、对案例37、案例38的简要评析

1.对案例37的简要评析

在案例37中，德某公司亲自完成3万件雨衣的加工工作，而将7万件雨衣交由利某公司加工，从数量上来看，7万件占总数量10万件的绝大部分，可谓主要工作。显然，德某公司违反了亲自完成主要工作的义务，构成违约。

---

[1] 参见尹忠显主编：《新合同法审判实务研究》，人民法院出版社2006年版，第544页。

德某公司与宏某公司对加工合同的履行均无异议，现争议的焦点是德某公司擅自将 7 万件雨衣交由利某公司加工而多支付的加工费 7000 元是否应由宏某公司承担。

在合同履行中，德某公司将其主要工作交由利某公司加工，从而在德某公司与利某公司之间形成了加工合同关系。德某公司以与利某公司之间的合同来要求宏某公司承担多支付的加工费 7000 元，无法律依据，故应驳回德某公司的诉讼请求。

2. 对案例 38 的简要评析

在案例 38 中，承揽人某度公司与定作人某阁公司的交易模式是由某阁公司在"某阁施工群"里向某度公司发出定作要约，要约中指定定作地点与定作客户信息，某度公司按照某阁公司发出的要约，作出定作承诺，并完成相应的定作工作。对于某度公司已经完成案涉订单的工作并交付工作成果的事实，双方当事人均不持异议。

某阁公司应当向某度公司支付的报酬。某阁公司在与具体客户的结算中并未对定作的平方数提出异议，应当视为对某度公司定作成果的确认。同时，公安执法记录中显示，某阁公司法定代表人明确表示欠付承揽报酬为 21 万元。法院按照承揽费的具体数额裁判，并无不当。

第三节　定作人的义务

一、问题的提出

根据《民法典》的规定，定作人负有按合同约定提供材料、协助、支付报酬、受领工作成果、解除合同赔偿等主要义务。

在研究定作人的义务之前，先看两则案例。

案例 39：未尽协助义务是否应当赔偿损失

2022 年 4 月，砖瓦厂委托服务公司修建蓄水池，以解决天旱时生产用水短缺的问题。蓄水池地址在砖瓦厂厂区外的一座小山上。在双方缔约时，砖瓦厂称，蓄水池占地及铺设管道沿途所经责任地的赔偿问题均已妥善处理。合同中约定：由服务公司修建蓄水池并铺设从蓄水池到砖瓦厂厂区350米的上下引水管，包工包料价款为20万元。双方对工期及违约责任等均作了规定。合同订立次日，服务公司便开始施工，施工时因使用炸药炸开岩石，一些炸开的岩石滚到了山下王某、李某的责任地中，王某、李某便到施工现场进行阻挠，要求赔偿损失，否则不让施工。服务公司被迫停工，并及时告知了砖瓦厂。砖瓦厂经做工作后，服务公司在停工15日后又恢复施工，并在约定工期迟延10日后，保质保量地完成了工作成果。砖瓦厂及时进行验收后支付服务公司费用18万元。服务公司收到18万元费用后，又要求砖瓦厂赔偿中途停工15日的损失1万元（工人工资、看管费用等）而形成纠纷，服务公司诉至法院，请求判令砖瓦厂支付加工费2万元和赔偿停工损失1万元。砖瓦厂则辩称停工是服务公司施工过程中岩石滚落引起的，且合同工期已得到了顺延，故费用应自行承担。

案例40：承揽合同解除后应否赔偿损失

2021年10月20日，某门市部与加工厂签订了一份定作合同，约定：由加工厂为门市部加工取暖炉的铁皮烟筒15万节，每节长1米，每米费用为2元，共计30万元。合同约定加工厂于11月10日前提货，以便入冬前由门市部投放市场。合同签订后加工厂即投入生产，并于11月2日前将15万节铁皮烟筒定作完毕，随即通知门市部提货。而门市部11月4日从他处以每节1.5元的价格购进15万节，并通知加工厂解除定作合同。加工厂接到通知后便要求门市部于11月10日前提货，门市部称定作合同已解除，而拒绝提货。后加工厂以每节1.7元的价格出售他人，比与门市部合同约定价每节少0.3元，共计4.5万元，遂要求门市部赔偿损失遭到拒绝。加工厂诉至法院，请求判令门市部赔偿因解除定作合同而造成的损失4.5万元。

上述案例，涉及定作人违反了义务，该如何承担责任问题。试问：在司法实践中如何理解定作人的义务？

二、定作人按合同约定提供材料的义务

我国《民法典》第775条规定了定作人的此项义务,即"定作人提供材料的,应当按照约定提供材料……"在承揽合同中,约定由定作人提供材料的,定作人应当依照合同约定的材料的质量、规格、数量向承揽人提供。承揽人对定作人选用的材料质量提出异议的,定作人应当调换。由于定作人隐瞒材料的缺陷或者提供不符合合同约定的材料造成定作物存在质量问题的,定作人应当承担责任。如果承揽方在合同约定的期限未收到定作人的材料或收到的材料质量不合格、数量不足,不能按原计划开工,或开工后又被迫停工待料的,定作人应当承担责任。

三、定作人变更承揽工作应赔偿损失的义务

我国《民法典》第777条规定了定作人的此项义务,即"定作人中途变更承揽工作的要求,造成承揽人损失的,应当赔偿损失"。承揽合同签订以后,合同的双方当事人都应严格履行合同对承揽工作的约定,不得随意变更。虽然定作人有权中途变更合同,但也不能因此给承揽人造成损失。否则,定作人应当赔偿损失。

在司法实践中需注意的是,在承揽人完成工作以前,定作人均可变更承揽工作的要求,而且定作人变更承揽工作的要求无须特别原因,承揽人有无过错,在所不问。但如果双方订有违约金条款,则定作人应向承揽人支付违约金。只有在定作人变更承揽工作要求,给承揽人造成损失时,才应当赔偿承揽人的损失。赔偿的范围应包括:承揽人因定作人变更而多花的劳务费用、多花的设备使用费、因定作人变更承揽工作要求而丧失的利润等。

四、定作人协助的义务

根据我国《民法典》第778条的规定,承揽工作需要定作人协助的,定作人有协助的义务。依此,定作人协助的义务是否发生,完全取决于承揽人的需要。如果承揽人完成工作需定作人协助的,定作人即有协助义务。如果无须定作人协助的,定作人则不承担协助义务。如在画像合同中,定作人需

为某种姿态；在检验合同中，定作人需提供必要的资料等。

定作人不履行协助义务致使承揽工作不能完成的，承揽人可以催告定作人在合理期限内履行义务，并可以顺延履行期限；定作人逾期不履行的，承揽人可以解除合同。依此，定作人违反这一义务的，发生两个层次的效力：

1. 履行期限的顺延。在定作人不履行协助义务时，承揽人可以催告定作人履行。因为在这种情况下，承揽人可能无法在合同规定的期限内完成工作，而这是由于定作人的顺延履行造成的，因此应由定作人承担这一责任，承揽人当然可以将履行期限顺延。

2. 承揽人有权解除合同。承揽人解除合同需具备以下条件：（1）承揽人的工作需定作人的协助才能完成；（2）定作人不履行协助义务；（3）承揽人在合理期限内催告，而定作人仍未协助。

五、定作人支付报酬的义务

我国《民法典》第 782 条规定了定作人的此项义务，即"定作人应当按照约定的期限支付报酬。对支付报酬的期限没有约定或者约定不明确，依据本法第五百一十条的规定仍不能确定的，定作人应当在承揽人交付工作成果时支付；工作成果部分交付的，定作人应当相应支付"。该条的"报酬"是指定作人通过承揽合同获得承揽人技术、劳务所应当支付的对价，一般指金钱。[①] 在承揽人按照承揽合同约定的质量、数量交付劳动成果后，定作人向承揽人支付劳动报酬是其最基本的义务。如果承揽合同对支付报酬的期限没有约定或者约定不明确的，当事人可以协议补充报酬支付期限，定作人按照补充约定的期限向承揽人支付报酬。当事人不能达成补充协议的，定作人按照合同有关条款、合同性质、合同目的或者交易习惯确定的支付期限向承揽人支付报酬。

定作人没有按照约定支付报酬的，承揽人除继续要求定作人支付外，还可以根据《民法典》第 783 条的规定，对完成的工作成果享有留置权或者有权拒绝交付，但是当事人另有约定的除外。对于留置权的行使，应当依照我

---

① 黄薇主编：《中华人民共和国合同编释义》，法律出版社 2020 年版，第 643 页。

国《民法典》的有关规定处理。

六、定作人受领工作成果的义务

《民法典》虽未直接规定定作人的此项义务，但在第 780 条规定："承揽人完成工作的，应当向定作人交付工作成果，并提交必要的技术资料和有关质量证明。定作人应当验收该工作成果。"此处的"验收"，应当包括检验和收取两层含义。因此，我国《民法典》是将定作人受领工作成果作为其法定义务加以规定的。

七、定作人解除合同的赔偿义务

根据《民法典》第 465 条第 2 款的规定，依法成立的合同，仅对当事人具有法律约束力，当事人应当按照约定履行自己的义务，不得擅自变更和解除合同。解除合同是导致合同终止的原因之一，根据合同解除制度，当事人可以协议解除，也可以依法律规定而解除。约定解除是当事人通过行使约定的解除权或者双方协商决定而进行的合同解除。法定解除是解除的条件由法律直接规定，当这种条件具备时，当事人可以将合同解除。《民法典》第 563 条规定了合同法定解除的五种情形，即（1）因不可抗力致使不能实现合同目的；（2）在履行期限届满之前，当事人一方明确表示或者以自己的行为表明不履行主要债务；（3）当事人一方延迟履行主要债务，经催告后在合理期限内仍未履行；（4）当事人一方迟延履行债务或者其他违约行为致使不能实现合同目的；（5）法律规定的其他情形。除这些法定解除权外，当事人擅自解除合同的，应当承担违约责任。但在承揽合同中，定作人除享有《民法典》"合同通则"规定的解除权外，还可以根据自己需要单方解除合同的权利，即《民法典》第 787 条规定的定作人享有任意的合同解除权，这是由承揽合同性质决定的，是承揽合同区别于其他合同的一大特点。同时，该条还规定了定作人赔偿损失的义务，即"定作人在承揽人完成工作前可以随时解除合同，造成承揽人损失的，应当赔偿损失"。

根据《民法典》之规定，定作人可随时行使解除承揽合同的权利，但亦应符合下列条件：

1. 定作人应当在合同有效期内提出解除合同。若承揽人已交付工作成果，定作人已支付报酬，原来的承揽合同已终止，定作人此时如果不需要承揽人的工作成果，也不能提出解除合同。

2. 定作人行使解除权，应当通知承揽人，解除通知到达承揽人时，承揽合同即告终止，承揽人可不再进行该项承揽工作。

3. 定作人行使解除权后，造成承揽人损失的，应当赔偿损失。这些损失当包括承揽人已完成工作部分应当获得的报酬、承揽人为完成该部分工作所支出的材料费及承揽人因解除合同而受到的其他损失。

八、对案例 39、案例 40 的简要评析

1. 对案例 39 的简要评析

在案例 39 中，砖瓦厂和服务公司所争议的焦点有二：一是拖欠酬金 2 万元，二是停工损失 1 万元。

关于拖欠酬金 2 万元的问题。砖瓦厂与服务公司在合同中明确约定费用为 20 万元，砖瓦厂接收工作成果后应足额支付酬金 20 万元，却拖欠 2 万元，显然违反了《民法典》第 782 条所规定的义务。服务公司的该项请求应当给予支持。

关于停工损失 1 万元的问题。在合同履行过程中，砖瓦厂违反《民法典》第 778 条所规定的协助义务。双方在合同中未约定的有关辅助工作，自然应由砖瓦厂负责完成。在订立合同时，砖瓦厂应预见在建筑蓄水池的过程中不可避免地要产生岩石滚落到下方村民的责任地中，对这一必然出现的情况，砖瓦厂事前未与有关村民协商处理好，事后处理也不顺利，造成停工 15 天的损失，直接影响了合同的履行。因此，砖瓦厂违反了协助义务，且给服务公司造成损失 1 万元，应当予以赔偿。

2. 对案例 40 的简要评析

在案例 40 中，门市部与加工厂双方争议的焦点是承揽合同已解除，加工厂的损失是否由门市部予以赔偿。而实际在本案中，定作人门市部违反了下列两项义务：

（1）受领工作成果的义务。加工厂与门市部双方在合同中明确约定了 11 月 10 日前提货。而在实际履行过程中，加工厂于 11 月 2 日前完成了工作成

果，并通知门市部提货，而门市部予以拒绝，显然违反了受领工作成果的义务。

（2）门市部在提货前解除合同，给加工厂造成了因该定作合同的履行而带来的收益4.5万元化为泡影，该可得利益4.5万元即为加工厂的损失。因此，应当由门市部予以赔偿。

第十章

建设工程合同

本章概要

　　建设工程合同是承包人进行工程建设，发包人支付价款的合同。建设工程合同包括工程勘察、设计、施工合同。

　　本章共 21 个条文，主要规定了建设工程合同的定义、禁止违法分包与转包、竣工验收、支付价款以及发包人与承包人的其他权利义务。本章在《合同法》的基础上，吸收了相关司法解释的规定，主要补充和完善的内容是：一是建设工程合同无效，验收合格与否的不同处理；二是明确了建设工程合同的发包人、承包人解除合同的情形，以及建设工程合同解除后如何处理。当然，《合同法》实施以后，最高人民法院先后出台了两部建设工程合同的系列司法解释。在《民法典》出台后，最高人民法院在原来的两部司法解释的基础上根据《民法典》对建设工程合同的规定，出台了新的司法解释《建设工程施工合同解释（一）》，让建设工程合同纠纷的处理"准绳"更加精准。

第一节　建设工程合同概述

一、问题的提出

建设工程合同作为一种合同类型，虽具有一般合同的共性，但更具自身的特点，即有更多的强制性和禁止性要求。这是由于工程建设百年大计，事关国计民生。建筑物的质量瑕疵有时会产生严重的后果，给社会财产和人民生命造成严重损害。因此，国家对建筑行业的管理一直十分重视。

在研究建设工程合同的几个一般性问题之前，先看一则案例。

案例41：补充合同与建设工程施工合同是否属于"黑白合同"[①]

惠某公司申请再审称：案涉补充合同与《建设工程施工合同》系"黑白合同"。案涉工程在订约时属于必须招标的工程，补充合同与《建设工程施工合同》关于工程价款、质量等级、付款方式的约定存在明显差异，补充合同对《建设工程施工合同》的实质性内容作出变更，二者系"黑白合同"关系。二审判决认定补充合同未背离《建设工程施工合同》的实质性内容，补充合同系对《建设工程施工合同》有关条款的进一步明确和具体细化，二者属于主从合同关系错误。

关于案涉补充协议、补充合同等与《建设工程施工合同》是否属于"黑白合同"问题。最高人民法院经审查认为，本案中，2010年10月25日，中某建设公司通过招投标程序中标案涉工程，2010年11月1日至2019年3月31日，中某建设公司与惠某公司先后签订《建设工程施工合同》《一区、二区施工补充合同》《补充协议书》及补充合同二至补充合同八等。2020年3月3日，中某集团公司与惠某公司签订《一区、二区工程结算协议》。上述

[①] 详见最高人民法院（2022）最高法民申262号民事裁定书。

补充合同、补充协议、结算协议不构成对《建设工程施工合同》的实质性变更，与《建设工程施工合同》之间不属于"黑白合同"关系，具体可从以下两个方面分析。

第一，《一区、二区施工补充合同》系对《建设工程施工合同》的细化补充。惠某公司与中某建设公司2010年11月1日签订的《建设工程施工合同》与2010年11月2日签订的《一区、二区施工补充合同》在页码上系连续编码，《建设工程施工合同》第一部分"协议书"明确约定"六、组成合同的文件……双方有关工程的洽谈、变更等书面协议或文件为本合同的组成部分"，第三部分"专用条款"明确约定"2.合同文件及解释顺序详见《一区、二区施工补充合同》。合同履行中，发包人和承包人有关工程的洽谈、变更等书面协议或文件以及上述内容以外的招标文件内容均视为本合同的组成部分"，《建设工程施工合同》第一部分"协议书"中的"承包范围"及第三部分"专用条款"中的"风险范围以外合同价款调整方法""双方约定工期顺延的其他情况"等条款均载明"详见《一区、二区施工补充合同》"。二审判决结合上述查明的事实，认定惠某公司与中某建设公司在签订合同时已经将《一区、二区施工补充合同》作为《建设工程施工合同》的组成部分，《一区、二区施工补充合同》是对《建设工程施工合同》有关条款的进一步明确和具体细化，并非双方另行订立的实质性内容不一致的合同，有相应的事实依据。

第二，本案中，发包人与承包人根据案涉工程施工情况发生的变化先后签订了一系列补充协议、补充合同，如2014年6月30日的《补充协议书》系双方对停窝工等损失及后续施工事宜达成协议，补充合同二至补充合同八及《一区、二区工程结算协议》系双方对新增加的户型改造工程、已完工工程内容和结算价款、未施工部分工程造价的确定方式、工期、工程款支付、违约责任、竣工、工程结算等具体事宜作出进一步补充约定，上述约定均是双方在施工合同履行的过程中因客观情况发生变化所作的真实意思表示，未对招标投标时其他竞标人能否中标或以何种条件中标产生影响。上述协议的签订未违背招标投标制度，导致发包人与承包人之间的权利义务失衡，并不构成对《建设工程施工合同》的实质性变更。二审判决认定上述补充协议、补充合同系因工程施工变化和实际需要作出，属于案涉建设工程施工合同的组成文件，并无不当。惠某公司主张补充合同对《建设工程施工合同》实质性内容作出变更，与《建设工程施工合同》系"黑白合同"关系，不能成立，不予支持。

上述案例，涉及补充合同与建设工程施工合同之间是否形成"黑白合同"的问题。试问：如何理解建设工程合同的法律意义？建设工程合同的种类有哪些？建设工程合同的内容有哪些？如何理解委托监理合同？建设工程合同的形式是如何规定的？如何理解"黑白合同"？

二、建设工程合同的法律特征

《民法典》第788条第1款规定，建设工程合同是指承包人进行工程建设，发包人支付价款的合同。建设工程合同原为承揽合同中的一种，故又称为基本建设工程合同、基本建设工程承包合同、基本建设工程承揽合同，其属于承揽完成不动产工程项目的合同。由于建设工程合同的标的是工程建设，包括公路、铁路、桥梁、隧洞、水库等，具有不可移动性，而且工程建设事关国计民生，国家对此要实行严格的监督管理。所以，我国法律一般将建设工程合同作为不同于承揽合同的一类的合同，单独予以规定。依《民法典》的规定，建设工程合同除具有与一般承揽合同相同的特征之外，更具有自身的特征，表现在：

1.建设工程合同的主体是发包人和承包人，且均为法人。虽然《民法典》对建设工程合同的主体资格未直接作出规定，但根据《建筑法》《建设工程勘察设计管理条例》的有关规定，建设工程合同的建设人即发包人，只能是经过有关部门批准的建设工程的单位；承建人作为承包人，也只能是具有从事勘察、设计、建筑、安装施工资格的法人，包括对建设工程实行总承包的单位和分包单位。应当明确的是，自然人个人既不能为发包人，也不能为承包人。

2.建设工程合同的标的为基本建设工程，即主要作为基本建设工程的各类建筑物、地下设施、附属设施的建筑，以及对路线、管道、设备进行的安装建设。正是因为建设工程合同规制的是基本建设工程，而基本建设工程对国家和社会有特殊的意义，对合同双方当事人有特殊的要求，才使建设工程合同成为与一般承揽合同不同的一类合同。正如学者所言，为完成不能构成基本建设的一般工程的建设项目而订立的合同，不属于建设工程合同，而应属于承揽合同，如个人为建造个人住房而与其他公民或建筑队订立的合同，就属于承揽合同。[①] 由此可有助于理解建设工程合同的主体应是法人。

3. 建设工程合同具有较强的国家管理性。由于建设工程的标的物为不动产，工程建设对国家和社会生活的各方面影响较大，在建设工程合同的订立和履行上，强制性规定相对较多。

三、建设工程合同的种类

根据《民法典》第788条第2款的规定，建设工程合同包括工程勘察、设计、施工合同。在实务中，这三种合同常被合并为两类，即勘察、设计合同和施工合同。

1. 勘察合同，是指发包人与勘察人为完成建设工程地理、地质等情况的调查研究工作而达成的协议。勘察工作是一项专业性很强的工作，所以筹建单位一般都要把勘察工作委托给专门的地质工程单位完成。勘察合同就是反映并调整筹建单位与受托地质工程单位之间关系的依据。由于勘察工作对基本建设工程的成败有决定性意义，所以，我国法律对受托从事地质勘察工作的地质工作单位有明确、严格的要求。有权从事地质勘察工作的，必须是经过国家或省、自治区、直辖市一级主管机关批准发给"勘察许可证"，具有法人资格的勘察企业或事业单位。

2. 设计合同。建设工程设计合同一般包括两种合同，一是初步设计合同，即在建设项目立项阶段，设计人为项目决策提供可行性资料的设计而与筹建单位签订的合同；另一种是在国家计划部门批准立项之后，与筹建单位之间就具体施工设计达成的施工设计合同。初步设计合同与施工设计合同虽然内容有异，但法律关系相同。

3. 施工合同。施工合同是发包人与承包人为完成商定的建设工程，明确相互间的权利义务的协议。施工合同有时又可分为施工准备合同与正式合同。施工准备合同是指在施工准备工作量较大时，发包人与承包人就施工准

---

① 谢怀栻等：《合同法原理》，法律出版社2004年版，第465页。

备问题签订的合同。正式合同是指施工准备工作完成后，发包人与承包人订立的建设工程合同。

四、建设工程合同的内容

根据《民法典》第794条的规定，勘察、设计合同的主要内容包括提交有关基础资料的文件（包括概预算）的期限、质量要求、费用以及其他协作条件等条款。《建设工程勘察设计合同条例》第5条作了更详细的规定，即勘察设计合同应具备以下主要条款：（1）建设工程名称、规模、投资额、建设地点；（2）委托方提供资料的内容、技术要求及期限；承包方勘察的范围、进度和质量；设计阶段、进度、质量和设计文件份额；（3）勘察设计取费的依据，取费标准及拨付办法；（4）违约责任。

根据《民法典》第795条的规定，施工合同的内容包括工程范围、建设工期、中间交工工程的开工和竣工时间、工程质量、工程造价、技术资料交付时间、材料和设备供应责任、拨款和结算、竣工验收、质量保修范围和质量保证期、双方相互协作等条款。

五、委托监理合同及法律适用

《民法典》第796条规定，建设工程实行监理的，发包人应当与监理人采用书面形式订立委托监理合同。发包人与监理人的权利和义务以及法律责任，应当依照本编委托合同以及其他有关法律、行政法规的规定。《建筑法》第31条亦对工程监理作了规定，即"实行监理的建设工程，由建设单位委托具有相应资质条件的工程监理单位监理。建设单位与其委托的工程监理单位应当订立书面委托监理合同"。

所谓"建设工程监理"，是指由具有法定资质条件的工程监理单位，根据建设单位的委托，依照法律、行政法规及有关的技术标准、设计文件和建设工程承包合同，对承包单位在施工、质量、建设工期和建设资金等方面，代表建设单位对工程施工实施监督的专门活动。

建设单位与监理单位之间是一种委托与被委托的合同关系，因此，委托监理合同当事人之间的权利义务与法律责任，适用《民法典》关于委托合同的规定。除《民法典》外，其他可以适用的相关法律、法规有：《建筑法》

《工程监理企业资质管理规定》等。按照这些规定，发包人与监理人的权利和义务以及法律责任主要有以下四个方面的内容：

1. 建设工程监理应当依照法律、行政法规及有关的技术标准、设计文件和建设工程承包合同，对承包单位在施工质量、建设工期和建设资金使用等，代表建设单位实施监督。

2. 工程监理单位应当在其资质等级许可的监理范围内，承担工程监理业务。关于建设工程监理单位应当具有的资质条件，建设部发布的《工程监理企业资质管理规定》中已作了明确具体的规定。

3. 工程监理单位应当根据建设单位的委托，客观、公正地执行监理任务。工程监理单位与被监理工程的承包单位以及建筑材料、建筑构配件和设备供应单位不得有隶属关系或者其他利害关系。

4. 工程监理单位不得转让监理业务。这是为了确保建设工程质量和安全而作出的一项强制性规定。若监理人违反此规定，建设单位有权解除合同，并追究监理人的民事责任。

六、建设工程合同的形式

建设工程合同一般具有合同标的额大、合同内容复杂、履行期较长等特点，为了使当事人之间约定的权利义务都有明确的文字记载，能够提示当事人适时地正确履行合同义务，当发生纠纷时，便于分清责任，正确、及时地解决纠纷，《民法典》第789条明确规定，建设工程合同应当采用书面形式。

在司法实践中应注意的是，当事人在履行建设工程时尚未签订书面合同的，应当在完工之前，尽快签订书面合同。

七、"黑白合同"的司法处理

在建设工程施工合同的司法实践中，存在着大量的"黑白合同"问题，即中标备案的建设工程施工合同称为"白合同"，双方当事人实际履行的建设工程施工合同称为"黑合同"。关于当事人对"黑白合同"履行发生争议时的处理，《建设工程合同解释（一）》第2条规定："招标人和中标人另行签订的建设工程施工合同约定的工程范围、建设工期、工程质量、工程价款等实质性内容,与中标合同不一致,一方当事人请求按照中标合同确定权利义务的,人民法院应予支持。招标人和中标人在中标合同之外就明显高于市场价格购买承建房产、无偿建设住房配套设施、让利、向建设单位捐赠财物等另行签订合同,变相降低工程价款,一方当事人以该合同背离中标合同实质性内容为由请求确认无效的,人民法院应予支持。"

从上述司法解释的规定来看,认定建设工程施工合同为"黑白合同"的关键是如何认定"合同实质性内容"是否一致的问题。依据《建设工程合同解释(一)》第2条第1款的规定,建设工程施工合同的实质性内容表现为建设工程范围、建设工程工期、建设工程质量、建设工程价款等,这些实质性内容的不一致是否对建设工程施工合同的双方当事人权利义务有着实质性的影响,若存在着实质性的影响,则可以认定一个建设工程项目存在着"黑白"建设工程施工合同,应当认定"白合同"为有效的建设工程施工合同,"黑合同"为无效的建设工程施工合同。在具体判断建设工程施工合同是否为"黑白合同"时,可以从两个方面着手:一是看"黑白"建设工程施工合同是否影响了其他中标人的中标,若影响了其他人的中标,则存在着恶意串标签订建设工程施工合同的行为,依法认定"黑合同"无效;二是看建设工程施工合同是否让合同主体双方的权利义务存在较大失衡,若明显损害一方当事人的利益,则认定"黑合同"无效。

八、对案例41的简要评析

在案例41中,补充合同与建设工程施工合同之间并不形成"黑白合同"关系。这是因为:"黑白合同"通常是指发包人与承包人就同一建设工程签订两份或两份以上实质性内容不一致的合同,其中有一份是中标合同,即"白合同",另一份或多份是与中标合同实质性内容不一致的合同,即"黑合同"。招标投标活动遵循公开、公正、公平以及诚信的原则,签订的中标合同,对于招标人、中标人以及其他参与竞标活动的主体,都是公平的结果。因此,发包人与承包人应以中标合同作为确定双方权利义务的基础。中标合同签订后,由于工程复杂程度高、履行期限长、变化大,随着施工进度的深入,发包方与承包方之间就工程中出现的具体问题签订补充、变更协议是正常和普遍的,但是这种补充或者变更协议不应构成对中标合同实质性内容的违反或者背离。

确定是否对中标合同实质性内容进行变更，应考虑以下两个方面：第一，是否足以影响其他竞标人能够中标或者以何种条件中标。发包人与承包人的补充或变更协议的内容排除其他竞标人中标的可能或其他竞标人中标条件的，构成对中标合同实质性内容的变更。第二，是否对招标人与中标人的权利义务产生较大影响。发包人与承包人另行订立的补充或变更协议较大地改变了双方的权利义务关系，导致双方利益严重失衡的，则背离了中标合同的实质性内容。在建设工程施工合同的履行过程中，无论该工程是否属于依法必须招标的工程，发包人与承包人可以根据客观情况的变化对工程款的数额及支付节点、停窝工损失、工期等通过补充协议的方式作出新的适当约定。[①]

第二节　建设工程合同的订立

一、问题的提出

我国《民法典》合同编第二章对合同的订立作了详细的规定，建设工程合同的订立，当遵循合同订立的一般原则，但同时《民法典》第790条、第791条、第792条对建设工程合同的订立又作了特别规定。因此，确有必要结合《民法典》《建筑法》及相关法律、法规的规定，对建设工程合同的订立予以论述。

在研究建设工程合同的订立之前，先看一则案例。

案例42：非法转包当属无效

某市兴业公司为开发兴业花园，于2022年1月11日与该市宏达公司签订建设工程合同，合同约定：兴业公司将位于兴业花园A座、B座的商品楼

---

① 参见最高人民法院（2022）最高法民申262号民事裁定书。

发包于宏达公司，承包形式为包工包料，工程总造价为 4200 万元，开工前拨付工程款 1200 万元，6 月 30 日前再拨付工程款 2400 万元，余下工程款待验收合格扣除一年的保修金 200 万元后一次付清。开工日期为 1 月 26 日，竣工日期为 10 月 26 日。若哪一方违约处以工程款总造价 4200 万元的 5% 的违约金。合同签订后，兴业公司依约履行合同，将工程款项拨付给宏达公司。宏达公司于 1 月 18 日又与该市诚信公司签订了建设工程承包合同书，将承包兴业公司的 A 座、B 座商品楼扣除手续费 400 万元后以 3800 万元的价款转包给诚信公司，由诚信公司对整个工程负责。在诚信公司整个施工过程中，兴业公司得知后也未提出制止。

2022 年 10 月 6 日，诚信公司、宏达公司、兴业公司和有关城建部门对 A 座、B 座的商品楼进行了检查验收，将工程评定为优良工程。而宏达公司总计支付给诚信公司 3500 万元，尚欠 300 万元以种种理由拒付。无奈之下，诚信公司以宏达公司、兴业公司为被告诉至法院，请求判令宏达公司支付工程款 300 万元，兴业公司负连带责任。

上述案例，涉及建设工程合同转包问题。试问：签订建设工程合同的主体资格有哪些限制？签订建设工程合同的条件和一般程序有哪些？建设工程合同的招标投标有何规定？建设工程合同的发包承包有何限制？

二、建设工程合同的主体资格

建设工程合同的主体资格，《民法典》并未直接作出限定，但根据《建筑法》及其他有关法律、法规的规定，国家对建设工程合同的主体实行许可制度，要求从事建设工程合同的主体必须具备相应的资质。

根据《建筑法》第 12 条规定的从事建筑施工的企业、勘察单位、设计单位和工程监理单位，应当具备下列条件：（1）有符合国家规定的注册资本；（2）有与其从事的建筑活动相适应的具有法定执业资格的专业技术人员；（3）有从事相关建筑活动所应有的技术装备；（4）法律、行政法规规定的其他条件。同时，《建筑法》第 13 条还规定，从事建筑活动的上述单位，按照其拥有的注册资本等资质条件，划分为不同的资质等级，经资质审查合格，取得相应等级的资质证书后，方可在其资质等级许可的范围内从事建筑活动。按照《建筑法》的上述规定，只有具备相应法定资质的法人单位才有资格与建设单位签订施工合同承包建设工程，自然人是没有资格签订建设工程施工合同的，否则，应因主体资格不合法而将该合同认定为无效合同。

三、建设工程合同签订的一般程序

根据《建筑法》第 19 条"建筑工程依法实行招标发包，对不适于招标发包的可以直接发包"的规定，建设工程合同的签订，可由两种方法进行，即协议形式和招标形式。

1. 协议形式，即由发包人直接寻找承包人，通过协商签订建设工程合同。该种方式也较为普遍，主要适用于非国家计划的一般工程（主要由建筑物所在地的建设行政主管部门来确定，多为小额工程）和国家计划工程中不宜招标的特殊工程建设。

2. 招标形式，即由建设单位对自愿参加某一建设项目的承包进行审查、评比和选定的过程。《房屋建筑和市政基础设施工程施工招标投标管理办法》第 2 条规定："依法必须进行招标的房屋建筑和市政基础设施工程（以下简称工程），其施工招标投标活动，适用本办法。本办法所称房屋建筑工程，是指各类房屋建筑及其附属设施和与其配套的线路、管道、设备安装工程及室内外装修工程。本办法所称市政基础设施工程，是指城市道路、公共交通、供水、排水、燃气、热力、园林、环卫、污水处理、垃圾处理、防洪、地下公共设施及附属设施的土建、管道、设备安装工程。"

根据《民法典》第 792 条的规定，国家重大建设工程合同，应当按照国家规定的程序和国家批准的投资计划、可行性研究报告等文件订立。

四、建设工程合同招标投标的原则

《建筑法》第 16 条第 1 款规定："建设工程发包与承包的招标投标活动，应当遵循公开、公正、平等竞争的原则，择优选择承包单位。"《民法典》第 790 条规定："建设工程的招标投标活动，应当依照有关法律的规定公开、公平、公正进行。"上述规定，是关于建设工程招标投标活动的基本原则。

所谓公开原则，是指建设工程招投标活动应当公开进行，不允许私下交易。发包方应当公开披露工程发包信息、承包方应根据自己的实力依据招标书的要求进行公开投标，在由发包单位组织的开标、评标、定标过程中，应当公开进行。现在全国大部分省市已经建立的建设工程交易中心，不仅为发、承包双方的招投标活动提供了交易场所，而且也充分保证了招投标活动公开进行。

所谓公正原则，是指在招标投标活动过程中的开标、评标、定标阶段，要根据有关招标投标的法规规定，开标的时间、开标的组织以及开标的形式都须依法进行。

所谓公平原则，又称为平等竞争原则，是指投标主体的平等性、招标投标权利义务平等性、权利受到侵害请求司法保护权利的平等性。换言之，发包方应根据公开、公正的基本原则，为承包方创造一个平等竞争的机会；投标方在投标过程中处于平等的地位，不允许任何一方享有投标中的特权。

在目前的建筑市场领域中，要真正落实公开、公平、公正原则，必须处于政府监督之下，才能得以贯彻执行，并且，《建筑法》第23条亦明确规定，政府及其所属部门不得滥用行政权力，限定发包单位将招标发包的建筑工程发包给指定的承包单位。

在司法实践中应注意的是，招标投标过程中对招标投标法律法规的实质性违反，则会导致招投标行为无效。诸如，发包方违反公正、公平、公开原则，私自内定承包商、向个别投标人透露标底、选择迟到的投标人中标等，均应将招标投标行为认定为无效。

五、建设工程合同的发包与承包规则

我国《民法典》第791条对建设工程合同的发包、承包作了强制性或禁止性的规定："发包人可以与总承包人订立建设工程合同，也可以分别与勘察人、设计人、施工人订立勘察、设计、施工承包合同。发包人不得将应当由一个承包人完成的建设工程支解成若干部分发包给数个承包人。总承包人或者勘察、设计、施工承包人经发包人同意，可以将自己承包的部分工作交由第三人完成。第三人就其完成的工作成果与总承包人或者勘察、设计、施工承包人向发包人承担连带责任。承包人不得将其承包的全部建设工程转包给第三人或者将其承包的全部建设工程支解以后以分包的名义分别转包给第

三人。禁止承包人将工程分包给不具备相应资质条件的单位。禁止分包单位将其承包的工程再分包。建设工程主体结构的施工必须由承包人自行完成。"关于发包、承包的禁止性规定在民事立法例中并不多见，充分体现了国家对建设工程合同的管理。现结合该法条及《建筑法》等法律法规的规定，对发包、承包的规则予以简述。

（一）发包规则

建设工程项目的发包，不论是通过招标投标形式，还是直接发包形式进行，都应依法接受政府主管部门的监督，并按发包形式确定中标和承包单位，政府及所属部门不得滥用行政权力，限定发包单位将招标发包的建设工程发包给指定的承包单位。具体而言，包括以下两个方面。

1.有关行政主管部门监督招投标制度。建设工程招标的开标、评标、定标由建设单位依法组织实施，建设单位享有充分的企业自主权，在招标投标过程中，业主有权邀请有关部门参加开标会议，当众宣布评标、定标办法，启封投标书及补充函件，公布投标书的主要内容和标底；有权经建设行政主管部门委托的招投标机构审查批准后组织评标小组；有权对于评标小组提出的中标单位的建议进行确认；有权同中标单位签订工程承包合同。建设单位有权拒绝政府部门的干预。作为政府监督部门的招投标管理机构以及有关市场管理部门应当尊重企业的自主权，不参加评标的具体工作，而主要是从宏观政策法律执行上履行监督职能，保证评标工作在公开、公平、公正的原则上顺利进行。享有对建设工程招投标活动进行监督的部门主要指的是各级建设行政主管部门和工商、税务等部门。

2.依法确定承包单位。《建筑法》第22条规定，建设工程项目的发包单位，无论是采用招标方式发包工程还是采用直接发包方式发包工程，都必须把工程发包给具有相应资质的承包单位。

实行招标发包的建设工程，发包单位应当将工程发包给依法中标的承包单位。根据《招标投标法》的规定，承发包双方都应严格执行招投标程序，通过严格审查投标方的资质才能允许其投标，投标单位要根据招标文件的要求认真编制投标文件，并经过开标、评标、定标的程序，确定中标单位。中标人确定后，招标人应当向中标人发出中标通知书，并同时将中标结果通知所有未中标的投标人。中标通知书对招标人和中标人具有法律效力。中标通知书发出后，招标人改变中标结果的，或者中标人放弃中标项目的，应当依法承担法律责任。招标人和中标人应当自中标通知书发出之日起 30 日内，按照招标文件和中标人的投标文件订立书面合同。违反上述程序和规定将工程发包给中标承包单位以外的其他单位，是对招标投标程序的否定，破坏了国家建设行政主管部门对工程项目发包管理和监督的权力，是法律禁止的行为。

（二）发包禁止性规定

所谓发包禁止性规定，是指在发包过程中禁止将工程肢解发包，禁止指定建材设备或生产厂商，禁止发包中收受贿赂、回扣或其他好处的规定。具体而言：

1. 禁止肢解发包建设工程。《民法典》第 791 条第 1 款规定："……发包人不得将应当由一个承包人完成的建设工程肢解成若干部分发包给几个承包人。"《建筑法》第 24 条亦规定："提倡对建筑工程实行总承包，禁止将建筑工程肢解发包……不得将应当由一个承包单位完成的建筑工程肢解成若干部分发包给几个承包单位。"发包单位肢解发包，可谓目前建筑市场混乱的主要原因之一，它不仅导致工程质量没有保障，而且容易危害财产安全。因此，为法律所严格禁止。

2. 禁止发包方非法干涉承包方的建材设备采购权。在工程建设过程中，建筑材料、建筑配件和设备的采购权一般由发包方行使，这是国际上的通行做法。我国《建筑法》第 24 条予以确认。但第 25 条同时强调，如果经双方协商由承包方负责材料采购的，发包方不得指定承包方采购用于工程的建筑材料、建筑构配件和设备；也不得指定材料、设备和构配件的生产厂或供应商，否则不仅违反了法律规定，也构成了违约，要承担相应的法律责任和违约责任。

3. 禁止发包方受贿、索贿。《建筑法》第 17 条第 1 款及第 68 条规定，发包单位及其工作人员在建筑工程发包中不得收受贿赂、回扣或者索取其他好处。构成犯罪的，应依法追究其刑事责任。

（三）承包规则

1. 承包单位资质管理规则。《建筑法》第 26 条规定，承包建筑工程的单位应当持有依法取得的资质证书，并在其资质等级许可的业务范围内承揽工程。禁止建筑施工企业超越本企业资质等级证书许可的业务范围或者以任何形式用其他建筑施工企业的名义承揽工程。禁止建筑施工企业以任何形式允许其他单位或者个人使用本企业的资质证书、营业执照，以本企业的名义承揽工程。

2. 联合承包规则。《建筑法》第 27 条对此作了规定，依该规定：(1)进行联合承包的工程项目必须是大型或结构复杂的建筑工程，而对于一般中小型建设工程或结构不复杂的工程由一家承包单位就足以完成而无须采用联合承包方式。(2)共同承包的各方对承包合同承担连带责任。联合承包各方要签订联合承包合同，明确联合双方在承包合同中的权利义务，并推举承包代表人同甲方签订工程承包合同，各承包方共同对甲方承担连带责任。(3)联合承包方的资质要求，应以资质等级低的业务许可范围承揽工程。企业的联合承包同样受到资质等级的限制，各不同资质等级的企业只能在其等级范围内承揽工程，当几个联合承包方资质等级不一样时，必须以低资质等级的承包方为联合承包方的业务许可范围。这样规定，可有效避免在实践中以联合承包方式为借口进行"资质挂靠"的不规范行为。

3. 禁止性转包规则。禁止转包是各国法律的通行做法。我国《建筑法》第 28 条规定："禁止承包单位将其承包的全部建筑工程转包给他人，禁止承包单位将其承包的全部建筑工程肢解以后以分包的名义分别转包给他人。"《民法典》第 791 条第 2 款亦规定，承包人不得将承包的全部建设工程转包给第三人或者将其承包的全部建设工程肢解以后以分包的名义分别转包给第三人。

4. 分包规则。《民法典》第 791 条第 3 款规定：禁止承包人将工程分包给不具备相应资质条件的单位。禁止分包单位将其承包的工程再分包。建设工程主体结构的施工必须由承包人自行完成。《建筑法》第 29 条对此亦作了明确规定：建筑工程总承包单位可以将承包工程中的部分工程发包给具有相应资质条件的分包单位；但是，除总承包合同中约定的分包外，必须经建设单位认可。施工总承包的，建筑工程主体结构的施工必须由总承包单位自行完成。建筑工程总承包单位按照总承包合同的约定对建设单位负责；分包单位按照分包合同的约定对总承包单位负责。总承包单位和分包单位就分包工程对建设单位承担连带责任。禁止总承包单位将工程分包给不具备相应资质条件的单位。禁止分包单位将其承包的工程再分包。

六、审判实践中应当注意的问题

1. 切实正确把握建设工程合同的主体资格。基于建设工程合同标的的特殊性，《建筑法》对建设工程承包人实行严格的市场准入制度，明确规定承包人只能在其相应的资质等级范围内承接建设业务。因此，建设工程承包人主体资格不合法，就会影响建设工程合同的效力。

2. 工程承包的限制。一是实行总分包的建设工程总承包单位应将工程发包给具有相应资质条件的分包单位。二是总承包单位进行工程分包须经建设单位的认可。

3. 承担连带责任的总包、分包关系。建设工程承包合同的主体是建设单位和总承包单位，总承包单位要依照合同之约定对建设单位负责，在总承包单位承担责任以后可以依工程分包合同的约定，对属于分包单位的责任向其追偿。由于在工程承包中，总承包单位和分包单位被视为一体，当建设工程发生质量责任或合同责任时，若属于分包工程责任，则建设单位既可以要求总承包单位承担责任，又可以要求分包单位承担责任。总承包单位在进行赔偿后，有权根据建设工程分包合同对于不属于自己的责任赔偿向另一方追偿。这样规定，对于增强分包单位履行合同的意识以及加强现场管理起到一定的促进作用。

4. 再分包的规定。《建筑法》规定，发包单位可以将建筑工程的勘察、设计、施工、设备采购一并发包给一个工程总承包单位，也可以将建筑工程勘察、设计、施工、设备采购的一项或者多项发包给一个工程总承包单位。同时还规定，不得将应当由一个承包单位完成的建筑工程肢解成若干部分发包给几个承包单位。而所谓的应当由一个承包单位完成的建筑工程指的是：勘察、设计的最小不得肢解的发包单位为一个单项工程，建筑施工的最小不得肢解的发包单位为一个单位工程。若勘察、设计单位承包的是单项工程，则不允许再分包；建筑施工承包单位承包的是单位工程，则不允许再分包。

上述规定在于防止层层分包、规范市场、提高建筑工程质量。

七、对案例 42 的简要评析

在案例 42 中，主要涉及下列法律问题：

1. 兴业公司与宏达公司所签订的建设工程合同，双方主体合格，意思表示真实，应为有效合同。

2. 宏达公司与诚信公司所签订的建设工程承包合同书违反了《建筑法》第 28 条"禁止承包单位将其承包的全部建筑工程转包给他人"和《民法典》第 791 条第 2 款所规定的"承包人不得将其承包的全部建设工程转包给第三人"的强制性规定，且《民法典》第 153 条第 1 款规定"违反法律、行政法规的强制性规定的民事法律行为无效……"因此，应当认定为无效合同。

3. 案件的实体处理。兴业公司已全部履行了付款义务，而宏达公司除扣下手续费 400 万元后尚欠诚信公司 300 万元工程款应予支付。因此，应当支持诚信公司的诉讼请求，即应判令宏达公司支付工程款 300 万元，兴业公司负连带责任。

值得注意的是，建筑市场违法转包现象比较普遍，根据《建筑法》第 67 条第 1 款的规定，承包单位将承包的工程转包的，没收违法所得，并处罚款，可以责令停业整顿，降低资质等级。因此，可建议建设行政主管部门对宏达公司予以行政处罚。

第三节 建设工程合同的效力

一、问题的提出

建设工程合同的效力表现为勘察、设计合同以及施工合同当事人的权利义务。同时，建设工程施工合同受到不同领域的多部法律及其他规范性文件的调整。

在研究建设工程合同的效力之前，先看两则案例。

案例 43：被告能否拒付勘察、设计费 ①

经招投标，原告科技公司（勘察、设计方、乙方）与被告福某公司（发包方、甲方）于 2018 年 1 月 10 日签订《工程勘察、设计合同》，约定：甲方委托乙方承担景区建设工程的勘察、设计工作……本合同的勘察、设计费以初步设计报告批复后，并经审计评审后的项目所列科学研究勘察、设计费和相关专题编制费的合计确定。支付方式分为五期支付……非因乙方原因造成甲方的上级或其他有关审批部门对勘察、设计文件不审批或本合同项目停、缓建，甲方应及时书面通知乙方，并应按乙方实际工作量支付费用。合同签订后，原告相继完成景区建设工程的相关报告。2018 年 4 月 9 日，《……关于对景区建设工程可行性研究报告的批复》，原则上同意。2018 年 12 月 30 日，《……关于对景区建设工程初步设计的批复》，原则上同意。2021 年 1 月 8 日，福某公司与科技公司通过双方现场核对，勘察费合同总价 2387.84 万元，目前产生的费用为 1807.66 万元，目前的还款诉求为 862 万元。

生效裁判认为：建设工程合同是承包人进行工程建设，发包人支付价款的合同。建设工程合同包括工程勘察、设计、施工合同。案涉工程已经招投标，原、被告所签订的《工程勘察、设计合同》合法有效，该合同对双方均具有法律约束力，双方应全面履行合同。原告已依约履行完成合同的部分约定，被告应当按照合同的约定支付原告勘察、设计费 862 万元。

案例 44：施工方能否按照约定标准支付违约金 ②

2020 年 6 月 14 日，原告（甲方）与被告（乙方）签订装饰装修工程施工合同，约定：原告将其 90 平方米的房屋交给被告装修，合同价款 26625 元，半包，工期 90 日；因乙方原因影响竣工日期，按日按合同价款的 1% 向甲方支付违约金，但乙方不承担甲方房租、误工等各种名目的损失。同日，原、被告双方签订家庭居室装饰装修代购协议，约定：主材代购款为 42593 元；装饰地热、封窗户款为 6602 元；合同总金额为 75820 元。合同签订后，被告

---

① 参见贵州省黔东南苗族侗族自治州中级人民法院（2022）黔 26 民终 319 号民事判决书。

② 参见辽宁省沈阳市中级人民法院（2021）辽 01 民终 18359 号民事判决书。

进场施工。2020年9月29日，原、被告签订承诺书，内容为"由于甲、乙双方装修过程中产生纠纷，经过协商甲方先支付乙方工程三期款，乙方进行油工施工，基础款项为5次付款，油工按公司标准验收。如合格，甲方需把四期款及主材尾款交付完毕，乙方再进行余下施工，且甲方验收油工合格之后，乙方需在2020年11月5日之前全部完工（包括主材方面）。如未完工，需从2020年9月26日开始计算违约金"。被告工程于2020年11月8日完工，原告已向被告支付装修款75820元，原告现已入住。

一审法院认为，原、被告签订的施工协议书合法有效，双方均应遵照履行。双方约定，被告应于2020年9月26日完工，依据双方2020年9月29日签订的协议书，被告应于2020年11月5日之前交工，否则需从2020年9月26日开始计算按合同条款约定的违约金，被告于2020年11月8日完工系违约行为，故被告应向原告支付2020年9月26日至2020年11月8日逾期完工违约金。对于违约金的计算标准，因承诺书中包括主材，主材由被告代购，故应以合同总价款75820元作为违约金的基数，被告应向原告支付逾期交工违约金33360.8元（75820元×44天×1%）。对原告要求被告赔偿误工费及交通费的诉讼请求，因双方合同约定被告不承担原告房租、误工费等各种名目的损失，且原告亦未提供相应证据，故不予支持。据此判决：被告向原告支付逾期完工违约金33360.8元。被告不服一审判决，提起上诉，二审法院维持原判。

上述案例，涉及建设工程施工合同中常见的纠纷。试问：勘察、设计合同中当事人的主要义务及违约责任有哪些？在实务中应注意哪些问题？施工合同中当事人的主要义务及违约责任有哪些？在实务中应注意哪些问题？

二、勘察、设计合同中当事人的主要义务

在勘察、设计合同中，发包人又称委托人；承包人又称勘察、设计人。

（一）发包人的主要义务

1. 向承包人提供有关资料。委托人应按合同约定向承包方提供勘察、设计工程所需要的有关基础资料，并对提供的时间、进度和资料的可靠性负责。

2. 协助承包人工作。在勘察、设计人员现场作业或配合施工时，委托人应向其提供必要的工作和生活条件；委托配合引进项目的设计任务，从询价以及对外谈判、国内外技术考察直到建成投产的各阶段，应吸收承包有关设计任务的单位参加。

3. 按照国家有关规定付给勘察、设计费。当然，当事人亦可以协商给付价款。

4. 维护承包方的勘察成果和设计文件，不得擅自修改，不得转让给第三人重复使用。否则，委托人应向勘察、设计人负赔偿责任。

（二）承包人的主要义务

1. 按照合同约定如期完成勘察、设计工作，并向委托人提交勘察、设计成果。一是负责承包的勘察单位应按照现行的标准、规范、规程和技术条例，进行工程测量、工程地质、水文地质等勘察工作，并按合同规定的进度提交勘察成果。二是负责设计的单位要根据批准的设计任务或上一阶段设计的批准文件，以及有关设计技术经济协议文件、设计标准、技术规范、规程、定额等提出勘察技术要求和进行设计，并按合同规定的进度和质量，提交设计文件（包括概算文件、材料、设计清单）。

2. 负责必要的修改。初步设计经上级主管部门审查后，在原定范围内的必要修改由设计单位负责。原定任务书有重大变更而重作或修改设计时，须具有设计审批机关或设计任务书批准机关的意见书，经双方协商，另订合同。

3. 对勘察、设计成果负瑕疵担保责任。勘察人、设计人应按照合同要求的技术质量完成勘察、设计工作，并对其完成的工作成果负瑕疵担保责任。因勘察、设计质量低劣拖延工期，给委托人造成损失的，由勘察、设计人继续完善勘察、设计，减收或者免收勘察、设计费并赔偿损失。

4. 按合同规定完成协作事项。设计人应按照合同的约定，对其承担设计任务的工程建设配合施工，进行设计交底，解决施工过程中有关设计的问题，负责设计变更和修改预算，参加试验考核和工程验收等。对于大中型工业项目和复杂的民用工程，应派现场设计人，并参加隐蔽工程验收。

三、勘察、设计合同中的违约责任

（一）发包人的违约责任

《民法典》第805条规定："因发包人变更计划，提供的资料不准确，或者未按照期限提供必需的勘察、设计工作条件而造成勘察、设计的返工、停工或者修改设计，发包人应当按照勘察人、设计人实际消耗的工作量增付费用。"

需要指出的是，该条确认了勘察、设计合同中发包人单方面变更合同的权利，这是勘察、设计合同与建筑安装合同的不同之处。之所以有这样的区别，原因在于：(1)在勘察、设计合同中，勘察人、设计人投入的主要是劳务，而不像建筑、安装合同那样投入大量的财力、物力；勘察、设计合同的发包人（委托人）中途变更合同，承包人的损失莫过于一定量的勘察、设计劳务。(2)订立勘察、设计合同的目的，对于承包人来说，只是取得勘察、设计费用；而对于发包人来说，是为以后进行建设工程的施工、使用服务，如果勘察、设计成果不能满足施工、使用的需要，则发包人订立合同的目的未能达到。(3)依《民法典》第805条的规定，发包人变更计划，导致勘察、设计的返工、停工或者修改计划的，承包人可得到按实际消耗工作量增付的费用，故其损失也能得到赔偿。

（二）承包人的违约责任

《民法典》第800条规定了承包人的违约责任，即"勘察、设计的质量不符合要求或者未按照期限提交勘察、设计文件拖延工期，造成发包人损失的，勘察人、设计人应当继续完善勘察、设计，减收或者免收勘察、设计费并赔偿损失"。

勘察、设计的质量是决定整个建设工程质量的基础，因此，建设工程的勘察人、设计人必须对其勘察、设计的质量负责，其所提交的建设工程的勘察、设计文件应当符合下列要求：(1)符合有关法律、行政法规的规定；(2)符合建设工程质量、安全标准；(3)符合建设工程勘察、设计的技术规范；(4)符合合同的约定。勘察人、设计人提交的勘察、设计文件不符合上述要求的，根据《民法典》第800条的规定，委托人要求勘察、设计人承担违约责任的方式为：(1)必须继续完善勘察、设计；(2)减收或者免收勘察、设计费；(3)向委托人赔偿损失。

在司法实践中需注意的是，若勘察、设计质量只有轻微质量瑕疵，委托人可以请求勘察人、设计人继续完善勘察、设计。若勘察人、设计人不具备完成符合要求的勘察、设计工作能力或者提交的勘察、设计质量严重不符约定，委托人可以解除合同，重新委托其他勘察人、设计人完成勘察、设计工作。若勘察、设计不符合约定造成工程质量问题的，勘察人、设计人应当承担相应的赔偿责任。

若勘察人、设计人未按照合同约定的期限提交勘察、设计文件，发包人可以催告勘察人、设计人尽快提交勘察、设计文件。若承包人迟延致使工期拖延给发包人造成损失的，发包人可以请求勘察人、设计人赔偿损失。

四、施工合同中当事人的主要义务

在施工合同中，发包人又称建设单位、建设人（方）、定作人；承包人又称施工单位、施工人、建筑人、承建人。

（一）发包人的主要义务

根据《民法典》的有关规定，发包人的主要义务有：

1. 做好施工前的准备工作。依法完成招投标手续，并与中标单位签订建设工程施工合同（依法不需要公开招投标的工程项目可以直接与承包单位签订合同）；完成施工现场的水通、电通、路通和场地平整，即实务中常见的"三通一平"。

2. 按合同约定及时向承包人提供各种材料、设备、资金和技术资料。合同中约定由发包人提供材料和设备的，发包人应按照约定的范围和时间向承包人提供材料和设备，并对所提供的材料和设备的瑕疵承担责任。据《民法典》第803条的规定，发包人未按时提供或者提供的材料和设备有瑕疵，致使承包人停工待料或者导致工程质量下降的，应当承担责任。

3. 协助承包人完成工作。在施工过程中，发包人应当派驻工地代表，对工程进度、工程质量进行监督，检查隐蔽工程，办理中间交工工程验收手续，负责签证，解决应由发包人解决的问题及其他事宜。《民法典》第797条规定："发包人在不妨碍承包人正常作业的情况下，可以随时对作业进度、质量进行检查。"此为发包人对施工进度、质量的检查权利，也是发包人的义务。同时，该法第798条规定发包人在隐蔽工程隐蔽以前应及时进行检查。

4. 竣工验收。根据《民法典》第799条的规定，建设工程竣工后，发包人应当根据施工图纸及说明书、国家颁发的施工验收规范和质量检验标准及时进行验收。验收合格的，发包人应当按照约定支付价款并接收该建设工程。建设工程竣工经验收合格后，方可交付使用；未经验收或验收不合格的，不得交付使用。工程未经验收，发包人提前使用或者擅自动用，因此发生的质量或其他问题，由发包人承担责任。

5. 支付价款。发包人于建设工程竣工前经验收合格后，应接受工程，并向承包人支付价款。未按合同约定支付工程价款的，应承担逾期付款的违约责任。

（二）承包人的主要义务

1. 做好施工前准备工作，按期开工。施工场地的平整、施工界区以内的用水、电、道路以及临时设施的施工；编制施工组织设计（或施工方案），做好各项施工准备工作；按双方商定的分工范围，做好材料和设备的采购、供应和管理；按期开工。在施工中，承包人必须严格按照施工图及说明书进行施工。

2. 接受发包人必要的监督。及时向发包人提交开工通知书、施工监督报告表、施工平面布置图等，并依据《民法典》第797条的规定，承包人应接受发包人对作业进度、质量进行检查。隐蔽工程隐蔽以前，承包人应当通知发包人检查。在工程完工时及时发出验收报告。在施工过程中按约定向发包人提供日作业计划、月份施工统计报表、工程事故报告等。承包人有义务接受发包人对工程质量的进度的必要监督，对于发包人不影响工作的必要检查、监督应予以配合和协助，不得拒绝。

3. 按期完工并交付。此为承包人最基本的义务。建设工程的承包人应当按照建设工程施工合同约定的工程质量和标准如期完工，并交付给发包人。根据《民法典》第799条的规定，建设工程竣工后，发包人应当根据施工图纸及说明书、国家颁发的施工验收规范和质量检验标准及时进行验收。验收合格的，发包人应当按照约定支付价款，并接收该建设工程。因此，建设工程施工合同的承包人如期按照约定完成建设工程，并交付给发包人，是其主要义务。

4. 对建设工程承担瑕疵担保义务。应该强调的是，建设工程合同当事人最根本的义务是保质保量完成国家的基本建设任务。其中，特别是要保证质量。为此，不仅在施工过程中要把好质量关，在竣工验收时更要把好质量关。

五、施工合同中的违约责任

（一）发包人的违约责任

1. 发包人未及时检查隐蔽工程的违约责任。《民法典》第 798 条规定了此项责任，即"隐蔽工程在隐蔽以前，承包人应当通知发包人检查。发包人没有及时检查的，承包人可以顺延工程日期，并有权要求赔偿停工、窝工等损失"。依据该条的规定，在司法实践中，应注意以下方面：一是发包人在接到通知后，未按期对隐蔽工程及时进行检查的，承包人应当催告发包人在合理期限内进行检查。因为发包人不进行检查，承包人就无法进行隐蔽工程的施工，因此承包人通知发包人检查而发包人未能及时进行检查的，承包人有权暂停施工。承包人可以顺延工程日期，并要求发包人赔偿因此造成的停工、窝工、材料和构件积压等损失。二是发包人未接到通知而由承包人检查隐蔽工程的，事后发包人有权要求对已隐蔽的工程进行检查，承包人应当按照要求进行剥露，并在检查后重新隐蔽或者修复后隐蔽。若经检查隐蔽工程不符合要求的，承包人应当返工，重新进行隐蔽。在此情况下，所发生的有关费用均由承包人负担，并应承担工期延误的违约责任。

2. 发包人未履行验收义务的责任。根据《民法典》第 799 条第 2 款"建设工程竣工经验收合格后，方可交付使用；未经验收或者验收不合格的，不得交付使用"的规定，未经竣工验收或者经过竣工验收确定为不合格的建设工程，不得交付使用。在实践中，如果发包人在竣工验收前，擅自使用工程，发生质量问题的，由发包人自行负责。但发包人能举证证明全部或部分是承包人造成的，由承包人承担相应的责任。如果双方同意未经验收就交付使用的，双方都有过错，且过错大小无法分清。建设工程由此发生质量或其他问题的，按合同的约定处理。合同未约定的，依照法律规定处理。

3. 发包人未按约定时间和要求提供相关材料、资料等情况下的责任。建设工程合同中，发包人未按约定的时间和要求提供原材料、设备的，应承担违约责任。据《民法典》第 803 条规定了发包人承担以下责任：一是顺延工程日期的责任；二是赔偿停工、窝工等损失。发包人不按照约定时间提供原材料、设备、场地、资金、技术资料，会直接引起承包人施工现场的停工或者窝工，使因施工而购进的原材料、设备等处于闲置状态，进行施工的技术人员、管理人员和工人停工或窝工，导致承包人遭受额外损失。对此，发包人应按因此受到的实际损失予以赔偿。

4. 因发包人致使工程停建、缓建的责任。《民法典》第 804 条对发包人因此应承担的义务和责任作了明确规定：一是发包人有义务采取措施弥补或者减少损失，防止损失的扩大。二是发包人应对承包人进行赔偿。因发包人导致工程停建、缓建后，承包人按合同约定投入的人员、物资等需重新作出调整，往往造成建设工程的停工、窝工、倒运、扣减设备调整等，给承包人带来额外的损失和费用，发包人应按承包人的实际损失予以赔偿。

5. 发包人未按约定付款时的责任。支付价款是发包人的主要义务，发包人不按合同约定支付价款应承担违约责任。依据《民法典》第 807 条的规定，发包人未按照约定支付价款的，承包人可以催告发包人在合理期限内支付价款。发包人逾期不支付的，除根据建设工程的性质不宜折价、拍卖外，承包人可以与发包人协议将该工程折价，也可以请求人民法院将该工程依法拍卖。建设工程的价款就该工程折价或者拍卖的价款优先受偿。

（二）承包人的违约责任

严格按照施工图与说明书进行施工，确保工程质量，按合同规定的时间如期完工和交付，是承包人的主要义务。根据《民法典》第 801 条的规定，因施工人致使建设工程质量不符合约定的，发包人有权要求施工人在合理期限内无偿修理或者返工、改建。经过修理或者返工、改建后，造成逾期交付的，施工人应当承担违约责任。

在司法实践中，应注意以下两方面的问题：

1. 关于质量不合格所造成的实际损失的数额确定。一是要确定不合格部分的工程量。二是在确定受损失的工程范围后，应确定损失金额。实际损失数额的确定，可由双方当事人协商解决，若协商不成，双方可委托有关部门予以鉴定，从而做到客观、公正的处理。

2. 关于造成质量不合格的责任界限。一是隐蔽工程经过双方验收认可后，施工人进行隐蔽后继续施工，后又发现隐蔽工程存在质量问题，由此造成的损失，发包方负有一定的责任。二是工程未经验收，发包方即投入使用，所造成的质量问题，应由发包方承担。三是在合同规定的保修期内发生质量问题，如确实是施工人造成的，应由其无偿修复。否则就不应由施工人负责。四是无效合同质量责任的确定，要看导致合同无效与质量责任是否有联系并确定责任的承担。

（三）承包人的侵权责任

我国《民法典》第802条规定了承包人的此项责任，即"因承包人的原因致使建设工程在合理使用期限内造成人身损害和财产损失的，承包人应当承担损害赔偿责任"。因此，承包人对整个工程质量负责，也应当对建设工程在合理使用期间的质量安全承担责任。当然，因发包人违法分包，如非法压价、收受回扣选择不具备相应资质的承包人，从而引起质量事故，造成他人人身、财产损害的，发包人也应当承担相应的责任。[1]

在司法实践中需特别注意的是，在合理使用期间内，因承包人发生建设工程质量事故，造成人身、财产损害的，承包人应当承担赔偿责任。如果是造成发包人的人身或者财产损害的，发包人可以选择请求承包人承担违约责任或者侵权责任。

六、对案例43、案例44的简要评析

1. 对案例43的简要评析

在案例43中，科技公司与福某公司签订了《工程勘察、设计合同》，该

---

[1] 黄薇主编：《中华人民共和国民法典合同编释义》，法律出版社2020年版，第685页。

合同并不违反法律、行政法规的强制性规定，为有效合同。科技公司依照合同的约定完成了约定的设计任务，有权依照合同的约定请求福某公司支付勘、察设计费。因此，被告福某公司没有任何理由拒付勘察、设计费。

2.对案例44的简要评析

在案例44中，原、被告双方签订的施工协议书及2020年9月29日补充约定均为有效协议，双方当事人均应按照协议约定全面履行各自义务。该案的起因是原告向法院主张被告延期交付构成违约，应当承担违约责任。法院根据案件具体情况及2020年9月29日补充约定内容，确定合同总价款75820元及逾期交工时间44天作为违约金计算基数及标准，违约金数额为33360.8元。笔者认为，违约金计付的基础应当以合同价款26625元计算，更符合当事人签订合同的文义解释、合同的整体解释。[①] 因为，在补充协议中明确约定"按合同条款赔付违约金"，而施工协议中明确约定"按日按合同价款的1%向甲方支付违约金"，这里的"合同价款"应当是指26625元。因为，合同总价款75820元包含了代购材料款项。

第四节 建设工程施工合同无效的司法处理

一、问题的提出

建设工程施工合同受到不同领域的多部法律及规范性文件调整，法律、行政法规和部门规章中调整建设工程施工合同的强制执行规范就有60多条，如果违反这些规范都以违反法律强制性规定为由认定合同无效，不利于维护

[①] 《合同编通则解释》第1条规定："人民法院依据民法典第一百四十二条第一款、第四百六十六条第一款的规定解释合同条款时，应当以词句的通常含义为基础，结合相关条款、合同的性质和目的、习惯以及诚信原则，参考缔约背景、磋商过程、履行行为等因素确定争议条款的含义。有证据证明当事人之间对合同条款有不同于词句的通常含义的其他共同理解，一方主张按照词句的通常含义理解合同条款的，人民法院不予支持。对合同条款有两种以上解释，可能影响该条款效力的，人民法院应当选择有利于该条款有效的解释；属于无偿合同的，应当选择对债务人负担较轻的解释。"

合同稳定性，也不利于保护各方当事人的合法权益，也会破坏建筑市场的正常秩序。同时，建设工程施工合同被确认无效后，由于建设工程施工合同标的物的特殊性，并不能严格按照《民法典》第157条[①]所规定的民事法律行为无效的处理原则进行处理，应当具体问题具体分析。

在研究建设工程施工合同无效的司法处理之前，先看一则案例。

案例45：必须招标而未招标导致建设工程施工合同无效[②]

最高人民法院经审查认为：关于8.8合同和8.21协议效力问题。本案工程是住宅楼和商住楼，根据《招标投标法》第3条规定，属于必须进行招投标的项目。长某公司主张涉案工程经过招投标程序，以两份中标通知书复印件为证，创某公司、金某分公司、九某公司以该两份证据为复印件为由不予认可。长某公司在民事起诉状中自认"此工程属先开工后办招标手续的项目"，创某公司、金某分公司、九某公司在二审中陈述涉案工程"应该是经过了这个（招投标）程序，就是走了个形式而已"。由此可知，案涉工程在招标开始前即已确定了施工人并已开工建设，且已订立8.8合同，该行为影响中标结果。而案涉工程属于必须进行招投标的建设工程项目，案涉双方未进行招投标而订立的8.8合同因违反法律禁止性规定当属无效。因此，原审判决认定即便进行了招投标程序，长某公司中标无效，并据此认定8.8合同和8.21协议均属无效合同，并无不当。

关于能否以8.21协议作为结算工程款依据的问题。8.8合同和8.21协议无效，应参照双方实际履行的建设工程施工合同的约定确认工程款数额。8.8合同专用条款第47条约定："二、……本工程结算方式为合同价款加经甲方及现场监理总工程师书面认可的设计变更、现场签证后进行结算……十五、本合同与补充协议不一致之处，以补充协议为准。"8.21协议约定："……二、

[①] 《民法典》第157条规定："民事法律行为无效、被撤销或者确定不发生效力后，行为人因该行为取得的财产，应当予以返还；不能返还或者没有必要返还的，应当折价补偿。有过错的一方应当赔偿对方由此所受到的损失；各方都有过错的，应当各自承担相应的责任。法律另有规定的，依照其规定。"

[②] 详见最高人民法院（2017）最高法民申1154号民事裁定书。

工程价款结算执行2003《山东省建筑工程消耗量定额》，其费率、税金及法律、法规等政策性调整执行合同签订时政府发布的相关文件，定额人工费按38元/工日计取。"从上述约定内容可以看出，8.21协议对8.8合同的内容进行了实质性变更，长某公司主张8.21协议是对8.8合同未决内容补充的理由，没有根据。长某公司在民事起诉状中自认"原告（长某公司）和被告金某分公司商定以2009年8月21日签订的《补充协议》作为工程施工合同"，原审法院认定双方实际履行的是8.21协议，并以该协议作为结算工程款的依据，并无不当。

上述案例，涉及必须招标而没有进行招投标导致建设工程施工合同无效。试问：建设工程施工合同无效的情形有哪些？"黑白合同"的效力认定及判断标准如何？未取得建设工程规划审批手续签订合同的效力如何？如何区分工程分包与工程转包？建设工程施工合同无效后工程该如何处理？建设工程施工合同无效损失赔偿该如何处理？

二、建设工程施工合同无效情形的司法认定

实践中建设工程施工合同无效的原因主要有以下几个方面：一是不具备相应建筑施工企业资质，承包人未取得建筑施工企业资质或超越资质等级、没有资质的实际施工人借用有资质的建筑施工企业名义的，合同应当认定为无效。二是违反招投标法律规定，建设工程必须进行招标而未招标或者中标无效的，建设工程施工合同无效。三是承包人非法转包、违法分包建设工程的，建设工程施工合同无效。据此，《建设工程施工合同解释（一）》第1条规定："建设工程施工合同具有下列情形之一的，应当依据民法典第一百五十三条第一款的规定，认定无效：（一）承包人未取得建筑业企业资质或者超越资质等级的；（二）没有资质的实际施工人借用有资质的建筑施工企业名义的；（三）建设工程必须进行招标而未招标或者中标无效的。承包人因转包、违法分包建设工程与他人签订的建设工程施工合同，应当依据民法典第一百五十三条第一款及第七百九十一条第二款、第三款的规定，认定无效。"

1.承包人未取得建筑施工企业资质或者超越资质等级承揽建设工程。建

筑施工企业是指从事建筑施工活动的独立生产、独立经营、独立核算的经济组织。建筑施工企业包括建筑工程施工总承包企业、建筑工程承包企业和建筑专项分包企业三类。由于建设工程质量是建设工程的生命，而建筑施工企业的建筑施工能力是保证建设工程质量的前提条件，故而《建筑法》对建筑施工企业实行资质强制管理制度。《建筑法》第13条规定，从事建筑活动的建筑施工企业、勘察单位、设计单位和工程监理单位，按照其拥有的注册资本、专业技术人员、技术装备和已完成的建筑工程业绩等资质条件，划分为不同的资质等级，经资质审查合格，取得相应的资质等级证书后，方可在其资质等级许可的范围内从事建筑活动。第26条规定，承包建筑工程的单位应当持有依法取得的资质证书，并在其资质等级许可的业务范围内承揽工程。禁止建筑施工企业超越本企业资质等级许可的业务范围或者以任何形式用其他建筑施工企业的名义承揽工程。从事建筑活动单位的资质审查制度是指勘察、设计单位、建筑施工企业、工程监理单位经建设行政主管部门进行资质审查、取得相应等级资质证书并在资质等级许可的范围内从事建筑活动的制度。资质是指人员素质、管理水平、资金数量、技术装备和建筑工程业绩等。所谓资质等级是指按照人员素质、管理水平、资金数量、技术装备和建筑工程业绩等情形划分从事建筑活动的级别。

《建筑法》及相关部门规章对建筑施工企业取得相应资质的标准及资质范围内可以从事的建筑施工活动作出明确的规定。任何依据现实条件进行放宽标准的行为，都不应当与法律规定的目的相抵触。《建筑法》对建筑施工企业资质等级的强制性规定，在于严格把控建筑施工企业进入建筑施工市场的条件，以保证建筑工程质量。"任何对建筑施工企业承揽工程必须与其资质等级相一致的放宽，都会给建筑工程质量带来隐患，与《建筑法》的立法目的相抵触，故而，对此问题，应严格按照法律规定来予以理解和掌握。"[①]《建设工程施工合同解释（一）》第4条规定，承包人超越资质等级许可的业务范围签订建设工程施工合同，在建设工程竣工前取得相应资质等级，当事人请求按照无效合同处理的，人民法院不予支持。

[①] 最高人民法院民事审判第一庭编著：《最高人民法院建设工程施工合同司法解释的理解与适用》，人民法院出版社2015年版，第27页。

2. 没有资质的实际施工人使用有资质的建筑施工企业名义承揽工程。根据《建设工程施工合同解释（一）》第1条第1款第2项的规定，建设工程施工合同的实际施工人借用他人资质所签订的建设工程施工合同为无效合同。建设工程必须遵循"百年大计，质量第一"的要求，必须担负起对国家社会的生命财产安全负责的责任。因此，《建筑法》对建筑施工企业的从业资格作了严格的限定，明令禁止将建筑施工企业的资质出借他人使用。若建设工程施工合同的实际施工人借用他人资质签订建设工程施工合同，则依据司法解释的规定，建设工程施工合同为无效合同。

3. 建设工程必须进行招标而未招标或者中标无效。根据《建设工程施工合同解释（一）》第1条第1款第3项的规定，建设工程应招标而未招标或者中标无效的建设工程施工合同为无效合同。《民法典》第790条规定，建设工程的招标投标活动，应当依照有关法律的规定公开、公平、公正进行。言外之意，建设工程施工合同的招标投标活动违反了有关法律规定，即属于违反法律的强制性规定，依据该司法解释的规定，所签订的建设工程施工合同为无效合同。

4. 非法转包与违法分包。《建筑法》从规范建筑业市场，保证建设工程质量的目的出发，明确规定禁止承包人非法转包、违法分包建设工程。禁止未取得资质等级证书的企业承揽工程。但在建筑业市场中，承包人为追求不正当利益，将承包的建设工程非法转包、违法分包。无资质的施工企业为承揽工程，常常通过各种形式使用法定资质建筑施工企业名义与他人签订建设工程施工合同。上述违法行为，一方面导致建筑业市场承发包行为不规范，竞争无序，扰乱建筑业市场的正常运转；另一方面直接导致建设工程质量缺陷，建设工程发生安全事故，危及人民生命及财产安全，扰乱社会安定。《建设工程施工合同解释（一）》以《民法典》第791条规定为依据，以禁止转包、违法分包的行为为目的，规定承包人因转包、违法分包建设工程与他人签订的建设工程施工合同，应当认定为无效。[1]

---

[1] 参见最高人民法院民事审判第一庭编著：《最高人民法院新建设工程施工合同司法解释（一）理解与适用》，人民法院出版社2021年版，第24页。

三、"黑白合同"的效力认定及判断标准

"黑白合同",也称阴阳合同,即发包方与承包方就同一建设工程签订两份不同版本的合同,其中一份是中标合同,另一份是内容与中标合同不一致的合同,前者称为白合同,后者称为黑合同。随着建设工程实践的不断发展,实践中对于如何判断"实质性内容不一致"存在争议,在自主招标、自主备案、明标暗定情形下黑白合同的效力如何认定也成了审判中较为困难的问题。如何妥善平衡当事人的合同变更权与国家、社会、他人的利益,成为建设工程合同领域迫切需要解决的难题。对此,《建设工程施工合同解释(一)》第2条规定:"招标人和中标人另行签订的建设工程施工合同约定的工程范围、建设工期、工程质量、工程价款等实质性内容,与中标合同不一致,一方当事人请求按照中标合同确定权利义务的,人民法院应予支持。招标人和中标人在中标合同之外就明显高于市场价格购买承建房产、无偿建设住房配套设施、让利、向建设单位捐赠财物等另行签订合同,变相降低工程价款,一方当事人以该合同背离中标合同实质性内容为由请求确认无效的,人民法院应予支持。"

(一)建设工程施工合同实质性内容的范围

《招标投标法》第46条第1款规定,招标人和中标人不得再行订立背离合同实质性内容的其他协议。《第八次全国法院民事商事审判工作会议(民事部分)纪要》第31条规定:"招标人和中标人另行签订改变工期、工程价款、工程项目性质等影响中标结果实质性内容的协议,导致合同双方当事人就实质性内容享有的权利义务发生较大变化的,应认定为变更中标合同实质性内容。"《建设工程施工合同解释(一)》第2条第1款列举了以下几种情形:

1. 工程范围。城市规划内各类建设项目(包括住宅、工业、仓储、办公楼、学校、医院、市政交通基础设施等)新建、改建、扩建、翻建,都存在建设范围。承包人具体施工的工程范围由招标文件、投标文件与合同等文件确定。该范围决定了承包人施工的边界。工程范围不仅仅指建筑物或者构筑物的结构与面积等,更主要是指是否包括土建、设备安装、装饰装修等。

不同的工程范围对施工人的技术水平和管理水平要求不同，而且施工人投入的设备、人力等也不相同。工程范围直接决定施工人获得利润的多寡，譬如，通常而言，总包利润高于单项工程利润。增加或者减少工程范围直接影响施工人的利益。工程范围通常情形下由招标人即发包人确定，而不是由投标人即施工人确定。

判断工程范围的改变是否构成合同实质性内容的改变，还可以结合《民法典》第791条第1款中的"发包人不得将应当由一个承包人完成的建设工程肢解成若干部分发包给数个承包人"的规定。如果发包人肢解工程发包，既违背了《民法典》的规定，也属于背离中标合同的行为另行签订的协议，增加或者减少工程范围的可能性都存在。应当注意的是，施工过程中，因发包人的设计变更、建设工程规划指标调整等客观原因，发包人与承包人以补充协议、会谈纪要甚至答证等变更工程范围的，不应当认定为背离中标合同的实质性内容的协议。

2. 建设工期。建设工期是施工人完成施工工程的时间或者期限，工期通常与工程范围直接相关，建设工期是任何一个建设工程施工合同中必备的条款。在低造价、高质量的前提下，短工期是建设方的理想要求。短工期不仅可以保证建设方尽早使用工程，提高经济效益，而且可以有效避免对第三方承担逾期责任，实务中，建设方通常对施工人缩短工期予以奖励。然而，更多的实际情况是施工人逾期竣工一些案件中，施工人因逾期而承担的违约金占整个工程价款比例较高。故竞标人以不合理的短工期投标实属不正当竞争的表现。建设工程的工期，除加强管理、广泛应用新技术、新工艺、新材料和新设备进行科学施工外，真正的决定因素是现有的生产技术条件和自然条件。例如，寒冷的季节客观上影响工期。建设工期依据建设工程的不同情况，以天数或者月数确定。通常情况下，竞标人在投标文件中确定的总竣工日期才是决定是否中标的关键因素。另行签订的协议中，缩短或者延长建设工期的可能性都会发生。

3. 工程价款。支付工程价款是发包人最主要的义务，收取工程价款是承包人最主要的权利。在工程范围与工程质量、工期不变的情况下，决定工程中标人的因素往往就是工程价款，即投标文件中工程价款最低者中标。司法实践中，绝大多数案件就是因工程价款产生纠纷。在目前的市场环境下，发包人占主导地位，因而承包人为了能够中标，往往会在投标时或者在另行签订的协议中承诺工程价款在决算价的基础上下浮较高的比例。工程价款是对施工人而言的，对建设人而言，则称为工程造价。通过招标投标程序发包的建设工程，计价方式无非固定价与可调价两种。即使是固定价，无论是单价固定合同还是总价固定合同，当事人仍然会在合同中明确约定可能产生的市场风险如何在两方当事人中分配，在确定可调价作为计价方式时，竞标人为了获得工程建设的机会，必然会在总决算价的基础上给予发包人一定程度的所谓让利。否则，该竞标人至少在工程价款方面没有竞争的优势。

实务中，承包人通过低价竞标，获得工程建设机会后，再以人工费、材料费等存在重大市场变化为由，要求据实结算的案件并不罕见。这种情形下，可能是承包人不诚信的表现，也可能是发包人盲目选择承包人的结果。毕竟除不可抗力外，对于正常的市场风险，双方当事人都应当有相应的预见能力。当事人变更价款存在多种形式。直接降低中标人的投标文件提出的工程价款即直接让利是最明显、最直接的形式。除此之外，实践中经常发现当事人采取的方式有：中标人同意以明显高于市场价格购买其承建的房产、中标人无偿建设住房配套设施、向建设单位捐赠财物。《建设工程施工合同解释（一）》第2条第2款特别就当事人变相降低工程价款的四种典型形式作了规定。

4. 工程质量。建设工程质量是指依照国家现行有效的法律、法规技术标准、设计文件和合同约定，对工程的安全、适用、经济、环保美观等特性的综合要求。建设工程是人们日常生活和生产、经营、工作的主要场所，是人类生存和发展的物质基础。建设工程的质量，不但关系到生产经营活动的正常运行，也关系到人民生命财产安全。建设工程一旦出现质量问题，特别是发生重大垮塌事故，危及人民的生命财产安全，损失巨大，影响恶劣。因此，百年大计，质量第一，必须确保建设工程的安全可靠。

5. 其他内容。除建设工程范围、建设工期、工程质量和与工程价款外，特定情形下，也可能存在背离根据招标文件和中标文件签订的合同的实质性内容的协议。这只能根据建设工程及当事人的具体情况确定。凡是可能限制或者排除其他竞标人的条件都可能构成《招标投标法》第46条第1款规定的"合同实质性内容"。所以《建设工程施工合同解释（一）》第1条只是列举工程范围、建设工期、工程质量与工程价款，而未排除其他可能的因素。[1]

(二)实质性内容不一致的判断标准

《建设工程施工合同解释(一)》对黑合同的定义是看其内容与白合同是否有实质性不同。实践中难点在于如何认定"实质性内容不一致"?其判断标准为何?目前在司法实践中对于背离合同实质性内容的程度,属于法官自由裁量的范畴。施工合同的内容常常包括工程范围、建设工期、中间交工工程的开工和竣工时间、工程质量、工程造价、技术资料交付时间、材料和设备供应责任、拨款和结算、竣工验收、质量保修范围和质量保证期、双方相互协作等条款。建设工程项目性质属于行政强制管理的范畴,改变项目性质应认定为实质性变更。此外,建设工程中事关当事人权利义务的核心条款是工程结算,影响工程结算主要涉及三个方面:工程量、工程质量和工程期限。工程质量指建设工程施工合同约定的工程具体条件,也是这一工程区别于其他同类工程的具体特征。工程期限是指建设工程施工合同中约定的工程完工并交付验收的时间。其他条款的变化对工程款结算的影响不大,一般只涉及违约责任的判断,不属于实质性内容的变更,应不影响合同的效力。比如对于损失赔偿等约定,属于合同履行过程中的正常变更,不属于《建设工程施工合同解释(一)》第2条第1款所规定的黑合同。如果备案和未备案的两份施工合同在工程范围、建设工期、施工质量、工程价款等方面发生重大变化,属于中标人以明显低于市场价建的住房配套设施、让利、向建设方捐款等,系实质性地变更工程价款,亦应认定为变更中标合同的实质性内容。但在建设工程中,价款的变化往往是由于工程量增加或减少、工程期限延长或缩短、工程质量要求提高或降低造成的。

处理好"黑白合同"的认定和当事人变更合同的权利的关系。建设工程开工后,因设计变更、建设工程规划指标调整等客观原因,发包人与承包人通过补充协议、会谈纪要、往来函件、签证等洽商记录形式变更工期、工程价款、工程项目性质的,属于正常的合同变更,不应认定为变更中标合同的

---

[1] 最高人民法院民事审判第一庭编著:《最高人民法院新建设工程施工合同司法解释(一)理解与适用》,人民法院出版社2021年版,第32-35页。

实质性内容。同时，如果主要建筑材料变动达到情事变更的程度，双方另行签订协议属于合同中正常的变更，不应认定为黑白合同情形。

四、未取得建设工程规划审批手续签订合同效力的司法认定

目前，理论界和实务界对于建设单位未取得建设用地规划许可证和建设工程规划许可证是否会导致建设工程施工合同归于无效的问题，主要存在以下两种观点：一是建设单位未取得建设用地规划许可证和建设工程规划许可证，意味着该工程建设完毕后即成为违法建筑，如果认定建设工程合同有效，合同履行完毕后该建设工程依法仍然需要予以拆除，将会造成巨大的社会成本和资源浪费，因此，未取得建设用地规划许可证和建设工程规划许可证的建设工程合同应当无效。二是建设单位未取得建设用地规划许可证和建设工程规划许可证，其施工合同并不必然无效。建设用地规划许可证和建设工程规划许可证仅是针对发包人是否有权使用国有土地建筑房屋等工程项目颁发的权属证书或行政许可，这与建设工程施工合同的效力无关，承包人也没有对发包人是否取得建设用地规划许可证和建设工程规划许可证的审查义务。对此，《建设工程施工合同解释（一）》第3条规定："当事人以发包人未取得建设工程规划许可证等规划审批手续为由，请求确认建设工程施工合同无效的，人民法院应予支持，但发包人在起诉前取得建设工程规划许可证等规划审批手续的除外。发包人能够办理审批手续而未办理，并以未办理审批手续为由请求确认建设工程施工合同无效的，人民法院不予支持。"

《建设工程施工合同解释（一）》中规定的未取得建设工程规划许可等规划审批手续主要是指未取得建设工程规划许可证或者未按照建设工程规划许可证的规定进行建设。建设工程规划许可证是城市规划行政主管部门依法核发的建设单位建设工程的法律凭证，是建设活动中接受监督检查时的法定依据。建设规划许可制度是落实城市规划的重要措施，其目的是限制建筑选址，使项目建设符合城市总体规划，如建设项目的高度、绿化面积、容积率等。《城乡规划法》第40条规定了需办理工程规划许可证的工程范围和条件，在城市、镇规划区内进行各种建设，应当依法取得工程规划许可证。实践中，建设项目行政审批阶段包括：规划许可审批、土地批准审批、"大循环"审批（包括消防、卫生、人防、环保等部门的审批）、施工图审查、缴纳建设项目

相关费用、施工许可审批（含中标通知书、工程质量监督、安全监督、施工合同备案、监理合同备案等项目的审批）。

需要指出的是，根据《建筑法》第 7 条、《城乡规划法》第 40 条的规定，办理建设用地使用权证和建设工程规划许可证的法定义务主体是发包方，因此，因未取得建设用地使用权证和建设工程规划许可证而导致合同无效的过错在发包方，如果因合同无效造成承包方损失的，发包方需要承担过错责任。

注意把握合同效力补正的时间节点是起诉前。所谓合同效力补正理论，是指当事人所订立的合同因违反法律禁止性规定，导致合同不能满足有效条件，当事人可以通过事后补正或者实际履行来使合同满足有效的条件，促使合同有效。合同效力补正的直接法律后果是使原本无效的合同发生效力上的转化，成为有效合同。合同效力补正理论是由最高人民法院通过对实践的总结在司法解释中确立的。[①]

实践中，还存在一种特殊情况，即建设工程项目的各种规划审批手续已经具备办理条件，但发包人出于各种原因迟迟不予办理。显然，发包人故意不予办理相关手续，其主观恶意明显，违背了严守合同约定、全面履行合同以及诚实信用等基本原则。《建设工程施工合同解释（一）》第 3 条第 2 款对发包人利用恶意反悔获利的行为作出了否定性评价，规定不予支持发包人恶意主张合同无效的请求，并对因发包人迟延办理相关审批手续而给承包人造成损失的，令其承担赔偿责任。当然，对于办理建设工程规划许可证等规划审批手续的条件成就，发包人能办理而不办理相关手续，承包人应负举证责任。

五、劳务分包与工程转包的司法认定

在实践中常常会出现总承包人或者分包人将承包工程的劳务作业部分分包给具有相应资质的企业或者其他单位。在这种情况下，不能认为是总承包人或者分包人将建设工程转包或者二次分包，当事人以此为由主张劳务作业

---

① 最高人民法院民事审判第一庭编著：《最高人民法院新建设工程施工合同司法解释（一）理解与适用》，人民法院出版社 2021 年版，第 44 页。

分包合同无效的，不应支持。劳务作业分包是将简单劳动从复杂劳动剥离出来单独进行承包施工的劳动，因此，总承包人与劳务作业发包人及分包人与劳务作业承包人之间既不是劳务关系也不是劳动合同关系，而是建设工程施工合同关系。劳务作业承包人对其承担的劳务作业向劳务作业发包人负责；承包人向发包人就建设工程进行负责，但其中劳务作业部分由劳务作业承包人与承包人共同向发包人负责。对此，《建设工程施工合同解释（一）》第5条规定："具有劳务作业法定资质的承包人与总承包人、分包人签订的劳务分包合同，当事人请求确认无效的，人民法院依法不予支持。"

劳务分包，又称劳务作业分包，是指建设工程施工总承包企业或者专业承包企业即劳务作业发包人将其承包工程的劳务作业发包给劳务承包企业即劳务作业承包人完成的活动。[①] 依据建设部《房屋建筑和市政基础设施工程施工分包管理办法》第5条规定，房屋建筑和市政基础设施工程施工分包分为专业工程分包和劳务作业分包。其中专业工程分包是指，施工总承包企业将其所承包工程的专业工程发包给具有相应资质的其他建筑企业即专业分包工程承包人完成的活动。

劳务作业分包人既可以是总承包人，也可以是专业分包的承包人。工程的劳务作业分包无须经过发包人或者总承包人的同意，专业分包工程除在施工总承包合同中有约定外，必须经建设单位即工程发包人的认可。劳务作业分包与专业分包的共同点是：两者承包人都必须自行完成承包的工程或者任务。同时，建设单位不得直接指定分包工程承包人及劳务作业承包人。

分包，是指已经与发包人签订建设工程施工合同的总承包人将其承包的工程建设任务的一部分交给第三人（分包人）完成。总承包人与发包人签订的建设工程施工合同称为总包合同，总承包人与分包人签订的合同为分包合同。虽然总包合同与分包合同是两个不同的合同，合同当事人也不一致，但合同的标的是有联系的，即分包合同的标的是总包合同的一部分。发包人、总承包人与分包人之间基于他们之间的合同关系，形成一个比较复杂的法律关系：首先，对于全部工程建设任务，总承包人都应当对发包人负责，无论

[①] 参见最高人民法院民事审判第一庭编著：《最高人民法院新建设工程施工合同司法解释（一）理解与适用》，人民法院出版社2021年版，第58页。

其中某一部分的工程是否由分包人完成。其次，在工程分包的情况下，总承包人仍然是与发包人签订的建设工程施工合同的当事人，对交由分包人完成的部分工程，总承包人应当与分包人共同对发包人承担连带责任。最后，分包人虽然不是总包合同的当事人，但其与总承包人签订分包合同后，分包人就与总承包人共同成为总包合同的当事人，是发包人的共同债务人，分包人与总承包人共同对发包人承担连带责任。[1]

转包，是指承包人在承包建设工程后，又将其承包的工程建设任务部分或者全部转让给第三人（转承包人），转包后，转让人即承包人退出承包关系，受让人即转承包人成为承包合同的另一方当事人，转让人对受让人的履行行为不承担责任。转包在理论上称为合同的转让，是合同权利义务的概括转移。合同一经转让，转让人即退出原合同关系，受让人取得原合同当事人的法律地位。转包是建设工程承包合同中经常发生的违法现象，也是建设工程质量存在问题的重要原因。[2]

分包和转包既有区别，又有相似的地方。其中相同之处在于：二者都是由第三人完成建设工程的部分工作。区别主要在于：在分包中，承包人与分包人承担连带责任，在转包中，转让人与转承包人不承担连带责任；分包是在分包人同意的情况下为法律所允许，转包则为法律所禁止。

《民法典》第791条第1款规定，发包人可以与总承包人订立建设工程合同，也可以分别与勘察人、设计人、施工人订立勘察、设计、施工承包合同。发包人不得将应当由一个承包人完成的建设工程肢解成若干部分发包给数个承包人。《建筑法》第28条规定，禁止承包单位将其承包的全部建筑工程转包给他人，禁止承包单位将其承包的全部建筑工程肢解以后以分包的名义分别转包给他人。通常认为上述规定是法律关于禁止工程转包或者肢解分包的规定。在国务院的行政法规中，也有类似的规定。其中，《建设工程质量管理条例》第78条规定，本条例所称肢解分包，是指建设单位将应当

---

[1] 最高人民法院民事审判第一庭编著：《最高人民法院新建设工程施工合同司法解释（一）理解与适用》，人民法院出版社2021年版，第62页。

[2] 最高人民法院民事审判第一庭编著：《最高人民法院新建设工程施工合同司法解释（一）理解与适用》，人民法院出版社2021年版，第62页。

由一个承包单位完成的建设工程分解成若干部分发包给不同的承包单位的行为;本条例所称转包,是指承包单位承包建设工程后,不履行合同约定的责任和义务,将其承包的全部建设工程肢解以后以分包的名义分别转给其他单位承包的行为。

劳务分包既不是转包,也不是分包。转包是将全部建设工程转由第三人施工建设,分包是将建设工程的某一部分施工项目有限制地交由第三人施工建设。劳务分包则是将建设工程中的劳务部分转由第三人完成。转包和将工程肢解分包为法律所禁止,分包工程在不违反法律法规禁止性规定的情况下是允许的,劳务分包则不为法律禁止。分包人不能将建设工程二次分包,但可以将劳务部分交由第三人完成,劳务分包亦不能将其作业内容再次交由其他人完成。分包工程承包人应当按照分包合同的约定对其承包的工程向分包工程发包人负责。分包工程发包人和分包工程承包人就分包工程对建设单位承担连带责任,劳务分包承包人按照劳务分包合同的约定对劳务分包作业向劳务分包的发包人负责,劳务分包的发包人和承包人对工程的劳务作业部分向总承包人及建设单位承担连带责任。[①]

六、建设工程施工合同无效后工程的处理原则

建设工程施工合同的特点在于,施工工程是承包人将劳务、建筑材料物化到建设工程的过程。合同无效后,发包人取得的财产形式上是承包人建设的工程,实际上是承包人对工程投入的劳务及建筑材料等,故无法适用恢复原状,只能折价补偿。合同无效后,以何种标准折价补偿承包人的工程价款,一直是审判实践中的难点问题。建设工程施工合同无效,承包人对参照合同约定结算或者按实结算是否享有选择权?发包人是否也享有同样的权利?对此,《民法典》第793条规定:"建设工程施工合同无效,但是建设工程经验收合格的,可以参照合同关于工程价款的约定折价补偿承包人。建设工程施工合同无效,且建设工程经验收不合格的,按照以下情形处理:(一)修复后的建设工程经验收合格的,发包人可以请求承包人承担修复费用;(二)修复

---

① 最高人民法院民事审判第一庭编著:《最高人民法院新建设工程施工合同司法解释(一)理解与适用》,人民法院出版社2021年版,第63页。

后的建设工程经验收不合格的,承包人无权请求参照合同关于工程价款的约定折价补偿。发包人对因建设工程不合格造成的损失有过错的,应当承担相应的责任。"

(一)建设工程施工合同无效,工程验收合格的处理原则

合同无效或者被撤销后,因该合同取得的财产应当予以返还;不能返还或者没有必要返还的应当折价补偿。就建设工程而言,工程的质量一直是建设工程的生命,《建筑法》《民法典》及相关行政法规,均将保证工程质量作为立法的主要出发点和主要目的。建设工程施工合同无效,但建设工程经竣工验收合格,承包人请求参照合同约定支付工程价款的,人民法院应予支持。工程价款包括以下部分:

1. 支付工程价款。《民法典》第793条第1款规定,建设工程施工合同无效,但是建设工程经验收合格的,可以参照合同关于工程价款的约定折价补偿承包人。依据该条款的规定,在建设工程施工合同无效的情形下,只有建设工程经过验收为合格的建设工程时,发包人才可以参照建设工程施工合同约定的工程价款折价补偿支付给承包人。当建设工程施工合同无效时,依据民事法律行为无效的法律后果首选相互返还,但基于建设工程施工合同的特殊性,不能适用相互返还原则,只能适用折价补偿原则,而参照建设工程施工合同约定的价款,并不是必须按照合同约定的价款支付,诸如转包人所收取的管理费则不予支持,也不能让实际施工人得到该管理费部分。因此,应当根据建设工程施工合同无效的过错责任确定发包人需要补偿实际施工人的工程价款数额。

2. 支付利息。建设工程价款的利息,可以根据《建设工程施工合同解释(一)》第26条、第27条的规定处理。

(二)建设工程施工合同无效,工程验收不合格的处理原则

在建设工程施工合同有效的情形下,建设工程经过验收不合格时,承包人需要承担继续履行、采取补救措施或者赔偿损失的违约责任。在建设工程施工合同无效的情形下,承包人同样需要承担采取补救措施、赔偿损失的法定责任。若建设工程为不合格工程,则发包人有权拒绝支付工程价款。同时,

发包人有权请求承包人或者实际施工人承担赔偿损失的法律责任。

七、建设工程施工合同无效损失赔偿的司法处理

建设工程施工合同无效，因建设工程施工中产生的停工、窝工损失、双方过程的认定、举证责任、损失的范围、认定标准等众多问题在实际中经常发生争议，各地的做法不一，需要统一尺度。对此，《建设工程施工合同解释（一）》第6条规定："建设工程施工合同无效，一方当事人请求对方赔偿损失的，应当就对方过错、损失大小、过错与损失之间的因果关系承担举证责任。损失大小无法确定，一方当事人请求参照合同约定的质量标准、建设工期、工程价款支付时间等内容确定损失大小的，人民法院可以结合双方过错程度、过错与损失之间的因果关系等因素作出裁判。"

"有损失必有救济。"《民法典》第793条第1款的规定是针对合同无效后进行折价补偿的规定，"参照合同关于工程价款的约定"是确定折价标准的一种方式而已，不是按有效合同处理，"参照合同约定"不等同于"按照合同约定"。对"参照合同约定"应进行限制性的理解，仅限于合同中对计价标准的约定，对于合同约定的付款条件、付款时间、付款方式以及工程款扣减事由以及质保金的扣留及返还等事项，不属于参照范围，不应适用。虽然建设工程施工合同无效，无过错方当事人有权就其实际损失要求过错方进行赔偿，但由于有些情况下对于实际损失难以举证，如果严格按照举证不能的规则处理，则对遭受损失一方当事人不公平，容易导致利益失衡。根据《民法典》确立的公平原则，从平衡合同双方当事人的利益角度出发，在施工合同无效且双方当事人在合同中对损失赔偿标准有明确约定的前提下，基于在无效施工合同参照合同约定支付工程款的现行处理规则，在司法实践中原则上也可以参照合同约定赔偿损失。因此，在当事人无法举证证明实际损失的情况下，应当允许当事人请求参照合同约定的质量标准、建设工期、工程价款支付时间等内容来确定损失大小。这样处理并非将无效合同当作有效处理，而是寻找一种符合建设工程施工合同特点的损失赔偿的计算方式。这主要考虑到建设工程施工合同很特殊，引起建设工程施工合同无效的事由有很多，大多数是违反了国家对于建筑行业和建筑市场关于招投标、资质等行政管理的强制性规定。但双方当事人在签订施工合同时，关于工程计价、计

量、工程款支付比例、支付时间、工程质量、工期、结算程序、质保金的扣留等约定内容，均是当事人的真实意思表示，是双方签约时对作为施工合同中最核心内容慎重考虑后作出的决定，不应因合同违反国家行政管理相关规定无效而只选择性适用计价和计量条款，将其他支付条款全盘否定。因此，可以参照上述合同约定内容来确定实际损失大小，以避免发生当事人因合同无效而获得比合同有效额外的利益。[①]

八、对案例 45 的简要评析

在案例 45 中，涉案工程是住宅楼和商住楼，属于法定必须招投标的工程项目。根据《建设工程施工合同解释（一）》第 1 条的规定，建设工程施工合同因建设工程必须进行招标而未招标属于无效合同。因此，涉案的 8.8 合同因违反法律禁止性规定当属无效。与之相对应的 8.21 协议亦属于无效合同。

建设工程施工合同无效，涉案工程经过验收合格，根据《民法典》第 793 条第 1 款 "建设工程施工合同无效，但是建设工程经验收合格的，可以参照合同关于工程价款的约定折价补偿承包人"的规定，应当以双方实际履行的 8.21 协议作为结算工程款的依据。

其实，建设工程施工合同无效后工程价款如何处理的问题，最高人民法院早在 2004 年的相关司法解释中作出了规定，有力地指导了司法实践[②]，《民法典》第 793 条吸纳了司法解释的精神，并作了进一步的完善。

---

① 参见最高人民法院民事审判第一庭编著：《最高人民法院新建设工程施工合同司法解释（一）理解与适用》，人民法院出版社 2021 年版，第 73—74 页。

② 最高人民法院（2011）民提字第 235 号民事判决书裁判要旨：鉴于建设工程的特殊性，虽然合同无效，但施工人的劳动和建筑材料已经物化在建筑工程中，依据最高人民法院《关于审理建设工程施工合同纠纷案件适用法律的解释》第 2 条的规定，建设工程合同无效，但建设工程经竣工验收合格，承包人请求参照有效合同处理的，应当参照合同约定来计算涉案工程价款，承包人不应获得比合同有效时更多的利益。详见《最高人民法院公报》2013 年第 11 期，载中华人民共和国最高人民法院公报网，http://gongbao.court.gov.cn/Details/b73d6ba1fefab4eac057278e74a35b.html?sw=，最后访问日期：2024 年 6 月 25 日。

第五节　建设工程价款优先受偿权

建设工程价款优先受偿权不仅涉及发包人和承包人的利益，还涉及建设工程抵押权人、发包人的其他债权人、建筑工人等民事主体的利益。该制度的价值取向是保护农民工等建筑工人的利益，而非对建设工程施工合同当事人予以特殊保护。[①]《民法典》第807条规定："发包人未按照约定支付价款的，承包人可以催告发包人在合理期限内支付价款。发包人逾期不支付的，除根据建设工程的性质不宜折价、拍卖外，承包人可以与发包人协议将该工程折价，也可以请求人民法院将该工程依法拍卖。建设工程的价款就该工程折价或者拍卖的价款优先受偿。"该条规定了建设工程价款优先受偿权。

一、建设工程价款优先受偿权主体的确定

《民法典》第807条规定了建设工程价款优先受偿权，旨在保护劳动者劳动报酬，即依法保护农民工的合法权益。

1. 建设工程价款优先受偿权的法律性质。所谓优先受偿权，又称优先权，是指由法律规定的特种债权人就债务人的全部财产或特定财产优先受偿的权利。优先权制度的确立，旨在破除债权平等原则，赋予特殊债权人优先于其他债权人受偿的权利，以实现债权人之间的实质性平等。优先权是一项极具特殊性的权利，它可以为特定人而设，也可以因特定事而设；可以为债权人的利益而设，亦可为债务人的利益而设。

关于建设工程价款优先受偿权的法律性质，主要存在三种观点：一是根据法律的规定，承包人在发包人逾期不支付工程款的情况下，可以对工程进行留置，因此，建设工程价款优先受偿权可以称之为法定留置权。二是建设

[①] 最高人民法院民事审判第一庭编著：《最高人民法院建设工程施工合同司法解释（二）理解与适用》，人民法院出版社2019年版，第29页。

工程价款优先受偿权为一种法定抵押权。因为，建设工程竣工以后，发包人未按照约定支付价款，承揽人对建设工程可享有法定抵押权，即其工程款可以通过折价、拍卖等方式而获得的价款优先受偿。三是立法规定实际上赋予了建设工程欠款的优先受偿权，而不是法定抵押权。抵押权不转移占有标的物，建设工程在交付使用前系处于建筑企业的占有控制之下，因此不属于法定抵押权。[①]《建设工程施工合同解释（一）》第36条规定："承包人根据民法典第八百零七条规定享有的建设工程价款优先受偿权优于抵押权和其他债权。"该条规定实际上没有具体指出建设工程价款优先受偿权是否为法定抵押权或者其他权利，但肯定了建设工程价款优先受偿权优于抵押权和其他债权，从而明确了以上三种观点所追求的共同答案。

当然，最高人民法院对建设工程价款优先受偿权的法律性质的态度是，建设工程价款优先受偿权是优先权的一种，既不能定性为法定抵押权，也不能定性为留置权。[②]

2. 建设工程价款优先受偿权的权利主体。建设工程的承包人包括建设工程勘察人、建设工程设计人、建设工程施工人。建设工程承包人可分为总承包人、发包人、实际施工人。

根据《建设工程施工合同解释（一）》第35条"与发包人订立建设工程施工合同的承包人，依据民法典第八百零七条的规定请求其承建工程的价款就工程折价或者拍卖的价款优先受偿的，人民法院应予支持"的规定，建设工程价款优先受偿权的权利主体是与发包人签订合同的承包人。言外之意，建设工程的勘察人和设计人不享有建设工程价款优先受偿权；转包合同和分包合同的承包人不享有建设工程价款优先受偿权；合法分包合同的承包人与发包人之间也不存在建设工程施工合同关系，合法分包合同的承包人也不享有建设工程价款优先受偿权；肢解发包情况下，承包非主体工程的承包人不享有建设工程价款优先受偿权。

[①] 参见最高人民法院民法典贯彻实施工作领导小组主编：《中华人民共和国民法典合同编理解与适用（三）》，人民法院出版社2020年版，第2034-2035页。

[②] 最高人民法院民事审判第一庭编著：《最高人民法院建设工程施工合同司法解释（二）理解与适用》，人民法院出版社2019年版，第361页。

3.建设工程价款优先受偿权的行使程序。根据《民法典》第807条的规定，承包人对工程款优先受偿权的行使程序包括：催告、协议折价或者请求人民法院拍卖。

（1）催告。在《民法典》第807条的规定中，"发包人逾期不支付的"的"逾期"不是指建设工程合同约定的发包人支付工程价款的期限，而是指前面的"合理期限"。该"合理期限"在承包人"催告"之后才能产生。如果承包人通过提起诉讼或者申请仲裁的形式主张工程价款优先受偿权，不受上述规定影响。

（2）协议折价。承包人可以与发包人协议将工程折价，承包人从折价的价款中优先受偿。折价是应当对建设工程的价值作出合理的评估。折价抵偿工程价款是当事人自行协商解决发包人拖欠工程款的一种方式。该方式是充分尊重了当事人自己的意愿，有利于承包人价款的实现。折价方式最重要的问题是如何公平合理地对建设工程定价。在司法实务中，应当注意的是，协议折价不得损害其他债权人的利益。若损害了其他债权人利益，则其他债权人可以行使撤销权。

（3）请求人民法院拍卖。承包人可以请求人民法院拍卖建设工程，并就拍卖的价款优先受偿。

二、装饰装修工程承包人优先受偿权的行使

装饰装修，准确的表达应为建筑装饰装修。日常生活中，习惯上还有不同的叫法，如建筑装饰、建筑装修、建筑装潢等。这些称谓在不同的正式文件中都有使用。所谓装饰装修，是指为了保护建筑物的主体结构，完善建筑物的使用功能和美化建筑物，采用装饰装修材料或饰物，对建筑物的内、外表面及空间进行的各种处理过程。[①] 装饰装修与建筑物、构筑物相联系。广义的建筑物是指人工建筑而成的所有产品形式。在《民法典》《建筑法》等法律中，建筑物与构筑物并列。建筑物通常是指供人们进行生产、生活或者其他活动的房屋或者场所。构筑物通常是指房屋以外的

---

① 参见最高人民法院民事审判第一庭编著：《最高人民法院建设工程施工合同司法解释（一）理解与适用》，人民法院出版社2021年版，第382页。

建筑物。装饰装修，通常是指对建筑物而言，又常称为建筑装饰或者建筑装修。[①]

建设工程合同包括工程勘察、设计、施工合同。若从狭义解释角度（立法目的限缩解释）出发，建设工程合同显然不包括装饰装修工程合同，若从广义解释角度（立法目的扩张解释）出发，建设工程合同应当包括装饰装修工程合同。众所周知，装饰装修是为了充分发挥建筑物的功能建设活动。当司法实践中出现建设工程的发包人拖欠装饰装修工程的承包人装修费用时，装饰装修工程的承包人可否依据《民法典》第807条的规定行使建设工程价款优先受偿权存在争议。对此，《建设工程施工合同解释（一）》第37条规定："装饰装修工程具备折价或者拍卖条件，装饰装修工程的承包人请求工程价款就该装饰装修工程折价或者拍卖的价款优先受偿的，人民法院应予支持。"

装饰装修工程的承包人享有工程价款优先受偿权有一定的限制。因此，司法实践中应当从以下方面理解适用装饰装修工程价款优先受偿权：一是装饰装修工程价款适用优先受偿权原则，符合《民法典》第807条的立法本意；二是装饰装修工程价款的优先受偿权仅限于因装饰装修而使该建筑物增加的价值的范围之内；三是装饰装修工程的发包人必须是该建筑物的所有权人，或者发包人虽然不是所有权人，但属于有权处分该建筑物的人。

三、建设工程承包人优先受偿权的行使条件

在司法实践中，对承包人建设工程价款优先受偿权的行使条件存在疑问：承包人行使建设工程价款优先受偿权是否以建设工程施工合同有效为前提？建设工程质量对承包人行使建设工程价款优先受偿权有无影响？对此，《建设工程施工合同解释（一）》第38条规定："建设工程质量合格，承包人请求其承建工程的价款就工程折价或者拍卖的价款优先受偿的，人民法院应予支持。"据此，司法实践和司法解释对建设工程施工合同承包人行使建设工程价款优先受偿权采取了包容的态度。

[①] 参见最高人民法院民事审判第一庭编著：《最高人民法院新建设工程施工合同司法解释（一）理解与适用》，人民法院出版社2021年版，第382-383页。

在司法实践中应当从以下方面理解适用《建设工程施工合同解释（一）》第 38 条的规定：一是承包人行使建设工程价款优先受偿权应当以建设工程质量合格为条件。如果承包人施工完成的建设工程质量不合格，导致发包人合同目的不能实现，就无权请求发包人依照约定支付建设工程价款。而且，质量不合格的建设工程一般也适于折价或者拍卖。二是承包人行使建设工程价款优先受偿权无须以建设工程施工合同有效为条件。三是承包人行使建设工程价款优先受偿权无须以建设工程竣工为条件。建设工程价款优先受偿权不是合同权利而是法定权利，其成立不以登记或当事人达成一致意见为条件，而是以法律规定的构成要件成就为条件。四是承包人行使建设工程价款优先受偿权以建设工程宜折价、拍卖为条件。一般说来，建设工程价款优先受偿权的对象是可以折价、拍卖的工程，而对不宜折价、拍卖的工程则无法享有优先受偿权。然而，此处的"不宜折价、拍卖"的建设工程，当解释为法律禁止的流通物。如公共道路、军事设施、机场、公共图书馆、港口等不能拍卖，当然也不能成为优先受偿权的标的。

在司法实践中，违章建筑并不罕见。但是，何谓违章建筑并无法律明确规定。一般认为，违章建筑是指建造人违反国家法律、行政法规关于建筑行为的相关规定所建造的各种建筑物及其附属设施。违章建筑有两个鲜明特征：一是违章建筑违反了法律、行政法规的规定而建造形成的一种状态；二是违章建筑不仅包括各种建筑物，还包括其附属设施。[①] 违章建筑因建造行为违法，由此导致违章建筑无法完成初始登记。由于没有进行物权初始登记，所以相关权利主体对违章建筑进行处分，根据《民法典》第 232 条"处分依照本节规定享有的不动产物权，依照法律规定需要办理登记的，未经登记，不发生物权效力"的规定，该处分行为不能发生物权变动效力。因此，基于违章建筑不能处分的客观情形，也就没有通过折价、拍卖的方式实现承包人建设工程价款优先受偿权的可能，因此违章建筑的建设工程施工合同承包人不得对该建筑物行使建设工程价款优先受偿权。当然，违章建筑的违法情形消除后，建设工程施工合同的承包人则可依法享有对该建筑物的建设工程价

---

① 参见最高人民法院民事审判第一庭编著：《最高人民法院新建设工程施工合同司法解释（一）理解与适用》，人民法院出版社 2021 年版，第 397 页。

款优先受偿权。[1]

四、未竣工工程承包人优先受偿权的行使条件

未竣工的建设工程的承包人能否就所承建的建设工程行使建设工程价款优先受偿权？在司法实践中存在争议。赞成者认为，建设工程价款优先受偿权是一项法定权利，无论建设工程是否竣工，只要承包人完成的建设工程质量合格，就依法享有就所承建的建设工程优先受偿的权利。反对者认为，未竣工的建设工程尚未交付，建筑物处于无法使用的状态，就不能协议折价或者拍卖，自然不享有建设工程价款优先受偿权。[2] 对此，《建设工程施工合同解释（一）》第39条规定："未竣工的建设工程质量合格，承包人请求其承建工程的价款就其承建工程部分折价或者拍卖的价款优先受偿的，人民法院应予支持。"

《建设工程施工合同解释（一）》第39条如此规定的主要理由在于：第一，从建设工程价款优先受偿权的法律规定来看，《民法典》第807条规定了承包人的建设工程价款可就工程折价或者拍卖的价款优先受偿。该优先受偿权行使的条件是：一是承包人的债权是基于建设工程施工合同而产生的权利；二是承包人必须按照合同约定适当履行了义务，但并不以建设工程竣工验收为必要条件；三是承包人在发包人未按照约定支付工程价款时，进行了催告，可以与发包人协议将该工程折价，或者申请人民法院对该工程依法拍卖等方式实现。从上述条件来看，工程竣工经验收并不是承包人建设工程价款优先受偿权的先决条件，只要符合法定的条件，承包人就对未完工程享有建设工程价款优先受偿权。[3] 同时，民法理论已将未完成的工程视为具备物的独立性特征，未竣工工程列入了物权客体。第二，从建设工程价款的具体支付情况来看，未竣工的建设工程只要建设工程质量合格也应当享有建设工程价款

---

[1] 参见最高人民法院民事审判第一庭编著：《最高人民法院新建设工程施工合同司法解释（一）理解与适用》，人民法院出版社2021年版，第397页。

[2] 参见最高人民法院民事审判第一庭编著：《最高人民法院新建设工程施工合同司法解释（一）理解与适用》，人民法院出版社2021年版，第400-401页。

[3] 参见最高人民法院民事审判第一庭编著：《最高人民法院新建设工程施工合同司法解释（一）理解与适用》，人民法院出版社2021年版，第401页。

优先受偿权。

未竣工工程价款优先受偿的范畴，主要涉及两个方面内容：一是承包人对没有竣工工程价款主张建设工程价款仅就其承建的建设工程部分优先受偿，而不能涉及第三人承建的工程部分。二是承包人建设工程价款的确定。承包人建设工程价款是承包人投入的劳务、建筑材料等物化的结果。在承包人承建的建设工程没有竣工的情形下，包括已完工工程量所包含的利润在内的建设工程价款都可以就建设工程的折价或者拍卖价款优先受偿。

五、建设工程价款优先受偿权的行使范围

关于建设工程价款的范围问题，建设工程价款以外的部分如建设工程价款的利息、违约金、损害赔偿金等能否纳入建设工程价款优先受偿权的范围，可谓众说纷纭，有完全支持的观点、有部分支持的观点、有反对的观点。[1] 对此，《建设工程施工合同解释（一）》第40条规定："承包人建设工程价款优先受偿的范围依照国务院有关行政主管部门关于建设工程价款范围的规定确定。承包人就逾期支付建设工程价款的利息、违约金、损害赔偿金等主张优先受偿的，人民法院不予支持。"

《建筑安装工程费用项目组成》第1条第1款规定：建筑安装工程费用项目按费用构成要素组成划分为人工费、材料费、施工机具使用费、企业管理费、利润、规费和税金。由此可见，建设工程价款优先受偿权的行使范围包括人工费、材料费、施工机械使用费、企业管理费、利润、规费和税金。当然，值得注意的是，当有关部门对建设工程费用组成项目的规定有新的变化时，应当按照新的规定执行，对建设工程价款优先受偿权的行使范围应当采取包容的态度来处理，目的是符合公平理念。

六、建设工程价款优先受偿权的行使期限

《民法典》第807条虽确立了建设工程价款优先受偿权，但没有明确该

---

[1] 各种不同观点，详见最高人民法院民事审判第一庭编著：《最高人民法院新建设工程施工合同司法解释（一）理解与适用》，人民法院出版社2021年版，第409-410页。

优先权从什么时间开始以及行使的期限。为了促使承包人积极行使权利，也为了保护其他权利人的合法权益及时得到实现，稳定社会经济秩序，建设工程价款优先受偿权的行使期限应当是除斥期间而非特殊诉讼时效，承包人必须在该期间内行使优先受偿权，否则将不能得到支持。同时，建设工程价款优先受偿权的行使期限不由当事人约定加以改变。[①] 为了便于司法实践中统一裁判，《建设工程施工合同解释（一）》第41条规定："承包人应当在合理期限内行使建设工程价款优先受偿权，但最长不得超过十八个月，自发包人应当给付建设工程价款之日起算。"

在建设工程施工合同正常履行完毕，双方经过竣工、验收、结算，对工程款进行了确定的情况下，发包人在工程款数额确定后支付工程价款，则应付款日期的确定不存在争议。

在司法实践中，如何确定发包人应付工程价款的日期，应当结合个案情形确定：一是在建设工程施工合同有效的情形下，合同有约定的，应当尊重当事人的约定；二是在建设工程施工合同无效的情形下，建设工程经竣工验收合格时，可参照合同约定确定应当支付建设工程价款的具体时间。三是建设工程施工合同双方对付款时间没有约定或者约定不明时，则应当具体问题具体分析。建设工程实际交付的，以建设工程交付之日为应付款时间；建设工程没有交付，讼争建设工程仍由承包人掌管，但承包人已经在建设工程竣工验收合格后按照合同约定的时间提交了竣工结算文件，发包人如在合同约定的期限内不予答复的，应当认定此时为应付款时间；建设工程价款未结算，建设工程也没有交付，无法确定应付工程价款时间的，应当规定一个拟制的应付款时间，以一审承包人起诉时间作为应付款时间比较妥当。[②]

[①] 参见最高人民法院民事审判第一庭编著：《最高人民法院建设工程施工合同司法解释（二）理解与适用》，人民法院出版社2019年版，第447页。

[②] 参见最高人民法院民事审判第一庭编著：《最高人民法院新建设工程施工合同司法解释（一）理解与适用》，人民法院出版社2021年版，第425页。

七、建设工程价款优先受偿权事前放弃的效力认定

根据民法原理,如果不违反法律的禁止性规定和社会公序良俗,民事权利主体有权自由处分其财产权利,包括放弃财产权利或者限制该财产权利。如果民事主体放弃或者限制财产权利的行为损害第三人利益的,对第三人不发生效力。但是,建设工程价款优先受偿权属于法定权利,《民法典》第807条之所以规定该项权利,是为了保护建筑工人即农民工的利益。因此,原则上承包人享有自由处分自身财产的权利,但不能违反建设工程价款优先受偿权的立法宗旨,即不能损害农民工的合法权益。由于承包人在承建建设工程的全过程中,始终处于被动地位即弱势地位,不乏在建设工程施工合同中约定承包人自动放弃建设工程价款优先受偿权的权利。[①]那么,对于该权利的效力而言,存在争议:有观点认为,应当首先区分是预先放弃还是嗣后放弃,预先放弃是指建设工程承包人于建设工程价款优先受偿权成立之前,所作出的于将来放弃其优先受偿权的意思表示。所谓嗣后放弃,是指建设工程价款优先受偿权成立之后,承包人所作出的放弃其优先受偿权的意思表示。前一种放弃的是一种"期待权",后一种放弃的是一种"既得权"。无论是预先放弃还是嗣后放弃,关键是看是否损害了实际施工人即农民工的合法权益。因此,《建设工程施工合同解释(一)》第42条规定:"发包人与承包人约定放弃或者限制建设工程价款优先受偿权,损害建筑工人利益,发包人根据该约定主张承包人不享有建设工程价款优先受偿权的,人民法院不予支持。"

承包人与发包人可以在建设工程施工合同中约定放弃建设工程价款优先受偿权,也可以在合同中约定限制建设工程价款优先受偿权。建设工程价款优先受偿权的效力是赋予建设工程价款债权就建设工程折价或者拍卖的价款优先受偿的效力。《建设工程施工合同解释(一)》第42条规定的"放弃"是指承包人放弃其对发包人享有就建设工程折价或者拍卖的价款优先受偿的权利。承包人放弃该权利后,其对发包人享有的建设工程价款债权成为普通

---

① 参见最高人民法院民事审判第一庭编著:《最高人民法院新建设工程施工合同司法解释(一)理解与适用》,人民法院出版社2021年版,第429页。

债权，清偿顺序排在担保的债权之后，与其他没有担保的债权处于同一清偿顺序。《建设工程施工合同解释（一）》第 42 条规定的"限制"含义广泛，既包括承包人只放弃部分建设工程价款优先受偿权，也包括为建设工程价款优先受偿权的行使设定时间、条件，或者限制建设工程价款优先受偿权所针对的建设工程的范围等方面。[1]

---

[1] 参见最高人民法院民事审判第一庭编著：《最高人民法院新建设工程施工合同司法解释（一）理解与适用》，人民法院出版社 2021 年版，第 425 页。

第十一章

运输合同

本章概要

运输合同是承运人将旅客或者货物从起运地点运输到约定地点，旅客、托运人或者收货人支付票款或者运输费用的合同。本章共计34个条文，主要规定了运输合同的一般原则、客运合同和货运合同的主要内容、多联式联运合同的特殊内容。

《民法典》在综合各专门法律的规定和借鉴国际公约和各国运输合同立法中有益经验的基础上对运输合同作了规定。其主要变化：一是增加了禁止"霸座"，旅客应当按照有效客票记载的时间、班次和座位号乘坐。旅客无票乘坐、超程乘坐、越级乘坐或者持不符合减价条件的优惠客票乘坐的，应当补交票款，承运人可以按照规定加收票款；旅客不支付票款的，承运人可以拒绝运输。二是承运人应当严格履行安全运输义务，及时告知旅客安全运输应当注意的事项。旅客对承运人为安全运输所作的合理安排应当积极协助和配合。三是承运人应当按照有效客票记载的时间、班次和座位号运输旅客。承运人迟延运输或者有其他不能正常运输情形的，应当及时告知和提醒旅客，采取必要的安置措施，并根据旅客的要求安排改乘其他班次或者退票；由此造成旅客损失的，承运人应当承担赔偿责任，但是不可归责于承运人的除外。

第一节　运输合同概述

交通运输是我国国民经济的重要组成部分，它在国民经济中影响着生产、流通、分配和消费等环节，已成为市场经济中的连接点，日益发挥着突出的作用。

一、运输合同的法律特征

运输合同，又称为运送合同，根据《民法典》第809条的规定，是指承运人将旅客或者货物从起运地点运输到约定地点，旅客、托运人或者收货人支付票款或者运输费用的合同。

运输合同有广义和狭义之分。广义的运输合同包括货物运输、旅客运输和通信运输三种形式。狭义的运输合同仅指货物运输合同、旅客运输合同。本书所指的运输合同是狭义的运输合同。

根据《民法典》第809条的规定，运输合同具有如下法律特征：

1. 运输合同主体的特殊性。从运输合同的定义可以看出，运输合同的主体包括承运人、旅客、托运人、收货人。

2. 运输合同标的的特殊性。运输合同的客体是承运人运送旅客或者货物的劳务行为而不是旅客和货物。

3. 运输合同形式的特殊性。运输合同的承运人为从事客货运输业务的人，运输合同的条件一般由承运人事先拟定，当事人的基本权利、义务和责任由专门的运输法规调整，客票、货运单、提单统一印制。因此，运输合同通常为标准合同。这样，可以防止承运人利用控制运输工具的有利条件任意加收运费，同时也便利当事人双方订立运输合同。

4. 运输合同的双务性、有偿性。在运输合同中，承运人将旅客或者货物从起运地点运输到约定地点，旅客、托运人或者收货人支付票款或者运输费用，双方之间的权利义务具有对待给付关系和有偿关系。

5. 运输合同一般为诺成性合同。运输合同只要在承运人与旅客、托运人之间达成合意，运输合同即告有效成立，无须以交付运送对象为有效成立要件。但依《民法典》第814条"但是当事人另有约定或者另有交易习惯的除外"的规定，在特殊情形下，运输合同亦可成为实践性合同。如以托运单、提单代替书面运输合同的，因承运人往往需要收取货物并核查后，才能签发提单或在托运单上盖章，故这类合同应为实践性合同。

二、运输合同的种类和形式

按照运送对象不同可将运输合同分为旅客运输合同（客运合同）和货物运输合同（货运合同）。

按照运输方式不同可分为铁路运输合同、公路运输合同、水路运输合同、海上运输合同、航空运输合同五大类。

运输合同应当是书面形式的。但不同的运输方式对运输合同的形式有不同的规定。概括地说，在客运合同方面，合同的主要形式是客票。客票具有运输合同的一般特征。在货物运输合同方面，托运单或者货物运单是合同的基本形式。但客票和托运单、货物运单都很简单，其权利义务往往是依据法律、法规和规章来确定的。当事人也可以通过签订具体的书面合同，明确各自的权利义务。

三、运输合同当事人的基本义务

我国《民法典》第810条至第813条对运输合同当事人的基本义务作了规定，具体而言：

（一）承运人的基本义务

1. 承运人负有不得拒绝当事人合理运输要求的义务。我国《民法典》第810条规定了承运人的此项义务，即"从事公共运输的承运人不得拒绝旅客、托运人通常、合理的运输要求"。此系法律的强制性规定，承运人不得违反。

所谓公共运输是指面向社会公众、为全社会提供运送的运输。公共运输的特点是有明确的运输时间表，有明确的运输路线和完善的运输工具，为社会公众提供服务。与公共运输相对的是为企业自身服务的内部运输。对于从事公共运输业的企业来说，应当依法承担运输责任，对于旅客、托运人按照其公布的运输条件要求运输时，不得拒绝。否则，应当承担相应的责任。

旅客、托运人通常、合理的运输要求，是指按照一般的运输条件，承运人能够承担运输任务的要求。具体体现在：托运人只要是按照承运人已经公布的运输时间、运输线路、运输条件提出运输要求的，则应视为通常、合理的要求。如果承运人能够证明发生了自己不能按照已经公布的运输条件运输的特殊情况的，可以排除这一义务性要求，但应提前公告。如出租车负有不得拒绝载客的义务，若司机要排除此义务的履行，必须在车上的显著位置予以明示。

2. 承运人负有按约定或合理期间内安全运输的义务。《民法典》第811条规定了承运人的此项义务，即"承运人应当在约定期间或者合理期间内将旅客、货物安全运输到约定地点"。承运人按约定进行安全运输是其主要义务，可从以下三个方面理解承运人的该项义务：一是承运人应当在约定的期间内或者合理的期间内进行运输，这是对承运人在运输时间上的要求。二是承运人在运输过程中，应当保证旅客或者货物的安全。安全运输既是运输行业的一项基本原则，又是运输合同立法的基本原则。三是承运人应当将旅客、货物运到约定的地点。运输合同的实质是将旅客或者货物从一个地点到另一个地点的转移，这正是运输合同所要实现的目的，因此，承运人应按合同约定完成此项义务。否则，即构成违约，应当承担违约责任。

3. 承运人负有按通常运输路线运输的义务。《民法典》第812条规定了承运人的此项义务，即"承运人应当按照约定的或者通常的运输路线将旅客、货物运输到约定地点"。通常的运输路线亦可称为习惯的运输路线，一般具有安全、快速、经济的特点，能最大限度地满足人员、物资安全、快速流动的要求。承运人除符合法律、法规规定和合同约定外，不得偏离通常的运输路线牟取不当利益。依据《民法典》第813条的规定，由此增加票款或者运输费用的，旅客、托运人或者收货人可以拒绝支付增加部分的票款或者运输费用。

（二）旅客、托运人、收货人的基本义务

旅客、托运人、收货人作为运输合同的另一方当事人，依据《民法典》

第 813 条 "旅客、托运人或者收货人应当支付票款或者运输费用"的规定，其基本义务为支付票款或者运输费用。

在客运合同中，旅客应持有效客票乘运，这是旅客履行义务的体现。如果旅客无票乘车、超程乘运、越级乘运或者持失效客票承运的，应补交票款，否则即为违反义务，承运人可以拒绝运输。

在货运合同中，支付费用是托运人或收货人的主要义务。依运输合同有关规定，一般由托运人支付运输费用，但如果当事人约定由收货人支付费用，法律也不禁止。

第二节　客运合同

一、问题的提出

客运合同是承运人与旅客签订的关于承运人将旅客及其行李安全运送到目的地，旅客为此支付费用的协议。客运合同在人们的日常生活中最为普遍，如乘坐飞机、火车、汽车、轮船、出租车等，均属客运合同范畴。正因为客运合同的大量存在，就难免产生纠纷。

在研究客运合同之前，先看两则案例。

案例 46：旅客因生病误车，能否要求退票

2022 年 5 月 10 日，旅客李某在 N 站购买了一张 5 月 12 日 N—X 站的高铁票，票价 448 元，发车时间为 14:36。5 月 11 日晚，李某胃病发作，被送往该市中心医院治疗。等李某从医院看完病时，已是 5 月 12 日 15 时，李某遂到售票处要求退票，或要求改换成 5 月 13 日的车票。售票处的工作人员告知李某：因其未能按时坐车，又未在动车发出之前及时办理退票或变更手续，因而他的损失只能自行承担，N 站无义务退还李某的票款，也无义务给其换票再承担运输义务。而李某认为，因自己胃病突发，不以人的意志为转移，属不可抗力所造成，自己购买了车票，就享有坐车的权利，双方因此形成纠纷。

案例47：乘客在客车上被小偷打伤，客车公司应否担责

2021年5月20日，朱某购票乘坐由某公司经营的长途大巴。途中，同车男性邓某欲对朱某行窃，被朱某发现，朱某对其进行了指责。当客车停靠一加油站加油时，邓某上前殴打朱某，因邓某携带凶器，该车司售人员及其他乘客均未予以制止，邓某将朱某打伤后下车逃逸。该车司机遂向110报警，随后朱某被送往医院救治。法医鉴定朱某为重伤，花去医疗费用若干。邓某被抓获归案，面临牢狱之灾。

2022年2月22日，朱某以客运合同纠纷为由向法院提起诉讼，要求客运公司赔偿全部损失。客运公司则认为，自己在朱某受伤后已尽到了救助义务，不能限制犯罪是因为罪犯当时持有凶器，朱某对于自己的损失应向罪犯提起刑事附带民事诉讼，要求自己赔偿没有道理。

根据上述案例，试问：客运合同的成立有哪些规定？客运合同的变更和解除有哪些规定？旅客应履行哪些主要义务？承运人应履行哪些主要义务？承运人的损害赔偿责任是如何规定的？

二、客运合同的成立

旅客运输合同采用票证方式，即车票、船票、机票。旅客（有时是旅客以外的购票人）向承运人支付票价的行为为要约，承运人发售客票的行为为承诺。因此，自购票人取得客票时起，双方的意思表示一致，合同即告成立。依照《民法典》第814条的规定，客运合同自承运人向旅客出具客票时成立。客票一般载明承运人名称、航次（车次）、日期、始发地、目的地、客票等级、票价等。载明旅客姓名的称为记名客票，不得任意转让，只供记名旅客本人使用。客票载明运输条件及承运人和旅客权利、义务条款的，除违反法律规定者外，对双方当事人均有拘束力。

《民法典》第814条规定客运合同自承运人向旅客出具客票时成立，同时又规定"但当事人另有约定或者另有交易习惯的除外"。如下列两种特殊情况：一是旅客预订客票；二是上车（船）后补票。在前一种情况下，以旅客取得或接收送到的客票为标志，合同成立；在后一种情况下，以旅客登上车（船）为标志，合同成立，此时当事人之间的合同形式是口头的，其后旅客补票才将口头合同改为书面合同。

三、客运合同因旅客自身原因而变更和解除

《民法典》第816条规定："旅客因自己的原因不能按照客票记载的时间乘坐的，应当在约定的期限内办理退票或者变更手续；逾期办理的，承运人可以不退票款，并不再承担运输义务。"旅客按照合同约定的时间乘坐，既是其权利，又是其重要义务。旅客因自身的原因延误乘坐的，法律允许办理退票或客票变更手续。退票和客票变更，实质是解除合同和变更合同的行为。该解除合同和变更合同的事由，由法律直接规定。依据《民法典》第816条的规定，退票或者变更客票必须满足下列条件：（1）不能按时乘坐的原因归于旅客本身。如旅客不能在指定的时间内办理检票乘坐手续，包括旅客实际已经误时而不能在客票指定的时间内乘坐，以及旅客因故将不能在客票指定的时间乘坐两种情况。（2）旅客必须在规定的时间内提出退票或者变更客票的请求，而提出解除合同或变更合同请求在时间上是有所限制的。因此，旅客退票和变更客票的权利是附条件的。退票和变更客票的时间以及承运人收取的手续费，一般由有关的运输法律、行政法规规定。

《民法典》第820条规定："承运人应当按照有效客票记载的时间、班次和座位号运输旅客。承运人迟延运输或者有其他不能正常运输情形的，应当及时告知和提醒旅客，采取必要的安置措施，并根据旅客的要求安排改乘其他班次或者退票；由此造成旅客损失的，承运人应当承担赔偿责任，但是不可归责于承运人的除外。"依此规定，承运人不能按照客票载明的时间和班次提供运输服务的，构成迟延运输，旅客享有变更或者解除客运合同的选择权。

1. 变更客运合同。是在承运人迟延履行合同时，应当根据旅客的要求安排改乘其他班次、变更运输路线以到达目的地。这种变更是一种非自愿的变更，是承运人继续履行原合同规定的义务，一种保障旅客接受运输服务到达目的地的合同目的的实现。

2. 解除客运合同。是在承运人迟延运输的情况下，旅客可以要求解除合同，由承运人原价退还旅客支付的票款，承运人不得另外收取手续费。这与旅客原因要求退票的合同解除是不同的。

在司法实践中值得注意的是，依据《民法典》第 820 条的规定，承运人承担迟延运输责任的，应仅限于承运人有责任的原因导致的迟延运输，而不应当包括不能归责于承运人责任的原因所造成的迟延运输。如因不可抗力造成承运人无法按照约定时间提供运输的，承运人不应承担法律责任。《铁路法》第 12 条亦规定，铁路运输的承运人只对由其责任造成的迟延运输承担责任。

四、旅客的主要义务

根据《民法典》的有关规定，旅客的主要义务如下：

1. 旅客负有支付票款和运费的义务。《民法典》第 813 条规定了旅客的此项义务，即"旅客、托运人或者收货人应当支付票款或者运输费用"。支付票款是旅客的基本义务。

2. 旅客负有持有效客票乘运的义务。《民法典》第 815 条第 1 款规定了旅客的此项义务，即"旅客应当按照有效客票记载的时间、班次和座位号乘坐。旅客无票乘坐、超程乘坐、越级乘坐或者持不符合减价条件的优惠客票乘坐的，应当补交票款，承运人可以按照规定加收票款；旅客不支付票款的，承运人可以拒绝运输"。该条款规定的"旅客应当按照有效客票记载的时间、班次和座位号乘坐"，是针对客运合同领域出现旅客频频"霸座"的回应。

3. 旅客负有携带限量行李的义务。《民法典》第 817 条规定了旅客的此项义务，即"旅客随身携带行李应当符合约定的限量和品类要求；超过限量或者违反品类要求携带行李的，应当办理托运手续"。旅客在运输中，有权按照运输规则的规定，免费携带一定重量的行李。旅客携带的行李超过约定限量的，应办理托运手续，这实际上是旅客与承运人另行订立了一个行李运送合同。承运人必须将旅客托运的行李安全、及时运送到目的地，并妥善保管。

4. 旅客负有不得携带、夹带危险品和违禁品的义务。《民法典》第 818 条对此作了禁止性的规定，即"旅客不得随身携带或者在行李中夹带易燃、易爆、有毒、有腐蚀性、有放射性以及可能危及运输工具上人身和财产安全的危险物品或者违禁物品。旅客违反前款规定的，承运人可以将危险物品或者违禁物品卸下、销毁或者送交有关部门。旅客坚持携带或者夹带危险物品或者违禁物品的,承运人应当拒绝运输"。

五、承运人的主要义务

根据《民法典》的有关规定,承运人的主要义务如下:

1. 承运人负有保证旅客旅行和生命财产安全的义务。《民法典》第811条规定了承运人的此项义务,即"承运人应当在约定期限或者合理期限内将旅客、货物安全运输到约定地点"。此为承运人最基本的法定义务。依据《民法典》第823条的规定,承运人应当对运输过程中旅客的伤亡承担赔偿责任;但伤亡是旅客自身健康原因造成的或者承运人证明伤亡是旅客故意、重大过失造成的除外。此规定适用于按照规定免票、持优待票或者经承运人许可搭乘的无票旅客。

2. 承运人负有告知义务。《民法典》第819条规定了承运人的此项义务,即"承运人应当严格履行安全运输义务,及时告知旅客安全运输应当注意的事项……"在旅客运输中,旅客一般处于被动状态。因此,承运人有义务向旅客披露与旅客运输有关的各种信息。

3. 承运人负有按约定运输的义务。《民法典》第820条规定了承运人的此项义务,即"承运人应当按照有效客票记载的时间、班次和座位号运输旅客。承运人迟延运输或者有其他不能正常运输情形的,应当及时告知和提醒旅客,采取必要的安置措施,并根据旅客的要求安排改乘其他班次或者退票;由此造成旅客损失的,承运人应当承担赔偿责任,但是不可归责于承运人的除外"。从本条规定来看,承运人按约定运输是履行客运合同的行为,若迟延履行则是违反客运合同的违约行为,应当承担相应的违约责任。

4. 承运人负有不得擅自变更服务标准的义务。《民法典》第821条规定了承运人的此项义务,即"承运人擅自降低服务标准的,应当根据旅客的请求退票或者减收票款;提高服务标准的,不得加收票款"。

六、承运人的损害赔偿责任

(一)承运人对运输中发生旅客伤亡的损害赔偿责任

承运人对旅客运输实行安全运输的原则。旅客在运输过程中发生伤亡,除旅客自身原因外，承运人应承担赔偿责任。对此，应从如下方面正确理解和适用：

1. 归责原则。承运人对运输过程中旅客的人身伤亡承担的是无过错责任，即严格责任。只要不是旅客自身健康原因造成的或者承运人不能证明伤亡是旅客故意、重大过失造成的，承运人就应当承担赔偿责任。承运人的主要义务就是将旅客安全送达目的地，理应保证旅客在运送过程中免遭各种损害，况且，运输工具是在承运人的掌管、指挥下运行的，承运人对运输过程的情况更为了解。从某种意义上讲，旅客将人身安全托付给了承运人。因此，承运人对旅客在运输过程中受到的损害应负责任。这既是承运人的营业性质所决定的，也是充分保障旅客的人身安全的要求。

2. 免责事由。承运人不负损害赔偿责任应包括三个方面：（1）因旅客的故意行为造成的伤害。例如，旅客不遵守承运人的运输安全规章制度，在车辆运行中擅自打开车窗跳车而造成人身伤亡，应当由旅客自己负责，承运人不承担赔偿责任，但承运人负有举证责任。（2）因旅客的重大过失而造成的伤害。重大过失与故意的区别在于前者自信能够避免危险的发生而为某种行为，而后者则是明知可能发生某种危害后果而为之。不论是重大过失还是故意，都可以免除承运人的赔偿责任，但承运人负有举证责任。（3）旅客健康原因造成的伤亡，即旅客因病死亡或者伤残，这类情况承运人也不负赔偿责任。

3. 请求权人及请求权基础。请求权人包括旅客、按规定免票、持优待票以及承运人准许搭乘的无票乘客。请求权基础，是指权利人依何种法律依据提出请求，包括违约请求权和侵权赔偿请求权。在运输过程中造成旅客伤亡，产生违约责任和侵权行为的竞合，受害人或其继承人可以在违约请求权和侵权赔偿请求权中择一行使，但实践中多采用违约请求权处理该类纠纷。这是因为现在各国正逐渐将安全运输义务作为承运人应负的合同义务处理。

4. 赔偿范围。法律法规对造成旅客伤亡规定有赔偿限额的，应按有关规定办理。当事人如有关于赔偿限额约定的，只要不违反法律的强行性规定，亦属有效。如果伤害是因承运人或其雇用人的故意或重大过失造成的，不适用有关限额的规定，承运人应赔偿直接损失和间接损失，还包括一定的精神损失。

在司法实践中需要特别注意的是，承运人对在运输过程中因第三人致害造成旅客伤亡亦应承担损害赔偿责任。这是因为，《民法典》第 824 条系采用严格责任，且该条并未将因第三人原因造成伤害伤亡作为承运人的免责事由。因此，承运人应负损害赔偿责任。承运人承担完责任后，可向第三人追偿。

（二）承运人对旅客行李的损害赔偿责任

行李运输实行过错责任原则，也就是说在承运人有过错的情况下，才承担赔偿义务。《民法典》第 824 条规定："在运输过程中旅客随身携带物品毁损、灭失，承运人有过错的，应当承担赔偿责任。旅客托运的行李毁损、灭失的，适用货物运输的有关规定。"所谓过错，是指当事人的故意和过失，是一种心理状态。承运人只有在故意或者过失造成旅客的行李损失的情况下，才要承担赔偿责任。如果是由于非承运人造成旅客自带行李损失的，承运人不承担赔偿责任。但是，承运人负有提出证据证明自己无过错的责任。对于行李的损失赔偿，有的运输企业也规定了限额赔偿制度，同时通过保价运输来补偿托运人损失的不足部分。

七、对案例 46、案例 47 的简要评析

1. 对案例 46 的简要评析

在案例 46 中，李某购买车票后，即与 N 站形成了客运合同关系，车票是他们合同关系的书面凭证。车票上载明了开车的时间、座次、到站，双方当事人都必须按照车票上载明的事项来行使自己的权利，承担自己的义务。而李某因身体原因未能按时乘车，也未能在高铁开出之前的一段时间内办理退票或者变更手续，承运人 N 站完全有理由认为李某自己放弃了乘坐的权利。当李某于 5 月 11 日要求 N 站退票或换票，N 站有权按照《民法典》第 816 条的规定，认定李某逾期办理退票或变更手续，不退还其票款，并可以不再承担运输义务。

在案例 46 中，李某认为自己胃病发作属于不可抗力的理由不能成立，因为不可抗力主要是指自然现象引起的，且《民法典》并未规定旅客自己生病，可以要求承运人退还票款或继续承担运输义务。因此，李某的辩称理由

不能成立。

2.对案例47的简要评析

案例47在审理中，对被告客运公司的责任如何认定主要有以下三种意见：第一种意见认为，客运公司不应承担赔偿责任。第二种意见认为，客运公司应当承担部分赔偿责任。理由是根据《民法典》的规定，本案原、被告之间的民事关系和民事责任是清楚的。第三种意见认为，被告未按客运合同履行义务，应对原告的损失承担全额赔偿责任。笔者认为第三种意见是正确的。

理由是原告陈某依《民法典》选择违约责任之诉符合法律规定。但问题的关键是要看原告陈某的请求权基础，陈某以被告未履行《民法典》第814条、第823条所规定的义务，应当承担违约责任为由提起合同之诉，应当尊重其权利处分原则，且被告在运输过程中未尽到安全运输义务，造成陈某的人身损害，又无免责事由，故应按照《民法典》第823条的规定，承担损害赔偿责任。

当然，客运公司承担陈某的赔偿责任后，有权向邓某追偿。

第三节　货运合同

一、问题的提出

货运合同，即货物运输合同，是指承运人将托运人交付的货物运送到约定地点，而由托运人或者收货人支付运费的合同。从货运合同的定义来看，承运人有义务将货物安全、及时、完整运到托运人指定的目的地，并交付给托运人指定的收货人，托运人或者收货人应当支付相应的运输费用。

在研究货运合同之前，先看一则案例。

案例48：擅自变更收货人，责任由谁负

1月16日，商贸公司委托某果品食杂公司代办铁路运输，由漳州站往二

宫站发送一车厢柑橘,收货人为商贸公司,车号为 P658***号,件数 5200 件,货重 45 吨,保价运输金额 10 万元;漳州站核收运杂费 22690.72 元(含保价费 1000 元)。1 月 26 日下午,商贸公司在货物应到而仍未收到领货凭证的情况下,派人持公司证明前往承运公司查询,如货到便办理提货手续,以防冒领。经查询证实货已到二宫车站,于是经储运公司业务主任确认商贸公司领货人身份后,同意办理提货手续。但在办理提货时,由于该货车车厢还未推入储运公司专用线,无法卸车,储运公司便通知商贸公司明日来办理。商贸公司提货人走后,储运公司于当日 19 时 20 分接到二宫站电话,称 1 月 25 日漳州站发来电报一封,其主要内容为"原收货单位商贸公司有误,请给更改为某县板仔乡市场林某生收货"。储运公司作了记录。当日晚,林某生持收货人为商贸公司的领货凭证将该车厢柑橘全部提走。次日上午 10 时商贸公司再来办理提货时,被工作人员告知货已被他人提走。商贸公司因向储运公司索赔未果,向终点站铁路运输法院提起诉讼。

根据上述案例,试问:货运合同应如何签订?货运合同的变更和解除有何规定?托运人、承运人有哪些主要义务?承运人的损害赔偿责任应如何承担?收货人应尽到哪些义务?

二、货运合同的签订

1. 签订的程序。托运人与承运人签订的货物运输合同,其成立可以是诺成性的,也可以是实践性的。所谓诺成性,是指双方通过书面协议订立合同并不需要交付运输的货物,合同即告成立。例如长期运输合作合同就是一种诺成性的合同。但大多数的零单运输合同都是实践性的,即托运人在与承运人订立合同时,同时要交付运输的货物,合同才成立。但不管是诺成性的还是实践性的合同,托运人向承运人申报货物运输的基本情况并提供运输的货物是签订合同的重要一步。

2. 托运人的申报。在签订货运合同时,托运人应当如实向承运人申报与货物运输有关的情况。申报情况主要通过有关运输单据体现的,可以认为是一种要约行为。托运人申报应当遵守有关法律的规定。《民法典》第 825 条对此作了原则性的规定,即"托运人办理货物运输,应当向承运人准确表明收货人的姓名、名称或者凭指示的收货人，货物的名称、性质、重量、数量，收货地点等有关货物运输的必要情况。因托运人申报不实或者遗漏重要情况，造成承运人损失的，托运人应当承担赔偿责任"。

3. 承运人的承运。承运是指承运人对托运人托运的货物进行检查后，认为与托运申报的内容相符，予以接受货物、签发运单的一种行为。承运是合同成立的重要标志。在以运单作为合同的基本凭证的零单货物运输中，承运人签发运单后合同即告成立。

三、货运合同的变更和解除

根据《民法典》第 829 条"在承运人将货物交付收货人之前，托运人可以要求承运人中止运输、返还货物、变更到达地或者将货物交给其他收货人，但是应当赔偿承运人因此受到的损失"的规定，在承运人将货物交付收货人之前，托运人有权变更或者解除合同，这种变更或者解除可以不经过承运人的同意，只要托运人提出变更或者解除合同，均应予以变更或者解除。赋予托运人法定的单方变更、解除权，是由运输合同的特性所决定的，承运人运送的目的在于获得运费，如果托运人变更解除合同，这对于承运人并不产生损失，而对于托运人来说，因情势变更而没有必要完成运输工作，若使无用的运输工作得以继续，不但不符合托运人的利益，也不利于社会经济流转。多数情况下，货物运输合同与货物买卖合同是连在一起的，因买卖合同的变更、解除，买方的违约、信用状况的变化以及市场的变化，均会导致货物运输合同变更或解除。

但是需要注意的是，在提单运输中，由于提单具有物权凭证、可以转让的性质，托运人的权利义务等内容全部一并转移给提单持有人。所以在提单运输中，在货物已经启运后，托运人如果已经转让了提单，就没有权利单方面变更或者解除合同。这时单方变更或者解除合同的权利，已经由提单持有人享有。因此在承运人将货物交付收货人之前，托运人可以请求承运人中止运输、返还货物、变更到达地或者将货物交付给其他收货人。但是如果因为单方变更或者解除合同给承运人造成损失的，托运人或提单持有人应当赔偿损失，并且还要承担因变更或者解除合同产生的各种费用。

四、托运人的主要义务

根据《民法典》的有关规定,托运人的主要义务如下:

1. 托运人有及时支付运费义务。及时支付运费是托运人的最基本义务。《民法典》第 813 条规定:"旅客、托运人或者收货人应当支付票款或者运输费用……"支付运费可按双方当事人的约定办理。

2. 托运人有如实申报义务。托运人将货物交付运输时,有对法律规定或约定的事项进行如实申报的义务。若违反此义务,根据《民法典》第 825 条第 2 款的规定,因托运人申报不实,造成承运人损失的,托运人应当承担损害赔偿责任。

3. 托运人有办理审批等手续的义务。为了维护公共利益,国家对一些货物流通作了限制。在实践中主要有四类:一是涉及公共安全的货物,如运输爆炸物须向公安机关申请领取爆炸物品运输证,凭证方可办理运输。二是有关人民健康的货物,如运输动物或者动物产品的,托运人必须提供检疫证明。三是国家保护性资源,如运输木材必须有准运证。四是国家实行专卖、专营的物资,如托运烟草专卖品必须持主管机关签发的准运证。因此,《民法典》第 826 条规定了托运人的此项义务,即"货物运输需要办理审批、检验等手续的,托运人应当将办理完有关手续的文件提交承运人"。

4. 托运人有妥善包装的义务。《民法典》第 827 条第 1 款规定了托运人的此项义务,即"托运人应当按照约定的方式包装货物。对包装方式没有约定或者约定不明确的,适用本法第六百一十九条的规定"。

5. 托运人托运危险物品的特殊义务。《民法典》第 828 条对此作了规定,即"托运人托运易燃、易爆、有毒、有腐蚀性、有放射性等危险物品的,应当按照国家有关危险物品运输的规定对危险物品妥善包装,做出危险物品标志和标签,并将有关危险物品的名称、性质和防范措施的书面材料提交承运人。托运人违反前款规定的,承运人可以拒绝运输,也可以采取相应措施以避免损失的发生,因此产生的费用由托运人负担"。

五、承运人的主要义务

根据《民法典》的有关规定,承运人的主要义务如下:

1. 承运人有提供适合运输的运输工具的义务。适合运输的运输工具包含两层含义：一是运输工具具有抵御运输途中通常出现的或能合理预见的自然风险的能力，包括具体负责（操作）运输的人员具有相应的任职资格；二是运输工具适合装载合同约定的货物。

2. 承运人有装卸货物的义务，指按照合同约定或者有关规定由承运人负责装卸的，承运人应严格遵守作业规范，保证装卸质量。水上货物运输除按双方约定或者法律规定或者货运习惯外，承运人不得将货物装载于船面甲板。

3. 承运人有安全运输的义务。《民法典》第811条规定了承运人的此项义务，即"承运人应当在约定期限或者合理期限内将旅客、货物安全运输到约定地点"。

4. 承运人有交付货物的义务。《民法典》第830条规定了承运人的此项义务，即"货物运输到达后，承运人知道收货人的，应当及时通知收货人，收货人应当及时提货。收货人逾期提货的，应当向承运人支付保管费等费用"。依此规定，货物运抵约定地点后，承运人应当及时通知收货人提货，在收货人出示提货凭证后向收货人交付货物。

六、承运人的留置权

留置权为担保物权的一种。根据《民法典》第447条之规定，留置权是指债务人不履行到期债务，债权人可以留置已经合法占有的债务人的动产，并有权就该动产优先受偿。《民法典》第836条进一步明确规定了承运人的留置权，即"托运人或者收货人不支付运费、保管费或者其他费用的，承运人对相应的运输货物享有留置权，但是当事人另有约定的除外"。

承运人的留置权是"留置权"中的一种，但也有明显不同：一是担保范围存在不同。根据《民法典》第836条的规定，承运人的留置权的担保范围是运费、保管费或者其他费用。"留置权"中留置权的担保范围是主债权的利息、违约金、损害赔偿金和实现留置权的费用。显然，承运人的留置权的担保范围仅限于与运输合同相关的直接费用，不包括间接费用。二是所留置的动产权属存在不同。根据《民法典》第836条的规定，承运人行使留置权只能对其所运输的货物行使，不问所运输货物的权属归属。"留置权"中的留置权人只能对债务人的动产行使留置权。显然，两者对留置标的物的权属范围存在不同。

承运人行使留置权，应当具备一定的条件：一是债务人没有支付运费、保管费或者其他必要运输费用；二是承运人的债权已经超过清偿期；三是承运人已经合法占有所运输的货物；四是承运人所留置的货物在必要的、合理的限度内；五是运输合同中没有排除留置货物的特别约定。

七、承运人的提存权

《民法典》第 837 条规定："收货人不明或者收货人无正当理由拒绝受领货物的，承运人依法可以提存货物。"收货人不明或者收货人拒绝领取货物，承运人通常的做法是要通知托运人来处理。如果托运人超过规定的期限不来处理的话，则承运人可以按照无主货物处理。根据本条规定，承运人还可以提存货物。所谓提存，是指债权人不明或者债权人对债务人履行债务的请求不予理睬时，为保护债务人的利益，而由债务人将标的物提取保管的一种法律制度。保管费用由债权人承担。

承运人行使提存权应注意以下问题：（1）如果运输的货物不适于提存或者提存费用过高的，承运人可以依法拍卖或者变卖货物，然后提存所得价款。（2）在货物被提存后，承运人应当及时通知托运人，在收货人明确的情况下，应当及时通知收货人。（3）如果货物在提存后毁损、灭失的，承运人不承担该货物毁损、灭失的风险。（4）如果承运人应得的运费、保管费以及其他费用加上提存的费用没有付清，承运人可以依照规定留置该货物，以该货物被拍卖或者折价后，从中扣除运费和其他各种费用后，再提存剩余的价款或者没有被留置的相应货物。

八、收货人的主要义务

根据《民法典》及有关法律的规定，收货人的主要义务如下：

1. 收货人及时提货及支付逾期提货费用的义务。收货人虽然没有直接参与货物运输合同的签订，但受货物运输合同的约束，既享有接收货物的权利，也承担一定的义务。当收货人履行了合同约定的义务，一个货物运输合同才完全履行完毕，运输过程随之结束。《民法典》第 830 条规定，收货人应当及时提货，收货人逾期提货的，应当向承运人支付保管费等费用。据此，收货人有如下主要义务：（1）货物运输到达，在收到承运人的提货通知后，应当及时提货并向承运人出示提货凭证。（2）收货人超过承运人通知领取货物的期限，应负逾期提货的违约责任，对承运人因此额外支出的劳务，需支付相应的保管费。但承运人怠于通知，或拖延通知的，不在此限。

2. 支付托运人未付或者少付的运费以及其他费用。一般情况下，运费由托运人在发站向承运人支付，但属于合同约定由收货人在到站支付或者托运人未支付的，收货人应支付。在运输中发生的其他费用，应由收货人支付的，收货人也必须支付。

但是，对运输过程中因不可抗力造成的货物灭失，既非托运人的过错造成的，也非承运人的过错造成的，《民法典》规定，承运人免除赔偿责任。同时，因托运人已实际承担了货物灭失的风险，如果再由其承担约定的运费，对其显然有失公平。因此，《民法典》第835条规定："货物在运输过程中因不可抗力灭失，未收取运费的，承运人不得请求支付运费；已经收取运费的，托运人可以请求返还。法律另有规定的，依照其规定。"这体现了在不可抗力等双方均无过错的情况下当事人对风险公平分担的原则。

3. 收货人的检验义务。《民法典》第831条对此作了规定，即"收货人提货时应当按照约定的期限检验货物。对检验货物的期限没有约定或者约定不明确，依据本法第五百一十条的规定仍不能确定的，应当在合理期限内检验货物。收货人在约定的期限或者合理期限内对货物的数量、毁损等未提出异议的，视为承运人已经按照运输单证的记载交付的初步证据"。

九、承运人的损害赔偿责任及免责事由

我国《民法典》第832条规定了承运人的损害赔偿责任及免责事由，即"承运人对运输过程中货物的毁损、灭失承担赔偿责任。但是，承运人证明货物的毁损、灭失是因不可抗力、货物本身的自然性质或者合理损耗以及托运人、收货人的过错造成的，不承担赔偿责任"。在司法实践中，应从以下几个方面理解和掌握该条的适用：

1. 归责原则。对于承运人对货物在运输过程中的灭失、毁损承担损害赔偿责任的归责原则，有学者认为，货物运输合同的承运人实行过错责任原则，即承运人因过错造成货物损坏的，应当承担赔偿责任。学界通说认为，承运

人对货物在运输过程中的灭失、毁损承担无过错责任，即严格责任。我们认为，承运人承担货物损害赔偿责任不以承运人主观上是否存在过错为要件，而仅以货物在运输过程中发生毁损、灭失为要件，显然采取了严格的责任原则，此与《民法典》第577条所规定的精神一致的。采取严格责任原则，可以使托运人、收货人的合法权益得到有效的保护。同时，也是与国际通行做法的接轨。

2. 免责事项。根据《民法典》第832条的规定，承运人对货物的毁损、灭失可免除损害赔偿责任的法定事由为：

（1）不可抗力。不可抗力是指不能预见、不能避免并不能克服的客观情况。如果货物在运输途中因为不可抗力发生灭失的，承运人有义务退还运费，没有收取的不能再收取运费。

（2）货物本身的自然性质和合理损耗。货物本身的自然性质是指货物本身发生的物理或者化学变化等。如货物本身引起的砰裂、生锈、变质、自燃等。货物的合理损耗是指货物在运输途中，损耗未超过有关主管部门颁发的货物自然减量标准或者规定范围内的尾差、磅差。

（3）托运人、收货人自身的过错。因托运人、收货人责任造成货物灭失损坏的，承运人可以免责。托运人、收货人过错主要表现为申报错误、包装不良、标记错列、漏列、不清、运输手续不全或违法托运被没收、逾期提货等。

3. 举证责任。《民法典》第832条所规定的承运人免责事由，由承运人负举证责任，即举证证明造成货物的毁损、灭失原因在免责事由的范围内。

在司法实践中值得注意的是，专门法律对承运人免责事由有规定的，依其规定。如《铁路法》第18条规定的内容与《民法典》规定的内容相同。《民用航空法》第125条第4款规定，承运人证明货物的毁灭、遗失或者损坏完全是下列原因之一造成的，不承担责任；（1）货物本身的自然属性、质量或者缺陷；（2）承运人或者其受雇人、代理人以外的人包装货物的，货物包装不良；（3）战争或者武装冲突；（4）政府有关部门实施的与货物入境、出境或者过境有关的行为。《海商法》是所有运输合同法律中规定承运人免责最多的法律，该法所采用的是传统海商法律中的不完全过失责任原则，即使承运人的雇佣人员（如船长、船员、引航员）在驾驶或管理船舶中存在过失，承运人也可以免除责任。《海商法》还规定了承运人其他的免责事项，如罢工、海上救助、船舶的潜在缺陷等，非由于承运人本人的过失所造成的火灾，也可以免除责任。由于我国目前仍采用国内和国际上运输不同的法律制度，《海商法》第四章仅适用于国际海上运输，故国内沿海和内河运输不能适用这种有利于承运人的不完全过失责任原则，而应该适用《民法典》中的严格责任制度。

十、承运人对货物赔偿额的确定

我国《民法典》第833条对承运人负损害赔偿责任的数额作出了规定，即"货物的毁损、灭失的赔偿额，当事人有约定的，按照其约定；没有约定或者约定不明确，依据本法第五百一十条的规定仍不能确定的，按照交付或者应当交付时货物到达地的市场价格计算。法律、行政法规对赔偿额的计算方法和赔偿限额另有规定的，依照其规定"。因此，对在运输过程中货物发生毁损、灭失，承运人应承担赔偿责任的，其具体的赔偿数额，应分别按如下标准确定：

1. 约定标准，即当事人在运输合同中已明确约定了赔偿数额或约定了赔偿的计算方法的，应按照当事人的约定确定赔偿数额。

2. 法律规定的补充标准，即法律对当事人对赔偿没有约定或者约定不明的，为了尽量避免和减少争议，提供了以下补充确定标准：一是依照《民法典》第510条的规定确定，即当事人对货物毁损、灭失的赔偿额，没有约定或者约定不明确的，可以签订补充协议。如果当事人不能达成补充协议的，则按照合同有关条款或者交易习惯来确定货物毁损、灭失赔偿的具体数额。二是在依照上述方式仍不能确定货物毁损、灭失的赔偿额的，按照交付或者应当交付时货物到达地的市场价格计算。

3. 法律、法规规定的特殊确定标准。在货物运输合同中，由于运输工具和托运人对具体运输方式选择的不同，使当事人对运输过程中货物毁损、灭失风险承担上存在差异，因此，一些法律、行政法规针对具体的运输方式中的赔偿额，往往确定了特殊的计算方法和赔偿限额，在这些领域即应依照法律、行政法规的规定处理。只有在法律、行政法规未作规定时，方可按照《民法典》中所规定的按当事人的约定或按到达地的市场价格确定赔偿数额。

十一、对案例 48 的简要评析

在案例 48 中，问题的关键是始发站漳州站是否有权变更收货人。根据《民法典》第 829 条的规定，有权变更货运合同的主体是托运人，但因此给承运人造成损失，应当承担赔偿责任。

在案例 48 中，商贸公司的货物从漳州站发运，该站应为始发站，它不是托运人，也未提出是托运人要求变更收货人，按照《民法典》的上述规定，其无权作出变更收货人的决定。储运公司作为该批货物的到达站，对有关铁路运输规章的规定应当应知和明知，更有严格执行的义务，特别是在其已确认商贸公司为收货人，并为其办理提货的情况下，更应对此后漳州站发来的关于变更收货人的电报予以详查，但其违反规定，未审查该电报的有效性，致使货物错误交付，给商贸公司造成了经济损失，应该承担赔偿责任。储运公司赔偿了商贸公司的经济损失后，可以向林某生进行追偿，也可向漳州站追偿，由该站承担相应的过错责任。

第十二章

保管合同

本章概要

保管合同是保管人保管寄存人交付的保管物，并返还该物的合同。保管合同以实践性合同为原则，以诺成性合同为例外。本章共计16个条文，主要对保管合同的定义、视为保管的情形、保管合同的成立、保管合同报酬、保管凭证、保管人的权利义务、寄存人的权利义务、贵重物品的寄存及消费保管等作了规定。

《民法典》典型合同中"保管合同"与《合同法》规定的"保管合同"相比，条文数量并没有发生变化，内容上主要有两处变化：一是增加了视为保管的情形。寄存人到保管人处从事购物、就餐、住宿等活动，将物品存放在指定场所的，视为保管，但是当事人另有约定或者另有交易习惯的除外。二是将保管合同的生效时间修改为保管合同的成立时间。保管合同自保管物交付时成立，但是当事人另有约定的除外。

第一节　保管合同概述

一、问题的提出

保管合同在日常生活中经常遇到。诸如：外出旅游、开会、住宿、逛超市，为了方便、安全、管理要求，常常将行李、现金、贵重物品等进行寄存，这种寄存行为就是订立和履行保管合同的行为。

在研究保管合同概述之前，先看一则案例。

案例49：停放在酒店地下车库的轿车被浸泡，酒店应否担责[①]

2021年5月2日，周某某入住由宇某公司经营管理的怡某酒店，并在酒店保安人员的指引下将自己所有的轿车停放在酒店地下车库内。当日，当地天气预报多次提醒预防特大暴雨，由于降水量特大，致使周某某停放于酒店地下车库内的轿车未及时转移而被水淹受损。5月5日，宇某公司（甲方）与周某某（乙方）签署协议，载明乙方于2021年5月2日入住甲方酒店，因2021年5月3日凌晨特大暴雨，导致乙方车辆在车库受水浸泡，全车浸泡36小时。现双方协商如下：甲方一次性向乙方垫付2000元作为补偿，如乙方向法院主张相关权利，该费用作为相关费用抵扣。乙方将车辆拖回4S店维修，所产生的拖车费、维修费、车辆折价损失、车上物品损失、行程耽误损失等相关费用，乙方有向法院主张的权利。后维修费用共计98800元（已扣除补偿周某某的2000元），周某某请求宇某公司承担赔偿责任。

生效裁判认为：《民法典》第888条第2款规定："寄存人到保管人处从事购物、就餐、住宿等活动，将物品存放在指定场所，视为保管，但是当事

[①] 详见重庆市第三中级人民法院（2022）渝04民终380号民事判决书。

人另有约定或者另有交易习惯的除外。"第890条规定："保管合同自保管物交付时成立，但是当事人另有约定的除外。"本案中，2021年5月3日，周某某入住宇某公司经营管理的怡某酒店，并在宇某公司保安人员的指引下将自己的轿车停放于酒店地下车库内，根据上述法律规定，周某某与宇某公司之间已经形成保管合同关系。酒店属于商业经营场所，对旅客寄存的物品，即使是无偿的保管，也应尽善良管理者的注意义务，否则就应对保管物的损毁、灭失承担赔偿责任。同时，宇某公司认为本次事故发生是因特大暴雨导致，属于自然灾害，应当适用不可抗力予以免责。不可抗力是指不能预见、不能避免且不能克服的客观情况。暴雨等灾害性天气在春夏季属于比较常见的天气现象，在绝大多数情况下是可以防范的，本次降雨量及降雨强度也并未超出一般预计，根据本地降雨规律和暴雨内涝风险情况，以及按照城镇排水防涝设施建设标准要求，本次暴雨带来的影响应能克服，不属于不可抗力的免责事由。根据《民法典》第892条第1款"保管人应当妥善保管保管物"和第897条"保管期间，因保管人保管不善造成保管物毁损、灭失的，保管人应当承担赔偿责任。但是，无偿保管人证明自己没有故意或重大过失的，不承担赔偿责任"的规定，宇某公司在有暴雨预警的情况下，未能提前预见和判断暴雨可能导致的严重损害后果，未及时通知车主移车或在险情发生前采取其他有效措施避免险情发生，对于住客的车辆未尽妥善保管义务，存在一定过失，故宇某公司对于造成周某某委托其保管的车辆损害应承担赔偿责任。

上述案例，当事人争议的焦点涉及车主与酒店是否形成保管合同关系。试问：如何理解保管合同？如何认定保管合同的成立？哪些情形视为保管合同？如何理解消费保管合同？

二、保管合同的法律特征

保管合同，又称寄托合同、寄存合同，《民法典》第888条第1款规定："保管合同是保管人保管寄存人交付的保管物，并返还该物的合同。"在保管合同中，保管物品的一方为保管人，或称受寄托人，其所保管的物品为保管物，交付物品保管的一方为寄存人，或称寄托人。保管合同始于罗马法，在罗马法上被称为寄托。① 保管合同是一种有名的典型合同，有其自身的法律特征：

1. 保管合同以实践性合同为原则，以诺成性合同为例外。在保管合同中，合同并非以保管人与寄存人就保管物保管达成一致意见为成立要件。保管合同的成立，不仅要有保管人与寄存人之间的意思表示一致，还要具有寄存人将保管物交付于保管人的条件。如果没有保管物的授受，即使保管人与寄存人之间存在订立保管合同的合意，一般来说，该合同也是不能成立的。《民法典》第890条在明确规定保管合同以保管物交付时成立的同时，也给予了双方当事人充分的约定自由，也就是说，如果双方当事人有约定，保管合同也可以在合意达成时承诺成立。此即保管合同以诺成性合同为例外。

2. 保管合同以无偿合同为原则，以有偿合同为例外。在罗马法上，保管合同为无偿合同。在现代西方国家的民法立法上一般也规定保管合同以无偿为原则，以有偿为例外。在我国，依据《民法典》第889条"寄存人应当按照约定向保管人支付保管费。当事人对保管费没有约定或者约定不明确，依据本法第五百一十条的规定仍不能确定的，视为无偿保管"的规定，当事人约定保管费时，保管合同则为有偿合同；但也只有在当事人有特别约定或者交易习惯有特别规定时，保管合同才为有偿合同。否则，保管合同就为无偿合同。

3. 保管合同以物品的保管为目的，其标的是保管行为。当事人订立保管合同的直接目的是由保管人保管物品，而非以保管人获得保管物品的所有权或使用权为目的。因此，保管合同的标的是保管人的保管行为，保管人的主要义务是保管寄存人交付其保管的物品。保管合同所保管的物品并无特别限制，一切物包括种类物和特定物，动产和不动产都可以成为合同的标的物。

4. 保管合同只移转保管物的占有权，而不移转所有权。因此，未经寄存人同意的委托，保管人不能使用或处分保管物。

三、保管合同的成立

依据《民法典》第890条"保管合同自保管物交付时成立，但是当事人

---

① 黄薇主编：《中华人民共和国民法典释义（中）》，法律出版社2020年版，第1586页。

另有约定的除外"的规定，保管合同以保管物交付时成立。同时，又充分尊重当事人的意思自治原则，允许当事人对保管合同的成立另有约定。

在现实生活中，存车要有存车牌，寄存行李要有寄存行李的凭据。对此，《民法典》第891条规定："寄存人向保管人交付保管物的，保管人应当出具保管凭证，但是另有交易习惯的除外。"依此规定，除非当事人另有约定，在寄存人向保管人交付保管物时，保管人应当给付保管凭证。保管凭证的给付，并非保管合同成立要件，亦非保管合同的书面形式，而是证明保管合同关系存在的凭证。简言之，保管凭证仅起证据作用。

为均衡双方当事人利益，各国立法对经营者所承担的保管责任常作出以下限制：第一，物体的毁损灭失由于不可抗力或因其性质或者客人自己或伴侣随从或来宾的故意、过失造成的，经营者不承担责任。第二，对于金钱、有价证券、珠宝或其他贵重物品，顾客未声明且未交付保管的，经营者不负责任。第三，客人在物品毁损灭失后应立即通知经营者；怠于通知的，丧失赔偿请求权。经营者承担法定保管责任，其免责事由仅以以上列举为限。经营者以告示限制或免除其法定责任的，该告示无效。[1]

根据《民法典》第888条第2款"寄存人到保管人处从事购物、就餐、住宿等活动，将物品存放在指定场所的，视为保管，但是当事人另有约定或者另有交易习惯的除外"的规定，视为保管的情形需要具备的条件：一是需要到购物中心、饭店、宾馆等场所从事购物、就餐、住宿等活动；二是需要将物品存放在指定的场所。如果没有特别约定或者存在交易习惯，一般认为当事人之间订立了保管合同。

四、消费保管合同

在现实生活和审判实践中，应当注意消费保管合同。所谓消费保管合同也称为不规则保管，是指保管物为可替代物时，如约定将保管物的所有权转移于保管人，保管期间届满由保管人以同种类、品质、数量的物返还的保管。消费保管合同与一般保管合同有以下几点不同：

---

[1] 最高人民法院民法典工程实施工作领导小组主编：《中华人民共和国民法典合同编理解与适用（三）》，人民法院出版社2020年版，第2348-2349页。

1. 消费保管合同的保管物必须为可替代物，即种类物。种类物是相对于特定物而言的，是指以品种、质量、规格或度量衡确定，不需要具体指定的转让物，如标号相同的水泥，相同品牌、规格的电视机等。消费保管合同的保管物只能是种类物，而不能是特定物。特定物是指具有独立特征或被权利人指定，不能以他物替代的转让物，包括独一无二的物和从一类物中指定而特定化的物，如齐白石的画、从一批解放牌汽车中挑选出来的某一辆。寄存人就特定物寄存，保管人只能返还原物。

2. 并不是所有种类物的寄存都属于消费保管合同。例如，《民法典》第898条规定的寄存货币的情形，就属于返还原货币的保管合同，而不属于消费保管合同。消费保管合同必须是当事人约定将保管物的所有权转移于保管人，保管人在接受保管物后享有占有、使用、收益和处分的权利。而一般的保管合同，保管人只是在保管期间占有保管物，原则上不能使用保管物，这是消费保管合同与一般保管合同的重要区别之一。

3. 既然保管物的所有权转移于保管人，因此从寄存人交付时起，保管人就享有该物的利益，并承担该物的风险。

4. 保管人仅须以同种类、品质、数量的物返还即可。

5. 消费保管合同都需要明确约定保管期间。而一般保管合同，有的约定保管期间，有的则未约定保管期间

6. 为了维护保管人在约定的保管期间内对保管物占有、使用的利益，因此寄存人在保管期间届满前，不得要求保管人以同种类、品质、数量的物返还。而一般的保管合同，寄存人可以随时领取保管物。

五、对案例49的简要评析

在案例49中，周某某驾车入住宇某公司管理经营的怡某酒店，周某某在酒店保安的指引下将车辆停放在酒店地下车库，基于对酒店地下车库属于酒店所有或者管理使用的基本认知，将车辆停放在酒店的地下车库，并无不当。根据《民法典》第888条第2款的规定，寄存人到保管人处从事购物、就餐、住宿等活动，将物品存放在指定场所，视为保管，但是当事人另有约定或者另有交易习惯的除外。因此，可以认定宇某公司与周某某之间就案涉车辆形成了保管合同关系。《民法典》第897条规定，保管期内，因保管人

保管不善造成保管物毁损、灭失的，保管人应当承担赔偿责任。周某某的车辆在宇某公司保管期间因其保管不善造成损坏，宇某公司应当承担赔偿责任。

同时，涉案轿车因暴雨导致浸泡而受到损害，不能以不可抗力为由主张免责。每年的5月，暴雨频发，应为大众熟知。酒店地下车库进出口呈下坡设计，遇暴雨和洪水暴发，容易引发洪水倒灌，作为酒店管理者，应当预知、预警、预先采取排危措施。当天，气象平台发布了暴雨预警，宇某公司应当做好抢险排危工作，然而其组织、管理、服务不到位，致使洪水倒灌入车库损害周某某等人的车辆，具有过错，应当承担赔偿责任，其主张属于不可抗力因素，应予免责的理由不成立。

第二节　保管合同的效力

一、问题的提出

保管合同的效力，表现为寄存人负有支付保管费和必要费用、瑕疵告知、声明、及时提取保管物的义务；保管人负有给付保管凭证、保管保管物、禁用保管物、危险通知、返还保管物等义务。

在研究保管合同的效力之前，先看两则案例。

案例50：寄存物被窃，保管人应否担责

2022年春节期间，李某、王某、张某三人一行到海南旅游。2月9日，李某、王某、张某三人在三亚旅行时，将行李包寄存于三亚某小件寄存处。李某特意向小件寄存处声明行李包中夹带有15000元现金，寄存处的工作人员亦进行了核对。三人预交了30元寄存费后，寄存处分别给他们出具了寄存凭证。当日晚上，该寄存处被窃，共丢失若干寄存包。

2月10日中午，李某、王某、张某三人到小件寄存处领取行李包，发现李某、王某的行李包已丢失，张某将行李包取回。李某便向寄存处索赔行

包和现金 15000 元，王某亦向寄存处索赔行李包，并要求寄存处赔偿其在三亚所购买的价值 2300 元的珠宝，同行的李某、张某亦证明王某所买的 2300 元的珠宝夹在行李包中。寄存处便称因寄存处被窃，已向公安机关报案，待公安机关破案后，由盗窃人予以赔偿。无奈之下，李某、王某以小件寄存处为被告诉至法院。李某请求小件寄存处赔偿行李包、物品折价 90 元及现金 15000 元。王某请求小件寄存处赔偿行李包、物品折价 180 元及珠宝损失 2300 元。

案例 51：保管人擅自使用保管物，责任自负

2021 年 12 月 16 日，林某因事需在长春停留 3 个月，临行前，林某将其价值 16800 元的摩托车交于邻居宋某保管，并告知摩托车刹车不灵，不要使用。宋某承诺"请你放心，决不动用，确保完好无损"。

2022 年 1 月 19 日，宋某趁着酒兴，驾驶林某的摩托车到北京大道溜车。因刹车失灵，不慎追尾一辆大货车，连车带人被摔十几米远，宋某顿时昏迷，后被人送进市中心医院医治，共花去医疗费用 8000 元。

2022 年 4 月 3 日，林某从长春归来，便去找宋某返还摩托车。宋某称摩托车因刹车失灵被损坏，已花费修理费用 3000 元，要求林某承担此修理费用，林某拒绝承担，双方形成纠纷。同年 4 月 21 日，林某以宋某为被告诉至某区人民法院，请求判令宋某返还摩托车。而宋某则反诉请求法院判令林某支付修理费 3000 元、医疗费用 8000 元。

根据上述案例，试问：寄存人主要有哪些义务？保管人主要有哪些义务？寄存标的物风险如何承担？

二、寄存人的主要义务

1. 寄存人负有支付保管费和必要费用的义务。保管合同以无偿合同为原则，以有偿合同为例外，是其一个重要特征。在无偿保管合同中，寄存人并无给付保管人报酬的义务；在有偿保管合同中，寄存人应当按照合同的约定或其他方式向保管人支付保管费。此时，支付保管费是寄存人应当承担的一项主要义务。《民法典》第 889 条对此作了规定，即"寄存人应当按照约定

向保管人支付保管费。当事人对保管费没有约定或者约定不明确，依据本法第五百一十条的规定仍不能确定的，视为无偿保管"。该法所规定的保管费是保管人进行保管应得到的报酬。

寄存人支付保管费的期限，依据《民法典》第902条"有偿的保管合同，寄存人应当按照约定的期限向保管人支付保管费。当事人对支付期限没有约定或者约定不明确，依据本法第五百一十条的规定仍不能确定的，应当在领取保管物的同时支付"的规定，可有两种方法确定：（1）当事人双方对支付期限有约定的，包括保管合同中约定或者事后约定，寄存人应按照约定期限支付。（2）当事人对支付期限没有约定或者约定不明确，则可以协议补充约定；不能达成补充协议的，按照保管合同有关条款或者交易习惯确定；按照这些方法仍不能确定的，寄存人应当在领取保管物的同时支付保管费。

寄存人除支付保管费外，在某些情形下还需支付必要费用。所谓必要费用，是指保管人为了实现物的保管目的，以使保管物能够维持原状而支出的各种费用，包括重新包装、防腐、防火等项费用的支出。《民法典》并未对保管的必要费用作出明确规定，但通常认为，《民法典》第903条所称的"保管费以及其他费用"中的其他费用即指保管的必要费用。应当说，在我国立法上寄存人有偿还保管人必要费用的义务，这种费用可依约定产生，也可以依合同条款或惯例确定，同样也可以依约定减免。

寄存人应当及时支付保管费和必要费用，否则，保管人可根据《民法典》第903条的规定行使留置权，即"寄存人未按照约定支付保管费以及其他费用的，保管人对保管物享有留置权，但当事人另有约定的除外"。享有留置权的保管人可依法处理留置物，优先受偿，取回保管费和其他费用。

2. 寄存人负有瑕疵告知义务。寄存人与保管人成立保管合同，应当互有协助、通知、照顾、说明等项义务，此为不言自明的道理。寄存人应当将保管物的真实情况，即保管物本身的性质或者瑕疵，准确明白地告知保管人，以便保管人能妥善保管保管物。进一步说，寄存人向保管人交付保管物时，应当遵循诚实信用的原则，将保管物的真实情况告知保管人，特别是在保管物存在瑕疵或者按照保管物的性质需要采取特殊保管措施的情况下，寄存人更应履行此项义务，言明实情，以便保管人针对不同情况下的保管物采取相当的妥善保管的措施。对此，《民法典》第893条规定："寄存人交付的保管物有瑕疵或者根据保管物的性质需要采取特殊保管措施的，寄存人应当将有关情况告知保管人。寄存人未告知，致使保管物受损失的，保管人不承担赔偿责任；保管人因此受损失的，除保管人知道或者应当知道且未采取补救措施外，寄存人应当承担赔偿责任。"此规定与各国立法例基本相同。

在寄存人不履行告知义务的情况下，由于保管物的瑕疵或本身的性质使保管人或者第三人遭受损失的，寄存人应承担损害赔偿责任。

3. 寄存人负有声明义务。货币、有价证券均属于民法上特殊的物，它们和其他一些贵重物品，因为价值与流通的特殊性以及利害关系较为重大，所以，寄存人在寄存货币、有价证券和贵重物品时，应当向保管人声明，以引起保管人的特别注意，更好地履行保管义务。对此，《民法典》第898条规定："寄存人寄存货币、有价证券或者其他贵重物品的，应当向保管人声明，由保管人验收或者封存。寄存人未声明的，该物品毁损、灭失后，保管人可以按照一般物品予以赔偿。"

货币、有价证券及其他贵重物品，往往体积小、价值大，需要采取更安全的保管措施。法律规定寄存人的声明义务，可以增强保管人的责任心，减少或避免毁损、灭失的可能性；即使发生物品毁损、灭失，也可以为纠纷的处理提供依据。

4. 寄存人负有及时提取保管物的义务。寄存人应当按照保管合同的约定及时提取保管物，否则应支付超期滞留期间的保管费用，并且承担保管物灭失的风险。但保管合同有特殊约定的，依照其约定。

三、保管人的主要义务

1. 保管人负有给付保管凭证的义务。《民法典》第891条规定了保管人的此项义务，即"寄存人向保管人交付保管物的，保管人应当出具保管凭证，但是另有交易习惯的除外"。依此规定，除非另有交易习惯，保管人负有给付保管凭证的义务。需要明确的是，保管凭证，既非保管合同的成立要件，又非保管合同的书面形式，仅是证明保管合同关系存在的凭证，即仅起到证据作用。

2. 保管人负有保管保管物的义务。保管人的此义务表现在两个方面：

（1）保管人负有妥善保管保管物的义务。《民法典》第892条规定了保管人的此项义务，即"保管人应当妥善保管保管物。当事人可以约定保管场所或者方法。除紧急情况或者为维护寄存人利益外，不得擅自改变保管场所或者方法"。所谓妥善保管，一般而言，是指保管人需在合适的场所以合适的方法，并以相当的注意程度进行保管行为。

（2）保管人负有亲自保管保管物的义务。《民法典》第894条规定了保管人的此项义务，即"保管人不得将保管物转交第三人保管，但是当事人另有约定的除外。保管人违反前款规定，将保管物转交第三人保管，造成保管物损失的，应当承担赔偿责任"。依此规定，保管人必须亲自进行保管，除当事人另有约定或另有习惯，或者保管人因特殊事由（如患病）不能亲自进行保管外，不得将保管义务转托给第三人履行。

3. 保管人负有不得使用或许可第三人使用保管物的义务。《民法典》第895条规定了保管人的此项义务，即"保管人不得使用或者许可第三人使用保管物，但是当事人另有约定的除外"。依此规定，保管人保管保管物期间，不得擅自使用保管物，包括不得自己使用和让第三人使用保管物。但经寄存人同意或者基于保管物的性质必须使用（保管物的使用等于保管方法的一部分），保管人可以使用或允许第三人使用保管物。如果未经寄存人同意，其使用也不为保管物的性质所必要，擅自使用保管物或使第三人使用保管物，则无论保管人主观上有无过错，均应向寄存人支付相当的报酬，以资补偿。报酬的数额可以比照租金标准计算。若保管人擅自使用行为造成保管物毁损、灭失的，则应负损害赔偿责任。

4. 保管人负有危险通知义务。所谓危险通知义务，是指在出现了寄存人寄存的保管物因为第三人主张权利或者保管物自身性质而可能会丧失或者减损的危险情形时，保管人负有及时通知寄存人的义务。显然，保管人的危险通知义务是其妥善保管义务及保管物返还义务附带的相关义务。因为一旦发生保管目的难以实现的危险，将会导致保管人保管的不妥善，从而导致保管人不能以合适、及时的方式返还保管物。对此，《民法典》第896条规定："第三人对保管物主张权利的，除依法对保管物采取保全或者执行措施外，保管人应当履行向寄存人返还保管物的义务。第三人对保管人提起诉讼或者对保管物申请扣押的，保管人应当及时通知寄存人。"

在实务中，有第三人对保管物提出法律上的权利要求，声称自己对保管物享有权利，不管这种权利是所有权还是他物权。这种"主张权利"必须向保管物的寄存人提出。第三人可以以私力救济的方式提出而请求保管人的协助，也可以求诸公力救济，要求有关部门对保管物采取保全或者执行措施。在前一种状况下，保管人因负有将保管物返还给寄存人的义务，所以可以拒绝第三人的要求；在后一种状况下，保管人因为国家司法机关的公力介入，而应当进行协助，在权利归属争诉结束之前，不能再向寄存人返还保管物，保管人应当将有关情况及时通知寄存人。

5.保管人负有返还保管物的义务。在保管期限届满，或者寄存人要求返还保管物时，保管人有义务向寄存人返还保管物，不得将保管物非法留置或交给寄存人以外的人。依照约定返还保管物，是保障寄存人债权不受侵犯的法律要求。如果保管物是特定物，除另有约定外，保管人应向寄存人返还原物。

（1）返还保管物的期限。根据《民法典》第899条的规定，首先，不管保管合同有无约定期限，寄存人对保管物的领取可随时进行。即使约定的保管期限未满，寄存人亦可提前领取保管物。法律这样规定反映了保管合同的宗旨和特点，对保管人权益也无损害。其次，如果保管合同约定了保管期限，则保管人无特别事由，不得要求寄存人提前领取保管物。这是法律对保管人义务的提前解除所作的限制。最后，如果保管合同对保管期间没有约定或者约定不明，那么，保管人可以随时要求寄存人领取保管物。

（2）返还的物品和地点。根据《民法典》第900条的规定，保管期限届满或者寄存人提前领取保管物的，保管人应当将原物及其孳息归还寄存人。如张三为李四保管一头母猪，在保管期间，该母猪生了10头小猪，则张三将母猪返还给李四时，应一并将10头小猪返还。同时，《民法典》第901条还对消费保管合同作了规定。这种合同的标的是种类物，且保管物的所有权或处分权发生移转。保管人在返还时，若保管物是货币，则可返还相同种类、数量的货币；若保管其他可替代物的，可以按照约定返还相同种类、品质、数量的物品。

对于返还保管物的地点，保管合同有约定的，应依其约定。保管合同未约定的，一般应以保管地为返还地，因保管人并无法律上的送交义务。

（3）受返还保管物的相对人。基于合同的相对性原理，保管人应向保管合同的另一方当事人即寄存人履行返还保管物的义务。在第三人对保管物主张权利时，除非有关机关已经对保管物采取了保全或者执行措施，保管人仍应向寄存人履行返还保管物的义务。

四、保管物灭失的风险责任

保管合同是临时转移标的物的占有权的合同，保管物的风险责任是指在保管期间标的物灭失的，是由保管人承担风险，还是由寄存人承担风险责任的问题。根据《民法典》的有关规定，主要存在以下几种情形：

1.《民法典》第897条规定："保管期内，因保管人保管不善造成保管物毁损、灭失的，保管人应当承担赔偿责任。但是，无偿保管人证明自己没有故意或者重大过失的，不承担赔偿责任。"这里所讲的灭失不同于因不可抗力造成的灭失，它是指因失窃或保管人的过错造成的灭失。比如，由于保管人未尽到妥善看护的责任，致使保管物丢失就属于这种情况。同样，如果保管人对保管物未尽到职责的，就有可能造成保管物的毁损或灭失，对于这类情况，如果保管是有偿的，保管人应当承担保管物毁损或灭失的风险责任；如果保管是无偿的，且保管人无重大过失，则保管人不承担物品灭失责任。

2. 根据《民法典》的规定，保管期限届满，寄存人未及时领取保管物的，保管人不承担保管物在迟延领取期间毁损、灭失的风险。保管期限届满后，保管人的保管义务已经终止，寄存人有义务及时取回保管物，如果其不领取保管物，对保管人来说就构成无偿保管，保管人对物品的灭失和毁损不负法律责任。法律这样规定，一是明确了保管合同当事人的责任，二是督促寄存人及时取回保管物。

3. 特殊物品的毁损与灭失责任划分。《民法典》第898条规定："寄存人寄存货币、有价证券或者其他贵重物品的，应当向保管人声明，由保管人验收或者封存；寄存人未声明的，该物品毁损、灭失后，保管人可以按照一般物品予以赔偿。"保管合同是双方当事人的合意，对于标的物的种类、数量也应当双方达成一致的意见。如果寄存人对于寄存的贵重物品未经声明的，就会影响保管人的判断，进而影响合同的效力。所以，法律要求寄存人对于贵重物品予以说明，以便明确双方当事人的法律责任。寄存人对于保管物品声明后，保管人接受保管的，则表明保管人对于保管物有清楚的认识，保管也是自愿的，其在保管物灭失后应承担责任。寄存人未声明的，保管物灭失时保管人只在自己的过错责任范围内承担责任，即按一般保管物赔偿。所谓一般保管物，是指保管时当事人认为是什么，或按保管惯例确定。

4.如果标的物的灭失是由不可抗力原因引起的，保管人不承担责任。不可抗力是当事人不可预见、不可避免、不能克服的客观情况。因不可抗力造成合同不能完整地履行并不是当事人的过错。一般情况下，应当分担责任或者由物的所有权人或寄存人承担主要责任。

五、对案例50、案例51的简要评析

1.对案例50的简要评析

在案例50中，主要涉及下列法律问题：

（1）保管合同成立并有效。李某、王某、张某三人将行李包寄存于小件寄存处，并预交了寄存费用，小件寄存处分别给三人出具了寄存凭证，因此，依据《民法典》第890条规定，三人与小件寄存处之间的保管合同成立，且属有偿保管合同。

（2）寄存人是否履行了声明义务。李某寄存行李时，声明寄存有15000元现金，且小件寄存处已得到确认。王某、张某均未履行声明义务，其中，虽有李某、张某证明王某行李包中夹有价值2300元珠宝，但因未声明，而不予赔偿。故依《民法典》第898条的规定，小件寄存处应当赔偿李某现金15000元，并赔偿行李包、物品折价90元。赔偿王某行李包、物品折价180元，王某所请求的赔偿价值2300元的珠宝则不予以赔偿。

（3）小件寄存处的辩称理由不能成立。因为小件寄存处与李某、王某之间形成保管合同法律关系，小件寄存处理应按《民法典》的规定承担赔偿义务。而小件寄存处被窃，窃贼的行为构成犯罪，民事赔偿与刑事犯罪是两个不同的法律事实，不应由犯罪分子对寄存人承担民事责任。因此，小件寄存处的辩称理由不能成立。当然，小件寄存处承担民事责任后可向犯罪分子追偿。

（4）该案给我们一个重要的启示就是，李某在寄存时尽到了声明义务，则所受到的损失可以得到赔偿，而王某未尽到声明义务，则所受到的珠宝款损失不能得到赔偿。因此，我们在对货币、有价证券、其他贵重物品寄存时，

一定要尽到声明义务，以免受到损失。同时，在宾馆住宿时，旅客在现金、贵重物品等寄存处的签字，当为依法有效的。否则，旅客在住宿期间被盗，又称有现金、贵重物品等要求宾馆赔偿的，则不予支持。

2. 对案例51的简要评析

在案例51中，主要涉及下列法律问题：

（1）保管合同成立并有效。林某将其摩托车寄存于宋某处，由宋某保管，依《民法典》第890条的规定，保管合同成立，且属于无偿保管合同。

（2）保管人宋某的违约行为及责任承担。林某将摩托车存放于宋某处时，言明摩托车刹车不灵，不要使用，宋某亦承诺决不动用。而宋某却趁酒兴驾车，酿成事故。因此，依《民法典》第895条的规定，宋某擅自使用保管的摩托车，并使摩托车损坏，应承担赔偿责任，即修车所花费用3000元，应由宋某自行承担。

（3）实体处理。返还保管物是保管人的最基本义务。因此，林某请求宋某返还摩托车应予支持。宋某反诉请求林某负担修理费3000元、医疗费用8000元，因林某无过错，履行了摩托车刹车不灵的瑕疵告知义务，并明确告知不得使用摩托车，而宋某却严重违约，擅自使用摩托车而受到损害，只能责任自负。因此，应驳回宋某的反诉请求。

第十三章

仓储合同

本章概要

仓储合同是保管人储存存货人交付的仓储物，存货人支付仓储费的合同。存货人交付仓储物，保管人应当给付仓单。本章共计15个条文，对仓储合同的定义、仓储合同的成立、危险物品和易变质物品的储存、保管人的义务、存货人的义务、仓单的性质和作用等作了规定。

《民法典》合同编中的"仓储合同"基本上延续了《合同法》对"仓储合同"的规定，仅是极少数字作了修改，没有实质性的修改。

第一节　仓储合同概述

一、问题的提出

仓储合同，又称仓储保管合同，依据《民法典》第904条的规定，是指保管人储存存货人交付的仓储物，存货人支付仓储费的合同。在仓储合同关系中，存入货物的一方是存货人，保管货物的一方是保管人，交付保管的货物为仓储物。

在研究仓储合同的几个一般性问题之前，先看一则案例。

案例52：虽未存货，但应担责

2022年6月25日，华丰公司与东方储运公司签订一份仓储合同。合同主要约定：由东方储运公司为华丰公司储存保管小麦60万千克，保管期限自2022年7月10日至11月10日，储存费用为5万元，任何一方违约，均按储存费用的20%支付违约金。合同签订后，东方储运公司即开始清理其仓库，并拒绝了其他单位在其仓库存货的要求。同年7月8日，华丰公司书面通知东方储运公司：因收购的小麦尚不足10万千克，故不需要存放于贵公司仓库，双方于6月25日所签订的仓储合同终止履行，请谅解。东方储运公司接到华丰公司书面通知后，电告华丰公司：同意仓储合同终止履行，但贵公司应当按合同约定支付违约金1万元。华丰公司拒绝支付违约金，双方因此形成纠纷，东方储运公司遂诉至法院。

上述案例，涉及仓储合同的法律性质以及华丰公司是否构成违约，应否承担违约责任的问题。试问：仓储合同有何法律特征？仓储合同的主要条款有哪些？何谓仓单？

二、仓储合同的法律特征

仓储合同就其性质而言，是一种特殊的保管合同。仓储合同的目的依然在于对仓储物的保管，仓储不过是一种物的堆积保管而已。《民法典》第918条规定，如果仓储合同一章没有规定的内容，应当适用保管合同的有关规定。足见二者在性质上有相同之处，但由于仓储营业的特殊性质，使得仓储合同又有其显著的法律特征：

1. 保管人须为有仓储设备并专门从事保管业务的人。仓储合同区别于一般保管合同的一个重要标志就是仓储合同主体的特殊性，即仓储合同中为存货人保管货物的一方必须是仓储营业人，且必须具备仓储设备和专门从事仓储保管业务的资格。

2. 仓储合同是双务、有偿合同。《民法典》第904条"仓储合同是保管人储存存货人交付的仓储物，存货人支付仓储费的合同"的规定中，其双务、有偿性显而易见。第909条规定的仓单应当包含的重要一项即为仓储费，第915条规定如果存货人或者仓单持有人逾期提取仓储物，那么，保管人应当加收仓储费。因此，仓储合同为双务性、有偿性的合同。

3. 仓储合同为诺成合同。《民法典》第905条"仓储合同自保管人与存货人意思表示一致时成立"的规定确认了仓储合同为诺成性合同。而保管合同的成立则为"自保管物交付时成立"，显然保管合同一般为实践性合同，除非当事人另有约定。

三、仓储合同的主要条款

《民法典》第470条规定，合同的内容由当事人约定，并规定了合同的一般条款。结合仓储合同的特点，仓储合同的主要条款包括：仓储合同当事人双方的基本情况；仓储的标的物；仓储的数量；仓储的价款或者报酬；仓储合同的履行期限、地点和方式；仓储合同的违约责任等。

四、仓单

所谓仓单，是指由保管人在收到仓储物时向存货人签发的表示已经收到一定数量的仓储物的凭证。对此，《民法典》第908条规定："存货人交付仓储物的，保管人应当出具仓单、入库单等凭证。"在《民法典》物权编"担保物权"中明确规定了仓单可以作为质权的标的物，而仓单与存单一样均成了一种有价证券，而作为有价证券就可以依法进行转让，具有流通价值。

仓单作为收取仓储物的凭证和提取仓储物的凭证，依据法律规定还具有转让或出质的记名物权证券的流动属性，它应当具备一定形式，其记载事项必须符合《民法典》及物权凭证的要求，使仓单关系人明确自己的权利并适当行使自己的权利。根据《民法典》第909条的规定，仓单包括下列事项：（1）仓单上必须有保管人的签字或者盖章，否则不产生法律效力。（2）仓单是记名证券，应当明确记载存货人的名称及住所。（3）仓单应明确详细记载仓储的品种、数量、质量、包装、件数和标记等物品状况，以便作为物权凭证，代物流通。（4）仓单上应记载仓储物的损耗标准。损耗标准的确定对提取仓储物和转让仓储物中当事人的物质利益至关重要，也是处理和避免仓储物数量、质量争议的必要环节。（5）仓单上应明确记载储存场所和储存期限，以便仓单持有人及时提取仓储物，明确仓单利益的具体状况。（6）仓单上应记载仓储费及仓储费的支付与结算事项，以使仓单持有人明确仓储费用的支付义务的归属及数额。（7）若仓储物已经办理保险的，仓单中应写明保险金额、保险期间及保险人的名称，以便明确仓单持有人的保险利益情况。（8）仓单应符合物权凭证的基本要求，记载仓单的填发人、填发地和填发的时间。

仓单的最重要特征，是作为物权凭证的有价证券，具有流通性。《民法典》第910条规定："仓单是提取仓储物的凭证。存货人或者仓单持有人在仓单上背书并经保管人签名或者盖章的，可以转让提取仓储物的权利。"这一规定表明了仓单的可转让性及其法律要求。（1）仓单作为有价证券，可以流通，流通的方式可以是转让仓单项下仓储物的所有权，即转让仓单；还可以是按照《民法典》的规定，以仓单设定权利质押，使质权人在一定条件下享有提取仓单项下仓储物的权利。（2）仓单转让或者仓单出质，均须符合法律规定的形式，才能产生相应的法律效力。存货人转让仓单必须在仓单上背书并经保管人签字或者盖章，若只在仓单上背书但没有保管人签字或者盖章，即使交付了仓单，转让行为也不能生效。因而，背书与保管人签章是仓单转让的必要的形式条件，缺一不可。背书是指存货人在仓单的背面或者沾单上记载被背书人（受让人）的名称或姓名、住所等有关事项的行为。保管人的签字或盖章则是确保仓单及仓单利益，明确转让仓单过程中法律责任的手段。

存货人以仓单出质，应当与质权人签订质押合同，在仓单上背书并经保管人签字或者盖章，将仓单交付质权人，质押合同生效。当债务人不履行被担保债务时，质权人就享有提取仓储物的权利。

存货人的货物交付或返还请求权以仓单为凭证，仓单具有仓储物所有权凭证的作用。作为法定的提取或存入仓储物的书面凭证，仓单是每一仓储合同中必备的，因此仓单是仓储合同中最为重要的法律文件之一。

五、对案例 52 的简要评析

在案例 52 中，华丰公司与东方储运公司所签订的仓储合同，依据《民法典》第 905 条"仓储合同自保管人与存货人意思表示一致时成立"的规定，双方所签订的合同自签订之日起生效，该合同应为合法有效合同。双方当事人均应严格按合同的约定履行，否则即构成违约，应承担违约责任。华丰公司通知东方储运公司终止合同，构成违约，依双方合同的约定，华丰公司应当支付违约金 1 万元。因此，东方储运公司的诉讼请求应予支持。

若华丰公司与东方储运公司所签订的合同为一般保管合同，华丰公司未将保管物小麦寄存到东方储运公司，依据《民法典》第 890 条的规定，则保管合同尚未成立，东方储运公司就不能要求华丰公司支付违约金。但若因此给东方储运公司造成损失，则东方储运公司可要求华丰公司承担缔约过失责任。由此可见，仓储合同与保管合同在成立与生效上是有根本区别的，案件的实体处理结果及法律依据也是有根本区别的。

第二节　仓储合同的效力

一、问题的提出

仓储合同一经成立，即发生法律效力。存货人和保管人均应严格按照合同的约定行使自己的权利，履行自己的义务。

在研究仓储合同的效力之前，先看两则案例。

案例53：应否减收仓储费

2021年10月8日，泰丰公司与储备库签订仓储合同。合同主要约定，泰丰公司存入储备库芝麻300吨，存储期限3个月，仓储费6万元。合同签订后，同年10月20日，泰丰公司将300吨芝麻存入储备库，并同时支付仓储费6万元，储备库给泰丰公司出具了仓单。同年12月5日，泰丰公司因芝麻外调，持仓单将300吨芝麻提出。随后，泰丰公司便以合同约定存储期限3个月，而实际仅存储1个半月为由，要求储备库减收仓储费，并返还3万元仓储费。储备库以泰丰公司违约为由拒绝退还，双方为此而形成纠纷，泰丰公司于2001年3月13日向人民法院提起诉讼，请求判令储备库退还仓储费3万元。

案例54：赔偿责任如何承担

2022年1月7日，三星肉联厂与财旺冷冻厂签订仓储合同，合同主要约定：三星肉联厂于同年1月15日、20日分别存入财旺冷冻厂猪肉60吨、90吨，存储期限为2个月，仓储费3万元。合同签订后，三星肉联厂于同年1月15日、20日分别存入财旺冷冻厂猪肉60吨、90吨，财旺冷冻厂给三星肉联厂出具了仓单，三星肉联厂于1月15日支付仓储费3万元。

同年1月25日，财旺冷冻厂在对三星肉联厂存入的猪肉数量盘存时，发现1月20日存入的90吨猪肉短少5吨，计款2.5万元，遂书面告知三星肉联厂，经三星肉联厂核对，短少5吨猪肉系入库单填写错误所致，应更正为实存猪肉85吨。同年2月6日，财旺冷冻厂值班人员王某因用电炉子致使电路短路，又未采取有效措施，致使三星肉联厂所存入的猪肉变质10吨，计款5万元。三星肉联厂对变质的10吨猪肉拒绝接受。双方为此形成纠纷。三星肉联厂请求法院判令财旺冷冻厂赔偿10吨猪肉损失5万元，财旺冷冻厂以系王某所造成的损失，应由王某赔偿为由拒绝赔偿。

上述案例，均涉及仓储合同当事人履行合同的义务问题。试问：存货人有哪些主要义务？保管人有哪些主要义务？

二、存货人的主要义务

根据《民法典》的有关规定，存货人的主要义务如下：

1. 存货人负有对仓储物性质特征的说明义务。保管人的仓储保管行为及责任，与仓储合同的标的物——仓储物紧密相关，不同的仓储物，其保管仓储的条件、方法，对仓储保管行为的要求各不相同，因此对仓储物性质特征的说明，既是仓储物储存保管的需要，也是存货人在订立合同及交付仓储物时必须履行的义务。尤其是对于有特殊性能、特殊保管要求的仓储物，要严格履行此项说明义务。《民法典》第906条第1款规定："储存易燃、易爆、有毒、有腐蚀性、有放射性等危险物品或者易变质物品的，存货人应当说明该物品的性质，提供有关资料。"存货人在订立合同时即应对仓储物的特殊性加以明确，合同中应注明有危险性或易变质物品的状况，对于其他有仓储保管特殊条件需要的，也应予以说明，并确定保管条件要求，以便保管人作必要的准备。当然，对于储存易燃、易爆、有毒、有腐蚀性、有放射性等危险物品的，保管人必须具备相应的保管条件。

存货人没有说明所储存的危险物品及易变质物品的性质，也没有提供有关资料，保管人在入库检验时发现的，有权拒收仓储物。保管人在接受仓储物之后发现是危险物品或易变质物品，除及时通知存货人，要求其采取措施外，也可以自行采取相应措施，防止损害的发生，由此产生的费用应由存货人承担。因存货人未尽说明义务，致使保管人的财产或者其他存货人的货物等造成损害的，存货人应当承担损害赔偿责任。如果存货人未说明所存货物为易变质物品而导致该物品变质损坏的，保管人不承担责任。

2. 存货人负有支付仓储费和其他必要费用的义务。需要特别注意的是，根据《民法典》第915条的规定，存货人或者仓单持有人逾期提取仓储物，应当加收仓储费；提前提取的，不减收仓储费。

3. 存货人负有及时处置危险仓储物的义务。根据《民法典》第913条的规定，存货人接到保管人对于危及其他仓储物安全和正常保管的有变质或者其他损坏的仓储物的催告后，应及时作出必要的处置，否则，应对因此造成的损害负赔偿责任。保管人因情况紧急作出必要处置的，存货人接到保管人的处置通知后应当负担有关的处理费用。

4.存货人负有提取仓储物的义务。根据《民法典》第915条的规定，储存期限届满，存货人或者仓单持有人应当凭仓单、入库单等提取仓储物。仓单持有人逾期提取仓储物致使仓储物不能如期出库而造成压库时，应当加收仓储费。依据《民法典》第916条的规定，储存期限届满，存货人或者仓单持有人不提起仓储物的，保管人可以催告其在合理期限内提取，逾期不提取的，保管人可以提存仓储物。

三、保管人的主要义务

1.保管人负有仓单交付义务。《民法典》第908条规定了保管人的此项义务，即"存货人交付仓储物的，保管人应当出具仓单、入库单等凭证"。仓单既是存货人已经交付仓储物的凭证，又是存货人或者仓单持有人提取仓储物的凭证，因此，保管人在存货人交付仓储物时交付仓单就成为一项重要的法律义务。

2.保管人负有接受和验收存货人的货物入库的义务。《民法典》第907条规定了保管人的此项义务，即"保管人应当按照约定对入库仓储物进行验收。保管人验收时发现入库仓储物与约定不符合的，应当及时通知存货人。保管人验收后，发生仓储物的品种、数量、质量不符合约定的，保管人应当承担赔偿责任"。

3.保管人负有妥善保管仓储物的义务。保管人应当按照合同约定的保管条件和保管要求，妥善保管仓储物。保管人储存易燃、易爆、有毒、有腐蚀性、有放射性等危险物品的，应当具备相应的保管条件。保管人对危险物品和易腐物品保管时，应当按照国家的规定或合同约定的要求操作或储存。《民法典》第906条第3款规定："保管人储存易燃、易爆、有毒、有腐蚀性、有放射性等危险物品的，应当具备相应的保管条件。"当保管条件不具备时，不得接受危险物品或易腐物品作为仓储合同的仓储物。

妥善保管仓储物同时也意味着，保管人对仓储物负有较保管合同中的保管人更重要的保管责任。我国《民法典》第917条规定："储存期内，因保管不善造成仓储物毁损、灭失的，保管人应当承担赔偿责任。因仓储物本身的自然性质、包装不符合约定或者超过有效储存期造成仓储物变质、损坏的，保管人不承担赔偿责任。"另外，仓储合同属于保管合同的特殊类型，保管合同的有关规定，也适用于仓储合同。

4.保管人负有危险通知的义务。《民法典》第912条、第913条规定了保管人的此项义务："保管人发现入库仓储物有变质或者其他损坏的，应当及时通知存货人或者仓单持有人。""保管人发现入库仓储物有变质或者其他损坏，危及其他仓储物的安全和正常保管的，应当催告存货人或者仓单持有人作出必要的处置。因情况紧急，保管人可以作出必要的处置；但是，事后应当将该情况及时通知存货人或者仓单持有人。"

5.保管人负有返还仓储物的义务。仓储合同约定的保管期限届满，或者因其他事由终止合同时，保管人应将储存的原物返还给存货人或仓单持有人。我国《民法典》第915条规定："储存期限届满，存货人或者仓单持有人应当凭仓单、入库单等提取仓储物。存货人或者仓单持有人逾期提取的，应当加收仓储费；提前提取的，不减收仓储费。"由此可见，保管人不得无故扣押仓储物。

关于返还仓储物的地点，如果当事人在仓储合同中明确约定的，保管人应依约定办理。保管人错发货物或错送到货地点的，产生的损失由保管人自己负责。仓储合同中没有约定返还仓储物地点的，一般应当以存储仓储物的仓库所在地为交付地点。

合同中没有约定储存期间的，存货人可随时提取仓储物，仓管人也可以随时要求存货人取货。我国《民法典》第914条规定："当事人对储存期限没有约定或者约定不明确的，存货人或者仓单持有人可以随时提取仓储物，保管人也可以随时请求存货人或者仓单持有人提取仓储物，但是应当给予必要的准备时间。"仓储合同中约定有储存期间的，在仓储合同期限届满前，保管人不得要求返还或要求由存货人取回保管物。但是，在存货人要求返还时，保管人不得拒绝返还。存货人提前取回保管物，不得要求减收仓储费。

四、对案例53、案例54的简要评析

1.对案例53的简要评析

在案例53中，泰丰公司与储备库争议的焦点是储存期间缩短，储备库是否应按比例退还3万元的仓储费。

依据《民法典》第 905 条"仓储合同自保管人和存货人意思表示一致时成立"的规定，泰丰公司与储备库双方所签订的合同自 2021 年 10 月 18 日起生效，为合法有效合同。

根据《民法典》第 915 条"存货人……提前提取的，不减收仓储费"的规定，泰丰公司虽提前 1 个半月提取仓储物芝麻，但储备库不应该退还 3 万元仓储费。因此，原告泰丰公司的诉讼请求不应得到支持，应予驳回。

2. 对案例 54 的简要评析

在案例 54 中，三星肉联厂与财旺冷冻厂双方争议的焦点是由谁承担赔偿责任。

三星肉联厂与财旺冷冻厂所签订的仓储合同，当为合法有效合同。

冷冻厂在验收时未认真核查数量，导致事后盘存时发现短少 5 吨猪肉。因三星肉联厂亦认可为入库单填写错误所致，才免去财旺冷冻厂对此 5 吨猪肉所应承担的赔偿责任。若三星肉联厂矢口否认填写错误，则根据《民法典》第 907 条的规定，财旺冷冻厂应当承担赔偿责任。

根据《民法典》第 917 条的规定，10 吨猪肉变质是由于保管人财旺冷冻厂保管不善所致，因此，该冷冻厂应当向三星肉联厂承担 10 吨猪肉计款 5 万元的损害赔偿责任。

财旺冷冻厂认为 10 吨猪肉变质是其工作人员王某造成的，应由王某承担赔偿责任。但因为王某的行为属于职务行为，应由其所在的企业财旺冷冻厂承担赔偿责任。因此，财旺冷冻厂的辩称理由是不能成立的，不予支持。当然，财旺冷冻厂承担责任后，可向直接责任人王某追偿。

第十四章

委托合同

本章概要

委托合同是委托人和受托人约定，由受托人处理委托人事务的合同。在委托合同关系中，委托他方处理事务的人，称为委托人；允诺为他人处理事务的人，是受托人。

《民法典》合同编"委托合同"基本上保留了《合同法》对"委托合同"的规定，仅仅是个别条文作了修改。本章共计18个条文，主要对委托合同的定义、委托权限、受托人的报告义务、受托人亲自处理事务义务、委托人支付报酬义务、委托人请求损害赔偿的权利、共同委托、委托合同的解除等作了规定。

第一节　委托合同概述

一、问题的提出

委托合同，又称委任合同，依据《民法典》第919条的规定，委托合同是委托人和受托人约定，由受托人处理委托人事务的合同。在委托合同关系中，委托他方处理事务的人，称为委托人；允诺为他人处理事务的人，是受托人。

委托合同是一种比较古老的合同类型。在《汉谟拉比法典》中就对委托合同有专门的规定。早期的罗马法也有委任、代理等方面的法律规定。现代大陆法系各国对委托合同制度基本上都作了具体明确的规定，以《德国民法典》为代表，大多数国家在立法上均对委托契约与代理加以明确区分，一般是在总则中专门规定代理制度，而债编中专门规定委任契约。

在研究委托合同几个一般性问题之前，先看一则案例。

案例55：业务员将款项据为己有，公司应否承担赔偿责任

甲公司与乙公司之间早有委托业务往来，自2021年7月至2022年3月，乙公司曾多次代甲公司收取现金1200元至15000元不等。2022年4月13日，甲公司填写了存放在乙公司处的快递单（NO202），委托乙公司向案外人丙公司收款3万元，该快递单载明，发件公司为甲公司，收件公司为丙公司，物品名称及数量栏明确"收据带去，收叁万元现金回"。上述快递单及甲公司开具的现金收据由乙公司快递员李某从甲公司处领取后交于快递员王某，由王某送交丙公司。嗣后，丙公司测试部负责人吴某收到收据并在快递单上签字确认后，即将3万元现金交予王某，但当日王某未回乙公司，现去向不明。乙公司以快递员王某收取丙公司交付的3万元后出走，已涉嫌职务侵占为由，向公安机关报案。

上述案例是一起典型的委托合同纠纷。试问：如何理解委托合同？委托合同与直接代理、雇佣合同、承揽合同有何区别？如何理解特别委托与概括委托？

二、委托合同的法律特征

委托合同与其他合同相比，有其自身的法律特征：

1. 委托合同是以为他人处理事务为目的的合同。各国法律均认为，委托合同的目的是处理或管理委托人事务。但关于"事务"的范围，则有不同见解。一种观点认为，事务之种类，并无限制。无论其为法律行为或为有经济意义之行为或仅为单纯的事实上之行为（如代读贺词、慰问病人），苟其事项不背于公序良俗或法律未有禁止规定而得依一定之目的处理之者，以其事务之处理委托于他人，均为委任。[1]另一种观点认为，委托受托人处理的事务，只限于法律行为。[2]从我国《民法典》的规定来看，未将委托事务的范围限于法律行为，只要不是具有人身性（如婚姻登记等）的各种事务均可委托他人办理。可将委托受托人处理的事务划分为两类：（1）法律行为。法律行为是以意思表示为构成要素并可产生法律效果的行为，如为委托人订立各种合同，代理委托人参加诉讼等，只要法律行为不违反法律的有关规定或者按照事务的性质不能委托他人代理之外，均可以为之。（2）非法律行为。非法律行为系不以意思表示为构成要素的事实行为，如注册会计师为委托人整理账目，邻居为委托人照看房子等。一般认为，只要不违反法律规定，不违背公序良俗，事实行为均可以作为委托事务。[3]

2. 委托合同的订立以委托人与受委托人的相互信任为前提。委托人之所以选定某人为其处理事务，是基于对其能力及信誉的信任和了解。而受托人之所以接受委托也是出于对委托人的了解和信任。没有相互信任和了解，委托合同难以成立或即使成立了也难以巩固。因此，委托合同成立后，若一方

---

[1] 史尚宽：《债法各论》，中国政法大学出版社2000年版，第381页。
[2] 王家福主编：《中国民法学·民法债权》，法律出版社1991年版，第723页。
[3] 黄薇主编：《中华人民共和国民法典释义（中）》，法律出版社2020年版，第1634页。

对另一方产生了不信任，可以随时终止合同。

3. 委托合同是诺成性、不要式的合同。委托合同自双方当事人意思表示一致时，即可成立生效，不以物的交付或当事人实际履行作为合同的生效要件，因此委托合同为诺成合同。委托合同原则上为不要式合同，当事人可根据实际情况选择适当的形式，如口头或书面形式。但法律规定应采用书面形式的，此书面形式的委托合同为要式委托合同。

4. 委托合同可以是有偿的，也可以是无偿的。究竟是有偿还是无偿，视法律的规定或双方的约定而定。委托合同为无偿的，委托人仍应承担受托人办理委托事务所支出的必要费用。当事人有约定的，从其约定。当事人未约定的，依《民法典》第928条第1款的规定，受托人完成委托事务的，委托人应当向其支付报酬。因此，从《民法典》的规定来看，委托合同以有偿为原则，以无偿为例外。

三、委托合同与类似合同的法律区别

（一）委托合同与直接代理

直接代理是指代理人在代理权限内依被代理人的名义实施民事法律行为，被代理人对代理人的代理行为承担民事责任的制度。代理是由代理人代本人作出意思表示或受意思表示的，与委托合同中受托人为委托人处理事务一样，都是为他人服务的。两者极为相似，但仍然存在区别。

直接代理与委托合同的联系，主要表现在：（1）在直接代理关系中，代理人以被代理人的名义实施法律行为；在委托合同关系中，受托人为委托人处理的事务，亦可以是法律行为，其中也包括以委托人的名义实施法律行为，即为代理行为。（2）直接代理如果属于委托代理，其中须以委托合同作为代理权的授予基础。（3）在委托合同关系中，如果委托事务是法律行为，代理往往是处理委托事务的手段。

直接代理与委托合同的区别，主要表现在：（1）直接代理中代理人的代理行为只有法律行为，不包括事实行为；而委托合同中受托人处理事务的行为可以包括事实行为。（2）直接代理属于对外关系，存在于本人与代理人以外的第三人之间，不对外也就无所谓代理；而委托是一种对内关系，存在于

委托人和受托人之间。(3) 直接代理中代理人是以被代理人的名义进行民事活动；而委托合同中，受托人可以以委托人的名义进行活动，也可以以自己的名义进行民事活动。(4) 直接代理中，被代理人授予代理人代理权属于单方法律行为；而委托合同为双方法律行为，其成立应有受托人的承诺，若受托人不承诺，则合同不能成立。(5) 直接代理根据代理人产生的根据不同可分为委托代理、法定代理和指定代理，而委托合同产生的根据只能是委托，是委托人与受托人的合同。

（二）委托合同与雇佣合同

委托合同与雇佣合同都是一方当事人为另一方当事人提供劳务的合同，其区别表现为：(1) 雇佣合同订立的目的在于受雇人向雇佣人提供劳务；而委托合同订立的目的则在于受托人为委托人办理事务，受托人提供劳务不过是满足这一目的的手段而已。(2) 受雇人依据雇佣合同提供劳务，必须绝对服从雇佣人的指示，自己一般并不享有独立的酌情裁量权；而委托合同中的受托人虽然必须依委托人的指示处理事务，但一般都享有一定的独立裁量的权利。(3) 雇佣合同为有偿合同；而委托合同可以是有偿的，也可以是无偿的。

（三）委托合同与承揽合同

委托合同与承揽合同都是提供劳务的合同，委托合同中的受托人和承揽合同中的承揽人都是按照他人的要求完成一定任务，但是，两者存在明显的区别：(1) 合同标的不同。委托合同中受托人的义务是处理委托人的事务，注重的是处理事务的过程而非结果。而承揽合同注重的是工作成果，如果承揽人不能依约提交工作成果，一般要承担违约责任。(2) 是否有偿不同。委托合同可以是有偿的，也可以是无偿的，根据双方当事人约定或依交易习惯确定。而承揽合同一般为双务、有偿合同，定作人获得工作成果需要支付报酬。(3) 风险承担不同。委托合同中受托人办理委托事务的风险与责任由委托人承担。而承揽合同中，承揽过程中由承揽人占有承揽标的并承担相应的责任与风险，承揽人通过交付工作成果获得报酬，转移风险负担。(4) 合同解除权不同。委托合同中，委托人和受托人双方均可以随时解除合同。而承揽合同中，只有定作人可随时解除合同。①

四、特别委托与概括委托

《民法典》第 920 条规定："委托人可以特别委托受托人处理一项或者数项事务，也可以概括委托受托人处理一切事务。"依此规定，以委托事务的范围为确定标准，可将委托划分为概括委托和特别委托。特别委托与概括委托只是在委托事务的范围上有所不同，两者之间在委托合同的性质以及当事人的权利义务关系上并无不同。

特别委托，是指委托人将其一项或者数项事务委托给受托人处理。特别委托是实际生活中较为常见的委托情形，比如，当事人将其诉讼事务委托给某律师处理，某公司将其制作年度财务报告事务交给某注册会计师处理，某人将其房屋租赁事务交给其他人处理等。

概括委托，又称一般委托，是指委托人将其一切事务委托给受托人处理。关于概括委托，有两点要特别注意：（1）概括委托不是绝对的。概括委托并不意味着委托人将其任何事务一概委托给受托人处理，而只是表明委托事务范围在一定程度上不受明确限制。（2）概括委托也是有界域的，通常只是表明委托人将其一定领域的一切事务委托给受托人处理，在此领域内，受托人处理事务的范围不受限制，如聘请律师担任其企业或私人法律顾问，概括委托律师处理法律事务。

五、对案例 55 的简要评析

在案例 55 中，对于甲公司要求乙公司收回案外人丙公司付款的行为究竟属于运输合同关系还是委托合同关系的问题，从双方约定的合同内容及多次履行情况分析，在业务往来中，甲公司要求乙公司完成的工作主要包括两部分内容：一是委托乙公司将有关单据交付客户丙公司；二是委托乙公司将有关款项收回。运输合同是指承运人将旅客或者货物从起运地点运输到约定地点，旅客、托运人或者收货人支付票款或者运输费用的合同。乙公司为甲

---

① 参见最高人民法院民法典工程实施工作领导小组主编：《中华人民共和国民法典合同编理解与适用（三）》，人民法院出版社 2020 年版，第 2473 页。

公司运送有关单据的行为符合运输合同的特性，而乙公司代为甲公司收取案外人丙公司款项的行为显然已经超出运输合同法律规定所能调整的范畴。由于甲公司委托乙公司办理的事务已经在快递单上明确注明，而乙公司在接受该项事务时不仅没有提出异议，而且多次按约为甲公司收回钱款，因此将乙公司代替甲公司收取案外人丙公司钱款的行为确定为委托合同关系，定性是准确的。

同时，乙公司认为甲公司没有提供直接证据证明王某已经收取丙公司交付的3万元，但是在有关的报案材料中，乙公司明确王某收取款项涉嫌职务侵占犯罪，印证了王某收到了涉案款项，并不影响乙公司对甲公司承担民事赔偿责任。

第二节　委托合同的效力

一、问题的提出

委托合同一经签订，即发生法律效力。在当事人未解除委托合同之前，双方均应按委托合同的约定履行自己的义务。委托合同的效力表现为委托人和受托人应负的主要义务，委托人的介入权与第三人的选择权。

在研究委托合同的效力之前，先看两则案例。

案例56：许诺官司胜诉多收取的代理费应否退还

去年10月，陈先生因一起行政赔偿案，聘请了某律师事务所的孙律师作为他的委托代理人。起诉前，孙律师与陈先生分析案情后商定，该案起诉标的额为6万元。此案开庭后，孙律师又建议他把标的额由6万元增加到了12万元，并声称官司胜券在握。没想到，一个月后，法院只判决赔偿陈先生3万元，而陈先生却必须以12万元的标的额付给孙律师代理费。想起孙律师开庭前的承诺，陈先生气愤难当，便以委托律师存心提高标的额增加自己的收入为由，将孙律师送上被告席，要求法院判令其退还因追加6万元标的额而另收的代理费1100元。

案例57：民事责任由委托人承担还是由受托人承担[①]

杨某庆、杨某彦、杨某才、杨某书四人合伙开办经营垮子营砖厂，四人口头委托杨某林与原告洽谈并签订砖厂占用地合同，合同主要约定：垮子营村委4亩地供乙方（杨某林）建造砖厂使用，占地期限为4年，每亩地每年价款1200元。在合同履行过程中，2016年3月12日，土地部门给砖厂颁发临时用地许可证，使用期限为2016年至2018年。临时用地许可证到期后，因砖厂未办理延期土地使用权证，被处以4000元的罚款。2018年3月初，杨某庆等四合伙人对2016年度、2017年度的合伙账目进行清算，但在未算清的情况下，杨某庆、杨某彦离开砖厂至今。

一审法院认为：原、被告所签订的砖厂占用地合同，除违约条款超出法律规定无效外，其余条款应为有效。据此，判决如下：一、砖厂占地合同，除违约条款无效外，其余条款为有效合同。二、被告杨某林支付原告土地占用款9600元。三、被告杨某庆、杨某彦、杨某才、杨某书赔偿杨某林损失9600元。

二审法院认为：双方所签订的砖厂占用地合同除核发临时用地许可证被批准的面积及使用期限2年有效外，其余为无效合同；杨某庆等4人合伙承包砖厂的合伙协议合法有效；以杨某林名义与垮子营村委所签订的砖厂占用地合同，签订合同时，垮子营村委明确表示知道杨某庆等四人为合伙关系，杨某庆等4人均在场，杨某林与杨某庆等四合伙人之间系代理关系，故该合同应直接约束垮子营村委与杨某庆等四合伙人，杨某林的民事行为所产生的民事责任依法应当由杨某庆等四合伙人承担；2018年、2019年由杨某才、杨某书实际经营砖厂，又为受益人，应承担赔偿占地款的直接责任。因合伙人杨某庆、杨某彦擅自退伙给垮子营村委造成占地款不能及时收回，应对杨某才、杨某书赔偿垮子营村委占地款负连带清偿责任。

根据上述案例，试问：委托人的主要义务有哪些？受托人的主要义务有

[①] 参见何志编著：《合同法原理精要与实务指南》，人民法院出版社2008年版，第994页。

哪些？委托人的介入权和第三人的选择权是如何规定的？

二、委托人的主要义务

根据《民法典》的有关规定，委托人的主要义务为：

1. 委托人负有向受托人支付费用的义务。《民法典》第921条规定了委托人的此项义务，即"委托人应当预付处理委托事务的费用。受托人为处理委托事务垫付的必要费用，委托人应当偿还该费用并支付利息"。受托人在处理委托事务时，总要支付一定的费用。因受托人是为委托人的利益处理委托事务，所以，无论委托合同是否有偿，为处理委托事务而支付的费用，应当由委托人负担。对此，受托人可以要求委托人履行支付费用的义务。

应当注意的是，除非合同有约定，否则，受托人并无垫付费用的义务。受托人可以根据其与委托人的关系，自行决定是否为委托人垫付费用。委托人不能以合同未约定费用垫付事项，而拒绝偿还受托人垫付的费用及利息。对于因委托人不按约定预付费用或者不偿还费用而影响委托事务处理的，应当由委托人承担后果。

2. 委托人负有向受托人支付报酬的义务。《民法典》第928条规定了委托人的此项义务，即"受托人完成委托事务的，委托人应当按照约定向其支付报酬。因不可归责于受托人的事由，委托合同解除或者委托事务不能完成的，委托人应当向受托人支付相应的报酬。当事人另有约定的，按照其约定"。依此规定，委托人支付报酬的义务并不以委托合同对报酬事项有明确约定为必要，因为委托合同以有偿为原则，以无偿为例外，即只有在委托合同中明确约定不支付报酬的，委托人才不支付报酬。

3. 委托人负有向受托人赔偿损失的义务。《民法典》第930条规定了委托人的此项义务，即"受托人处理委托事务时，因不可归责于自己的事由受到损失的，可以向委托人请求赔偿损失"。依此规定，受托人根据委托人的指示处理事务，若出现不可归责于受托人的事由而给受托人造成损失时，委托人应负赔偿义务。

同时，《民法典》第931条还规定："委托人经受托人同意，可以在受托人之外委托第三人处理委托事务。因此造成受托人损失的，受托人可以向委托人请求赔偿损失。"《民法典》第931条的规定，实为委托合同当事人协议一致解除合同，根据《民法典》第 566 条的规定，委托人亦负有赔偿损失的义务。

三、受托人的主要义务

根据《民法典》的有关规定，受托人的主要义务为：

1.受托人负有按照委托人的指示处理委托事务的义务。《民法典》第 922 条规定了受托人的此项义务，即"受托人应当按照委托人的指示处理委托事务。需要变更委托人指示的，应当经委托人同意；因情况紧急，难以和委托人取得联系的，受托人应当妥善处理委托事务，但是事后应当将该情况及时报告委托人"。委托合同是受托人接受委托人的委托而订立的，因此，受托人应当一丝不苟地按照委托人的指示，在委托人授权的范围内认真维护委托人的合法权益，想方设法完成委托事务。受托人按照委托人的指示处理委托事务，这是受托人的首要义务。受托人原则上不得变更委托人的指示，如果受托人在处理委托事务的过程中，因客观情况发生变化，为了维护委托人的利益而需要变更委托人的指示时，法律规定应当经委托人同意。

受托人只有在以下情况下才可以不按委托人的指示办事：（1）因情况紧急，需要立即采取新的措施；（2）由于客观原因，难以和委托人取得联系；（3）为维护委托人的利益所必须。例如，甲委托乙为其出售股票，明确指示某日以后再抛出，但股票价值突然骤跌，如果等到甲指示的某日再出售，股票将严重贬值；甲又外出办事，短时间内难以取得联系，此时，乙推定如果甲知道此情况，也会变更其指示，乙就有变更指示的权利，应当机立断妥善处理。如果受托人在不应该变更指示的时候而变更了，就应当负损害赔偿责任。

2.受托人负有亲自处理委托事务的义务。《民法典》第 923 条规定了受托人的此项义务，即"受托人应当亲自处理委托事务。经委托人同意，受托人可以转委托。转委托经同意或者追认的，委托人可以就委托事务直接指示转委托的第三人，受托人仅就第三人的选任及其对第三人的指示承担责任。转委托未经同意或者追认的，受托人应当对转委托的第三人的行为承担责任；但是，在紧急情况下受托人为了维护委托人的利益需要转委托第三人的除外"。依此规定，受托人应当亲自处理委托事务。这是因为委托合同基于双方当事人的相互信赖而订立，只有受托人亲自处理受托事务，才符合委托人的初衷。

依据《民法典》第923条的规定，虽受托人一般亲自处理受托事务，但在符合法律规定的情况下，进行转委托也是可以的。转委托包括下面两种情形：（1）转委托经委托人同意。经委托人同意，受托人可以转委托。此时委托人可以就委托事务直接指示转委托的第三人，受托人仅就第三人的选任及其对第三人的不当指示承担责任，其他概不负责。（2）转委托未经委托人同意。转委托未经委托人同意，转委托第三人的行为应被视为是受托人的行为，受托人对该第三人的行为承担责任。然而，在紧急情况下，受托人为了委托人的利益而进行的转委托，应当视为委托人同意的转委托。

3. 受托人负有向委托人报告的义务。《民法典》第924条规定了受托人的此项义务，即"受托人应当按照委托人的要求，报告委托事务的处理情况。委托合同终止时，受托人应当报告委托事务的结果"。依此规定，受托人在处理委托事务的过程中，根据委托人的请求，应当按照委托人的要求报告事务处理的进展情况，作出指示。受托人在委托合同终止时，也应按照委托人的要求报告办理经过和结果，并要提交必要的书面材料和证明文件等。

4. 受托人负有向委托人交付财产的义务。《民法典》第927条规定了受托人的此项义务，即"受托人处理委托事务取得的财产，应当转交给委托人"。此义务是基于委托人的委托行为而产生的。对委托事务产生的后果，自然由委托人承担。所以，无论是以委托人的名义、受托人的名义，还是通过转委托，从第三人处得到的财产，均应交付给委托人，当无疑问。

5. 受托人负有向委托人赔偿损失的义务。《民法典》第929条规定了受托人的此项义务，即"有偿的委托合同，因受托人的过错造成委托人损失的，委托人可以请求赔偿损失。无偿的委托合同，因受托人的故意或者重大过失造成委托人损失的，委托人可以请求赔偿损失。受托人超越权限造成委托人损失的，应当赔偿损失"。

同时，根据《民法典》第932条的规定，两个以上的受托人共同处理委托事务的，若其中一个受托人或数个受托人给委托人带来损失的，委托人可以向所有受托人或其中任何一个要求赔偿，任何受托人不得拒绝。因为，受托人之间承担连带责任。

四、委托人的介入权和第三人的选择权

（一）受托人与第三人合同对委托人和第三人的直接约束力

受托人与第三人合同对委托人和第三人的直接约束力，由《民法典》第925条作出了规定，即"受托人以自己的名义，在委托人的授权范围内与第三人订立的合同，第三人在订立合同时知道受托人与委托人之间的代理关系的，该合同直接约束委托人和第三人；但是，有确切证据证明该合同只约束受托人和第三人的除外"。依此规定，《民法典》确立了间接代理（隐名代理）制度。

所谓间接代理，是指代理人为了被代理人的利益，以自己的名义与第三人开展民事法律行为，其效果间接归属于被代理人。在间接代理中，本人与第三人不存在法律关系，本人不能直接对第三人主张权利，而必须由代理人把其从合同中取得的权利转让给本人之后，本人才对第三人主张权利。行纪合同被视为典型的间接代理。

受托人以自己名义与第三人之间订立合同，该合同形式上的当事人是受托人与第三人，而委托人在形式上并不是该合同的当事人。在符合《民法典》第925条规定的情形时，该合同对委托人与第三人之间的直接约束力，并不是根据受托人与第三人的约定而产生，而是根据《民法典》的直接规定而产生，因而是法定的直接约束力。

受托人以自己名义与第三人订立的合同，如果依法对委托人和第三人产生直接约束力，其主要表现应当是：（1）委托人与第三人可以根据受托人与第三人订立的合同，直接向对方履行行为或接受履行行为。（2）委托人与第三人可以根据受托人与第三人订立的合同，直接向对方主张权利。（3）委托人与第三人可以根据受托人与第三人订立的合同，直接向对方承担责任。（4）自受托人与第三人之间订立的合同生效之时，在委托人与第三人之间的直接约束力即发生效力。

受托人以自己名义与第三人订立的合同，如果依法对委托人与第三人之间产生直接约束力，应当具备以下要件：（1）受托人以自己名义订立合同。如果受托人以委托人名义订立合同，自然约定直接约束委托人与第三人，不

存在依《民法典》第 925 条规定的直接约束力的问题。（2）受托人在委托人授权范围内订立合同。如果受托人与第三人订立的合同超出了委托人的授权范围，该合同就不能对委托人产生约束力。（3）第三人必须在订立合同时就知道受托人与委托人之间存在代理关系。（4）无确切证据证明合同只约束受托人和第三人。

（二）委托人的介入权

委托人的介入权，由《民法典》第 926 条第 1 款作出了规定，即"受托人以自己的名义与第三人订立合同时，第三人不知道受托人与委托人之间的代理关系的，受托人因第三人的原因对委托人不履行义务，受托人应当向委托人披露第三人，委托人因此可以行使受托人对第三人的权利。但是，第三人与受托人订立合同时如果知道该委托人就不会订立合同的除外"。

依《民法典》第 926 条第 1 款的规定，委托人行使介入权须具备的前提条件为：（1）受托人以自己名义与第三人订立合同。如果受托人以委托人名义订立合同，其效果直接归属于委托人，因而不存在委托人行使介入权问题。（2）第三人在订立合同时，不知道受托人与委托人之间有代理关系。否则，受托人与第三人订立的合同，依《民法典》第 925 条的规定，直接约束委托人和第三人，因而也不存在委托人行使介入权问题。（3）受托人对委托人不履行义务。（4）受托人不履行义务的原因在于第三人。（5）第三人与受托人订立合同时，不存在如果知道委托人就不会订立合同的情形。

受托人在因第三人的原因不履行委托合同时，有义务向委托人披露第三人，否则，受托人对因此产生的损失或者扩大的损失，应当承担责任。受托人在履行披露第三人的义务时，应当根据诚实履约的原则，及时、充分地披露，而不仅仅是向委托人告知第三人的名称或姓名、地址等简单信息。

委托人的介入权在性质上属于形成权。形成权，是指权利人依自己的行动，使自己与他人间的法律关系发生变动的权利。形成权的主要功能在于权利人可以依其单方的意思表示，使已成立的法律关系的效力发生、变更或消灭。因此，委托人可以自己决定是否行使介入权，而不用经受托人或者第三人同意。委托人一旦决定行使介入权，受托人根据与第三人的合同所产生的各项权利，均应由受托人行使，受托人不再对第三人主张权利。如果委托不行使介入权，受托人应根据委托合同以及与第三人合同的约定，继续为委托人的利益向第三人主张权利。

（三）第三人的选择权

《民法典》第 926 条第 2 款对第三人的选择权作了规定，即"受托人因委托人的原因对第三人不履行义务，受托人应当向第三人披露委托人，第三人因此可以选择受托人或者委托人作为相对人主张其权利，但是第三人不得变更选定的相对人"。

依《民法典》第 926 条第 2 款的规定，第三人行使选择权，须具备的前提条件为：（1）受托人以自己名义与第三人订立合同。若受托人以委托人名义订立合同，其效果直接归属委托人，因而不存在第三人行使选择权的问题。（2）第三人在订立合同时，不知道受托人与委托人之间有代理关系。（3）受托人对第三人不履行义务。（4）受托人不履行义务的原因在于委托人。

《民法典》规定第三人的选择权，是因为委托人的行为与第三人的权利实现之间存在实质上的联系。第三人的选择权是《民法典》直接规定的法定权利，不以当事人之间的约定为必要，亦不能因当事人之间的相反约定而排除。但必须注意的是，第三人行使选择权的基础并不是委托人与受托人之间承担连带责任。因此，第三人的选择权是对其实体权利相对人的选择权，而不是其行使请求权顺序上的选择权，比如，如果第三人选择委托人主张权利，即使因委托人欠缺履行能力而不能完全承担责任，第三人也不能就委托人未能承担责任的部分再向受托人主张权利，即所谓的"第三人不得变更选定的相对人"。

依据《民法典》第 926 条第 2 款的规定，受托人负有向第三人披露委托人的义务，此为法定义务，且是《民法典》对受托人义务的例外规定。受托人的披露应做到真实，因为第三人在与受托人订立合同时，并不知道受托人具有"受托人"的身份，也并不知道受托人是在根据委托人的指示、为委托人的利益而订立合同。如果受托人在不履行与第三人的合同义务时，虚构委托人或者虚构委托人的事由以推脱责任，会给第三人行使权利造成极大障碍。因此，因受托人不如实履行披露委托人义务，而致使第三人产生或扩大损失的，受托人应当为此向第三人承担责任。

(四)委托人和第三人的抗辩权

《民法典》第 926 条第 3 款对委托人和第三人的抗辩权作了规定,即"委托人行使受托人对第三人的权利的,第三人可以向委托人主张其对受托人的抗辩。第三人选定委托人作为其相对人的,委托人可以向第三人主张其对受托人的抗辩以及受托人对第三人的抗辩"。

五、司法实践中应当注意的问题[①]

1. 审判实践中判断受托人是否尽到了注意义务,应当区分情形而定:(1)有偿的委托合同。在此种情况下,因委托人需要支付报酬,委托就成为一种交易活动,受托人的注意义务较重,应比一般人更勤勉地加以注意,以保证交易的安全。其注意标准理论上称为"善良管理人的注意",欠缺这样的注意义务,即为有过错,由此产生的责任,理论上称为"抽象轻过失责任"。(2)无偿的委托合同。在此种情况下,由于受托人通常是基于道德方面的原因单方面承担义务,委托人单方面获得利益,在权利义务不平衡的前提下,只有受托人承担较轻的注意义务才能获得一种平衡。因此,法律对无偿委托合同要求受托人存在"重大过失责任"时,才承担赔偿责任。

2. 在对第三人仅知道受托人的代理人身份,而不知道委托人具体是谁的情况下,能否产生委托人的自动介入,我国《民法典》第 925 条规定,受托人以自己的名义,在授权范围内与第三人签订合同,第三人在订立合同时知道受托人与委托人之间的代理关系的,该合同直接约束委托人和第三人(学理上又称委托人的自动介入),但有确切证据证明该合同约束受托人和第三人的除外。审判实务中就该法条中规定的"第三人在订立合同时知道受托人与委托人之间的代理关系"在理解上有时产生错误的认识。虽然《民法典》第 925 条在立法时借鉴了英美法中的隐名代理制度,但在具体的适用条件上又有所不同。主要表现在:(1)英美法上的隐名代理制度,必须是代理人明确告知第三人代理关系存在时,才发生委托人的自动介入,第三人经由其他

---

① 参见何志编著:《合同法原理精要与实务指南》,人民法院出版社 2008 年版,第 1004-1005 页。

途径知道代理关系存在时，不发生委托人的自动介入。《民法典》第925条对此则无限制，只要第三人在订立合同时知道委托人与受托人的代理关系即可。（2）在英美法上的隐名代理制度中，代理人无须指明委托人具体是谁，只要告知第三人代理关系存在，即可发生委托人的自动介入。而《民法典》第925条对此规定得不是非常明确，解释上应以指明委托人具体是谁为前提条件。通过上面的分析可知，在第三人与受托人签订合同时仅知道受托人的代理人身份，而不知道委托人具体是谁的情况下，不能产生委托人的自动介入，即该合同不能直接约束委托人和第三人。

3.第三人和委托人的有效抗辩权对第三人选择权的影响。第三人的选择权是指当受托人因委托人的原因对第三人不履行义务时，第三人可以选择委托人或受托人作为相对人主张其权利。根据我国《民法典》的规定，第三人的选择权是对其实体权利相对人的选择权，而不是其行使请求权顺序上的选择权。如果第三人选择了委托人或受托人其中之一作为相对人主张其权利，即使其选定的相对人因欠缺履行能力而不能承担责任，第三人也不得向未被选定的相对人再为主张。但《民法典》同时规定，第三人根据选择权选定委托人为相对人后，委托人可以向第三人主张其对受托人的抗辩及受托人对第三人的抗辩。由此衍生的问题是，当第三人选定委托人作为相对人时，委托人向第三人主张其基于委托合同对受托人的抗辩，而该抗辩又有效成立的情况下第三人能否再向受托人主张其权利？如果不能，则权利人的权利就会落空，如果能，岂不与《民法典》的规定相抵触？我们认为，《民法典》规定第三人主张权利时得以选择相对人的前提之一是"受托人因委托人的原因对第三人不履行义务"，这是一个法定的一般前提。在实务中，必须证明实际情形符合这个前提，第三人才得以行使选择权。如果委托人对受托人的抗辩权成立，那么受托人不履行义务的原因就不在委托人，第三人的选择权就失去了存在的事实基础，因而第三人的选择权的行使应当是无效的。在此情况下，第三人仍可向受托人主张其权利，其请求权的基础不是法定的选择权，而是依据其与受托人之间建立的合同关系。另外，当委托人主张受托人对第三人的抗辩时，受托人应当根据委托合同的约定履行协助义务，提供第三人亦未完全、适当履行合同的相关证据材料。

六、对案例 56、案例 57 的简要评析

1. 对案例 56 的简要评析

案例 56 的情形在实务中颇为常见，一些从业律师为获得更多收益，不切实际地提高当事人起诉的诉讼标的额。而对当事人来讲，诉讼标的额越大其所承担的诉讼费、代理费就越多，反之则越少。有些律师只追求个人得失，不顾及当事人的利益，甚至利用当事人法律知识欠缺的弱点，不切实际地增加诉讼标的额，最终结果是判决结果与诉讼标的额相差悬殊，当事人为此多支付代理费、诉讼费，遭受不应有的经济损失。

在案例 56 中，受托人孙律师建议委托人陈先生把标的额由 6 万元增加到了 12 万元，并声称官司胜券在握，致使陈先生为此多付出代理费 1100 元。本不应包打"官司"，而孙律师却称胜券在握，可谓因自身过错给委托人陈先生造成多出代理费的损失。因此，根据《民法典》第 929 条第 1 款"有偿的委托合同，因受托人的过错造成委托人损失的，委托人可以请求赔偿损失……"的规定，孙律师有义务赔偿陈先生的代理费损失 1100 元。如果陈先生要求孙律师所在的事务所承担因标的额增加而多支出的诉讼费，亦应予以支持。

需要说明的是，孙律师的行为是职务行为，故陈先生应将孙律师所在的事务所告上法庭，由事务所承担赔偿责任。该案例给律师和法律工作者敲响了警钟，应引以为戒。

2. 对案例 57 的简要评析

在案例 57 中，主要涉及下列法律问题：

（1）砖厂占地合同的效力。《土地管理法》（2004 年）第 12 条规定，依法改变土地权属和用途的，应当办理土地变更登记手续；该法第 36 条第 2 款规定，禁止占用耕地。而该砖厂仅办理了为期 2 年的临时用地使用证，违反了法律强制性的规定，虽经行政执法部门作罚款处理，但仍不能改变砖厂占地的违法性，故应认定为无效合同。

（2）合伙协议的效力。杨某庆等四人合伙承包垮子营砖厂，明确约定共同投资经营，利润共享，风险共担，意思表示真实，合伙协议合法有效。

（3）以杨某林名义与垮子营村委所签订的砖厂占地合同，其民事责任的

承担问题。根据《民法典》第925条的规定，杨某林在以自己的名义签订砖厂占地合同时，垮子营村委在二审庭审中明确表示知道杨某庆等四人为合伙关系，杨某庆等四合伙人均在场，杨某林与杨某庆等四合伙人之间系代理关系，故该合同应直接约束垮子营村委与杨某庆等四合伙人，杨某林的民事行为所产生的民事责任依法应当由杨某庆等四合伙人承担。

（4）杨某庆、杨某彦负连带责任的依据。杨某庆、杨某彦在账目未清算完毕的情况下，未经合伙人杨某才、杨某书同意，亦未征得供地方垮子营村委的同意，擅自退伙。根据《民法典》第973条"合伙人对合伙债务承担连带责任"的规定，因合伙人杨某庆、杨某彦退伙给供地方垮子营村委造成占地款不能及时收回，应对由杨某才、杨某书直接赔偿砖厂占用垮子营村委的占地款负连带清偿责任。

第三节 委托合同的终止

一、问题的提出

委托人或者受托人可以随时解除委托合同。因解除合同给对方造成损失的，除不可归责于该当事人的事由以外，应当赔偿损失。委托人或者受托人死亡、丧失行为能力或者破产的，委托合同终止，但当事人另有约定或者根据委托事务的性质不宜终止的除外。

在研究委托合同的终止之前，先看一则案例。

案例58：解除诉讼代理合同后约定的费用及违约金是否有效

宏丰信用社为了依法收贷，于2021年3月3日与青松律师事务所签订一份委托代理合同，约定由青松律师事务所指派律师代理宏丰信用社通过诉讼途径向借款人甲公司追回借款，包括一、二审诉讼及申请执行事项，律师费为100万元，并约定双方不得无故终止合同，若任何一方违约，均应向对方支付律师费100万元的30%的违约金。签订合同后，青松律师事务所便指派律师代理宏丰信用社参加了案件的诉讼活动。2021年7月16日,该市人民法院作出民事判决,判令甲公司偿还宏丰信用社借款本息、承担诉讼费用,并以其抵押物优先受偿。该判决书生效后,青松律师事务所即代理宏丰信用社向人民法院申请执行。人民法院正在拍卖抵押物过程中,宏丰信用社于2022年3月13日向青松律师事务所发出书面通知,要求解除委托代理合同,仅支付诉讼阶段的按律所收费标准所规定的代理费20万元。青松律师事务所致函宏丰信用社:双方已在合同中明确约定不得无故终止合同,贵社现提出解除委托代理合同,实属违约行为,应全额支付代理费100万元,并支付违约金30万元。双方对此未能形成一致意见,青松律师事务所于2022年6月29日向人民法院提起诉讼,请求判令宏丰信用社继续履行合同,支付代理费100万元、违约金30万元。

根据上述案例,试问:委托合同终止的特殊情形有哪些?

二、委托合同当事人任意终止合同

《民法典》第933条规定:"委托人或者受托人可以随时解除委托合同。因解除合同造成对方损失的,除不可归责于该当事人的事由外,无偿委托合同的解除方应当赔偿因解除时间不当造成的直接损失,有偿委托合同的解除方应当赔偿对方的直接损失和合同履行后可以获得的利益。"此即为委托合同因一方当事人原因而终止及终止后的法律后果。

委托合同是以双方当事人的相互信赖为基础而订立的,一方对另一方已不信任了,合同即丧失了存在的基础。若勉强维持双方的关系,也必然招致不良后果,影响委托合同订立目的的实现。因此,法律赋予委托人及受托人可享有随时解除合同的权利,而且不需要任何理由。这也是委托合同在终止原因方面与其他合同相比所具有的特征。

对于"委托人或者受托人可以随时解除合同",应从如下方面理解:(1)委托人与受托人在解除合同方面的权利是一样的,都有同样的解除权。(2)委托人或受托人在解除合同时,无须经对方当事人同意,只要一方当事人提出解除合同,即产生委托合同终止的效力。(3)当事人一方在委托合同存续的任何情况下,都可以提出解除合同。无论委托合同是否有偿,无论委托合同是否定有期限，也无论委托事务处理到什么程度，当事人都可以提出解除合同。（4）当事人解除合同时，无须提出什么理由，也不需要为此举证，只要当事人单纯作出解除合同的意思表示，即可产生解除委托合同的效力。尽管在实务中，提出解除合同的一方往往要提出解除合同的理由，但是其理由如何以及是否成立，只是对解除合同时的责任承担有影响，对委托合同的解除效力则并无影响。

委托合同的当事人具有任意解除合同的权利，但若其滥用，必然给对方当事人造成损害。为限制此种现象的发生，《民法典》规定因解除合同给对方造成损失的，除不可归责于该当事人的事由以外，应当赔偿损失。当事人一方在不利于另一方当事人的情形下终止合同时，应对因此给他方当事人造成的损失承担赔偿责任。所谓不利于对方当事人的时期，就不利于委托人而言，是指当受托人在未完成委托事务的情况下解除合同时，委托人自己不能亲自处理该项事务，而且又不能及时找到合适的受托人代其处理该委托事务而发生损害的情形；就不利于受托人而言，是指由于委托人在受托人处理委托事务尚未完成前解除合同，使受托人因不能继续履行义务而少获得报酬。委托人除对受托人已履行的部分给付报酬外，对在不可归责于受托人的情况下，因解除委托合同给受托人造成的报酬减少，承担赔偿责任。但是受托人怠于委托事务的处理，委托人无奈解除委托合同，虽会给受托人造成一定损失，但因解除合同不可归责于委托人或者不能完全归责于委托人，委托人对受托人因合同终止而遭受的损失不予赔偿或者只赔偿其部分损失。

三、委托合同因一方当事人丧失主体资格而终止

《民法典》第 934 条规定："委托人死亡、终止或者受托人死亡、丧失民事行为能力、终止的，委托合同终止；但是，当事人另有约定或者根据委托事务的性质不宜终止的除外。"委托合同的成立，是以双方的信任为基础，为人格专属的法律关系，如果一方当事人死亡、终止或者丧失民事行为能力，其继承人、法定代理人与合同的另一方当事人，即双方当事人能否取得互相的信任还是未知数，为了避免不必要的纠纷出现，《民法典》规定有这些情况发生时，委托合同就可终止。

但也有例外情形：（1）合同另有约定时除外。当事人可以另行约定即使有死亡、破产及丧失民事行为能力的情况发生，委托关系仍不消灭，有此约定的，当依照其约定。（2）因委托事务的性质不宜终止的。应当说明的是，上述两种不终止委托合同的原因，只发生在委托人死亡、终止的情况下。如果是受托人死亡、丧失民事行为能力或者终止，则无论何种原因都将导致委托合同终止。

四、委托合同终止后的义务

《民法典》第558条规定："债权债务终止后，当事人应当遵循诚信等原则，根据交易习惯履行通知、协助、保密、旧物回收等义务。"依此规定，委托合同虽然终止，但当事人仍应当采取必要的措施以保护对方当事人的利益。

1.合同终止后受托人的义务。《民法典》第935条规定："因委托人死亡或者被宣告破产、解散，致使委托合同终止将损害委托人利益的，在委托人的继承人、遗产管理人或者清算人承受委托事务之前，受托人应当继续处理委托事务。"

受托人负有继续处理委托事务的义务，其条件是委托合同终止将损害委托人的利益。否则受托人无须继续处理委托事务。但这并不是说委托合同没有终止，这种义务是"后合同义务"。

受托人继续处理事务，如果委托合同是有偿的，则受托人仍可以请求报酬。因此，对委托人来说，并未增加负担，对受托人则起到防止损害发生的作用。

2.受托人死亡后，其继承人、法定代理人或者清算组织的义务。《民法典》第936条规定："因受托人死亡、丧失民事行为能力或者被宣告破产、解散，致使委托合同终止的，受托人的继承人、遗产管理人、法定代理人或者清算人应当及时通知委托人。因委托合同终止将损害委托人利益的，在委托人作出善后处理之前，受托人的继承人、遗产管理人、法定代理人或者清算人应当采取必要措施。"由于受托人死亡后，继承人有继承其财产的权利；受托人丧失民事行为能力后，由法定代理人代理其民事活动；法人破产后，由清算组织接管，对破产财产进行清理、保管、估价、处理和分配。清算组织可以代表破产企业进行必要的民事活动。继承人、法定代理人、清算组织在承受受托人遗产或者处理委托人事务时，应当遵循诚实信用的原则，将受托人的有关事宜妥善处理。受托人的继承人、法定代理人或者清算组织的义务包括：一是及时通知委托人。二是在委托合同终止将损害委托人利益的情况下，受托人的继承人、法定代理人或者清算组织应当采取必要的措施保护委托人的利益。例如，保存好委托事务有关的单证和资料；保管好委托事务的财产，以便交付给委托人。

五、司法实践中应当注意的问题

关于委托合同当事人合同解除权的行使，尚有几个问题值得注意：

1.一方当事人在委托合同中预先约定的抛弃任意解除权条款的效力。我们认为，当事人在委托合同中预先约定抛弃任意解除权的，一般应确定该特别约定有效，以贯彻合同自由原则。但若在委托合同存续期间，由于情势变更致使此特别约定的适用损害了一方当事人利益的，则应当适用诚实信用原则排除特别约定的效力，以维系双方当事人之间的利益平衡。

与此相关的另外一个问题是，当事人在委托合同中预先约定了抛弃任意解除权的条款时，《民法典》规定的法定解除权是否还有得以适用的空间？实际上，《民法典》第933条所指的任意解除权与第557条规定的法定解除权是两种完全不同的解除权，两者在形成时间、适用条件、适用范围等方面均有不同。首先，《民法典》第933条所规定的任意解除权系不附加任何前置条件的解除权，侧重于强调委托合同解除权的"无因性"且该解除权同合同的成立一并生成。而《民法典》第557条规定的法定解除权产生于合同签订后、履行过程中，并以某种法定事由的出现为前提条件。其次，前者原则上仅适用于委托、行纪、居间等服务性合同并须有法律的明确规定；而对于后者，除非有法律的例外规定，原则上适用于包括委托合同在内的各种性质的合同。由此可见，任意解除权系委托合同当事人所特别享有的一项权利。即使委托合同当事人预先约定了抛弃任意解除权条款，当出现了《民法典》第557条规定的法定事由时，当事人仍然可以行使合同解除权，据以解除合同。

2.委托合同任意解除权的行使方式、行使期限。委托合同当事人任意解除合同的情形主要有两种：委托人撤销委托和受托人辞去委托。但无论是撤销委托还是辞去委托，均为当事人一方的权利。该权利从性质上讲属形成权，即以当事人单方意思表示就可发生法律效力。委托合同当事人解除合同的意思表示必须以明示的方式向对方发出通知，该通知自到达对方当事人时生效。同时，解除合同的通知一旦生效即不可撤销。

委托合同当事人行使任意解除权的期限为合同成立后至委托事务处理完毕之前。在委托事务已处理完毕的情况下，任何一方不得再行使合同解除权。因为委托事务已经处理完毕，受托人实际已经履行了合同义务，委托合同的目的已经实现，当事人再行使合同解除权已无实际意义。

3. 委托人或受托人一方为数人的情况下，数人中的部分人解除合同对其他人的效力问题。此时，解除的效力是否及于他人，应区分不同的情况作出判断。若委托事务依其性质是不可分割的，则部分人的解除对其他人也应生效。例如，共同委托人将其共有的财产委托给受托人出卖，部分委托人提出解除委托，收回财产。因为共同委托人对共有财产享有共同的权利，如部分委托人不愿再出卖共有财产，其他委托人实际上也就不能再委托出卖，因此部分委托人解除委托的效力及于全体委托人。如果委托事务依其性质是可分割的，各方当事人解除委托的行为一般认为独立地发生效力，其他当事人之间的委托关系继续存在，不受影响。

4. 任意解除权行使的特殊法律后果。与一般合同不同的是，委托合同的性质及委托合同标的的特殊性决定了委托合同当事人行使任意解除权，原则上仅向将来发生效力，不能溯及既往地使合同无效。委托合同解除之前委托人与受托人所形成的权利义务关系仍然具有约束力，委托人就已经完成的委托事务处理成果有权要求受托人履行交付义务，受托人就委托事务已完成部分所享有的报酬请求权及处理委托事务所支出的必要费用请求权仍可以向委托人主张。

委托合同任意解除权的性质决定了合同当事人得以自由行使解除权，即使相对人因合同解除而遭受损失，只要不存在可归责于行使解除权的一方当事人的事由，该方当事人原则上无赔偿义务，更无违约责任的适用余地。但是，如果损失的产生系因可归责于行使解除权的一方当事人的事由，则应当赔偿损失。否则，将招致委托合同当事人任意解除权的滥用，也不利于维系当事人之间的利益平衡。所谓"不可归责的事由",是指不可归责于行使合同解除权的一方当事人的事由,即只要行使合同解除权的一方对合同的解除没有过错,那么合同解除方就不对对方当事人的损失负责,而不论合同的解除是否应归咎于对方当事人的过错或第三人的原因造成或外在的不可抗力。关于可归责事由是否存在的判断通常须考虑以下因素:一是合同解除方是否在明显不利于对方当事人的情形下行使任意解除权;二是合同一方当事人所遭受的经济损失与另一方当事人任意解除权的行使是否存在直接的因果关系;三是行使任意解除权的一方当事人对另一方当事人因合同解除所遭受的经济损失是否能证明其没过错。例如,受托人在委托人病重住院时解除合同(依当时情形判断,受托人并非客观上不能继续处理受托事务),委托人于此时既不能亲自处理,又不能及时选任其他人处理委托事务,因此遭受损失。在这种情形下,委托人损失的产生即可断定为可归责于受托人的事由,受托人应负赔偿义务。

六、对案例 58 的简要评析

在案例 58 中,主要涉及下列法律问题:

1. 委托代理合同的效力。宏丰信用社与青松律师事务所所签订的合同中,除约定"不得无故终止合同,若任何一方违约,均应向对方支付律师费 100 万元的 30% 的违约金"无效外,其余均为有效。这是因为,依《民法典》第 933 条"委托人或者受托人可以随时解除合同"的规定,双方当事人约定"不得无故终止合同",与法律规定相抵触,故当为无效,委托人宏丰信用社完全有权终止委托合同的履行。又因为《民法典》第 933 条还规定:"因解除合同造成对方损失的,除不可归责于该当事人的事由外,无偿委托合同的解除方应当赔偿因解除时间不当造成的直接损失,有偿委托合同的解除方应当赔偿对方的直接损失和合同履行后可以获得的利益。"所以,也排除了违约金在委托合同中的适用。因此,该案中关于违约金的约定亦为无效。

2. 委托合同当事人一方的任意解除。依《民法典》第 933 条的规定,委托人或者受托人均可以随时解除委托合同,解除事由不受限制。委托人宏丰信用社向青松律师事务所发出书面通知,要求解除委托代理合同,该通知在送达青松律师事务所时即发生解除委托合同的效力。

3.因委托合同的解除除不可归责于该当事人的事由外,而给对方所造成的损失,应予赔偿。宏丰信用社解除委托合同,给青松律师事务所造成的损失,应当由宏丰信用社予以赔偿。

第十五章

物业服务合同

本章概要

物业服务合同是物业服务人在物业服务区域内，为业主提供建筑物及其附属设施的维修养护、环境卫生和相关秩序的管理维护等物业服务，业主支付物业费的合同。物业服务合同是司法实践和现实生活中常见的一种合同类型。为规范物业服务行业的健康发展，指导司法实践对物业服务纠纷的处理，《民法典》将物业服务合同规定为一章。目前，其他国家和地区的法律没有将物业服务合同明确作为有名合同加以规定，设立专章规定物业服务合同，可以说是我国《民法典》的创新之举。[1]

本章共计14个条文，主要规定了物业服务合同的定义、物业服务

---

[1] 参见黄薇主编：《中华人民共和国民法典释义（中）》，法律出版社2020年版，第1660页。

合同的内容和形式、前期物业服务合同的效力与终止、物业服务事项的转委托和不得一并转委托、物业服务人的主要义务、重要事项的公开及报告义务、业主的主要义务及告知义务、物业服务合同的解除和续聘、物业服务合同终止后物业服务人的交接义务和交接期间的物业费请求权等。

第一节　物业服务合同概述

一、问题的提出

根据《民法典》第937条的规定，物业服务合同是物业服务人在物业服务区域内，为业主提供建筑物及其附属设施的维修养护、环境卫生和相关秩序的管理维护等物业服务，业主支付物业费的合同。物业服务人包括物业服务企业和其他管理人。物业服务合同在现实生活中颇为常见，形成的纠纷也屡见不鲜。

在研究物业服务合同概述之前，先看一则案例。

案例59：业主能否以物业服务有瑕疵为由拒绝交纳物业费[①]

2005年10月8日，建设单位君某公司与金某物业的前身四某物业（2014年3月10日由四某物业变更名称为金某物业）签订《前期物业管理委托合同》。2008年11月14日，潘某与君某公司签订《物业管理服务协议》。合同约定：物业费标准为物业服务费0.8元/平方米/月。物业费的交纳日期为：依收费通知时间。违约金标准为逾期交纳物业费应从逾期之日起按0.3%按日交纳滞纳金。潘某的房屋建筑面积是84.9平方米，每月应缴纳物业管理费67.92元。业主拖欠物业费的期间为2010年11月13日至2021年12月31日，业主拖欠物业费9074.11元。

生效裁判认为：建设单位依法与物业服务企业签订的前期物业服务合同，对业主具有约束力，原告为案涉小区提供物业服务，业主在享有相关权利的同时亦应履行合同义务。物业服务具有公共服务属性，物业公司为全体业主提供公共区域部分的卫生、绿化、安保等多方面的服务，而全体业主亦

[①] 详见辽宁省大连市中级人民法院（2022）辽02民终4668号民事判决书。

同时享受物业公司的公共服务，故业主应按照合同约定交纳物业管理费，以使物业公司可以继续提供合同约定的服务。如果物业服务过程中存在瑕疵和不足，业主可以根据物业服务合同的约定，要求物业公司限期改正，也有权按照合同约定的方式维护自身的合法权益，但是以拒付物业费的方式不能有效促进提高物业服务水平，反而造成物业公司缺少正常运作资金而进一步降低服务质量。被告应向原告补交2010年11月13日至2021年12月31日的物业费9074.11元。关于金某物业主张滞纳金的诉请，虽然约定了逾期交纳物业费应交纳滞纳金的违约责任，但考虑到原告物业服务是一个动态的过程，原告提供物业服务可能存在某一个节点上存在瑕疵的事实，以及为了缓和双方矛盾，共建和谐家园，故对原告主张滞纳金的诉请，不予支持。

上述案例，在现实生活中颇为常见。试问：如何理解物业服务合同？物业服务合同的内容和形式有哪些要求？物业服务合同对业主具有哪些法律约束力？前期物业服务合同的法定终止情形有哪些？

二、物业服务合同的法律特征

《民法典》第937条对物业服务合同的定义进行了规定。学界对物业服务合同的定义有广义和狭义之分。广义的物业服务合同主要可分为两类：前期物业服务合同与后期物业服务合同。狭义的物业服务合同仅指后者，也可称为普通物业服务合同。前期物业服务合同，是指在物业服务区域内的业主、业主大会选聘物业服务人之前，由房地产建设单位与物业服务人签订，由物业服务人提供物业服务的合同。普通物业服务合同，是指在业主与物业服务人之间签订的物业服务合同。[①] 由此可见，《民法典》第937条所规定的物业服务合同属于广义上的物业服务合同。

2003年《物业管理条例》虽然采用了"物业服务合同"的概念，但是合同主体还是用"物业管理企业"的名称，《物权法》修改为"物业服务企业"，此后修订的《物业管理条例》亦将"物业管理企业"修改为"物业服

[①] 参见黄薇主编：《中华人民共和国民法典释义（中）》，法律出版社2020年版，第1661-1662页。

务企业"。因此,从"物业管理"到"物业服务"的转变,不仅让此类合同回归了服务性合同而非管理性合同的本质,也体现了物业服务理念的转变和业主权利意识的增强。

物业服务合同的性质,在学理上存在不同的学说:委托合同说、服务合同说、混合合同说、独立合同说等。[①]《民法典》将物业服务合同作为一种独立有名的合同类型进行规定,有助于大量此类纠纷的解决。

物业服务合同的法律特征表现为:一是物业服务合同内容的平等性。它是平等民事主体之间的民事合同,合同双方是业主与物业服务人。二是物业服务合同主体的特殊性。物业服务合同的一方是业主,而且是全体业主。业主可以作为诉讼主体,应当没有问题。业主委员会代表业主行使权利,可以非法人组织的形式作为诉讼主体。业主大会不具备民事主体资格,也不具有诉讼主体资格。三是物业服务合同内容的特殊性。物业服务合同的内容是物业服务行为,且具有持续性和重复性。四是物业服务合同订立的特殊性。一般而言,由业主大会选举物业服务人,业主委员会代表业主与物业服务人订立物业服务合同。

三、物业服务合同的内容和形式

物业服务合同是确立物业服务合同当事人的权利和义务的重要依据。《民法典》第938条对物业服务合同的内容和形式作了规定,即"物业服务合同的内容一般包括服务事项、服务质量、服务费用的标准和收取办法、维修资金的使用、服务用房的管理和使用、服务期限、服务交接等条款。物业服务人公开作出的有利于业主的服务承诺,为物业服务合同的组成部分。物业服务合同应当采用书面形式"。据此,物业服务合同应有下列内容:

1. 服务事项,即物业服务人具体管理事项,包括房屋的使用、维修、养护;消防、电梯、机电设备、道路、停车场等公共设施的使用、维修、养护和管理;清洁卫生;公共秩序;房地产主管部门规定或物业服务合同规定的其他物业服务事项。对于超出物业服务范围的事项,物业服务人可能需要另

[①] 不同学说,详见黄薇主编:《中华人民共和国民法典释义(中)》,法律出版社2020年版,第1663—1664页。

行收费。

2.服务质量,即物业服务需要达到的标准。物业服务合同双方当事人明确约定物业服务等级、物业服务项目、内容与标准等。

3.服务费用的标准和收取办法。物业服务费用是物业服务人提供的服务的对价,可以采取包干制或者酬金制。服务费用与服务质量、服务事项相对应。服务费用包括的服务事项越多,等级标准越高,费用也就相对越高。

4.维修资金的使用。物业服务合同当事人可就专项资金申请使用的具体程序作出约定,如约定申请使用专项维修资金,物业服务人应如何提出建议,业主应在多长时间内表决通过,如果物业服务人未及时提出建议、方案,或者业主未在约定的时间进行表决讨论,各自应承担何种责任。

5.服务用房的管理和使用。服务用房是指物业服务人为整个小区提供物业服务而使用的房屋。物业服务人应当将物业服务用房用于物业服务,而不得擅自改变物业服务用房的用途,但经过业主大会同意的除外。

6.服务期限,即物业服务合同的起止时间。服务期限届满,物业服务合同终止,合同当事人不需要行使解除权。服务期限未届满,业主或者物业服务人提前解除合同均须符合法律规定的解除条件,否则应承担赔偿损失等责任。

7.服务交接。物业服务合同开始履行和终止后,都涉及交接问题,当事人应对期限、方式、交接材料等予以约定。例如,约定物业服务人在合同终止后应向业委会移交公共部位和物业管理资料的期限和方式,明确需要移交的部位和资料目录,进行财务交接等。

四、物业服务合同对业主具有法律约束力

根据《民法典》第939条的规定,建设单位依法与物业服务人订立的前期物业服务合同,以及业主委员会与业主大会依法选聘的物业服务人订立的物业服务合同,对业主具有法律约束力。由此可见,不论是前期物业服务合同还是普通物业服务合同,均对业主具有法律约束力,业主基于物业服务合同享有合同中约定的相关权利,并履行合同中约定的相关义务。

前期物业服务合同对业主具有约束力的依据。第一,业主与建设单位之间有关于受前期物业服务合同约束的合意。实践中,前期物业服务合同签订

的方式主要有两种：一种是物业服务人与建设单位签订物业服务合同，业主不是合同签订主体；另一种是购房者在与开发商签订购房合同时，也以自己的名义与物业服务人签订前期物业管理合同。无论以何种方式签订前期物业服务合同，物业服务人均系建设单位选定，而非业主选定。建设单位同购房者签订房产买卖合同之时，包含了双方之间转让前期物业服务合同的合意。因此，由建设单位作为合同当事人签订的前期物业服务合同对后来的业主产生拘束力，根源在于其他业主对房地产建设单位所签订的前期物业服务合同的概括承受。第二，业主因购买房产成为建筑物区分所有权人，享有共同管理物业的权利并承担义务。物业管理是指区分所有权人对区分建筑物中的共有部分的自治管理。房产出售时，建设单位将已经签订的前期物业服务合同作为购房合同的附件，或者在商品房预售合同中列明前期物业服务的情况。业主购买了建筑物的专有部分，就自动加入对共有部分的共有关系，承受共有物的负担以及共有物上的债权债务，成为前期物业服务合同的一方当事人。建设单位仍是尚未出售部分房产的所有权人，与业主就共有部分形成共有关系。前期物业服务合同中对物业服务费用一般约定为房屋出售前，物业管理费由建设单位缴纳，出售后，出售部分的物业管理费由购房者即业主缴纳。业主在承担缴纳物业费义务的同时也获得了监督物业服务人提供的服务质量等权利。[1]

依法成立的普通物业服务合同对业主具有法律约束力的依据。业主委员会根据业主大会决定与相关物业服务人签订物业服务合同，对业主应当具有法律上的约束力，是由业主大会和业主委员会作为自我管理机制的权力机关和执行机关的法律地位决定的。因为，《民法典》第280条第1款对业主大会、业主委员会决定的效力问题作出明确规定，即业主大会或者业主委员会的决定，对业主具有法律约束力。对业主具有约束力的业主大会或者业主委员会的决定，必须是依法设立。当然，依据《民法典》第280条第2款的规定，业主大会或者业主委员会作出的决定侵害业主合法权益的，受侵害的业主可以请求人民法院予以撤销。

---

[1] 最高人民法院民法典工程实施工作领导小组主编：《中华人民共和国民法典合同编理解与适用（三）》，人民法院出版社2020年版，第2567页。

五、前期物业服务合同的法定终止

合同解除是合同权利义务终止的重要方式。《民法典》关于合同解除的规定同样适用于前期物业服务合同。前期物业服务合同可约定解除,主要有两种方式:一是在前期物业服务合同中约定解除条件,当解除条件成就时,解除权人可以解除合同;二是在前期物业服务合同履行过程中经合同当事人协商一致,可以解除合同。前期物业服务合同可法定解除,通常是指在不可抗力、对方预期违约不履行主要合同义务、迟延履行主要合同义务、根本违约不能实现合同目的等情形下,当事人行使解除权。

根据《民法典》第940条的规定,建设单位依法与物业服务人订立的前期物业服务合同约定的服务期限届满前,业主委员会或者业主与新物业服务人订立的物业服务合同生效的,前期物业服务合同终止。据此,在前期物业服务合同期限未届满之前,一旦业主选聘新物业服务人,或者业主组成业主大会,并按照法定程序选聘了物业服务人,进入正常的物业服务阶段,前期物业服务合同自然终止。当然,前期物业服务合同服务期限届满后,如果没有订立新的物业服务合同或者通过约定延长物业服务合同的期限,则前期物业服务合同自然终止。

六、对案例59的简要评析

业主以物业服务质量不高、存在瑕疵等因素拒绝缴纳物业费的现象普遍。每个小区都应当成立业主委员会代表业主行使各种权利,业主既可以向物业服务人提出物业服务存在瑕疵,也可以向业主委员会反映物业服务存在的问题。当然,"一人难称百人意",对物业服务质量的感受因人而异,不能以不满意物业服务为由拒交物业费。因此,潘某拒绝缴纳物业费于法无据。

同时,业主也不能以物业服务存在瑕疵为由行使同时履行抗辩权。物业服务的对象是整个物业管理区域的公共部分,物业服务人一旦接受开发商或业主委员会的委托,便须在合同期内提供持续的物业服务,难以因个别业主的不满或拒绝接受而停止服务,其所服务的公共区域也很难被限定由特定对象或排除特定对象来享受。因此,业主个人的同时履行抗辩权不能在物业服务合同纠纷中使用。如果允许业主行使同时履行抗辩权，则会出现"破窗效应"，小区物业服务会陷入恶性循环，于己于人毫无益处。

第二节 物业服务合同的效力

一、问题的提出

物业服务合同的效力，表现为物业服务人与之相对应的业主的权利和义务。与物业服务人的权利对应的是业主的义务，与物业服务人的义务对应的是业主的权利。因此，本书均从物业服务合同主体的义务角度进行研究。

在研究物业服务合同的效力之前，先看一则案例。

案例 60：物业服务人是否尽到了主要义务[1]

圆某物业成立于 2018 年 12 月 10 日，经营范围包括：物业管理、清洁服务、受委托的停车管理收费服务、机电设备安装及维修、绿化管理、家政服务。2018 年 12 月 31 日，某丁小区业主委员会与圆某物业签订《物业服务合同》，合同约定：某丁小区业主委员会委托圆某物业为某丁小区提供管理服务，委托事项为常规性的公共服务、业主委托的特约服务和双方约定的承诺服务。具体包括对某丁小区内共有部分的维修、养护、清洁、绿化、秩序、安全及接受业主和物业使用人委托对业主和物业使用人房屋自用部分，自用设施及设备的维修、养护并收取一定的费用等内容；并承诺解决化粪池久淤不清；合同期内枯死的树木及时补种，夏季草地裸露部分不超过 1 平方米，每年提供苗木费 1 万元，树苗品种由业主委员会负责采购，由圆某物业负责种植，苗木成活率在 95% 以上；化粪池一年清理 20 个，三年内全部清理完毕，水池一年清洗一次；合同签订后三日内由圆某物业一次性向某丁小区业主委员会缴纳履约保证金 15 万元。圆某物业每年支付给某丁小区业主委员

---

[1] 参见云南省通海县人民法院（2022）云 0423 民初 382 号民事判决书。

会 3 万元工作经费，从履约保证金中扣除。剩余的履约保证金，在合同期满时经某丁小区业主委员会考评合格后退还 1 万元，其余 5 万元待与新一届物业服务公司实现顺利交接后退还。合同期限：自 2019 年 1 月 1 日起至 2021 年 12 月 31 日止。物业服务费标准：业主所拥有的住房、车库、库房、架空车位、露天车位按 0.47 元 / 月 / 平方米收取，生活垃圾外运费每户每年 48 元。赵某系某丁小区业主，2020 年 1 月 1 日至 2021 年 12 月 31 日未缴纳物业服务费合计 1584 元，形成纠纷。

案例中的纠纷系业主拖欠物业费引起的。试问：物业服务人的主要义务有哪些？业主的主要义务有哪些？

二、物业服务人的主要义务

根据《民法典》的有关规定，物业服务人应当履行下列义务：

1. 物业服务人的一般义务。根据《民法典》第 942 条的规定，物业服务人应当按照约定和物业的使用性质，妥善维修、养护、清洁、绿化和经营管理物业服务区域内的业主共有部分，维护物业服务区域内的基本秩序，采取合理措施保护业主的人身、财产安全。① 对物业服务区域内违反有关治安、环保、消防等法律法规的行为，物业服务人应当及时采取合理措施制止、向有关行政主管部门报告并协助处理。

2. 物业服务人的信息公开义务。根据《民法典》第 943 条的规定，物业服务人应当定期将服务的事项、负责人员、质量要求、收费项目、收费标准、履行情况，以及维修资金使用情况、业主共有部分的经营与收益情况等以合理方式向业主公开并向业主大会、业主委员会报告。之所以如此规定，是基于保障业主的知情权、实现业主对物业服务人的监督权、提升物业服务人的

---

① 《民法典》第 1254 条规定："禁止从建筑物中抛掷物品。从建筑物中抛掷物品或者从建筑物上坠落的物品造成他人损害的，由侵权人依法承担侵权责任；经调查难以确定具体侵权人的，除能够证明自己不是侵权人的外，由可能加害的建筑物使用人给予补偿。可能加害的建筑物使用人补偿后，有权向侵权人追偿。物业服务企业等建筑物管理人应当采取必要的安全保障措施防止前款规定情形的发生；未采取必要的安全保障措施的，应当依法承担未履行安全保障义务的侵权责任。"

服务质量，实现物业服务合同的目的。①

3. 物业服务人负有不得将全部物业服务转委托或者肢解后分别转委托给第三人的义务。为了维护业主的合法权益，向业主提供更优质、更高效的服务，物业服务人可以将部分专业服务事项转委托给第三人完成。对此，《民法典》第941条第1款规定："物业服务人将物业服务区域内的部分专项服务事项委托给专业性服务组织或者其他第三人的，应当就该部分专项服务事项向业主负责。"但是，依据《民法典》第941条第2款的规定，物业服务人不得将其应当提供的全部物业服务转委托给第三人，或者将全部物业服务肢解后分别转委托给第三人。若物业服务人违反上述规定，业主可以依照法定程序解聘物业服务人，解除物业服务合同。

4. 物业服务人在物业服务合同终止后的交接义务。物业服务不能有"空档期"，应当是"无缝衔接"。对此，《民法典》第949条规定，物业服务合同终止的，原物业服务人应当在约定期限或者合理期限内退出物业服务区域，将物业服务用房、相关设施、物业服务所必需的相关资料等交还给业主委员会、决定自行管理的业主或者其指定的人，配合新物业服务人做好交接工作，并如实告知物业的使用和管理状况。原物业服务人违反上述规定的，不得请求业主支付物业服务合同终止后的物业费；造成业主损失的，应当赔偿损失。

5. 物业服务人的后合同义务。物业服务合同终止后，在没有新的物业服务人接手之前，原物业服务人应当继续履行物业服务事项。对此，《民法典》第950条规定，物业服务合同终止后，在业主或者业主大会选聘的新物业服务人或者决定自行管理的业主接管之前，原物业服务人应当继续处理物业服务事项，并可以请求业主支付该期间的物业费。

三、业主的主要义务

根据《民法典》的有关规定，业主应当履行下列主要义务：

1. 业主负有支付物业费的义务。物业费，即物业服务费用。根据《民法

---

① 参见黄薇主编：《中华人民共和国民法典释义（中）》，法律出版社2020年版，第1690页。

典》第 944 条的规定，业主应当按照约定向物业服务人支付物业费。物业服务人已经按照约定和有关规定提供服务的，业主不得以未接受或者无需接受相关物业服务为由拒绝支付物业费。业主违反约定逾期不支付物业费的，物业服务人可以催告其在合理期限内支付；合理期限届满仍不支付的，物业服务人可以提起诉讼或者申请仲裁。物业服务人不得采取停止供电、供水、供热、供燃气等方式催交物业费。当然，物业服务人违反物业服务合同约定或者法律、法规、部门规章规定，擅自扩大收费范围、提高收费标准或者重复收费，业主以违规收费为由提出抗辩的，人民法院应予支持。

实践中，业主因对物业服务人不满而拒绝支付物业费的纠纷颇多。物业服务人提起诉讼追索物业费时，业主往往以未接受或无需接受物业服务或物业服务人提供的物业服务不符合约定、未尽到安全保障义务、非合同当事人为由提出抗辩。对此，依据《民法典》第 944 条第 1 款的规定，业主的抗辩理由是不能成立的。问题在于，如果物业服务人提供的服务不符合约定和有关规定，特别是在存在瑕疵的情况下，业主是否享有拒绝支付物业费的抗辩权？此时，业主的抗辩能否得到支持有赖于法官根据案件的具体情况，结合合同约定，对当事人实际权利义务关系予以平衡并作出调整。[①]

2. 业主的告知、协助义务。根据《民法典》第 945 条的规定，业主装饰装修房屋的，应当事先告知物业服务人，遵守物业服务人提示的合理注意事项，并配合其进行必要的现场检查。业主转让、出租物业专有部分、设立居住权或者依法改变共有部分用途的，应当及时将相关情况告知物业服务人。

3. 业主负有履行解除物业服务合同的书面通知义务。根据《民法典》第 946 条的规定，业主依照法定程序共同决定解聘物业服务人的，可以解除物业服务合同。决定解聘的，应当提前 60 日书面通知物业服务人，但是合同对通知期限另有约定的除外。依据前述规定解除合同造成物业服务人损失的，除不可归责于业主的事由外，业主应当赔偿损失。

---

① 参见最高人民法院民法典工程实施工作领导小组主编：《中华人民共和国民法典合同编理解与适用（三）》，人民法院出版社 2020 年版，第 2604 页。

四、对案例 60 的简要评析

物业服务合同由业主委员会与物业服务人签订，业主委员会由全体业主选举产生，业主委员会代表全体业主订立合同，该物业服务合同对全体业主均具有法律约束力。某丁小区业主委员会与圆某物业签订的某丁小区《物业服务合同》不违反法律、行政法规强制性规定，是合法有效的。

物业服务人与业主之间是服务与被服务的关系，物业服务人提供的服务是有偿的，物业服务收费是物业企业按物业服务合同约定，对房屋及配套设施设备和相关场地进行维修、养护、管理、维护相关区域内的环境卫生和秩序，向业主所收取的费用，是物业服务人提供服务应取得的劳动报酬，也是物业服务人正常经营及小区物业服务秩序正常运转的经济基础。圆某物业具有从事物业管理服务的资质，为某丁小区提供了物业管理服务，履行了物业服务合同的主要义务，赵某作为该小区业主，负有及时支付物业服务费的义务。

第十六章

行纪合同

本章概要

行纪合同是行纪人以自己的名义为委托人从事贸易活动，委托人支付报酬的合同。接受委托的一方为行纪人，另一方则为委托人。本章共计10个条文，原则上承继了《合同法》条文的内容。对行纪人享有报酬请求权、介入权、提存权、留置权；行纪人负有支付行纪费用、妥善保管和处置委托物、处理委托事物、直接履行、报告、保密等义务；委托人享有指示权、交付请求权和介入权；委托人负有支付报酬、及时受领买入物、不得擅自改变或取消委托指示等义务作出了规定。

一、问题的提出

行纪合同,是我国《合同法》中新增加的五类有名合同之一,也是世界各国法律普遍予以保护的常见合同形式,它在大陆法系国家被称为行纪合同,在英美法系国家被称为信托合同。依据《民法典》第951条的规定,行纪合同是行纪人以自己的名义为委托人从事贸易活动,委托人支付报酬的合同。其中,以自己的名义从事贸易活动的人为行纪人,为此支付报酬的人为委托人。

在研究行纪合同之前,先看一则案例。

案例61:如何区分代销合同与行纪合同

2021年4月4日,东方啤酒厂委托昌盛公司代销啤酒,双方在合同中约定,昌盛公司接受东方啤酒厂委托并以自己的名义代东方啤酒厂销售啤酒,销售价款由厂方统一定价,代销手续费为销售货款的5%,扣除手续费后余下货款由昌盛公司支付给东方啤酒厂。合同签订后,东方啤酒厂于同年4月8日送给昌盛公司啤酒1万箱,每箱单价20元。同年10月8日,双方对代销啤酒货款、手续费进行结算。经结算,昌盛公司共销售啤酒9000箱,计货款18万元,手续费9000元,从所付货款18万元中扣减,昌盛公司应付给东方啤酒厂货款17.1万元,已付12.1万元,欠5万元,由昌盛公司出具欠条,保证在同年年底全部付清。在余下的1000箱啤酒中,有600箱因已过保质期被市场监管局销毁,尚存400箱由厂方拉走。

2022年6月18日,东方啤酒厂在昌盛公司拒不付款情况下,诉至法院,请求昌盛公司支付代销货款5万元,赔偿600箱啤酒的损失12000元。昌盛公司以甲商店尚欠啤酒款5万元为由,要求追加甲商店为第三人参加诉讼,以600箱因过保质期被销毁为由,要求驳回原告赔偿损失12000元的请求。

上述案例,看似是代销合同,实际上是行纪合同。试问:何谓行纪合同?有何特征?行纪合同与类似合同有哪些区别?行纪人的权利义务有哪些?委托人的权利义务有哪些?

二、行纪合同的法律特征

行纪合同又称为信托合同,最早罗马法所称的信托是一种遗产处理形式。[①]一般而言,行纪合同的法律关系实际上是两个合同的连环关系:一是委托人委托给行纪人的有关权利义务;二是行纪人以自己的名义为委托人从事贸易活动时相对第三人应享有和应承担的有关权利义务。行纪合同与一般合同相比,具有以下法律特征:

1. 行纪人以自己的名义从事委托人委托的贸易活动。这是行纪合同与委托合同、居间合同的主要区别,这也是行纪人与受托人、代理人的主要区别。受托人可以委托人的名义进行民事活动,也可以自己的名义。代理人则只能以被代理人的名义进行民事法律行为,其在代理权限内从事的代理行为的法律后果直接由被代理人承担。行纪人从事贸易活动的法律后果由行纪人承担,委托人可能不知道行纪人的相对人是谁,相对人也可能不知道委托人是谁,委托人和行纪人的相对人之间并不发生直接的法律关系。因此,行纪人与第三人订立合同的,行纪人对该合同直接享有权利、承担义务。

2. 行纪合同是双务、有偿合同。依据《民法典》第928条的规定,行纪人在完成或者部分完成委托事务的时候,有权请求委托人给付相应报酬。

3. 行纪人为委托人出售或购买物品时,该物品的所有权应属于委托人。行纪人虽然以自己的名义对外进行民事活动,但在接受委托人经销商品的任务后,即使商品已转移到行纪人处,该商品的所有权也并非发生变化,仍属于委托人。同样,如果行纪人接受委托人购买商品的任务,买到的商品虽然在自己占有支配之下,但所有权也不应认为属于行纪人。

4. 行纪合同的标的仅限于法律允许从事行纪行为并形成债权债务关系的商品或服务。凡涉及继承、婚姻、赠与等行为,不能采用行纪形式进行委托。

---

① 黄薇主编:《中华人民共和国民法典释义(中)》,法律出版社2020年版,第1712页。

三、行纪合同与类似合同的区别

（一）行纪合同与委托合同

行纪合同与委托合同有许多相似之处，如均属于提供服务或劳务的合同，受托人均需处理委托事务等。因此，许多国家的立法都明确规定，除行纪合同另有规定外，可以准用委托合同的规定。我国《民法典》第960条亦有相同规定。行纪合同与委托合同的主要区别有：

1. 行纪合同的行纪人只能以自己的名义为委托人从事贸易活动，其与第三人订立的合同不能对委托人直接发生效力。而委托合同的受托人，既能以委托人的名义，也可以以自己的名义为委托人处理委托事务。受托人以委托人的名义与第三人订立的合同，可以对委托人直接发生效力；受托人以自己的名义与第三人订立的合同，如果第三人在订立合同时知道受托人与委托人之间的代理关系的，该合同也对委托人直接发生效力。

2. 行纪合同的行纪人必须是以从事行纪活动为营业的经营主体。而委托合同的受托人则不受此类限制，可以是任何适于处理特定委托事务的人。

3. 行纪合同的标的限于行纪人为委托人实施法律行为，并且限于贸易活动中的法律行为。而委托合同的标的则不受此类限制，委托事务既可以是法律行为，也可以是非法律行为。

4. 行纪合同是有偿合同，行纪人为委托人从事贸易活动后，要收取报酬。而委托合同既可以是有偿的，也可以是无偿的。

5. 在行纪合同中，行纪人处理委托事务的费用，一般由行纪人负担。而在委托合同中，受托人处理委托事务的费用，则应由委托人负担。

（二）行纪合同与直接代理

行纪与直接代理都发生于三方当事人之间，并且都为他人活动，这是两者的相似之处。但在行纪中，行纪人以自己的名义活动，其与第三人订立的合同，直接对自己发生效力，委托人无直接权利义务关系；而在直接代理中，代理人则以被代理人的名义活动，其与第三人订立的合同，由被代理人直接承受权利义务，自己却不承受。

四、行纪人的主要权利义务

（一）行纪人的主要权利

根据《民法典》的有关规定，行纪人的主要权利有：

1.行纪人享有报酬请求权。《民法典》第959条规定了行纪人的此项权利，即"行纪人完成或者部分完成委托事务的，委托人应当向其支付相应的报酬……"行纪合同是有偿合同，因此，一般认为，行纪行为的实行是行纪人行使报酬请求权的条件。

行纪人行使报酬请求权的范围，因履行情况不同而不同：（1）行纪人按照约定履行了全部合同义务的，有权请求给付全部报酬；（2）行纪人因委托人的过错致使合同义务全部或部分不能履行的，有权请求给付全部报酬；（3）行纪人因不可归责的事由（如不可抗力）致使合同义务不能全部履行，但已经履行的部分具有独立利益的，行纪人可以就已履行部分请求给付报酬；（4）行纪人因自己的过错致使合同义务全部或部分不能履行的，丧失报酬请求权；（5）行纪人因第三人的过错致使合同义务全部或部分不能履行的，丧失报酬请求权，但可以就此向第三人请求赔偿。

行纪人请求委托人给付报酬的时间，行纪合同有约定的，按约定，如当事人约定自合同订立之时或者委托人接受行纪人的交付之时给付报酬，则行纪人自此可以行使请求权。如果合同未约定，可以按照商业习惯中给付报酬的时间，行使请求权。如果合同未约定又无商业习惯的，行纪人自实施行纪行为完毕之时行使报酬请求权。

2.行纪人享有介入权。行纪人的介入权，是指行纪人按照委托人的指示，实施行纪行为时，有权自己作为买受人或者出卖人为委托人进行交易活动。对此，《民法典》第956条作了规定，即"行纪人卖出或者买入具有市场定价的商品，除委托人有相反的意思表示外，行纪人自己可以作为买受人或者出卖人。行纪人有前款规定情形的，仍然可以请求委托人支付报酬"。

行纪人行使介入权的要件，包括积极要件和消极要件。积极要件是指所受委托的物品为有市场定价的有价证券或其他商品。消极要件包括委托人未作出反对行纪人介入的意思表示、行纪人尚未对委托事务作出处理、行纪合同有效存在。

行纪合同一般不允许行纪人自己直接买入委托人的委托物,或者行纪人把自己的货物直接卖给委托人。这是因为行纪人从委托人处领取报酬,然后为委托人的利益服务。如果行纪人把自己直接作为委托人的买卖合同的另一方当事人的话,在不正当利益驱动下,很难保证委托人在买卖合同中的利益得到公平的保护,故行纪人一般不可直接成为委托人卖出或买入货物的买主或卖主。《民法典》第956条的规定是一个例外,在价格确定的前提下,任何人作为买入人或卖出人均不损害委托人的利益,而且有利于委托人利益的实现。此时只要委托人不反对,行纪人自己作为买入人或卖出人也是恰当的。行纪人自己作为买入人或卖出人完成交易后,委托事务也因此完成,行纪人也完成了行纪合同的义务,故此时,行纪人有权要求委托人支付报酬。

3.行纪人享有提存权。《民法典》第957条规定了行纪人享有此项权利,即"行纪人按照约定买入委托物,委托人应当及时受领。经行纪人催告,委托人无正当理由拒绝受领的,行纪人依法可以提存委托物。委托物不能卖出或者委托人撤回出卖,经行纪人催告,委托人不取回或者不处分该物的,行纪人依法可以提存委托物。"据此,行纪人行使提存权的条件有两个:一是行纪人应当催告委托人在一定期限内受领,催告期应当与委托人进行约定,或者行纪人根据委托物的性质决定催告期的时间。催告是提存的前置程序,否则不得提存。二是委托人无正当理由逾期仍拒绝受领标的物,其标的物灭失的风险由委托人负担,其提存的保管费用由委托人负担。当然,委托人不处分、不取回不能出卖的委托物时,行纪人也可以行使提存权。同时,行纪人可以依照法定程序拍卖委托物,并可以优先受偿。

4.行纪人享有留置权。《民法典》第959条规定了行纪人的此项权利,即"行纪人完成或者部分完成委托事务的,委托人应当向其支付相应的报酬。委托人逾期不支付报酬的,行纪人对委托物享有留置权,但是当事人另有约定的除外"。据此,行纪人行使留置权须具备以下要件:(1)行纪人得以行使报酬请求权。《民法典》第959条只是规定在委托人逾期不支付报酬时,行纪人方可留置委托物。因而行纪人行使留置权所要实现的债权,应当只是报酬请求权。(2)委托人逾期不支付报酬。委托人违反行纪合同的约定,在超过规定期限不支付报酬时,行纪人即可对委托物予以留置。(3)当事人之间没有排除行纪人对委托物留置的约定。如果在行纪合同中，约定行纪人不得留置委托物，行纪人应当遵从其约定。行纪人留置委托物后，应当按照《民法典》所规定的程序和方式，实现其留置权。

(二) 行纪人的主要义务

根据《民法典》的有关规定，行纪人的主要义务表现有：

1. 行纪人负有负担行纪费用的义务。行纪费用，是指行纪人在处理委托事务时所支出的费用。行纪费用的负担，《民法典》第952条作出了规定，即"行纪人处理委托事务支出的费用，由行纪人负担，但是当事人另有约定的除外"。依此规定，行纪费用以行纪人负担为原则，以委托人负担为例外。因此，在处理行纪费用时，若当事人未作约定，自应由行纪人负担。

2. 行纪人负有妥善保管委托物的义务。《民法典》第953条规定了行纪人的此项义务，即"行纪人占有委托物的，应当妥善保管委托物"。行纪人在占有其为委托人进行贸易活动的物品时，负有保管义务。行纪合同为有偿合同，因而行纪人对委托物的保管应尽善良管理人的注意。不过，除非委托人另有指示，行纪人并无为保管的物品办理保险的义务。因此，对于物的意外灭失，行纪人只要已尽到善良管理人的注意，就不负任何责任。若委托人并未作出投保的指示，但行纪人自动投保的，则适用《民法典》关于无因管理的规定。

3. 行纪人负有对委托物的处置义务。《民法典》第954条规定了行纪人的此项义务，即"委托物交付给行纪人时有瑕疵或者容易腐烂、变质的，经委托人同意，行纪人可以处分该物；不能与委托人及时取得联系的，行纪人可以合理处分"。

4. 行纪人负有按委托人指示处理委托事务的义务。《民法典》第955条规定了行纪人的此项义务，即"行纪人低于委托人指定的价格卖出或者高于委托人指定的价格买入的，应当经委托人同意；未经委托人同意，行纪人补偿其差额的，该买卖对委托人发生效力。行纪人高于委托人指定的价格卖出或者低于委托人指定的价格买入的，可以按照约定增加报酬；没有约定或者约定不明确，依据本法第五百一十条的规定仍不能确定的，该利益属于委托人。委托人对价格有特别指示的，行纪人不得违背该指示卖出或者买入"。

5.行纪人负有直接履行的义务。《民法典》第958条规定了行纪人的此项义务，即"行纪人与第三人订立合同的，行纪人对该合同直接享有权利、承担义务。第三人不履行义务致使委托人受到损害的，行纪人应当承担赔偿责任，但是行纪人与委托人另有约定的除外"。行纪人为委托人的利益所订立的合同，第三人不履行义务时，应当自己向委托人履行相应义务，但双方另有约定的除外。

6.行纪人负有报告义务。行纪人为委托人从事贸易活动，有义务向委托人报告其从事贸易活动的情况。行纪人的报告义务，包括法定报告义务和约定报告义务。法定报告义务，是指不论行纪合同中是否有约定，受托人均须向委托人履行的报告义务，如依据《证券法》第133条规定，证券受托买卖成交后，证券公司应当按规定制作买卖成交报告单交付客户。约定报告义务，是指根据行纪合同中特别约定的报告事项、报告时间和报告方式，行纪人向委托人履行的报告义务。

7.行纪人负有保密义务。无论行纪合同中是否有明确约定，行纪人均负有保密义务。行纪人对于在为委托人从事贸易事务时知悉的委托人的资金情况、交易情况和其他商业秘密等，应当予以保密，既不得向第三人泄露，也不得私自予以公开。如《证券法》第41条规定，证券交易场所、证券公司、证券登记结算机构、证券服务机构及其工作人员应当依法为投资者的信息保密，不得非法买卖、提供或者公开投资者的信息。证券交易场所、证券公司、证券登记结算机构、证券服务机构及其工作人员不得泄露所知悉的商业秘密。

五、委托人的主要权利义务

（一）委托人的主要权利

1.委托人享有指示权。依据行纪合同，委托人有权向行纪人进行指示和作具体要求，行纪人有义务按照委托人的指示和要求处理事务，委托人指示的权限范围是行纪人处理事务的依据，也是衡量行纪人处理事务是否符合标准的根据。如《民法典》第955条第1款和第3款关于委托人对价格指示的规定。行纪人违反委托人的指示，造成损失的，行纪人要负赔偿责任。

在行纪合同履行过程中，委托人对价格有特别指示的，行纪人不能违背该指示卖出或者买入，否则委托人有权拒绝承认该买卖合同对自己的约束力，或以其他方式，如约定违约金等，让行纪人负违约责任。委托人对价格的特别指示，行纪人无权变更。故行纪人在订立买卖合同时，变更委托人指示价格买卖的，如果高于指示价格买入或低于指示价格卖出的，委托人可以拒绝接受。但如果行纪人补足了这一差额，该买卖对委托人发生效力。

行纪人如果高于委托人指定的价格卖出或者低于委托人指定的价格买入，因为给委托人带来了利益，委托人不但要承认此买卖对自己的效力，而且还应按约定给行纪人增加报酬。如果没有约定或者约定不明确的，委托人与行纪人可以依照《民法典》第510条的规定，就应增加的报酬达成协议，如果协议不成，该利益直接属于委托人。

2. 委托人享有交付请求权。不论行纪人为委托人买入的委托物，还是为其出售的委托物所得价款等，按行纪合同的约定应当归委托人所有。行纪人应当按约定及时交付，未按约定及时交付的，委托人享有请求其交付的权利。

3. 委托人享有介入权。行纪人与委托人订立合同时，第三人知道委托人的，委托人可以介入行纪人与第三人订立合同，并以委托人的名义对该合同直接享有权利、承担义务。当事人另有约定的除外。

（二）委托人的主要义务

1. 委托人负有支付报酬的义务。行纪人按照合同的规定完成或者部分完成委托任务的，行纪人有获得报酬的权利，而委托人负有按照合同的约定，向行纪人支付报酬的义务，这是委托人最主要的一项义务。如合同已经按照约定履行，行纪人完成了委托事务，这时委托人就要按照约定的报酬全额予以支付；如果行纪人只完成了部分委托事务的，委托人应当按照一定的比例支付相应的报酬。

2. 委托人负有及时受领买入物的义务。行纪人按照委托人的指示和要求为其购买的买入物，委托人应当及时受领，并支付报酬，从而终止委托合同，同时也有利于及时解除行纪人的保管义务及意外灭失的风险责任。

3. 委托人不得擅自改变或取消委托指示。对行纪人作出委托指示是委托人的一项重要权利,但是委托人不得滥用此权利。委托指示一旦在行纪合同中确定,委托人不得擅自改变或取消指示。如果确需变更指示,应当及时通知行纪人。委托人取消或变更指示给行纪人造成损失的,应负赔偿责任。委托人无故改变或取消指示,仍应当向行纪人支付报酬以及行纪人已支出的必要费用。

六、对案例 61 的简要评析

在案例 61 中,主要涉及下列法律问题:

1. 合同的性质。昌盛公司为东方啤酒厂代销啤酒,东方啤酒厂按销售款的 5% 给昌盛公司支付报酬,即代销手续费,依据《民法典》第 951 条的规定,该代销合同在性质上当属行纪合同。其中,东方啤酒厂为委托人,昌盛公司为行纪人。

2. 合同的效力。昌盛公司与东方啤酒厂双方所签订的代销合同,是其真实意思表示,并不违法,故为合法有效合同。

3. 责任的承担。依据《民法典》第 958 条第 2 款"第三人不履行义务致使委托人受到损害的,行纪人应当承担损害赔偿责任……"的规定,因第三人甲商店不履行还款义务,致使委托人东方啤酒厂的 5 万元货款未能收回,依法应由行纪人昌盛公司承担 5 万元的货款责任,这也是合同相对性原则的体现。昌盛公司辩称应将甲商店追加为第三人的理由不能成立。因为昌盛公司与甲商店是另一买卖合同法律关系,不属同一案件解决范畴,昌盛公司可另行向甲商店主张权利。同时,东方啤酒厂起诉昌盛公司应承担 600 箱变质啤酒的赔偿责任,因该 600 箱啤酒的所有权仍归委托人东方啤酒厂所有,故要求昌盛公司承担此责无据,昌盛公司的反驳理由成立,应予支持。

第十七章

中介合同

本章概要

　　中介合同是中介人向委托人报告订立合同的机会或者提供订立合同的媒介服务，委托人支付报酬的合同。本章共计6个条文，主要规定了中介合同的定义、中介人的报告义务、委托人支付报酬的义务、中介费用的负担和委托人绕开中介人直接订立合同应当向中介人支付报酬等内容。

一、问题的提出

根据《民法典》第961条的规定,中介合同是中介人向委托人报告订立合同的机会或者提供订立合同的媒介服务,委托人支付报酬的合同。在中介合同中,承担报告订立合同机会或提供订立合同的媒介服务义务的一方为中介人,又称之为民间人,支付报酬的一方为委托人。《民法典》为了便于人民群众理解,将"居间合同"的名称改为"中介合同"。[①]

在研究中介合同之前,先看一则案例。

案例62:中介费用及必要费用应否支付

2022年4月5日,某市冰云公司委托真义中介公司(以下简称中介公司)为其寻求合作伙伴,并签订了中介合同。中介公司根据冰云公司的要求请来了雪川公司的代表,冰云公司与雪川公司就合作事宜进行了多次洽谈,后因种种原因,双方未达成合作协议。中介公司认为其已经履行了中介合同约定的义务,要求冰云公司按合同约定支付报酬1000元和为冰云公司作宣传资料的必要费用500元。冰云公司认为其并未与雪川公司达成合作协议,不能支付中介公司的报酬1000元和费用500元。双方为此而形成纠纷,中介公司于同年9月16日诉至法院。

根据上述案例,试问:中介合同有何特征?中介合同与相近合同有何区别?中介人的主要义务有哪些?委托人的主要义务有哪些?

二、中介合同的法律特征

中介人,是指促进双方成交而从中获取报酬的中间人。中介合同,是一种古老的商业现象,在古希腊即已出现。在我国古代,民间将中介人称作"牙行"或者"牙纪",现亦称中介人为"捐客"。

[①] 黄薇主编:《中华人民共和国民法典释义(中)》,法律出版社2020年版,第1726页。

根据中介人所接受委托内容的不同，可分为报告中介和媒介中介。报告中介又称指示中介，是指中介人向委托人报告订立合同机会的中介，也就是中介人根据委托人的指示或要求，寻找可以与委托人签订合同的相对人。媒介中介是指中介人受双方当事人的委托，介绍订立合同的中介。中介业务还可以是报告中介与媒介中介兼而有之的中介活动。中介合同的法律特征表现为：

1. 中介合同的中介人须为以从事中介活动为营业的主体。符合法律规定要件的法人、自然人或者其他经济组织，均可成为中介人。

2. 中介合同的中介人只作为委托人与第三人之间签订合同的介绍人，自己一般并不参与直接订立合同，中介人既不是代理人，又非当事人和保证人。中介人既不为任何一方代理，又不承担保证任何一方履行合同的责任。中介行为所介绍的当事人之间的合同一经成立，中介人的作用即告消失。

3. 中介合同的中介人是为委托人提供其与第三人订立合同的机会，他的中介行为本身并不一定导致发生法律后果。

4. 中介合同是有偿合同。《民法典》第961条明确规定，中介合同是中介人向委托人报告订立合同的机会或者提供订立合同的媒介服务，委托人支付报酬的合同，中介人是以中介活动为业务范围的经营主体，其向委托人报告订立合同的机会或者提供订立合同的媒介服务，是为了从委托人那里取得报酬；委托人也必须为中介人的服务提供报酬。习惯上，中介人的报酬也称为"佣金"。

三、中介合同与委托合同、行纪合同的区别

中介合同与委托合同、行纪合同十分相似，其表现在：（1）这三类合同都是一方受他方委托办理一定事宜的合同；（2）这三类合同的目的都是为委托方完成一定的事务；（3）这三类合同的标的都是完成一定的行为；（4）这三类合同的履行都需要中介人、受托人、行纪人的一定行为；（5）这三类合同从内容上理解均属于提供服务的合同。中介合同与委托合同、行纪合同区别表现在：

1. 在中介合同中，中介人仅为委托人报告订立合同的机会或为订立合同提供媒介，但不参与委托人与第三人的关系。在委托合同中，受托人以委托

人的名义活动，代表委托人与第三人订立合同，参与并可以决定委托人与第三人之间的关系。在行纪合同中，行纪人以自己的名义为委托人办理交易事务，与第三人发生直接的权利义务关系。

2. 中介合同的中介人所办理的报告订立合同的机会或为订约提供媒介等事务，其本身不具有法律意义。委托合同的受托人受托办理的各类事务一般为具有法律意义的事务。行纪合同的行纪人受托的事务均为有法律意义的事务。

3. 中介合同属于有偿合同，但中介人只有在有中介结果时才能请求委托人支付报酬；中介人为订约作媒介中介时，还可以从委托人和相对人双方取得报酬。委托合同可以是有偿的，也可以是无偿的。行纪合同也属于有偿合同，但行纪人仅从委托方取得报酬。

4. 中介合同的中介人没有将代理事务的后果移交给委托人，或向委托人报告的义务。委托合同与行纪合同的委托人有取得事务处理结果和事务处理报告的义务。

四、中介人的主要义务

根据《民法典》的有关规定，中介人的主要义务为：

1. 中介人负有忠实报告义务。《民法典》第962条规定了中介人的此项义务，即"中介人应当就有关订立合同的事项向委托人如实报告。中介人故意隐瞒与订立合同有关的重要事实或者提供虚假情况，损害委托人利益的，不得请求支付报酬并应当承担赔偿责任"。依该条规定可知，忠实报告是中介人履行中介合同的主要义务，中介人应忠实而尽力地履行此项义务。中介人是否履行了忠实报告的义务，可根据报告中介和媒介中介两种情形来认定：

（1）在报告中介中，对关于订约的有关事项，如相对人的信用状况，相对人将用于交易的标的物的存续状态等，中介人应就其所知据实报告给委托人。依德国的有关判例和学说，依照诚实信用原则，中介人就一般对于订约有影响的事项虽不负有积极的调查义务，但就其所知事项负有报告于委托人的义务。应当注意的是，中介人对于相对人，并不负有报告委托人有关情况的义务。

（2）在媒介中介中，中介人应将有关订约的事项据实报告给各方当事人，即不仅应将相对人的情况报告给委托人，而且也应将委托人的情况报告给相对人。无论中介人是同时受相对人的委托，还是未受相对人的委托，中介人都负有向双方忠实报告的义务。也正基于此，媒介中介人的报酬原则上由交易双方当事人平均负担。由此看来，对明显无支付能力的当事人或无订约能力的当事人，中介人不得为其媒介。

中介人（不论报告中介人或媒介中介人）违反忠实报告义务，不以实际上给委托人造成损失为要件，只要中介人存在故意隐瞒重要事实或者提供虚假情况的行为，在性质上能够损害委托人利益，不管事实上损害结果是否发生，中介人都要承担违约责任。其承担责任的方式包括：一是不得请求支付报酬。不管委托人后来实际上是否与相对人成立了合同，或者所成立的合同是否无效或被撤销，只要中介人违反了忠实报告义务，便不得向委托人请求支付报酬。二是承担损害赔偿责任。中介人违反忠实报告义务的行为已经给委托人造成损失的，应当向委托人承担赔偿损害责任。

2.中介人负有负担中介活动费用的义务。《民法典》第963条第2款规定了中介人的此项义务，即"中介人促成合同成立的，中介活动的费用，由中介人负担"。

五、委托人的主要义务

根据《民法典》的有关规定，委托人的主要义务为：

1.委托人负有支付报酬的义务。《民法典》第963条第1款规定了委托人的此项义务，即"中介人促成合同成立的，委托人应当按照约定支付报酬。对中介人的报酬没有约定或者约定不明确，依据本法第五百一十条的规定仍不能确定的，根据中介人的劳务合理确定。因中介人提供订立合同的媒介服务而促成合同成立的，由该合同的当事人平均负担中介人的报酬"。

依《民法典》第963条第1款规定，中介报酬的支付是以中介人促成委托人与第三人的合同成立为条件的，在中介人按照中介合同的约定，通过提供媒介服务促成合同订立时，中介人就可以按照约定请求委托人支付中介报酬，委托人应当向中介人支付报酬。

中介报酬的标准，应当事先在中介合同中进行约定。如果中介合同中未约定报酬标准和约定不明确的，由当事人通过补充协议进行约定，或者按商业习惯执行。如果未达成补充协议，或者无可参考的商业习惯的，应当按中介人提供媒介服务的劳务程度给予合理的报酬。

在中介人促成委托人与第三人订立合同的情况下，中介人应取得的中介报酬由所促成订立合同的有关当事人平均负担，而不是由委托人一方负担。

2. 委托人负有支付必要费用的义务。《民法典》第 964 条规定了委托人的此项义务，即"中介人未促成合同成立的，不得请求支付报酬；但是，可以按照约定请求委托人支付从事中介活动支出的必要费用"。依该条的规定，委托人负有支付必要费用的义务。此必要费用，当指为委托人的利益而支出的各种费用，亦即办理中介事务的合理费用。

3. 委托人负有不得私下与第三人订立合同的义务。根据《民法典》第 965 条的规定，委托人在接受中介人的服务后，利用中介人提供的交易机会或者媒介服务，绕开中介人直接订立合同的，应当向中介人支付报酬。该条系新增条文，对中介合同中的"跳单"作了规定。所谓"跳单"又称"跳中介"，是指在中介人向委托人提供中介服务后，委托人利用中介人提供的服务，而甩开中介人私下与相对人订立合同，或者另行委托其他中介人与相对人订立合同的现象。"跳单"在中介合同中时有发生，尤其体现在二手房买卖中介纠纷中。之所以容易发生"跳单"，是由中介合同的特征决定的。在中介合同中，当事人双方掌握的信息不对称，中介人利用自身的信息优势为委托人创造缔约机会而取得报酬。与此同时，委托人如何利用中介人提供的交易机会或者媒介服务，难以为外人所察觉，况且此时委托人尚未支付中介报酬，这就容易产生道德风险。实践中，中介公司为保护自己的合法权益，往往在中介合同中约定禁止"跳单"的条款。但是，由于缺乏法律规定，当事人在中介合同中约定的禁止"跳单"条款的法律效力如何以及何种情况构成"跳单"违约，认识不一。《民法典》也正是基于回应实践需求，总结司法实践经验，而增加了该条规定。①

---

① 参见最高人民法院民法典工程实施工作领导小组主编：《中华人民共和国民法典合同编理解与适用（三）》，人民法院出版社 2020 年版，第 2723 页。

六、对案例 62 的简要评析

在案例 62 中,虽然中介公司为冰云公司和雪川公司的合作事项做了大量工作,但因最终双方未签订合作协议,依据《民法典》第 964 条的规定,中介公司不得向冰云公司请求给付报酬 1000 元。同时,中介公司请求冰云公司支付费用 500 元,因该费用为中介活动的必要费用,即为冰云公司作宣传资料的费用,故冰云公司应予负担。因此,应当判决由冰云公司支付中介公司费用 500 元。

第十八章

合伙合同

本章概要

合伙合同是两个以上合伙人为了共同的事业目的,订立的共享利益、共担风险的协议。合伙合同相对于《合同法》来说,是新增加的一种有名合同的类型。本章共计12个条文,主要规定了合伙合同的定义、合伙人出资义务、合伙财产与合伙事务的决定和执行、执行合伙事务不得请求报酬、合伙的利润分配与亏损分担、合伙人的连带责任与追偿权、合伙人对外转让财产、合伙人的债权人的代位权的行使、合伙期限、合伙合同的终止及终止后的处理等。

一、问题的提出

早在罗马法时期,合伙契约就已经是一种重要的契约形式。[①] 根据《民法典》第 967 条的规定,合伙合同是两个以上合伙人为了共同的事业目的,订立的共享利益、共担风险的协议。在现实生活中,合伙人以合伙合同为基础成立合伙企业,属于典型的商事主体法,归类于非法人组织,适用于《合伙企业法》调整。本章的合伙合同属于当事人订立了合伙合同,没有成立合伙企业,适用《民法典》合同编"合伙合同"调整范围。

在研究合伙合同之前,先看一则案例。

案例 63:合伙合同应否解除[②]

2021 年 9 月 5 日,被告个人开始经营酸奶鲜果茶店。2021 年 10 月 11 日,原告与被告签订《合伙合同》,约定:双方合伙经营酸奶鲜果茶店;合伙共计出资 28 万元,其中原告出资 11 万元,占股 45%,被告出资 17 万元,占股 55%。关于退伙的约定:(1)需有正当理由方可退伙;(2)不得在合伙不利时退伙;(3)退伙需提前 6 个月告知其他合伙人并经其他合伙人同意;(4)退伙后以退伙时的财产状况进行结算,不论何种出资方式均以金钱结算;(5)未经合伙人同意而自行退伙造成损失的,应进行赔偿。上述合同签订后,原告于当日向被告交付合伙出资 3 万元。后因原告无法继续出资,故原告于 2021 年 10 月 13 日口头告知被告不能继续履行合伙出资义务,要求解除合同。合同约定被告应出资的 17 万元,就是被告前期投入的加盟费、物料费、装修费等。2022 年 1 月 24 日,酸奶鲜果茶店关闭,店面已经由所有权人另行出租。原告向法院起诉请求:(1)解除原、被告签订的《合伙合同》;(2)被告返还原告 3 万元现金。

---

① 黄薇主编:《中华人民共和国民法典释义(中)》,法律出版社 2020 年版,第 1748 页。
② 详见新疆维吾尔自治区昌吉回族自治州中级人民法院(2022)新 23 民终 557 号民事判决书。

上述案例，是一起典型的合伙合同纠纷。试问：如何理解合伙合同？合伙合同的法律效力如何？合伙合同的合伙期限及合伙合同终止是如何规定的？

二、合伙合同的法律特征

合伙合同作为一种新增的典型合同，与其他类型的合同有许多不同之处，有其自身的法律特征：

1. 合伙合同的主体是两个以上的合伙人。合伙人的上限数量没有限制，但也不宜太多，若合伙人太多可以组建合伙企业或者有限责任公司等，以便于经营管理。合伙人可以是自然人、法人，也可以是非法人组织，但特别法有规定的从其规定。自然人作为合伙合同主体时，需具有完全民事行为能力，无民事行为能力人不得订立合伙合同；限制民事行为能力人参与合伙的，需其法定代理人追认；法人、非法人组织作为合伙合同主体时，需具有民事权利能力。《合伙企业法》第3条规定，国有独资公司、国有企业、上市公司以及公益性的事业单位、社会团体不得成为普通合伙人。当然，也不能成为合伙合同的合伙人。

2. 合伙合同的目标是一致的，即为了共同目的或者共同利益。《民法典》第967条明确规定了合伙合同是两个以上合伙人为了共同的事业目的，实现共同的利益。只要合同目的不违反法律、行政法规的强制性规定，不违反公序良俗，应当尊重当事人意思自治，贯彻合同自由原则，由合伙人自行商定。

3. 合伙合同的本质是共享利益、共担风险。合伙合同的所有合伙人之间具有共同的事业目的，是合作共赢的关系，其本质特征是共享合伙经营的利益，共担合伙经营的风险。在现实生活和司法实践中，只享利益、不担风险的约定并不鲜见，如甲、乙两人合伙经营门店，甲出资50000元，没有参与经营，乙保证甲出资不受损失，每月支付固定收益1000元，不承担经营风险。此类约定不符合合伙合同的本质特征，实际上应当属于民间借贷合同，应按照民间借贷处理。

4. 合伙合同原则上应采用书面形式订立。合伙合同涉及合伙人出资、利润分配和亏损分担、入伙与退伙、合伙合同终止等诸多事项，应当以书面形式订立为上策。因为，"生意好做，伙计难处"，避免"君子协议"，少生纷争。

三、合伙合同的法律效力

合伙合同为诺成合同，各方当事人意思表示一致时成立，无特殊约定的，自合伙合同成立时生效。其法律效力表现为：

1.合伙人履行出资义务。根据《民法典》第968条的规定，合伙人应当按照约定的出资方式、数额和缴付期限，履行出资义务。据此，合伙人履行出资义务是其法定义务，未按约定履行出资义务的合伙人应当承担违约责任。合伙人的出资方式可以是货币、实物、知识产权，也可以是土地使用权，还可以是劳务，只要符合合伙合同约定的出资方式即可。出资数额能够反映合伙人的出资比例，对确定利润分配、亏损分担以及合伙合同终止后的盈余分配具有重要意义。所谓出资数额，即合伙成立时合伙人所占合伙的份额或比例，合伙人应当根据各自财产能力和经营共同事业的需要，协商一致在合伙合同中约定，法律不强制要求各合伙人等额出资；如果合伙合同没有约定，由合伙人协商补充，协商不成的，合伙人承担数量相等的出资。合伙人既可以实际缴付，也可以认缴。合伙合同应当对合伙人出资的缴付期限作出约定，所有合伙人约定按照合伙合同约定的缴付期限缴付出资。

2.合伙财产的界定及处理。根据《民法典》第969条的规定，合伙人的出资、因合伙事务依法取得的收益和其他财产，属于合伙财产。合伙合同终止前，合伙人不得请求分割合伙财产。据此，合伙财产包括两部分：一是合伙人对合伙的出资，构成合伙财产的原始积累；二是所有因合伙事务依法取得的收益和其他财产。合伙财产的所有权应当归全体合伙人，需要登记的合伙财产应当登记在全体合伙人名下。合伙财产是合伙赖以存在和发展的基础，任何人不得私自转移或者处分合伙财产，合伙人不得在合伙合同终止前请求分割合伙财产。

合伙的利润分配与亏损分担。根据《民法典》第972条的规定，合伙的利润分配和亏损分担，按照合伙合同的约定办理；合伙合同没有约定或者约定不明确的，由合伙人协商决定；协商不成的，由合伙人按照实缴出资比例分配、分担；无法确定出资比例的，由合伙人平均分配、分担。据此，合伙的利润分配与亏损分担应当遵循以下原则：一是按照合同约定或者合伙人协商确定的比例进行利润分配和亏损分担；二是按照实缴出资比例进行利润分配和亏损分担；三是由各合伙人平均进行利润分配和亏损分担。如果无法确定各合伙人的实缴出资比例，则应当依照公平原则，由合伙人平均分配、分担。

合伙剩余财产分配顺序。合伙合同终止表现在合伙上，即合伙解散。合同终止后，合伙人应当对合伙存续期间积累的财产、产生的债务等事项进行清算。根据《民法典》第978条的规定，合伙合同终止后，合伙财产在支付因终止而产生的费用以及清偿合伙债务后有剩余的，依据《民法典》第972条的规定进行分配。据此，合伙财产在支付因终止而产生的费用以及清偿合伙债务后的剩余，在性质上看属于合伙存续期间取得利润或者收入，包括合伙人的出资和合伙存续期间积累的财产，应当由全体合伙人共同共有并分配给合伙人。对于剩余的盈利或利润，合伙合同有约定的，按照约定分配；没有约定或者约定不明确的，由合伙人协商决定；协商不成的，由合伙人按照实缴出资比例分配、分担；无法确定出资比例的，由合伙人平均分配、分担。

合伙人转让其财产份额的限制。根据《民法典》第974条的规定，除合伙合同另有约定外，合伙人向合伙人以外的人转让其全部或者部分财产份额的，须经其他合伙人一致同意。据此，合伙人转让其财产份额可以分为两种情形：一是合伙人向其他合伙人转让其财产份额，属于合伙人内部转让，涉及合伙人财产份额的变化，不涉及合伙人的加入，无须征得其他合伙人的同意，但应当通知其他合伙人。二是合伙人向合伙人以外的人转让其财产份额，则需要根据合同约定进行，合同没有约定的，必须征得其他合伙人的一致同意。

3. 合伙事务的执行。根据《民法典》第970条的规定，合伙人就合伙事务作出决定的，除合伙合同另有约定外，应当经全体合伙人一致同意。合伙事务由全体合伙人共同执行。按照合伙合同的约定或者全体合伙人的决定，可以委托一个或者数个合伙人执行合伙事务；其他合伙人不再执行合伙事务，但是有权监督执行情况。合伙人分别执行合伙事务的，执行事务合伙人可以对其他合伙人执行的事务提出异议；提出异议后，其他合伙人应当暂停该项事务的执行。据此，应当作如下理解：

一是合伙事务由合伙人共同决定。共同决定即为一致同意，原则上由合伙人自行约定，合伙事务决定规则以不违反法律、损害少数合伙人利益为前提。合伙人可在合伙合同中约定合伙事务决定表决规则，可以是少数服从多数原则，也可以是半数通过原则。

二是合伙事务由全体合伙人共同执行。为实现共同事业目的，合伙关系存续期间发生的一切活动均属于合伙事务，包括入伙、退伙、合同解除、处分合伙财产、延长合伙期限，也包括合伙经营、管理活动。合伙的目的是实现共同事业，各合伙人不仅要共享利益、共担风险，还要参与合伙事业的运作及执行。各合伙人基于合伙的性质和合伙的目的，都有权具体执行合伙事务。

三是合伙事务委托执行。合伙事务须由全体合伙人共同决定，但对合伙人共同的决定，可以由一个或者数个合伙人具体执行。

四是合伙人监督权。合伙事务属于合伙的公共事务，事务的具体执行情况涉及合伙利益，也涉及每个合伙人切身利益，不执行合伙事务的其他合伙人有权对执行事务合伙人的执行行为进行监督。

五是合伙人异议权。合伙人在分别执行合伙事务时，难免会出现考虑不周或者执行不当的情况，也不排除个别合伙人违反诚信原则，作出损害其他合伙人的行为。因此，在分别执行合伙事务的情况下，各合伙人有权监督其他合伙人的执行行为，也应当接受其他合伙人对自己执行合伙事务的监督。

4. 执行合伙事务的报酬。根据《民法典》第971条的规定，合伙人不得因执行合伙事务而请求支付报酬，但是合伙合同另有约定的除外。据此，原则上合伙人不得因执行合伙事务而请求报酬。当然，合伙人执行合伙事务必然会付出一定的时间、精力、财力，如果允许支付执行事务合伙人一定报酬，有助于提高合伙人积极性，增进合伙事业发展。合伙人可以在签订合伙合同时约定，也可以在合伙关系存续期间经全体合伙人一致同意补充约定为执行合伙事务的合伙人支付一定的报酬。对于报酬的给付种类、数额、方式或期限等问题，由合伙人约定。①

5. 合伙人对合伙债务承担连带责任及追偿权。所谓合伙债务，是指合伙关系存续期间，为实现共同事业目的，以合伙名义对合伙外的人所承担的债务。产生合伙债务的原因通常包括以下三种情形：一是合伙或者合伙人为共同事业目的，与第三人签订合同而产生的合同之债；二是合伙人在执行合伙事务过程中侵犯第三人合法权益所产生的侵权之债；三是无正当理由占有第

---

① 参见最高人民法院民法典工程实施工作领导小组主编：《中华人民共和国民法典合同编理解与适用（三）》，人民法院出版社2020年版，第2748页。

三人财物或者无因管理之债。根据《民法典》第 973 条的规定，合伙人对合伙债务承担连带责任。清偿合伙债务超过自己应当承担份额的合伙人，有权向其他合伙人追偿。

在司法实践中，应当注意下列问题：一是合伙人成为合伙的债权人，产生合伙债务清偿效果。当合伙人成为合伙的债权人，使其债权及所负连带债务因发生混同而消灭时，其他合伙人免除合伙债务清偿责任，该合伙人可就超过自己应承担的份额向其他合伙人追偿。二是合伙人退伙后合伙债务的承担。为充分保护债权人的利益和交易安全，退伙的合伙人，对其退伙前所发生的合伙债务仍承担连带清偿责任。债务范围限于退伙前发生的合伙债务，这里包括虽然退伙前尚未发生，但是基于退伙前的原因于退伙后发生的债务。退伙的合伙人即便按照合伙合同约定或者合伙人协商一致已经承担自己应当承担的份额，倘若合伙债务仍未全部清偿，仍对合伙债务负有连带责任，但就其清偿的数额超过按份之债部分，有权向未足额承担份额的其他合伙人追偿。当然，如果合伙债权人认可合伙人内部承担债务的约定，则应由约定的合伙人独立承担清偿责任。三是新入伙的合伙人对入伙前的合伙债务承担清偿责任。受让合伙人财产份额的第三人，本与入伙前产生的合伙债务无关，但因其取得合伙财产份额，获得了合伙人资格，与原有合伙人享有同样的权利，视为认可合伙关系存续期间的一切活动的法律效果，包括合伙的亏损。此外，对于债权人来说，其无法知晓合伙成员变动情况，为保障债权利益，新入伙的合伙人也应当对其入伙前的合伙债务承担连带责任。[①]

6. 合伙人的债权人代位权行使权利的限制。根据《民法典》第 975 条的规定，合伙人的债权人不得代位行使合伙人依照本章规定和合伙合同享有的权利，但是合伙人享有的利益分配请求权除外。

四、合伙期限及合伙合同终止

1. 合伙期限。根据《民法典》第 976 条的规定，合伙人对合伙期限没有约定或者约定不明确，依据该法第 510 条的规定仍不能确定的，视为不定期

[①] 参见最高人民法院民法典工程实施工作领导小组主编：《中华人民共和国民法典合同编理解与适用（三）》，人民法院出版社 2020 年版，第 2757 页。

合伙。合伙期限届满，合伙人继续执行合伙事务，其他合伙人没有提出异议的，原合伙合同继续有效，但是合伙期限为不定期。合伙人可以随时解除不定期合伙合同，但是应当在合理期限之前通知其他合伙人。据此可知：一是合伙期限没有约定或者约定不明确的，依据《民法典》第510条的规定仍不能确定的，视为不定期合伙。二是合伙期限届满后合伙人继续执行合伙事务的，合伙合同继续有效，但合伙人有权随时解除合伙合同。

2.合伙合同终止。根据《民法典》第977条的规定，合伙人死亡、丧失民事行为能力或者终止的，合伙合同终止；但是，合伙合同另有约定或者根据合伙事务的性质不宜终止的除外。该条规定的退伙，并非基于合伙人意思表示，而是因发生某种法律事件而丧失合伙人资格。同时，该条规定贯彻合同自由原则，即便出现了合伙合同终止的法定情形，也将合伙合同是否继续履行的权利交由合伙人决定。

五、对案例 63 的简要评析

在案例 63 中，原、被告签订的《合伙合同》系双方当事人的真实意思表示，内容不违反法律、行政法规的禁止性规定，属合法有效的合同。签订合伙合同后，双方成立合伙合同关系。争议焦点是，被告是否应向原告返还出资款 3 万元。第一，双方签订合伙协议时，被告已经在正常经营奶茶店。合伙约定被告应出资的 17 万元，均是其前期投入的费用。据此，在原告入伙时，被告即已开始经营店面，并以其前期投入作为出资；第二，本案是被告开始正常经营店面后，原告进行了投资，但并未实际参与经营；第三，原告签订合伙协议并交纳出资款 3 万元后，第三天即通知被告要求解除合同。根据法律规定，合伙人可以随时解除不定期合伙合同，因此原告依法享有合同解除权。虽然法律规定应当在合理期限之前通知其他合伙人，但结合本案实际情况，原告是在被告已经完成投资并开始正常经营的情况下，与被告签订合伙合同并出资 3 万元，且原告自始至终并未参与经营，并于出资第三天即通知被告要求解除合同，而原告此时主张解除合同，并不影响被告的正常经营。其实，在原告于 2021 年 10 月 13 日通知被告解除合伙合同的次日，即 2021 年 10 月 14 日，合伙合同即已解除。合伙合同终止，根据合同约定，合伙终止后，出资款应予以返还，原告要求被告返还出资款 3 万元的请求，应当予以支持。

附录

最高人民法院关于适用《中华人民共和国民法典》合同编通则若干问题的解释

（2023年5月23日最高人民法院审判委员会第1889次会议通过 2023年12月4日最高人民法院公告公布 自2023年12月5日起施行 法释〔2023〕13号）

为正确审理合同纠纷案件以及非因合同产生的债权债务关系纠纷案件，依法保护当事人的合法权益，根据《中华人民共和国民法典》、《中华人民共和国民事诉讼法》等相关法律规定，结合审判实践，制定本解释。

一、一般规定

第一条 人民法院依据民法典第一百四十二条第一款、第四百六十六条第一款的规定解释合同条款时，应当以词句的通常含义为基础，结合相关条款、合同的性质和目的、习惯以及诚信原则，参考缔约背景、磋商过程、履行行为等因素确定争议条款的含义。

有证据证明当事人之间对合同条款有不同于词句的通常含义的其他共同理解，一方主张按照词句的通常含义理解合同条款的，人民法院不予支持。

对合同条款有两种以上解释，可能影响该条款效力的，人民法院应当选择有利于该条款有效的解释；属于无偿合同的，应当选择对债务人负担较轻的解释。

第二条 下列情形，不违反法律、行政法规的强制性规定且不违背公序良俗的，人民法院可以认定为民法典所称的"交易习惯"：

（一）当事人之间在交易活动中的惯常做法；

（二）在交易行为当地或者某一领域、某一行业通常采用并为交易对方订立合同时所知道或者应当知道的做法。

对于交易习惯，由提出主张的当事人一方承担举证责任。

二、合同的订立

第三条 当事人对合同是否成立存在争议，人民法院能够确定当事人姓名或者名称、标的和数量的，一般应当认定合同成立。但是，法律另有规定或者当事人另有约定的除外。

根据前款规定能够认定合同已经成立的，对合同欠缺的内容，人民法院应当依据民法典第五百一十条、第五百一十一条等规定予以确定。

当事人主张合同无效或者请求撤销、解除合同等，人民法院认为合同不成立的，应当依据《最高人民法院关于民事诉讼证据的若干规定》第五十三条的规定将合同是否成立作为焦点问题进行审理，并可以根据案件的具体情况重新指定举证期限。

第四条 采取招标方式订立合同，当事人请求确认合同自中标通知书到达中标人时成立的，人民法院应予支持。合同成立后，当事人拒绝签订书面合同的，人民法院应当依据招标文件、投标文件和中标通知书等确定合同内容。

采取现场拍卖、网络拍卖等公开竞价方式订立合同，当事人请求确认合同自拍卖师落槌、电子交易系统确认成交时成立的，人民法院应予支持。合同成立后，当事人拒绝签订成交确认书的，人民法院应当依据拍卖公告、竞买人的报价等确定合同内容。

产权交易所等机构主持拍卖、挂牌交易，其公布的拍卖公告、交易规则等文件公开确定了合同成立需要具备的条件，当事人请求确认合同自该条件具备时成立的，人民法院应予支持。

第五条 第三人实施欺诈、胁迫行为，使当事人在违背真实意思的情况下订立合同，受到损失的当事人请求第三人承担赔偿责任的，人民法院依法予以支持；当事人亦有违背诚信原则的行为的，人民法院应当根据各自的过错确定相应的责任。但是，法律、司法解释对当事人与第三人的民事责任另有规定的，依照其规定。

第六条 当事人以认购书、订购书、预订书等形式约定在将来一定期限内订立合同，或者为担保在将来一定期限内订立合同交付了定金，能够确定将来所要订立合同的主体、标的等内容的，人民法院应当认定预约合同成立。

当事人通过签订意向书或者备忘录等方式，仅表达交易的意向，未约定在将来一定期限内订立合同，或者虽然有约定但是难以确定将来所要订立合同的主体、标的等内容，一方主张预约合同成立的，人民法院不予支持。

当事人订立的认购书、订购书、预订书等已就合同标的、数量、价款或者报酬等主要内容达成合意，符合本解释第三条第一款规定的合同成立条件，未明确约定在将来一定期限内另行订立合同，或者虽然有约定但是当事人一方已实施履行行为且对方接受的，人民法院应当认定本约合同成立。

第七条 预约合同生效后，当事人一方拒绝订立本约合同或者在磋商订立本约合同时违背诚信原则导致未能订立本约合同的，人民法院应当认定该当事人不履行预约合同约定的义务。

人民法院认定当事人一方在磋商订立本约合同时是否违背诚信原则，应当综合考虑该当事人在磋商时提出的条件是否明显背离预约合同约定的内容以及是否已尽合理努力进行协商等因素。

第八条 预约合同生效后，当事人一方不履行订立本约合同的义务，对方请求其赔偿因此造成的损失的，人民法院依法予以支持。

前款规定的损失赔偿，当事人有约定的，按照约定；没有约定的，人民法院应当综合考虑预约合同在内容上的完备程度以及订立本约合同的条件的成就程度等因素酌定。

第九条 合同条款符合民法典第四百九十六条第一款规定的情形，当事人仅以合同系依据合同示范文本制作或者双方已经明确约定合同条款不属于格式条款为由主张该条款不是格式条款的，人民法院不予支持。

从事经营活动的当事人一方仅以未实际重复使用为由主张其预先拟定且未与对方协商的合同条款不是格式条款的，人民法院不予支持。但是，有证据证明该条款不是为了重复使用而预先拟定的除外。

第十条 提供格式条款的一方在合同订立时采用通常足以引起对方注意的文字、符号、字体等明显标识，提示对方注意免除或者减轻其责任、排除或者限制对方权利等与对方有重大利害关系的异常条款的,人民法院可以认定其已经履行民法典第四百九十六条第二款规定的提示义务。

提供格式条款的一方按照对方的要求,就与对方有重大利害关系的异常条款的概念、内容及其法律后果以书面或者口头形式向对方作出通常能够理解的解释说明的,人民法院可以认定其已经履行民法典第四百九十六条第二款规定的说明义务。

提供格式条款的一方对其已经尽到提示义务或者说明义务承担举证责任。对于通过互联网等信息网络订立的电子合同,提供格式条款的一方仅以采取了设置勾选、弹窗等方式为由主张其已经履行提示义务或者说明义务的,人民法院不予支持,但是其举证符合前两款规定的除外。

三、合同的效力

第十一条 当事人一方是自然人,根据该当事人的年龄、智力、知识、经验并结合交易的复杂程度,能够认定其对合同的性质、合同订立的法律后果或者交易中存在的特定风险缺乏应有的认知能力的,人民法院可以认定该情形构成民法典第一百五十一条规定的"缺乏判断能力"。

第十二条 合同依法成立后,负有报批义务的当事人不履行报批义务或者履行报批义务不符合合同的约定或者法律、行政法规的规定,对方请求其继续履行报批义务的,人民法院应予支持;对方主张解除合同并请求其承担违反报批义务的赔偿责任的,人民法院应予支持。

人民法院判决当事人一方履行报批义务后,其仍不履行,对方主张解除合同并参照违反合同的违约责任请求其承担赔偿责任的,人民法院应予支持。

合同获得批准前,当事人一方起诉请求对方履行合同约定的主要义务,经释明后拒绝变更诉讼请求的,人民法院应当判决驳回其诉讼请求,但是不影响其另行提起诉讼。

负有报批义务的当事人已经办理申请批准等手续或者已经履行生效判决确定的报批义务,批准机关决定不予批准,对方请求其承担赔偿责任的,人民法院不予支持。但是,因迟延履行报批义务等可归责于当事人的原因导致合同未获批准,对方请求赔偿因此受到的损失的,人民法院应当依据民法典

第一百五十七条的规定处理。

第十三条 合同存在无效或者可撤销的情形，当事人以该合同已在有关行政管理部门办理备案、已经批准机关批准或者已依据该合同办理财产权利的变更登记、移转登记等为由主张合同有效的，人民法院不予支持。

第十四条 当事人之间就同一交易订立多份合同，人民法院应当认定其中以虚假意思表示订立的合同无效。当事人为规避法律、行政法规的强制性规定，以虚假意思表示隐藏真实意思表示的，人民法院应当依据民法典第一百五十三条第一款的规定认定被隐藏合同的效力；当事人为规避法律、行政法规关于合同应当办理批准等手续的规定，以虚假意思表示隐藏真实意思表示的，人民法院应当依据民法典第五百零二条第二款的规定认定被隐藏合同的效力。

依据前款规定认定被隐藏合同无效或者确定不发生效力的，人民法院应当以被隐藏合同为事实基础，依据民法典第一百五十七条的规定确定当事人的民事责任。但是，法律另有规定的除外。

当事人就同一交易订立的多份合同均系真实意思表示，且不存在其他影响合同效力情形的，人民法院应当在查明各合同成立先后顺序和实际履行情况的基础上，认定合同内容是否发生变更。法律、行政法规禁止变更合同内容的，人民法院应当认定合同的相应变更无效。

第十五条 人民法院认定当事人之间的权利义务关系，不应当拘泥于合同使用的名称，而应当根据合同约定的内容。当事人主张的权利义务关系与根据合同内容认定的权利义务关系不一致的，人民法院应当结合缔约背景、交易目的、交易结构、履行行为以及当事人是否存在虚构交易标的等事实认定当事人之间的实际民事法律关系。

第十六条 合同违反法律、行政法规的强制性规定，有下列情形之一，由行为人承担行政责任或者刑事责任能够实现强制性规定的立法目的的，人民法院可以依据民法典第一百五十三条第一款关于"该强制性规定不导致该民事法律行为无效的除外"的规定认定该合同不因违反强制性规定无效：

（一）强制性规定虽然旨在维护社会公共秩序，但是合同的实际履行对社会公共秩序造成的影响显著轻微，认定合同无效将导致案件处理结果有失公平公正；

（二）强制性规定旨在维护政府的税收、土地出让金等国家利益或者其他民事主体的合法利益而非合同当事人的民事权益，认定合同有效不会影响该规范目的的实现；

（三）强制性规定旨在要求当事人一方加强风险控制、内部管理等，对方无能力或者无义务审查合同是否违反强制性规定，认定合同无效将使其承担不利后果；

（四）当事人一方虽然在订立合同时违反强制性规定，但是在合同订立后其已经具备补正违反强制性规定的条件却违背诚信原则不予补正；

（五）法律、司法解释规定的其他情形。

法律、行政法规的强制性规定旨在规制合同订立后的履行行为，当事人以合同违反强制性规定为由请求认定合同无效的，人民法院不予支持。但是，合同履行必然导致违反强制性规定或者法律、司法解释另有规定的除外。

依据前两款认定合同有效，但是当事人的违法行为未经处理的，人民法院应当向有关行政管理部门提出司法建议。当事人的行为涉嫌犯罪的，应当将案件线索移送刑事侦查机关；属于刑事自诉案件的，应当告知当事人可以向有管辖权的人民法院另行提起诉讼。

第十七条 合同虽然不违反法律、行政法规的强制性规定，但是有下列情形之一，人民法院应当依据民法典第一百五十三条第二款的规定认定合同无效：

（一）合同影响政治安全、经济安全、军事安全等国家安全的；

（二）合同影响社会稳定、公平竞争秩序或者损害社会公共利益等违背社会公共秩序的；

（三）合同背离社会公德、家庭伦理或者有损人格尊严等违背善良风俗的。

人民法院在认定合同是否违背公序良俗时，应当以社会主义核心价值观为导向，综合考虑当事人的主观动机和交易目的、政府部门的监管强度、一定期限内当事人从事类似交易的频次、行为的社会后果等因素，并在裁判文书中充分说理。当事人确因生活需要进行交易，未给社会公共秩序造成重大影响，且不影响国家安全，也不违背善良风俗的，人民法院不应当认定合同无效。

第十八条 法律、行政法规的规定虽然有"应当""必须"或者"不得"

等表述，但是该规定旨在限制或者赋予民事权利，行为人违反该规定将构成无权处分、无权代理、越权代表等，或者导致合同相对人、第三人因此获得撤销权、解除权等民事权利的，人民法院应当依据法律、行政法规规定的关于违反该规定的民事法律后果认定合同效力。

第十九条 以转让或者设定财产权利为目的订立的合同，当事人或者真正权利人仅以让与人在订立合同时对标的物没有所有权或者处分权为由主张合同无效的，人民法院不予支持；因未取得真正权利人事后同意或者让与人事后未取得处分权导致合同不能履行，受让人主张解除合同并请求让与人承担违反合同的赔偿责任的，人民法院依法予以支持。

前款规定的合同被认定有效，且让与人已经将财产交付或者移转登记至受让人，真正权利人请求认定财产权利未发生变动或者请求返还财产的，人民法院应予支持。但是，受让人依据民法典第三百一十一条等规定善意取得财产权利的除外。

第二十条 法律、行政法规为限制法人的法定代表人或者非法人组织的负责人的代表权，规定合同所涉事项应当由法人、非法人组织的权力机构或者决策机构决议，或者应当由法人、非法人组织的执行机构决定，法定代表人、负责人未取得授权而以法人、非法人组织的名义订立合同，未尽到合理审查义务的相对人主张该合同对法人、非法人组织发生效力并由其承担违约责任的，人民法院不予支持，但是法人、非法人组织有过错的，可以参照民法典第一百五十七条的规定判决其承担相应的赔偿责任。相对人已尽到合理审查义务，构成表见代表的，人民法院应当依据民法典第五百零四条的规定处理。

合同所涉事项未超越法律、行政法规规定的法定代表人或者负责人的代表权限，但是超越法人、非法人组织的章程或者权力机构等对代表权的限制，相对人主张该合同对法人、非法人组织发生效力并由其承担违约责任的，人民法院依法予以支持。但是，法人、非法人组织举证证明相对人知道或者应当知道该限制的除外。

法人、非法人组织承担民事责任后，向有过错的法定代表人、负责人追偿因越权代表行为造成的损失的，人民法院依法予以支持。法律、司法解释对法定代表人、负责人的民事责任另有规定的，依照其规定。

第二十一条 法人、非法人组织的工作人员就超越其职权范围的事项以法人、非法人组织的名义订立合同，相对人主张该合同对法人、非法人组织发生效力并由其承担违约责任的，人民法院不予支持。但是，法人、非法人组织有过错的，人民法院可以参照民法典第一百五十七条的规定判决其承担相应的赔偿责任。前述情形，构成表见代理的，人民法院应当依据民法典第一百七十二条的规定处理。

合同所涉事项有下列情形之一的，人民法院应当认定法人、非法人组织的工作人员在订立合同时超越其职权范围：

（一）依法应当由法人、非法人组织的权力机构或者决策机构决议的事项；

（二）依法应当由法人、非法人组织的执行机构决定的事项；

（三）依法应当由法定代表人、负责人代表法人、非法人组织实施的事项；

（四）不属于通常情形下依其职权可以处理的事项。

合同所涉事项未超越依据前款确定的职权范围，但是超越法人、非法人组织对工作人员职权范围的限制，相对人主张该合同对法人、非法人组织发生效力并由其承担违约责任的，人民法院应予支持。但是，法人、非法人组织举证证明相对人知道或者应当知道该限制的除外。

法人、非法人组织承担民事责任后，向故意或者有重大过失的工作人员追偿的，人民法院依法予以支持。

第二十二条 法定代表人、负责人或者工作人员以法人、非法人组织的名义订立合同且未超越权限，法人、非法人组织仅以合同加盖的印章不是备案印章或者系伪造的印章为由主张该合同对其不发生效力的，人民法院不予支持。

合同系以法人、非法人组织的名义订立，但是仅有法定代表人、负责人或者工作人员签名或者按指印而未加盖法人、非法人组织的印章，相对人能够证明法定代表人、负责人或者工作人员在订立合同时未超越权限的，人民法院应当认定合同对法人、非法人组织发生效力。但是，当事人约定以加盖印章作为合同成立条件的除外。

合同仅加盖法人、非法人组织的印章而无人员签名或者按指印，相对人能够证明合同系法定代表人、负责人或者工作人员在其权限范围内订立的，人民法院应当认定该合同对法人、非法人组织发生效力。

在前三款规定的情形下，法定代表人、负责人或者工作人员在订立合同时虽然超越代表或者代理权限，但是依据民法典第五百零四条的规定构成表见代表，或者依据民法典第一百七十二条的规定构成表见代理的，人民法院应当认定合同对法人、非法人组织发生效力。

第二十三条 法定代表人、负责人或者代理人与相对人恶意串通，以法人、非法人组织的名义订立合同，损害法人、非法人组织的合法权益，法人、非法人组织主张不承担民事责任的，人民法院应予支持。法人、非法人组织请求法定代表人、负责人或者代理人与相对人对因此受到的损失承担连带赔偿责任的，人民法院应予支持。

根据法人、非法人组织的举证，综合考虑当事人之间的交易习惯、合同在订立时是否显失公平、相关人员是否获取了不正当利益、合同的履行情况等因素，人民法院能够认定法定代表人、负责人或者代理人与相对人存在恶意串通的高度可能性的，可以要求前述人员就合同订立、履行的过程等相关事实作出陈述或者提供相应的证据。其无正当理由拒绝作出陈述，或者所作陈述不具合理性又不能提供相应证据的，人民法院可以认定恶意串通的事实成立。

第二十四条 合同不成立、无效、被撤销或者确定不发生效力，当事人请求返还财产，经审查财产能够返还的，人民法院应当根据案件具体情况，单独或者合并适用返还占有的标的物、更正登记簿册记载等方式；经审查财产不能返还或者没有必要返还的，人民法院应当以认定合同不成立、无效、被撤销或者确定不发生效力之日该财产的市场价值或者以其他合理方式计算的价值为基准判决折价补偿。

除前款规定的情形外，当事人还请求赔偿损失的，人民法院应当结合财产返还或者折价补偿的情况，综合考虑财产增值收益和贬值损失、交易成本的支出等事实，按照双方当事人的过错程度及原因力大小，根据诚信原则和公平原则，合理确定损失赔偿额。

合同不成立、无效、被撤销或者确定不发生效力，当事人的行为涉嫌违法且未经处理，可能导致一方或者双方通过违法行为获得不当利益的，人民法院应当向有关行政管理部门提出司法建议。当事人的行为涉嫌犯罪的，应当将案件线索移送刑事侦查机关；属于刑事自诉案件的，应当告知当事人可以向有管辖权的人民法院另行提起诉讼。

第二十五条 合同不成立、无效、被撤销或者确定不发生效力，有权请求返还价款或者报酬的当事人一方请求对方支付资金占用费的，人民法院应当在当事人请求的范围内按照中国人民银行授权全国银行间同业拆借中心公布的一年期贷款市场报价利率（LPR）计算。但是，占用资金的当事人对于合同不成立、无效、被撤销或者确定不发生效力没有过错的，应当以中国人民银行公布的同期同类存款基准利率计算。

双方互负返还义务，当事人主张同时履行的，人民法院应予支持；占有标的物的一方对标的物存在使用或者依法可以使用的情形，对方请求将其应支付的资金占用费与应收取的标的物使用费相互抵销的，人民法院应予支持，但是法律另有规定的除外。

四、合同的履行

第二十六条 当事人一方未根据法律规定或者合同约定履行开具发票、提供证明文件等非主要债务，对方请求继续履行该债务并赔偿因怠于履行该债务造成的损失的，人民法院依法予以支持；对方请求解除合同的，人民法院不予支持，但是不履行该债务致使不能实现合同目的或者当事人另有约定的除外。

第二十七条 债务人或者第三人与债权人在债务履行期限届满后达成以物抵债协议，不存在影响合同效力情形的，人民法院应当认定该协议自当事人意思表示一致时生效。

债务人或者第三人履行以物抵债协议后，人民法院应当认定相应的原债务同时消灭；债务人或者第三人未按照约定履行以物抵债协议，经催告后在合理期限内仍不履行，债权人选择请求履行原债务或者以物抵债协议的，人民法院应予支持，但是法律另有规定或者当事人另有约定的除外。

前款规定的以物抵债协议经人民法院确认或者人民法院根据当事人达成的以物抵债协议制作成调解书，债权人主张财产权利自确认书、调解书生效时发生变动或者具有对抗善意第三人效力的，人民法院不予支持。

债务人或者第三人以自己不享有所有权或者处分权的财产权利订立以物抵债协议的，依据本解释第十九条的规定处理。

第二十八条 债务人或者第三人与债权人在债务履行期限届满前达成以物抵债协议的,人民法院应当在审理债权债务关系的基础上认定该协议的效力。

当事人约定债务人到期没有清偿债务,债权人可以对抵债财产拍卖、变卖、折价以实现债权的,人民法院应当认定该约定有效。当事人约定债务人到期没有清偿债务,抵债财产归债权人所有的,人民法院应当认定该约定无效,但是不影响其他部分的效力;债权人请求对抵债财产拍卖、变卖、折价以实现债权的,人民法院应予支持。

当事人订立前款规定的以物抵债协议后,债务人或者第三人未将财产权利转移至债权人名下,债权人主张优先受偿的,人民法院不予支持;债务人或者第三人已将财产权利转移至债权人名下的,依据《最高人民法院关于适用〈中华人民共和国民法典〉有关担保制度的解释》第六十八条的规定处理。

第二十九条 民法典第五百二十二条第二款规定的第三人请求债务人向自己履行债务的,人民法院应予支持;请求行使撤销权、解除权等民事权利的,人民法院不予支持,但是法律另有规定的除外。

合同依法被撤销或者被解除,债务人请求债权人返还财产的,人民法院应予支持。

债务人按照约定向第三人履行债务,第三人拒绝受领,债权人请求债务人向自己履行债务的,人民法院应予支持,但是债务人已经采取提存等方式消灭债务的除外。第三人拒绝受领或者受领迟延,债务人请求债权人赔偿因此造成的损失的,人民法院依法予以支持。

第三十条 下列民事主体,人民法院可以认定为民法典第五百二十四条第一款规定的对履行债务具有合法利益的第三人:

(一)保证人或者提供物的担保的第三人;

(二)担保财产的受让人、用益物权人、合法占有人;

(三)担保财产上的后顺位担保权人;

(四)对债务人的财产享有合法权益且该权益将因财产被强制执行而丧失的第三人;

(五)债务人为法人或者非法人组织的,其出资人或者设立人;

(六)债务人为自然人的,其近亲属;

（七）其他对履行债务具有合法利益的第三人。

第三人在其已经代为履行的范围内取得对债务人的债权，但是不得损害债权人的利益。

担保人代为履行债务取得债权后，向其他担保人主张担保权利的，依据《最高人民法院关于适用〈中华人民共和国民法典〉有关担保制度的解释》第十三条、第十四条、第十八条第二款等规定处理。

第三十一条 当事人互负债务，一方以对方没有履行非主要债务为由拒绝履行自己的主要债务的，人民法院不予支持。但是，对方不履行非主要债务致使不能实现合同目的或者当事人另有约定的除外。

当事人一方起诉请求对方履行债务，被告依据民法典第五百二十五条的规定主张双方同时履行的抗辩且抗辩成立，被告未提起反诉的，人民法院应当判决被告在原告履行债务的同时履行自己的债务，并在判项中明确原告申请强制执行的，人民法院应当在原告履行自己的债务后对被告采取执行行为；被告提起反诉的，人民法院应当判决双方同时履行自己的债务，并在判项中明确任何一方申请强制执行的，人民法院应当在该当事人履行自己的债务后对对方采取执行行为。

当事人一方起诉请求对方履行债务，被告依据民法典第五百二十六条的规定主张原告应先履行的抗辩且抗辩成立的，人民法院应当驳回原告的诉讼请求，但是不影响原告履行债务后另行提起诉讼。

第三十二条 合同成立后，因政策调整或者市场供求关系异常变动等原因导致价格发生当事人在订立合同时无法预见的、不属于商业风险的涨跌，继续履行合同对于当事人一方明显不公平的，人民法院应当认定合同的基础条件发生了民法典第五百三十三条第一款规定的"重大变化"。但是，合同涉及市场属性活跃、长期以来价格波动较大的大宗商品以及股票、期货等风险投资型金融产品的除外。

合同的基础条件发生了民法典第五百三十三条第一款规定的重大变化，当事人请求变更合同的，人民法院不得解除合同；当事人一方请求变更合同，对方请求解除合同的，或者当事人一方请求解除合同，对方请求变更合同的，人民法院应当结合案件的实际情况，根据公平原则判决变更或者解除合同。

人民法院依据民法典第五百三十三条的规定判决变更或者解除合同的，

应当综合考虑合同基础条件发生重大变化的时间、当事人重新协商的情况以及因合同变更或者解除给当事人造成的损失等因素，在判项中明确合同变更或者解除的时间。

当事人事先约定排除民法典第五百三十三条适用的，人民法院应当认定该约定无效。

五、合同的保全

第三十三条 债务人不履行其对债权人的到期债务，又不以诉讼或者仲裁方式向相对人主张其享有的债权或者与该债权有关的从权利，致使债权人的到期债权未能实现的，人民法院可以认定为民法典第五百三十五条规定的"债务人怠于行使其债权或者与该债权有关的从权利，影响债权人的到期债权实现"。

第三十四条 下列权利，人民法院可以认定为民法典第五百三十五条第一款规定的专属于债务人自身的权利：

（一）抚养费、赡养费或者扶养费请求权；

（二）人身损害赔偿请求权；

（三）劳动报酬请求权，但是超过债务人及其所扶养家属的生活必需费用的部分除外；

（四）请求支付基本养老保险金、失业保险金、最低生活保障金等保障当事人基本生活的权利；

（五）其他专属于债务人自身的权利。

第三十五条 债权人依据民法典第五百三十五条的规定对债务人的相对人提起代位权诉讼的，由被告住所地人民法院管辖，但是依法应当适用专属管辖规定的除外。

债务人或者相对人以双方之间的债权债务关系订有管辖协议为由提出异议的，人民法院不予支持。

第三十六条 债权人提起代位权诉讼后，债务人或者相对人以双方之间的债权债务关系订有仲裁协议为由对法院主管提出异议的，人民法院不予支持。但是，债务人或者相对人在首次开庭前就债务人与相对人之间的债权债务关系申请仲裁的，人民法院可以依法中止代位权诉讼。

第三十七条 债权人以债务人的相对人为被告向人民法院提起代位权诉讼，未将债务人列为第三人的，人民法院应当追加债务人为第三人。

两个以上债权人以债务人的同一相对人为被告提起代位权诉讼的，人民法院可以合并审理。债务人对相对人享有的债权不足以清偿其对两个以上债权人负担的债务的，人民法院应当按照债权人享有的债权比例确定相对人的履行份额，但是法律另有规定的除外。

第三十八条 债权人向人民法院起诉债务人后，又向同一人民法院对债务人的相对人提起代位权诉讼，属于该人民法院管辖的，可以合并审理。不属于该人民法院管辖的，应当告知其向有管辖权的人民法院另行起诉；在起诉债务人的诉讼终结前，代位权诉讼应当中止。

第三十九条 在代位权诉讼中，债务人对超过债权人代位请求数额的债权部分起诉相对人，属于同一人民法院管辖的，可以合并审理。不属于同一人民法院管辖的，应当告知其向有管辖权的人民法院另行起诉；在代位权诉讼终结前，债务人对相对人的诉讼应当中止。

第四十条 代位权诉讼中，人民法院经审理认为债权人的主张不符合代位权行使条件的，应当驳回诉讼请求，但是不影响债权人根据新的事实再次起诉。

债务人的相对人仅以债权人提起代位权诉讼时债权人与债务人之间的债权债务关系未经生效法律文书确认为由，主张债权人提起的诉讼不符合代位权行使条件的，人民法院不予支持。

第四十一条 债权人提起代位权诉讼后，债务人无正当理由减免相对人的债务或者延长相对人的履行期限，相对人以此向债权人抗辩的，人民法院不予支持。

第四十二条 对于民法典第五百三十九条规定的"明显不合理"的低价或者高价，人民法院应当按照交易当地一般经营者的判断，并参考交易时交易地的市场交易价或者物价部门指导价予以认定。

转让价格未达到交易时交易地的市场交易价或者指导价百分之七十的，一般可以认定为"明显不合理的低价"；受让价格高于交易时交易地的市场交易价或者指导价百分之三十的，一般可以认定为"明显不合理的高价"。

债务人与相对人存在亲属关系、关联关系的，不受前款规定的百分之

七十、百分之三十的限制。

第四十三条 债务人以明显不合理的价格，实施互易财产、以物抵债、出租或者承租财产、知识产权许可使用等行为，影响债权人的债权实现，债务人的相对人知道或者应当知道该情形，债权人请求撤销债务人的行为的，人民法院应当依据民法典第五百三十九条的规定予以支持。

第四十四条 债权人依据民法典第五百三十八条、第五百三十九条的规定提起撤销权诉讼的，应当以债务人和债务人的相对人为共同被告，由债务人或者相对人的住所地人民法院管辖，但是依法应当适用专属管辖规定的除外。

两个以上债权人就债务人的同一行为提起撤销权诉讼的，人民法院可以合并审理。

第四十五条 在债权人撤销权诉讼中，被撤销行为的标的可分，当事人主张在受影响的债权范围内撤销债务人的行为的，人民法院应予支持；被撤销行为的标的不可分，债权人主张将债务人的行为全部撤销的，人民法院应予支持。

债权人行使撤销权所支付的合理的律师代理费、差旅费等费用，可以认定为民法典第五百四十条规定的"必要费用"。

第四十六条 债权人在撤销权诉讼中同时请求债务人的相对人向债务人承担返还财产、折价补偿、履行到期债务等法律后果的，人民法院依法予以支持。

债权人请求受理撤销权诉讼的人民法院一并审理其与债务人之间的债权债务关系，属于该人民法院管辖的，可以合并审理。不属于该人民法院管辖的，应当告知其向有管辖权的人民法院另行起诉。

债权人依据其与债务人的诉讼、撤销权诉讼产生的生效法律文书申请强制执行的，人民法院可以就债务人对相对人享有的权利采取强制执行措施以实现债权人的债权。债权人在撤销权诉讼中，申请对相对人的财产采取保全措施的，人民法院依法予以准许。

六、合同的变更和转让

第四十七条 债权转让后，债务人向受让人主张其对让与人的抗辩的，人民法院可以追加让与人为第三人。

债务转移后，新债务人主张原债务人对债权人的抗辩的，人民法院可以追加原债务人为第三人。

当事人一方将合同权利义务一并转让后，对方就合同权利义务向受让人主张抗辩或者受让人就合同权利义务向对方主张抗辩的，人民法院可以追加让与人为第三人。

第四十八条 债务人在接到债权转让通知前已经向让与人履行，受让人请求债务人履行的，人民法院不予支持；债务人接到债权转让通知后仍然向让与人履行，受让人请求债务人履行的，人民法院应予支持。

让与人未通知债务人，受让人直接起诉债务人请求履行债务，人民法院经审理确认债权转让事实的，应当认定债权转让自起诉状副本送达时对债务人发生效力。债务人主张因未通知而给其增加的费用或者造成的损失从认定的债权数额中扣除的，人民法院依法予以支持。

第四十九条 债务人接到债权转让通知后，让与人以债权转让合同不成立、无效、被撤销或者确定不发生效力为由请求债务人向其履行的，人民法院不予支持。但是，该债权转让通知被依法撤销的除外。

受让人基于债务人对债权真实存在的确认受让债权后，债务人又以该债权不存在为由拒绝向受让人履行的，人民法院不予支持。但是，受让人知道或者应当知道该债权不存在的除外。

第五十条 让与人将同一债权转让给两个以上受让人，债务人以已经向最先通知的受让人履行为由主张其不再履行债务的，人民法院应予支持。债务人明知接受履行的受让人不是最先通知的受让人，最先通知的受让人请求债务人继续履行债务或者依据债权转让协议请求让与人承担违约责任的，人民法院应予支持；最先通知的受让人请求接受履行的受让人返还其接受的财产的，人民法院不予支持，但是接受履行的受让人明知该债权在其受让前已经转让给其他受让人的除外。

前款所称最先通知的受让人，是指最先到达债务人的转让通知中载明的受让人。当事人之间对通知到达时间有争议的，人民法院应当结合通知的方式等因素综合判断，而不能仅根据债务人认可的通知时间或者通知记载的时间予以认定。当事人采用邮寄、通讯电子系统等方式发出通知的，人民法院应当以邮戳时间或者通讯电子系统记载的时间等作为认定通知到达时间的依据。

第五十一条 第三人加入债务并与债务人约定了追偿权,其履行债务后主张向债务人追偿的,人民法院应予支持;没有约定追偿权,第三人依照民法典关于不当得利等的规定,在其已经向债权人履行债务的范围内请求债务人向其履行的,人民法院应予支持,但是第三人知道或者应当知道加入债务会损害债务人利益的除外。

债务人就其对债权人享有的抗辩向加入债务的第三人主张的,人民法院应予支持。

七、合同的权利义务终止

第五十二条 当事人就解除合同协商一致时未对合同解除后的违约责任、结算和清理等问题作出处理,一方主张合同已经解除的,人民法院应予支持。但是,当事人另有约定的除外。

有下列情形之一的,除当事人一方另有意思表示外,人民法院可以认定合同解除:

(一)当事人一方主张行使法律规定或者合同约定的解除权,经审理认为不符合解除权行使条件但是对方同意解除;

(二)双方当事人均不符合解除权行使的条件但是均主张解除合同。

前两款情形下的违约责任、结算和清理等问题,人民法院应当依据民法典第五百六十六条、第五百六十七条和有关违约责任的规定处理。

第五十三条 当事人一方以通知方式解除合同,并以对方未在约定的异议期限或者其他合理期限内提出异议为由主张合同已经解除的,人民法院应当对其是否享有法律规定或者合同约定的解除权进行审查。经审查,享有解除权的,合同自通知到达对方时解除;不享有解除权的,不发生合同解除的效力。

第五十四条 当事人一方未通知对方,直接以提起诉讼的方式主张解除合同,撤诉后再次起诉主张解除合同,人民法院经审理支持该主张的,合同自再次起诉的起诉状副本送达对方时解除。但是,当事人一方撤诉后又通知对方解除合同且该通知已经到达对方的除外。

第五十五条 当事人一方依据民法典第五百六十八条的规定主张抵销,

人民法院经审理认为抵销权成立的,应当认定通知到达对方时双方互负的主债务、利息、违约金或者损害赔偿金等债务在同等数额内消灭。

第五十六条 行使抵销权的一方负担的数项债务种类相同,但是享有的债权不足以抵销全部债务,当事人因抵销的顺序发生争议的,人民法院可以参照民法典第五百六十条的规定处理。

行使抵销权的一方享有的债权不足以抵销其负担的包括主债务、利息、实现债权的有关费用在内的全部债务,当事人因抵销的顺序发生争议的,人民法院可以参照民法典第五百六十一条的规定处理。

第五十七条 因侵害自然人人身权益,或者故意、重大过失侵害他人财产权益产生的损害赔偿债务,侵权人主张抵销的,人民法院不予支持。

第五十八条 当事人互负债务,一方以其诉讼时效期间已经届满的债权通知对方主张抵销,对方提出诉讼时效抗辩的,人民法院对该抗辩应予支持。一方的债权诉讼时效期间已经届满,对方主张抵销的,人民法院应予支持。

八、违约责任

第五十九条 当事人一方依据民法典第五百八十条第二款的规定请求终止合同权利义务关系的,人民法院一般应当以起诉状副本送达对方的时间作为合同权利义务关系终止的时间。根据案件的具体情况,以其他时间作为合同权利义务关系终止的时间更加符合公平原则和诚信原则的,人民法院可以以该时间作为合同权利义务关系终止的时间,但是应当在裁判文书中充分说明理由。

第六十条 人民法院依据民法典第五百八十四条的规定确定合同履行后可以获得的利益时,可以在扣除非违约方为订立、履行合同支出的费用等合理成本后,按照非违约方能够获得的生产利润、经营利润或者转售利润等计算。

非违约方依法行使合同解除权并实施了替代交易,主张按照替代交易价格与合同价格的差额确定合同履行后可以获得的利益的,人民法院依法予以支持;替代交易价格明显偏离替代交易发生时当地的市场价格,违约方主张按照市场价格与合同价格的差额确定合同履行后可以获得的利益的,人民法院应予支持。

非违约方依法行使合同解除权但是未实施替代交易，主张按照违约行为发生后合理期间内合同履行地的市场价格与合同价格的差额确定合同履行后可以获得的利益的，人民法院应予支持。

第六十一条 在以持续履行的债务为内容的定期合同中，一方不履行支付价款、租金等金钱债务，对方请求解除合同，人民法院经审理认为合同应当依法解除的，可以根据当事人的主张，参考合同主体、交易类型、市场价格变化、剩余履行期限等因素确定非违约方寻找替代交易的合理期限，并按照该期限对应的价款、租金等扣除非违约方应当支付的相应履约成本确定合同履行后可以获得的利益。

非违约方主张按照合同解除后剩余履行期限相应的价款、租金等扣除履约成本确定合同履行后可以获得的利益的，人民法院不予支持。但是，剩余履行期限少于寻找替代交易的合理期限的除外。

第六十二条 非违约方在合同履行后可以获得的利益难以根据本解释第六十条、第六十一条的规定予以确定的，人民法院可以综合考虑违约方因违约获得的利益、违约方的过错程度、其他违约情节等因素，遵循公平原则和诚信原则确定。

第六十三条 在认定民法典第五百八十四条规定的"违约一方订立合同时预见到或者应当预见到的因违约可能造成的损失"时，人民法院应当根据当事人订立合同的目的，综合考虑合同主体、合同内容、交易类型、交易习惯、磋商过程等因素，按照与违约方处于相同或者类似情况的民事主体在订立合同时预见到或者应当预见到的损失予以确定。

除合同履行后可以获得的利益外，非违约方主张还有其向第三人承担违约责任应当支出的额外费用等其他因违约所造成的损失，并请求违约方赔偿，经审理认为该损失系违约一方订立合同时预见到或者应当预见到的，人民法院应予支持。

在确定违约损失赔偿额时，违约方主张扣除非违约方未采取适当措施导致的扩大损失、非违约方也有过错造成的相应损失、非违约方因违约获得的额外利益或者减少的必要支出的，人民法院依法予以支持。

第六十四条 当事人一方通过反诉或者抗辩的方式，请求调整违约金的，人民法院依法予以支持。

违约方主张约定的违约金过分高于违约造成的损失，请求予以适当减少的，应当承担举证责任。非违约方主张约定的违约金合理的，也应当提供相应的证据。

当事人仅以合同约定不得对违约金进行调整为由主张不予调整违约金的，人民法院不予支持。

第六十五条 当事人主张约定的违约金过分高于违约造成的损失，请求予以适当减少的，人民法院应当以民法典第五百八十四条规定的损失为基础，兼顾合同主体、交易类型、合同的履行情况、当事人的过错程度、履约背景等因素，遵循公平原则和诚信原则进行衡量，并作出裁判。

约定的违约金超过造成损失的百分之三十的，人民法院一般可以认定为过分高于造成的损失。

恶意违约的当事人一方请求减少违约金的，人民法院一般不予支持。

第六十六条 当事人一方请求对方支付违约金，对方以合同不成立、无效、被撤销、确定不发生效力、不构成违约或者非违约方不存在损失等为由抗辩，未主张调整过高的违约金的，人民法院应当就若不支持该抗辩，当事人是否请求调整违约金进行释明。第一审人民法院认为抗辩成立且未予释明，第二审人民法院认为应当判决支付违约金的，可以直接释明，并根据当事人的请求，在当事人就是否应当调整违约金充分举证、质证、辩论后，依法判决适当减少违约金。

被告因客观原因在第一审程序中未到庭参加诉讼，但是在第二审程序中到庭参加诉讼并请求减少违约金的，第二审人民法院可以在当事人就是否应当调整违约金充分举证、质证、辩论后，依法判决适当减少违约金。

第六十七条 当事人交付留置金、担保金、保证金、订约金、押金或者订金等，但是没有约定定金性质，一方主张适用民法典第五百八十七条规定的定金罚则的，人民法院不予支持。当事人约定了定金性质，但是未约定定金类型或者约定不明，一方主张为违约定金的，人民法院应予支持。

当事人约定以交付定金作为订立合同的担保，一方拒绝订立合同或者在磋商订立合同时违背诚信原则导致未能订立合同，对方主张适用民法典第五百八十七条规定的定金罚则的，人民法院应予支持。

当事人约定以交付定金作为合同成立或者生效条件，应当交付定金的一方未交付定金，但是合同主要义务已经履行完毕并为对方所接受的，人民法院应当认定合同在对方接受履行时已经成立或者生效。

当事人约定定金性质为解约定金，交付定金的一方主张以丧失定金为代价解除合同的，或者收受定金的一方主张以双倍返还定金为代价解除合同的，人民法院应予支持。

第六十八条 双方当事人均具有致使不能实现合同目的的违约行为，其中一方请求适用定金罚则的，人民法院不予支持。当事人一方仅有轻微违约，对方具有致使不能实现合同目的的违约行为，轻微违约方主张适用定金罚则，对方以轻微违约方也构成违约为由抗辩的，人民法院对该抗辩不予支持。

当事人一方已经部分履行合同，对方接受并主张按照未履行部分所占比例适用定金罚则的，人民法院应予支持。对方主张按照合同整体适用定金罚则的，人民法院不予支持，但是部分未履行致使不能实现合同目的的除外。

因不可抗力致使合同不能履行，非违约方主张适用定金罚则的，人民法院不予支持。

九、附则

第六十九条 本解释自 2023 年 12 月 5 日起施行。

民法典施行后的法律事实引起的民事案件，本解释施行后尚未终审的，适用本解释；本解释施行前已经终审，当事人申请再审或者按照审判监督程序决定再审的，不适用本解释。

最高人民法院关于适用《中华人民共和国民法典》有关担保制度的解释（节选）

（2020年12月25日最高人民法院审判委员会第1824次会议通过 2020年12月31日最高人民法院公告公布 自2021年1月1日起施行 法释〔2020〕28号）

为正确适用《中华人民共和国民法典》有关担保制度的规定，结合民事审判实践，制定本解释。

一、关于一般规定

第一条 因抵押、质押、留置、保证等担保发生的纠纷，适用本解释。所有权保留买卖、融资租赁、保理等涉及担保功能发生的纠纷，适用本解释的有关规定。

第二条 当事人在担保合同中约定担保合同的效力独立于主合同，或者约定担保人对主合同无效的法律后果承担担保责任，该有关担保独立性的约定无效。主合同有效的，有关担保独立性的约定无效不影响担保合同的效力；主合同无效的，人民法院应当认定担保合同无效，但是法律另有规定的除外。

因金融机构开立的独立保函发生的纠纷，适用《最高人民法院关于审理独立保函纠纷案件若干问题的规定》。

第三条 当事人对担保责任的承担约定专门的违约责任，或者约定的担保责任范围超出债务人应当承担的责任范围，担保人主张仅在债务人应当承担的责任范围内承担责任的，人民法院应予支持。

担保人承担的责任超出债务人应当承担的责任范围，担保人向债务人追偿，债务人主张仅在其应当承担的责任范围内承担责任的，人民法院应予支持；担保人请求债权人返还超出部分的，人民法院依法予以支持。

第四条 有下列情形之一，当事人将担保物权登记在他人名下，债务人不履行到期债务或者发生当事人约定的实现担保物权的情形，债权人或者其受托人主张就该财产优先受偿的，人民法院依法予以支持：

（一）为债券持有人提供的担保物权登记在债券受托管理人名下；

（二）为委托贷款人提供的担保物权登记在受托人名下；

（三）担保人知道债权人与他人之间存在委托关系的其他情形。

第五条 机关法人提供担保的，人民法院应当认定担保合同无效，但是经国务院批准为使用外国政府或者国际经济组织贷款进行转贷的除外。

居民委员会、村民委员会提供担保的，人民法院应当认定担保合同无效，但是依法代行村集体经济组织职能的村民委员会，依照村民委员会组织法规定的讨论决定程序对外提供担保的除外。

第六条 以公益为目的的非营利性学校、幼儿园、医疗机构、养老机构等提供担保的，人民法院应当认定担保合同无效，但是有下列情形之一的除外：

（一）在购入或者以融资租赁方式承租教育设施、医疗卫生设施、养老服务设施和其他公益设施时，出卖人、出租人为担保价款或者租金实现而在该公益设施上保留所有权；

（二）以教育设施、医疗卫生设施、养老服务设施和其他公益设施以外的不动产、动产或者财产权利设立担保物权。

登记为营利法人的学校、幼儿园、医疗机构、养老机构等提供担保，当事人以其不具有担保资格为由主张担保合同无效的，人民法院不予支持。

第七条 公司的法定代表人违反公司法关于公司对外担保决议程序的规定，超越权限代表公司与相对人订立担保合同，人民法院应当依照民法典第六十一条和第五百零四条等规定处理：

（一）相对人善意的，担保合同对公司发生效力；相对人请求公司承担担保责任的，人民法院应予支持。

（二）相对人非善意的，担保合同对公司不发生效力；相对人请求公司承担赔偿责任的，参照适用本解释第十七条的有关规定。

法定代表人超越权限提供担保造成公司损失，公司请求法定代表人承担赔偿责任的，人民法院应予支持。

第一款所称善意，是指相对人在订立担保合同时不知道且不应当知道法定代表人超越权限。相对人有证据证明已对公司决议进行了合理审查，人民法院应当认定其构成善意，但是公司有证据证明相对人知道或者应当知道决议系伪造、变造的除外。

第八条 有下列情形之一，公司以其未依照公司法关于公司对外担保的规定作出决议为由主张不承担担保责任的，人民法院不予支持：

（一）金融机构开立保函或者担保公司提供担保；

（二）公司为其全资子公司开展经营活动提供担保；

（三）担保合同系由单独或者共同持有公司三分之二以上对担保事项有表决权的股东签字同意。

上市公司对外提供担保，不适用前款第二项、第三项的规定。

第九条 相对人根据上市公司公开披露的关于担保事项已经董事会或者股东大会决议通过的信息，与上市公司订立担保合同，相对人主张担保合同对上市公司发生效力，并由上市公司承担担保责任的，人民法院应予支持。

相对人未根据上市公司公开披露的关于担保事项已经董事会或者股东大会决议通过的信息，与上市公司订立担保合同，上市公司主张担保合同对其不发生效力，且不承担担保责任或者赔偿责任的，人民法院应予支持。

相对人与上市公司已公开披露的控股子公司订立的担保合同，或者相对人与股票在国务院批准的其他全国性证券交易场所交易的公司订立的担保合同，适用前两款规定。

第十条 一人有限责任公司为其股东提供担保，公司以违反公司法关于公司对外担保决议程序的规定为由主张不承担担保责任的，人民法院不予支持。公司因承担担保责任导致无法清偿其他债务，提供担保时的股东不能证明公司财产独立于自己的财产，其他债权人请求该股东承担连带责任的，人民法院应予支持。

第十一条 公司的分支机构未经公司股东（大）会或者董事会决议以自己的名义对外提供担保，相对人请求公司或者其分支机构承担担保责任的，人民法院不予支持，但是相对人不知道且不应当知道分支机构对外提供担保未经公司决议程序的除外。

金融机构的分支机构在其营业执照记载的经营范围内开立保函，或者经有权从事担保业务的上级机构授权开立保函，金融机构或者其分支机构以违反公司法关于公司对外担保决议程序的规定为由主张不承担担保责任的，人民法院不予支持。金融机构的分支机构未经金融机构授权提供保函之外的担保，金融机构或者其分支机构主张不承担担保责任的，人民法院应予支持，但是相对人不知道且不应当知道分支机构对外提供担保未经金融机构授权的除外。

担保公司的分支机构未经担保公司授权对外提供担保，担保公司或者其分支机构主张不承担担保责任的，人民法院应予支持，但是相对人不知道且不应当知道分支机构对外提供担保未经担保公司授权的除外。

公司的分支机构对外提供担保，相对人非善意，请求公司承担赔偿责任的，参照本解释第十七条的有关规定处理。

第十二条 法定代表人依照民法典第五百五十二条的规定以公司名义加入债务的，人民法院在认定该行为的效力时，可以参照本解释关于公司为他人提供担保的有关规则处理。

第十三条 同一债务有两个以上第三人提供担保，担保人之间约定相互追偿及分担份额，承担了担保责任的担保人请求其他担保人按照约定分担份额的，人民法院应予支持；担保人之间约定承担连带共同担保，或者约定相互追偿但是未约定分担份额的，各担保人按照比例分担向债务人不能追偿的部分。

同一债务有两个以上第三人提供担保，担保人之间未对相互追偿作出约定且未约定承担连带共同担保，但是各担保人在同一份合同书上签字、盖章或者按指印，承担了担保责任的担保人请求其他担保人按照比例分担向债务人不能追偿部分的，人民法院应予支持。

除前两款规定的情形外，承担了担保责任的担保人请求其他担保人分担向债务人不能追偿部分的，人民法院不予支持。

第十四条 同一债务有两个以上第三人提供担保，担保人受让债权的，人民法院应当认定该行为系承担担保责任。受让债权的担保人作为债权人请求其他担保人承担担保责任的，人民法院不予支持；该担保人请求其他担保人分担相应份额的，依照本解释第十三条的规定处理。

第十五条 最高额担保中的最高债权额，是指包括主债权及其利息、违约金、损害赔偿金、保管担保财产的费用、实现债权或者实现担保物权的费用等在内的全部债权，但是当事人另有约定的除外。

登记的最高债权额与当事人约定的最高债权额不一致的，人民法院应当依据登记的最高债权额确定债权人优先受偿的范围。

第十六条 主合同当事人协议以新贷偿还旧贷，债权人请求旧贷的担保人承担担保责任的，人民法院不予支持；债权人请求新贷的担保人承担担保责任的，按照下列情形处理：

（一）新贷与旧贷的担保人相同的，人民法院应予支持；

（二）新贷与旧贷的担保人不同，或者旧贷无担保新贷有担保的，人民法院不予支持，但是债权人有证据证明新贷的担保人提供担保时对以新贷偿还旧贷的事实知道或者应当知道的除外。

主合同当事人协议以新贷偿还旧贷，旧贷的物的担保人在登记尚未注销的情形下同意继续为新贷提供担保，在订立新的贷款合同前又以该担保财产为其他债权人设立担保物权，其他债权人主张其担保物权顺位优先于新贷债权人的，人民法院不予支持。

第十七条 主合同有效而第三人提供的担保合同无效，人民法院应当区分不同情形确定担保人的赔偿责任：

（一）债权人与担保人均有过错的，担保人承担的赔偿责任不应超过债务人不能清偿部分的二分之一；

（二）担保人有过错而债权人无过错的，担保人对债务人不能清偿的部分承担赔偿责任；

（三）债权人有过错而担保人无过错的，担保人不承担赔偿责任。

主合同无效导致第三人提供的担保合同无效，担保人无过错的，不承担赔偿责任；担保人有过错的，其承担的赔偿责任不应超过债务人不能清偿部分的三分之一。

第十八条 承担了担保责任或者赔偿责任的担保人，在其承担责任的范围内向债务人追偿的，人民法院应予支持。

同一债权既有债务人自己提供的物的担保,又有第三人提供的担保,承担了担保责任或者赔偿责任的第三人,主张行使债权人对债务人享有的担保物权的,人民法院应予支持。

第十九条 担保合同无效,承担了赔偿责任的担保人按照反担保合同的约定,在其承担赔偿责任的范围内请求反担保人承担担保责任的,人民法院应予支持。

反担保合同无效的,依照本解释第十七条的有关规定处理。当事人仅以担保合同无效为由主张反担保合同无效的,人民法院不予支持。

第二十条 人民法院在审理第三人提供的物的担保纠纷案件时,可以适用民法典第六百九十五条第一款、第六百九十六条第一款、第六百九十七条第二款、第六百九十九条、第七百条、第七百零一条、第七百零二条等关于保证合同的规定。

第二十一条 主合同或者担保合同约定了仲裁条款的,人民法院对约定仲裁条款的合同当事人之间的纠纷无管辖权。

债权人一并起诉债务人和担保人的,应当根据主合同确定管辖法院。

债权人依法可以单独起诉担保人且仅起诉担保人的,应当根据担保合同确定管辖法院。

第二十二条 人民法院受理债务人破产案件后,债权人请求担保人承担担保责任,担保人主张担保债务自人民法院受理破产申请之日起停止计息的,人民法院对担保人的主张应予支持。

第二十三条 人民法院受理债务人破产案件,债权人在破产程序中申报债权后又向人民法院提起诉讼,请求担保人承担担保责任的,人民法院依法予以支持。

担保人清偿债权人的全部债权后,可以代替债权人在破产程序中受偿;在债权人的债权未获全部清偿前,担保人不得代替债权人在破产程序中受偿,但是有权就债权人通过破产分配和实现担保债权等方式获得清偿总额中超出债权的部分,在其承担担保责任的范围内请求债权人返还。

债权人在债务人破产程序中未获全部清偿,请求担保人继续承担担保责任的,人民法院应予支持;担保人承担担保责任后,向和解协议或者重整计划执行完毕后的债务人追偿的,人民法院不予支持。

第二十四条　债权人知道或者应当知道债务人破产,既未申报债权也未通知担保人,致使担保人不能预先行使追偿权的,担保人就该债权在破产程序中可能受偿的范围内免除担保责任,但是担保人因自身过错未行使追偿权的除外。

二、关于保证合同

第二十五条　当事人在保证合同中约定了保证人在债务人不能履行债务或者无力偿还债务时才承担保证责任等类似内容,具有债务人应当先承担责任的意思表示的,人民法院应当将其认定为一般保证。

当事人在保证合同中约定了保证人在债务人不履行债务或者未偿还债务时即承担保证责任、无条件承担保证责任等类似内容,不具有债务人应当先承担责任的意思表示的,人民法院应当将其认定为连带责任保证。

第二十六条　一般保证中,债权人以债务人为被告提起诉讼的,人民法院应予受理。债权人未就主合同纠纷提起诉讼或者申请仲裁,仅起诉一般保证人的,人民法院应当驳回起诉。

一般保证中,债权人一并起诉债务人和保证人的,人民法院可以受理,但是在作出判决时,除有民法典第六百八十七条第二款但书规定的情形外,应当在判决书主文中明确,保证人仅对债务人财产依法强制执行后仍不能履行的部分承担保证责任。

债权人未对债务人的财产申请保全,或者保全的债务人的财产足以清偿债务,债权人申请对一般保证人的财产进行保全的,人民法院不予准许。

第二十七条　一般保证的债权人取得对债务人赋予强制执行效力的公证债权文书后,在保证期间内向人民法院申请强制执行,保证人以债权人未在保证期间内对债务人提起诉讼或者申请仲裁为由主张不承担保证责任的,人民法院不予支持。

第二十八条　一般保证中,债权人依据生效法律文书对债务人的财产依法申请强制执行,保证债务诉讼时效的起算时间按照下列规则确定:

(一)人民法院作出终结本次执行程序裁定,或者依照民事诉讼法第二百五十七条第三项、第五项的规定作出终结执行裁定的,自裁定送达债权人之日起开始计算;

（二）人民法院自收到申请执行书之日起一年内未作出前项裁定的，自人民法院收到申请执行书满一年之日起开始计算，但是保证人有证据证明债务人仍有财产可供执行的除外。

一般保证的债权人在保证期间届满前对债务人提起诉讼或者申请仲裁，债权人举证证明存在民法典第六百八十七条第二款但书规定情形的，保证债务的诉讼时效自债权人知道或者应当知道该情形之日起开始计算。

第二十九条 同一债务有两个以上保证人，债权人以其已经在保证期间内依法向部分保证人行使权利为由，主张已经在保证期间内向其他保证人行使权利的，人民法院不予支持。

同一债务有两个以上保证人，保证人之间相互有追偿权，债权人未在保证期间内依法向部分保证人行使权利，导致其他保证人在承担保证责任后丧失追偿权，其他保证人主张在其不能追偿的范围内免除保证责任的，人民法院应予支持。

第三十条 最高额保证合同对保证期间的计算方式、起算时间等有约定的，按照其约定。

最高额保证合同对保证期间的计算方式、起算时间等没有约定或者约定不明，被担保债权的履行期限均已届满的，保证期间自债权确定之日起开始计算；被担保债权的履行期限尚未届满的，保证期间自最后到期债权的履行期限届满之日起开始计算。

前款所称债权确定之日，依照民法典第四百二十三条的规定认定。

第三十一条 一般保证的债权人在保证期间内对债务人提起诉讼或者申请仲裁后，又撤回起诉或者仲裁申请，债权人在保证期间届满前未再行提起诉讼或者申请仲裁，保证人主张不再承担保证责任的，人民法院应予支持。

连带责任保证的债权人在保证期间内对保证人提起诉讼或者申请仲裁后，又撤回起诉或者仲裁申请，起诉状副本或者仲裁申请书副本已经送达保证人的，人民法院应当认定债权人已经在保证期间内向保证人行使了权利。

第三十二条 保证合同约定保证人承担保证责任直至主债务本息还清时为止等类似内容的，视为约定不明，保证期间为主债务履行期限届满之日起六个月。

第三十三条 保证合同无效，债权人未在约定或者法定的保证期间内依法行使权利，保证人主张不承担赔偿责任的，人民法院应予支持。

第三十四条 人民法院在审理保证合同纠纷案件时，应当将保证期间是否届满、债权人是否在保证期间内依法行使权利等事实作为案件基本事实予以查明。

债权人在保证期间内未依法行使权利的，保证责任消灭。保证责任消灭后，债权人书面通知保证人要求承担保证责任，保证人在通知书上签字、盖章或者按指印，债权人请求保证人继续承担保证责任的，人民法院不予支持，但是债权人有证据证明成立了新的保证合同的除外。

第三十五条 保证人知道或者应当知道主债权诉讼时效期间届满仍然提供保证或者承担保证责任，又以诉讼时效期间届满为由拒绝承担保证责任或者请求返还财产的，人民法院不予支持；保证人承担保证责任后向债务人追偿的，人民法院不予支持，但是债务人放弃诉讼时效抗辩的除外。

第三十六条 第三人向债权人提供差额补足、流动性支持等类似承诺文件作为增信措施，具有提供担保的意思表示，债权人请求第三人承担保证责任的，人民法院应当依照保证的有关规定处理。

第三人向债权人提供的承诺文件，具有加入债务或者与债务人共同承担债务等意思表示的，人民法院应当认定为民法典第五百五十二条规定的债务加入。

前两款中第三人提供的承诺文件难以确定是保证还是债务加入的，人民法院应当将其认定为保证。

第三人向债权人提供的承诺文件不符合前三款规定的情形，债权人请求第三人承担保证责任或者连带责任的，人民法院不予支持，但是不影响其依据承诺文件请求第三人履行约定的义务或者承担相应的民事责任。

最高人民法院关于审理买卖合同纠纷案件适用法律问题的解释

（2012年3月31日由最高人民法院审判委员会第1545次会议通过　根据2020年12月23日最高人民法院审判委员会第1823次会议通过的《最高人民法院关于修改〈最高人民法院关于在民事审判工作中适用《中华人民共和国工会法》若干问题的解释〉等二十七件民事类司法解释的决定》修正　2020年12月29日最高人民法院公告公布　法释〔2020〕17号）

为正确审理买卖合同纠纷案件，根据《中华人民共和国民法典》《中华人民共和国民事诉讼法》等法律的规定，结合审判实践，制定本解释。

一、买卖合同的成立

第一条　当事人之间没有书面合同，一方以送货单、收货单、结算单、发票等主张存在买卖合同关系的，人民法院应当结合当事人之间的交易方式、交易习惯以及其他相关证据，对买卖合同是否成立作出认定。

对账确认函、债权确认书等函件、凭证没有记载债权人名称，买卖合同当事人一方以此证明存在买卖合同关系的，人民法院应予支持，但有相反证据足以推翻的除外。

二、标的物交付和所有权转移

第二条　标的物为无需以有形载体交付的电子信息产品，当事人对交付方式约定不明确，且依照民法典第五百一十条的规定仍不能确定的，买受人收到约定的电子信息产品或者权利凭证即为交付。

第三条 根据民法典第六百二十九条的规定，买受人拒绝接收多交部分标的物的，可以代为保管多交部分标的物。买受人主张出卖人负担代为保管期间的合理费用的，人民法院应予支持。

买受人主张出卖人承担代为保管期间非因买受人故意或者重大过失造成的损失的，人民法院应予支持。

第四条 民法典第五百九十九条规定的"提取标的物单证以外的有关单证和资料"，主要应当包括保险单、保修单、普通发票、增值税专用发票、产品合格证、质量保证书、质量鉴定书、品质检验证书、产品进出口检疫书、原产地证明书、使用说明书、装箱单等。

第五条 出卖人仅以增值税专用发票及税款抵扣资料证明其已履行交付标的物义务，买受人不认可的，出卖人应当提供其他证据证明交付标的物的事实。

合同约定或者当事人之间习惯以普通发票作为付款凭证，买受人以普通发票证明已经履行付款义务的，人民法院应予支持，但有相反证据足以推翻的除外。

第六条 出卖人就同一普通动产订立多重买卖合同，在买卖合同均有效的情况下，买受人均要求实际履行合同的，应当按照以下情形分别处理：

（一）先行受领交付的买受人请求确认所有权已经转移的，人民法院应予支持；

（二）均未受领交付，先行支付价款的买受人请求出卖人履行交付标的物等合同义务的，人民法院应予支持；

（三）均未受领交付，也未支付价款，依法成立在先合同的买受人请求出卖人履行交付标的物等合同义务的，人民法院应予支持。

第七条 出卖人就同一船舶、航空器、机动车等特殊动产订立多重买卖合同，在买卖合同均有效的情况下，买受人均要求实际履行合同的，应当按照以下情形分别处理：

（一）先行受领交付的买受人请求出卖人履行办理所有权转移登记手续等合同义务的，人民法院应予支持；

（二）均未受领交付，先行办理所有权转移登记手续的买受人请求出卖人履行交付标的物等合同义务的，人民法院应予支持；

（三）均未受领交付，也未办理所有权转移登记手续，依法成立在先合同的买受人请求出卖人履行交付标的物和办理所有权转移登记手续等合同义务的，人民法院应予支持；

（四）出卖人将标的物交付给买受人之一，又为其他买受人办理所有权转移登记，已受领交付的买受人请求将标的物所有权登记在自己名下的，人民法院应予支持。

三、标的物风险负担

第八条 民法典第六百零三条第二款第一项规定的"标的物需要运输的"，是指标的物由出卖人负责办理托运，承运人系独立于买卖合同当事人之外的运输业者的情形。标的物毁损、灭失的风险负担，按照民法典第六百零七条第二款的规定处理。

第九条 出卖人根据合同约定将标的物运送至买受人指定地点并交付给承运人后，标的物毁损、灭失的风险由买受人负担，但当事人另有约定的除外。

第十条 出卖人出卖交由承运人运输的在途标的物，在合同成立时知道或者应当知道标的物已经毁损、灭失却未告知买受人，买受人主张出卖人负担标的物毁损、灭失的风险的，人民法院应予支持。

第十一条 当事人对风险负担没有约定，标的物为种类物，出卖人未以装运单据、加盖标记、通知买受人等可识别的方式清楚地将标的物特定于买卖合同，买受人主张不负担标的物毁损、灭失的风险的，人民法院应予支持。

四、标的物检验

第十二条 人民法院具体认定民法典第六百二十一条第二款规定的"合理期限"时，应当综合当事人之间的交易性质、交易目的、交易方式、交易习惯、标的物的种类、数量、性质、安装和使用情况、瑕疵的性质、买受人应尽的合理注意义务、检验方法和难易程度、买受人或者检验人所处的具体环境、自身技能以及其他合理因素，依据诚实信用原则进行判断。

民法典第六百二十一条第二款规定的"二年"是最长的合理期限。该期限为不变期间，不适用诉讼时效中止、中断或者延长的规定。

第十三条 买受人在合理期限内提出异议，出卖人以买受人已经支付价款、确认欠款数额、使用标的物等为由，主张买受人放弃异议的，人民法院不予支持，但当事人另有约定的除外。

第十四条 民法典第六百二十一条规定的检验期限、合理期限、二年期限经过后，买受人主张标的物的数量或者质量不符合约定的，人民法院不予支持。

出卖人自愿承担违约责任后，又以上述期限经过为由翻悔的，人民法院不予支持。

五、违约责任

第十五条 买受人依约保留部分价款作为质量保证金，出卖人在质量保证期未及时解决质量问题而影响标的物的价值或者使用效果，出卖人主张支付该部分价款的，人民法院不予支持。

第十六条 买受人在检验期限、质量保证期、合理期限内提出质量异议，出卖人未按要求予以修理或者因情况紧急，买受人自行或者通过第三人修理标的物后，主张出卖人负担因此发生的合理费用的，人民法院应予支持。

第十七条 标的物质量不符合约定，买受人依照民法典第五百八十二条的规定要求减少价款的，人民法院应予支持。当事人主张以符合约定的标的物和实际交付的标的物按交付时的市场价值计算差价的，人民法院应予支持。

价款已经支付，买受人主张返还减价后多出部分价款的，人民法院应予支持。

第十八条 买卖合同对付款期限作出的变更，不影响当事人关于逾期付款违约金的约定，但该违约金的起算点应当随之变更。

买卖合同约定逾期付款违约金，买受人以出卖人接受价款时未主张逾期付款违约金为由拒绝支付该违约金的，人民法院不予支持。

买卖合同约定逾期付款违约金，但对账单、还款协议等未涉及逾期付款责任，出卖人根据对账单、还款协议等主张欠款时请求买受人依约支付逾期付款违约金的，人民法院应予支持，但对账单、还款协议等明确载有本金及逾期付款利息数额或者已经变更买卖合同中关于本金、利息等约定内容的除外。

买卖合同没有约定逾期付款违约金或者该违约金的计算方法，出卖人以买受人违约为由主张赔偿逾期付款损失，违约行为发生在2019年8月19日之前的，人民法院可以中国人民银行同期同类人民币贷款基准利率为基础，参照逾期罚息利率标准计算；违约行为发生在2019年8月20日之后的，人民法院可以违约行为发生时中国人民银行授权全国银行间同业拆借中心公布的一年期贷款市场报价利率（LPR）标准为基础，加计30—50%计算逾期付款损失。

第十九条 出卖人没有履行或者不当履行从给付义务，致使买受人不能实现合同目的，买受人主张解除合同的，人民法院应当根据民法典第五百六十三条第一款第四项的规定，予以支持。

第二十条 买卖合同因违约而解除后，守约方主张继续适用违约金条款的，人民法院应予支持；但约定的违约金过分高于造成的损失的，人民法院可以参照民法典第五百八十五条第二款的规定处理。

第二十一条 买卖合同当事人一方以对方违约为由主张支付违约金，对方以合同不成立、合同未生效、合同无效或者不构成违约等为由进行免责抗辩而未主张调整过高的违约金的，人民法院应当就法院若不支持免责抗辩，当事人是否需要主张调整违约金进行释明。

一审法院认为免责抗辩成立且未予释明，二审法院认为应当判决支付违约金的，可以直接释明并改判。

第二十二条 买卖合同当事人一方违约造成对方损失，对方主张赔偿可得利益损失的，人民法院在确定违约责任范围时，应当根据当事人的主张，依据民法典第五百八十四条、第五百九十一条、第五百九十二条、本解释第二十三条等规定进行认定。

第二十三条 买卖合同当事人一方因对方违约而获有利益，违约方主张从损失赔偿额中扣除该部分利益的，人民法院应予支持。

第二十四条 买受人在缔约时知道或者应当知道标的物质量存在瑕疵，主张出卖人承担瑕疵担保责任的，人民法院不予支持，但买受人在缔约时不知道该瑕疵会导致标的物的基本效用显著降低的除外。

六、所有权保留

第二十五条 买卖合同当事人主张民法典第六百四十一条关于标的物所有权保留的规定适用于不动产的，人民法院不予支持。

第二十六条 买受人已经支付标的物总价款的百分之七十五以上，出卖人主张取回标的物的，人民法院不予支持。

在民法典第六百四十二条第一款第三项情形下，第三人依据民法典第三百一十一条的规定已经善意取得标的物所有权或者其他物权，出卖人主张取回标的物的，人民法院不予支持。

七、特种买卖

第二十七条 民法典第六百三十四条第一款规定的"分期付款"，系指买受人将应付的总价款在一定期限内至少分三次向出卖人支付。

分期付款买卖合同的约定违反民法典第六百三十四条第一款的规定，损害买受人利益，买受人主张该约定无效的，人民法院应予支持。

第二十八条 分期付款买卖合同约定出卖人在解除合同时可以扣留已受领价金，出卖人扣留的金额超过标的物使用费以及标的物受损赔偿额，买受人请求返还超过部分的，人民法院应予支持。

当事人对标的物的使用费没有约定的，人民法院可以参照当地同类标的物的租金标准确定。

第二十九条 合同约定的样品质量与文字说明不一致且发生纠纷时当事人不能达成合意，样品封存后外观和内在品质没有发生变化的，人民法院应当以样品为准；外观和内在品质发生变化，或者当事人对是否发生变化有争议而又无法查明的，人民法院应当以文字说明为准。

第三十条 买卖合同存在下列约定内容之一的，不属于试用买卖。买受人主张属于试用买卖的，人民法院不予支持：

（一）约定标的物经过试用或者检验符合一定要求时，买受人应当购买标的物；

（二）约定第三人经试验对标的物认可时，买受人应当购买标的物；

（三）约定买受人在一定期限内可以调换标的物；

（四）约定买受人在一定期限内可以退还标的物。

八、其他问题

第三十一条 出卖人履行交付义务后诉请买受人支付价款，买受人以出卖人违约在先为由提出异议的，人民法院应当按照下列情况分别处理：

（一）买受人拒绝支付违约金、拒绝赔偿损失或者主张出卖人应当采取减少价款等补救措施的，属于提出抗辩；

（二）买受人主张出卖人应支付违约金、赔偿损失或者要求解除合同的，应当提起反诉。

第三十二条 法律或者行政法规对债权转让、股权转让等权利转让合同有规定的，依照其规定；没有规定的，人民法院可以根据民法典第四百六十七条和第六百四十六条的规定，参照适用买卖合同的有关规定。

权利转让或者其他有偿合同参照适用买卖合同的有关规定的，人民法院应当首先引用民法典第六百四十六条的规定，再引用买卖合同的有关规定。

第三十三条 本解释施行前本院发布的有关购销合同、销售合同等有偿转移标的物所有权的合同的规定，与本解释抵触的，自本解释施行之日起不再适用。

本解释施行后尚未终审的买卖合同纠纷案件，适用本解释；本解释施行前已经终审，当事人申请再审或者按照审判监督程序决定再审的，不适用本解释。

最高人民法院关于审理商品房买卖合同纠纷案件适用法律若干问题的解释

（2003年3月24日由最高人民法院审判委员会第1267次会议通过 根据2020年12月23日最高人民法院审判委员会第1823次会议通过的《最高人民法院关于修改〈最高人民法院关于在民事审判工作中适用《中华人民共和国工会法》若干问题的解释〉等二十七件民事类司法解释的决定》修正 2020年12月29日最高人民法院公告公布 法释〔2020〕17号）

为正确、及时审理商品房买卖合同纠纷案件，根据《中华人民共和国民法典》《中华人民共和国城市房地产管理法》等相关法律，结合民事审判实践，制定本解释。

第一条 本解释所称的商品房买卖合同，是指房地产开发企业（以下统称为出卖人）将尚未建成或者已竣工的房屋向社会销售并转移房屋所有权于买受人，买受人支付价款的合同。

第二条 出卖人未取得商品房预售许可证明，与买受人订立的商品房预售合同，应当认定无效，但是在起诉前取得商品房预售许可证明的，可以认定有效。

第三条 商品房的销售广告和宣传资料为要约邀请，但是出卖人就商品房开发规划范围内的房屋及相关设施所作的说明和允诺具体确定，并对商品房买卖合同的订立以及房屋价格的确定有重大影响的，构成要约。该说明和允诺即使未载入商品房买卖合同，亦应当为合同内容，当事人违反的，应当承担违约责任。

第四条 出卖人通过认购、订购、预订等方式向买受人收受定金作为订立商品房买卖合同担保的，如果因当事人一方原因未能订立商品房买卖合同，应当按照法律关于定金的规定处理；因不可归责于当事人双方的事由，导致商品房买卖合同未能订立的，出卖人应当将定金返还买受人。

第五条 商品房的认购、订购、预订等协议具备《商品房销售管理办法》第十六条规定的商品房买卖合同的主要内容，并且出卖人已经按照约定收受购房款的，该协议应当认定为商品房买卖合同。

第六条 当事人以商品房预售合同未按照法律、行政法规规定办理登记备案手续为由，请求确认合同无效的，不予支持。

当事人约定以办理登记备案手续为商品房预售合同生效条件的，从其约定，但当事人一方已经履行主要义务，对方接受的除外。

第七条 买受人以出卖人与第三人恶意串通，另行订立商品房买卖合同并将房屋交付使用，导致其无法取得房屋为由，请求确认出卖人与第三人订立的商品房买卖合同无效的，应予支持。

第八条 对房屋的转移占有，视为房屋的交付使用，但当事人另有约定的除外。

房屋毁损、灭失的风险，在交付使用前由出卖人承担，交付使用后由买受人承担；买受人接到出卖人的书面交房通知，无正当理由拒绝接收的，房屋毁损、灭失的风险自书面交房通知确定的交付使用之日起由买受人承担，但法律另有规定或者当事人另有约定的除外。

第九条 因房屋主体结构质量不合格不能交付使用，或者房屋交付使用后，房屋主体结构质量经核验确属不合格，买受人请求解除合同和赔偿损失的，应予支持。

第十条 因房屋质量问题严重影响正常居住使用，买受人请求解除合同和赔偿损失的，应予支持。

交付使用的房屋存在质量问题，在保修期内，出卖人应当承担修复责任；出卖人拒绝修复或者在合理期限内拖延修复的，买受人可以自行或者委托他人修复。修复费用及修复期间造成的其他损失由出卖人承担。

第十一条 根据民法典第五百六十三条的规定，出卖人迟延交付房屋或者买受人迟延支付购房款，经催告后在三个月的合理期限内仍未履行，解除权人请求解除合同的，应予支持，但当事人另有约定的除外。

法律没有规定或者当事人没有约定，经对方当事人催告后，解除权行使的合理期限为三个月。对方当事人没有催告的，解除权人自知道或者应当知道解除事由之日起一年内行使。逾期不行使的，解除权消灭。

第十二条 当事人以约定的违约金过高为由请求减少的，应当以违约金超过造成的损失30%为标准适当减少；当事人以约定的违约金低于造成的损失为由请求增加的，应当以违约造成的损失确定违约金数额。

第十三条 商品房买卖合同没有约定违约金数额或者损失赔偿额计算方法，违约金数额或者损失赔偿额可以参照以下标准确定：

逾期付款的，按照未付购房款总额，参照中国人民银行规定的金融机构计收逾期贷款利息的标准计算。

逾期交付使用房屋的，按照逾期交付使用房屋期间有关主管部门公布或者有资格的房地产评估机构评定的同地段同类房屋租金标准确定。

第十四条 由于出卖人的原因，买受人在下列期限届满未能取得不动产权属证书的，除当事人有特殊约定外，出卖人应当承担违约责任：

（一）商品房买卖合同约定的办理不动产登记的期限；

（二）商品房买卖合同的标的物为尚未建成房屋的，自房屋交付使用之日起90日；

（三）商品房买卖合同的标的物为已竣工房屋的，自合同订立之日起90日。

合同没有约定违约金或者损失数额难以确定的，可以按照已付购房款总额，参照中国人民银行规定的金融机构计收逾期贷款利息的标准计算。

第十五条 商品房买卖合同约定或者城市房地产开发经营管理条例第三十二条规定的办理不动产登记的期限届满后超过一年，由于出卖人的原因，导致买受人无法办理不动产登记，买受人请求解除合同和赔偿损失的，应予支持。

第十六条 出卖人与包销人订立商品房包销合同，约定出卖人将其开发建设的房屋交由包销人以出卖人的名义销售的，包销期满未销售的房屋，由包销人按照合同约定的包销价格购买，但当事人另有约定的除外。

第十七条 出卖人自行销售已经约定由包销人包销的房屋，包销人请求出卖人赔偿损失的，应予支持，但当事人另有约定的除外。

第十八条 对于买受人因商品房买卖合同与出卖人发生的纠纷,人民法院应当通知包销人参加诉讼;出卖人、包销人和买受人对各自的权利义务有明确约定的,按照约定的内容确定各方的诉讼地位。

第十九条 商品房买卖合同约定,买受人以担保贷款方式付款、因当事人一方原因未能订立商品房担保贷款合同并导致商品房买卖合同不能继续履行的,对方当事人可以请求解除合同和赔偿损失。因不可归责于当事人双方的事由未能订立商品房担保贷款合同并导致商品房买卖合同不能继续履行的,当事人可以请求解除合同,出卖人应当将收受的购房款本金及其利息或者定金返还买受人。

第二十条 因商品房买卖合同被确认无效或者被撤销、解除,致使商品房担保贷款合同的目的无法实现,当事人请求解除商品房担保贷款合同的,应予支持。

第二十一条 以担保贷款为付款方式的商品房买卖合同的当事人一方请求确认商品房买卖合同无效或者撤销、解除合同的,如果担保权人作为有独立请求权第三人提出诉讼请求,应当与商品房担保贷款合同纠纷合并审理;未提出诉讼请求的,仅处理商品房买卖合同纠纷。担保权人就商品房担保贷款合同纠纷另行起诉的,可以与商品房买卖合同纠纷合并审理。

商品房买卖合同被确认无效或者被撤销、解除后,商品房担保贷款合同也被解除的、出卖人应当将收受的购房贷款和购房款的本金及利息分别返还担保权人和买受人。

第二十二条 买受人未按照商品房担保贷款合同的约定偿还贷款,亦未与担保权人办理不动产抵押登记手续,担保权人起诉买受人,请求处分商品房买卖合同项下买受人合同权利的,应当通知出卖人参加诉讼;担保权人同时起诉出卖人时,如果出卖人为商品房担保贷款合同提供保证的,应当列为共同被告。

第二十三条 买受人未按照商品房担保贷款合同的约定偿还贷款,但是已经取得不动产权属证书并与担保权人办理了不动产抵押登记手续,抵押权人请求买受人偿还贷款或者就抵押的房屋优先受偿的,不应当追加出卖人为当事人,但出卖人提供保证的除外。

第二十四条 本解释自2003年6月1日起施行。

城市房地产管理法施行后订立的商品房买卖合同发生的纠纷案件，本解释公布施行后尚在一审、二审阶段的，适用本解释。

城市房地产管理法施行后订立的商品房买卖合同发生的纠纷案件，在本解释公布施行前已经终审，当事人申请再审或者按照审判监督程序决定再审的，不适用本解释。

城市房地产管理法施行前发生的商品房买卖行为，适用当时的法律、法规和《最高人民法院〈关于审理房地产管理法施行前房地产开发经营案件若干问题的解答〉》。

最高人民法院关于审理城镇房屋租赁合同纠纷案件具体应用法律若干问题的解释

（2009年6月22日由最高人民法院审判委员会第1469次会议通过　根据2020年12月23日最高人民法院审判委员会第1823次会议通过的《最高人民法院关于修改〈最高人民法院关于在民事审判工作中适用《中华人民共和国工会法》若干问题的解释〉等二十七件民事类司法解释的决定》修正　2020年12月29日最高人民法院公告公布　法释〔2020〕17号）

为正确审理城镇房屋租赁合同纠纷案件，依法保护当事人的合法权益，根据《中华人民共和国民法典》等法律规定，结合民事审判实践，制定本解释。

第一条　本解释所称城镇房屋，是指城市、镇规划区内的房屋。

乡、村庄规划区内的房屋租赁合同纠纷案件，可以参照本解释处理。但法律另有规定的，适用其规定。

当事人依照国家福利政策租赁公有住房、廉租住房、经济适用住房产生的纠纷案件，不适用本解释。

第二条　出租人就未取得建设工程规划许可证或者未按照建设工程规划许可证的规定建设的房屋，与承租人订立的租赁合同无效。但在一审法庭辩论终结前取得建设工程规划许可证或者经主管部门批准建设的，人民法院应当认定有效。

第三条　出租人就未经批准或者未按照批准内容建设的临时建筑，与承租人订立的租赁合同无效。但在一审法庭辩论终结前经主管部门批准建设的，人民法院应当认定有效。

租赁期限超过临时建筑的使用期限，超过部分无效。但在一审法庭辩论终结前经主管部门批准延长使用期限的，人民法院应当认定延长使用期限内的租赁期间有效。

第四条 房屋租赁合同无效，当事人请求参照合同约定的租金标准支付房屋占有使用费的，人民法院一般应予支持。

当事人请求赔偿因合同无效受到的损失，人民法院依照民法典第一百五十七条和本解释第七条、第十一条、第十二条的规定处理。

第五条 出租人就同一房屋订立数份租赁合同，在合同均有效的情况下，承租人均主张履行合同的，人民法院按照下列顺序确定履行合同的承租人：

（一）已经合法占有租赁房屋的；

（二）已经办理登记备案手续的；

（三）合同成立在先的。

不能取得租赁房屋的承租人请求解除合同、赔偿损失的，依照民法典的有关规定处理。

第六条 承租人擅自变动房屋建筑主体和承重结构或者扩建，在出租人要求的合理期限内仍不予恢复原状，出租人请求解除合同并要求赔偿损失的，人民法院依照民法典第七百一十一条的规定处理。

第七条 承租人经出租人同意装饰装修，租赁合同无效时，未形成附合的装饰装修物，出租人同意利用的，可折价归出租人所有；不同意利用的，可由承租人拆除。因拆除造成房屋毁损的，承租人应当恢复原状。

已形成附合的装饰装修物，出租人同意利用的，可折价归出租人所有；不同意利用的，由双方各自按照导致合同无效的过错分担现值损失。

第八条 承租人经出租人同意装饰装修，租赁期间届满或者合同解除时，除当事人另有约定外，未形成附合的装饰装修物，可由承租人拆除。因拆除造成房屋毁损的，承租人应当恢复原状。

第九条 承租人经出租人同意装饰装修，合同解除时，双方对已形成附合的装饰装修物的处理没有约定的，人民法院按照下列情形分别处理：

（一）因出租人违约导致合同解除，承租人请求出租人赔偿剩余租赁期内装饰装修残值损失的，应予支持；

（二）因承租人违约导致合同解除，承租人请求出租人赔偿剩余租赁期内装饰装修残值损失的，不予支持。但出租人同意利用的，应在利用价值范围内予以适当补偿；

（三）因双方违约导致合同解除，剩余租赁期内的装饰装修残值损失，由双方根据各自的过错承担相应的责任；

（四）因不可归责于双方的事由导致合同解除的，剩余租赁期内的装饰装修残值损失，由双方按照公平原则分担。法律另有规定的，适用其规定。

第十条 承租人经出租人同意装饰装修，租赁期间届满时，承租人请求出租人补偿附合装饰装修费用的，不予支持。但当事人另有约定的除外。

第十一条 承租人未经出租人同意装饰装修或者扩建发生的费用，由承租人负担。出租人请求承租人恢复原状或者赔偿损失的，人民法院应予支持。

第十二条 承租人经出租人同意扩建，但双方对扩建费用的处理没有约定的，人民法院按照下列情形分别处理：

（一）办理合法建设手续的，扩建造价费用由出租人负担；

（二）未办理合法建设手续的，扩建造价费用由双方按照过错分担。

第十三条 房屋租赁合同无效、履行期限届满或者解除，出租人请求负有腾房义务的次承租人支付逾期腾房占有使用费的，人民法院应予支持。

第十四条 租赁房屋在承租人按照租赁合同占有期限内发生所有权变动，承租人请求房屋受让人继续履行原租赁合同的，人民法院应予支持。但租赁房屋具有下列情形或者当事人另有约定的除外：

（一）房屋在出租前已设立抵押权，因抵押权人实现抵押权发生所有权变动的；

（二）房屋在出租前已被人民法院依法查封的。

第十五条 出租人与抵押权人协议折价、变卖租赁房屋偿还债务，应当在合理期限内通知承租人。承租人请求以同等条件优先购买房屋的，人民法院应予支持。

第十六条 本解释施行前已经终审，本解释施行后当事人申请再审或者按照审判监督程序决定再审的案件，不适用本解释。

最高人民法院关于审理建设工程施工合同纠纷案件适用法律问题的解释（一）

（2020年12月25日最高人民法院审判委员会第1825次会议通过 2020年12月29日最高人民法院公告公布 自2021年1月1日起施行 法释〔2020〕25号）

为正确审理建设工程施工合同纠纷案件，依法保护当事人合法权益，维护建筑市场秩序，促进建筑市场健康发展，根据《中华人民共和国民法典》《中华人民共和国建筑法》《中华人民共和国招标投标法》《中华人民共和国民事诉讼法》等相关法律规定，结合审判实践，制定本解释。

第一条 建设工程施工合同具有下列情形之一的，应当依据民法典第一百五十三条第一款的规定，认定无效：

（一）承包人未取得建筑业企业资质或者超越资质等级的；

（二）没有资质的实际施工人借用有资质的建筑施工企业名义的；

（三）建设工程必须进行招标而未招标或者中标无效的。

承包人因转包、违法分包建设工程与他人签订的建设工程施工合同，应当依据民法典第一百五十三条第一款及第七百九十一条第二款、第三款的规定，认定无效。

第二条 招标人和中标人另行签订的建设工程施工合同约定的工程范围、建设工期、工程质量、工程价款等实质性内容，与中标合同不一致，一方当事人请求按照中标合同确定权利义务的，人民法院应予支持。

招标人和中标人在中标合同之外就明显高于市场价格购买承建房产、无偿建设住房配套设施、让利、向建设单位捐赠财物等另行签订合同，变相降低工程价款，一方当事人以该合同背离中标合同实质性内容为由请求确认无效的，人民法院应予支持。

第三条 当事人以发包人未取得建设工程规划许可证等规划审批手续为由，请求确认建设工程施工合同无效的，人民法院应予支持，但发包人在起诉前取得建设工程规划许可证等规划审批手续的除外。

发包人能够办理审批手续而未办理，并以未办理审批手续为由请求确认建设工程施工合同无效的，人民法院不予支持。

第四条 承包人超越资质等级许可的业务范围签订建设工程施工合同，在建设工程竣工前取得相应资质等级，当事人请求按照无效合同处理的，人民法院不予支持。

第五条 具有劳务作业法定资质的承包人与总承包人、分包人签订的劳务分包合同，当事人请求确认无效的，人民法院依法不予支持。

第六条 建设工程施工合同无效，一方当事人请求对方赔偿损失的，应当就对方过错、损失大小、过错与损失之间的因果关系承担举证责任。

损失大小无法确定，一方当事人请求参照合同约定的质量标准、建设工期、工程价款支付时间等内容确定损失大小的，人民法院可以结合双方过错程度、过错与损失之间的因果关系等因素作出裁判。

第七条 缺乏资质的单位或者个人借用有资质的建筑施工企业名义签订建设工程施工合同，发包人请求出借方与借用方对建设工程质量不合格等因出借资质造成的损失承担连带赔偿责任的，人民法院应予支持。

第八条 当事人对建设工程开工日期有争议的，人民法院应当分别按照以下情形予以认定：

（一）开工日期为发包人或者监理人发出的开工通知载明的开工日期；开工通知发出后，尚不具备开工条件的，以开工条件具备的时间为开工日期；因承包人原因导致开工时间推迟的，以开工通知载明的时间为开工日期。

（二）承包人经发包人同意已经实际进场施工的，以实际进场施工时间为开工日期。

（三）发包人或者监理人未发出开工通知，亦无相关证据证明实际开工日期的，应当综合考虑开工报告、合同、施工许可证、竣工验收报告或者竣工验收备案表等载明的时间,并结合是否具备开工条件的事实,认定开工日期。

第九条 当事人对建设工程实际竣工日期有争议的,人民法院应当分别按照以下情形予以认定:

(一)建设工程经竣工验收合格的,以竣工验收合格之日为竣工日期;

(二)承包人已经提交竣工验收报告,发包人拖延验收的,以承包人提交验收报告之日为竣工日期;

(三)建设工程未经竣工验收,发包人擅自使用的,以转移占有建设工程之日为竣工日期。

第十条 当事人约定顺延工期应当经发包人或者监理人签证等方式确认,承包人虽未取得工期顺延的确认,但能够证明在合同约定的期限内向发包人或者监理人申请过工期顺延且顺延事由符合合同约定,承包人以此为由主张工期顺延的,人民法院应予支持。

当事人约定承包人未在约定期限内提出工期顺延申请视为工期不顺延的,按照约定处理,但发包人在约定期限后同意工期顺延或者承包人提出合理抗辩的除外。

第十一条 建设工程竣工前,当事人对工程质量发生争议,工程质量经鉴定合格的,鉴定期间为顺延工期期间。

第十二条 因承包人的原因造成建设工程质量不符合约定,承包人拒绝修理、返工或者改建,发包人请求减少支付工程价款的,人民法院应予支持。

第十三条 发包人具有下列情形之一,造成建设工程质量缺陷,应当承担过错责任:

(一)提供的设计有缺陷;

(二)提供或者指定购买的建筑材料、建筑构配件、设备不符合强制性标准;

(三)直接指定分包人分包专业工程。

承包人有过错的,也应当承担相应的过错责任。

第十四条 建设工程未经竣工验收,发包人擅自使用后,又以使用部分质量不符合约定为由主张权利的,人民法院不予支持;但是承包人应当在建设工程的合理使用寿命内对地基基础工程和主体结构质量承担民事责任。

第十五条 因建设工程质量发生争议的，发包人可以以总承包人、分包人和实际施工人为共同被告提起诉讼。

第十六条 发包人在承包人提起的建设工程施工合同纠纷案件中，以建设工程质量不符合合同约定或者法律规定为由，就承包人支付违约金或者赔偿修理、返工、改建的合理费用等损失提出反诉的，人民法院可以合并审理。

第十七条 有下列情形之一，承包人请求发包人返还工程质量保证金的，人民法院应予支持：

（一）当事人约定的工程质量保证金返还期限届满；

（二）当事人未约定工程质量保证金返还期限的，自建设工程通过竣工验收之日起满二年；

（三）因发包人原因建设工程未按约定期限进行竣工验收的，自承包人提交工程竣工验收报告九十日后当事人约定的工程质量保证金返还期限届满；当事人未约定工程质量保证金返还期限的，自承包人提交工程竣工验收报告九十日后起满二年。

发包人返还工程质量保证金后，不影响承包人根据合同约定或者法律规定履行工程保修义务。

第十八条 因保修人未及时履行保修义务，导致建筑物毁损或者造成人身损害、财产损失的，保修人应当承担赔偿责任。

保修人与建筑物所有人或者发包人对建筑物毁损均有过错的，各自承担相应的责任。

第十九条 当事人对建设工程的计价标准或者计价方法有约定的，按照约定结算工程价款。

因设计变更导致建设工程的工程量或者质量标准发生变化，当事人对该部分工程价款不能协商一致的，可以参照签订建设工程施工合同时当地建设行政主管部门发布的计价方法或者计价标准结算工程价款。

建设工程施工合同有效，但建设工程经竣工验收不合格的，依照民法典第五百七十七条规定处理。

第二十条 当事人对工程量有争议的，按照施工过程中形成的签证等书面文件确认。承包人能够证明发包人同意其施工，但未能提供签证文件证明工程量发生的，可以按照当事人提供的其他证据确认实际发生的工程量。

第二十一条 当事人约定，发包人收到竣工结算文件后，在约定期限内不予答复，视为认可竣工结算文件的，按照约定处理。承包人请求按照竣工结算文件结算工程价款的，人民法院应予支持。

第二十二条 当事人签订的建设工程施工合同与招标文件、投标文件、中标通知书载明的工程范围、建设工期、工程质量、工程价款不一致，一方当事人请求将招标文件、投标文件、中标通知书作为结算工程价款的依据的，人民法院应予支持。

第二十三条 发包人将依法不属于必须招标的建设工程进行招标后，与承包人另行订立的建设工程施工合同背离中标合同的实质性内容，当事人请求以中标合同作为结算建设工程价款依据的，人民法院应予支持，但发包人与承包人因客观情况发生了在招标投标时难以预见的变化而另行订立建设工程施工合同的除外。

第二十四条 当事人就同一建设工程订立的数份建设工程施工合同均无效，但建设工程质量合格，一方当事人请求参照实际履行的合同关于工程价款的约定折价补偿承包人的，人民法院应予支持。

实际履行的合同难以确定，当事人请求参照最后签订的合同关于工程价款的约定折价补偿承包人的，人民法院应予支持。

第二十五条 当事人对垫资和垫资利息有约定，承包人请求按照约定返还垫资及其利息的，人民法院应予支持，但是约定的利息计算标准高于垫资时的同类贷款利率或者同期贷款市场报价利率的部分除外。

当事人对垫资没有约定的，按照工程欠款处理。

当事人对垫资利息没有约定，承包人请求支付利息的，人民法院不予支持。

第二十六条 当事人对欠付工程价款利息计付标准有约定的，按照约定处理。没有约定的，按照同期同类贷款利率或者同期贷款市场报价利率计息。

第二十七条 利息从应付工程价款之日开始计付。当事人对付款时间没有约定或者约定不明的，下列时间视为应付款时间：

（一）建设工程已实际交付的，为交付之日；

（二）建设工程没有交付的，为提交竣工结算文件之日；

（三）建设工程未交付，工程价款也未结算的，为当事人起诉之日。

第二十八条　当事人约定按照固定价结算工程价款，一方当事人请求对建设工程造价进行鉴定的，人民法院不予支持。

第二十九条　当事人在诉讼前已经建设工程价款结算达成协议，诉讼中一方当事人申请对工程造价进行鉴定的，人民法院不予准许。

第三十条　当事人在诉讼前共同委托有关机构、人员对建设工程造价出具咨询意见，诉讼中一方当事人不认可该咨询意见申请鉴定的，人民法院应予准许，但双方当事人明确表示受该咨询意见约束的除外。

第三十一条　当事人对部分案件事实有争议的，仅对有争议的事实进行鉴定，但争议事实范围不能确定，或者双方当事人请求对全部事实鉴定的除外。

第三十二条　当事人对工程造价、质量、修复费用等专门性问题有争议，人民法院认为需要鉴定的，应当向负有举证责任的当事人释明。当事人经释明未申请鉴定，虽申请鉴定但未支付鉴定费用或者拒不提供相关材料的，应当承担举证不能的法律后果。

一审诉讼中负有举证责任的当事人未申请鉴定，虽申请鉴定但未支付鉴定费用或者拒不提供相关材料，二审诉讼中申请鉴定，人民法院认为确有必要的，应当依照民事诉讼法第一百七十条第一款第三项的规定处理。

第三十三条　人民法院准许当事人的鉴定申请后，应当根据当事人申请及查明案件事实的需要，确定委托鉴定的事项、范围、鉴定期限等，并组织当事人对争议的鉴定材料进行质证。

第三十四条　人民法院应当组织当事人对鉴定意见进行质证。鉴定人将当事人有争议且未经质证的材料作为鉴定依据的，人民法院应当组织当事人就该部分材料进行质证。经质证认为不能作为鉴定依据的，根据该材料作出的鉴定意见不得作为认定案件事实的依据。

第三十五条　与发包人订立建设工程施工合同的承包人，依据民法典第八百零七条的规定请求其承建工程的价款就工程折价或者拍卖的价款优先受偿的，人民法院应予支持。

第三十六条　承包人根据民法典第八百零七条规定享有的建设工程价款优先受偿权优于抵押权和其他债权。

第三十七条　装饰装修工程具备折价或者拍卖条件，装饰装修工程的承包人请求工程价款就该装饰装修工程折价或者拍卖的价款优先受偿的，人民法院应予支持。

第三十八条 建设工程质量合格，承包人请求其承建工程的价款就工程折价或者拍卖的价款优先受偿的，人民法院应予支持。

第三十九条 未竣工的建设工程质量合格，承包人请求其承建工程的价款就其承建工程部分折价或者拍卖的价款优先受偿的，人民法院应予支持。

第四十条 承包人建设工程价款优先受偿的范围依照国务院有关行政主管部门关于建设工程价款范围的规定确定。

承包人就逾期支付建设工程价款的利息、违约金、损害赔偿金等主张优先受偿的，人民法院不予支持。

第四十一条 承包人应当在合理期限内行使建设工程价款优先受偿权，但最长不得超过十八个月，自发包人应当给付建设工程价款之日起算。

第四十二条 发包人与承包人约定放弃或者限制建设工程价款优先受偿权，损害建筑工人利益，发包人根据该约定主张承包人不享有建设工程价款优先受偿权的，人民法院不予支持。

第四十三条 实际施工人以转包人、违法分包人为被告起诉的，人民法院应当依法受理。

实际施工人以发包人为被告主张权利的，人民法院应当追加转包人或者违法分包人为本案第三人，在查明发包人欠付转包人或者违法分包人建设工程价款的数额后，判决发包人在欠付建设工程价款范围内对实际施工人承担责任。

第四十四条 实际施工人依据民法典第五百三十五条规定，以转包人或者违法分包人怠于向发包人行使到期债权或者与该债权有关的从权利，影响其到期债权实现，提起代位权诉讼的，人民法院应予支持。

第四十五条 本解释自 2021 年 1 月 1 日起施行。

请于 2028 年 1 月 1 日前扫描下方二维码获取民法典全文及新旧条文对照

图书在版编目(CIP)数据

民法典·典型合同判解研究与适用/何志著. -- 北京：中国法制出版社，2024.8
（民法典判解研究与适用丛书）
ISBN 978-7-5216-4413-5

Ⅰ.①民… Ⅱ.①何… Ⅲ.①合同法－法律解释－中国②合同法－法律适用－中国 Ⅳ.①D923.65

中国国家版本馆 CIP 数据核字（2024）第 064352 号

责任编辑：周琼妮　　　　　　　　　　　　　封面设计：杨泽江

民法典·典型合同判解研究与适用
MINFADIAN · DIANXING HETONG PANJIE YANJIU YU SHIYONG

著者/何　志
经销/新华书店
印刷/三河市国英印务有限公司
开本/710 毫米 ×1000 毫米　16 开　　　　　印张/33　字数/523 千
版次/2024 年 8 月第 1 版　　　　　　　　　2024 年 8 月第 1 次印刷

中国法制出版社出版
书号 ISBN 978-7-5216-4413-5　　　　　　　　　　　　定价：128.00 元

北京市西城区西便门西里甲 16 号西便门办公区
邮政编码：100053　　　　　　　　　　　　传真：010-63141600
网址：http://www.zgfzs.com　　　　　　　编辑部电话：010-63141836
市场营销部电话：010-63141612　　　　　印务部电话：010-63141606
（如有印装质量问题，请与本社印务部联系。）